OS ROBÔS E O FUTURO DO EMPREGO

MARTIN FORD

OS ROBÔS E O FUTURO DO EMPREGO

Tradução de
CLAUDIA GERPE DUARTE

1ª edição

RIO DE JANEIRO – 2019

CIP-BRASIL. CATALOGAÇÃO NA PUBLICAÇÃO
SINDICATO NACIONAL DOS EDITORES DE LIVROS, RJ

F794r Ford, Martin
Os robôs e o futuro do emprego / Martin Ford; tradução
Claudia Gerpe Duarte. – 1ª ed. – Rio de Janeiro: Best Business, 2019.
448 p. ; 16 × 23 cm.

Tradução de: Rise of the Robots
Inclui índice
ISBN 978-85-68905-36-4

1. Inovações tecnológicas. 2. Criatividade na tecnologia.
I. Duarte, Claudia Gerpe. II. Título.

CDD: 658.4012
18-47155
CDU: 65.012.2

Os robôs e o futuro do emprego, de autoria de Martin Ford.
Texto revisado conforme o Acordo Ortográfico da Língua Portuguesa.
Primeira edição impressa em janeiro de 2019.
Título original norte-americano:
RISE OF THE ROBOTS

Copyright © 2015, Martin Ford
Copyright da tradução © 2016 Best Business/Editora Best Seller Ltda.
Publicado nos Estados Unidos pela Basic Books, membro do Perseus Book Group.
Todos os direitos reservados, inclusive o direito de reprodução em todo ou em
parte, em qualquer forma.

Proibida a reprodução, no todo ou em parte, sem autorização prévia por escrito
da editora, sejam quais forem os meios empregados.

Design de capa: Renan Araújo, com ilustração de Fábio Lyra.

Direitos exclusivos de publicação em língua portuguesa para o Brasil
adquiridos pela Best Business, um selo da Editora Best Seller Ltda. Rua
Argentina, 171 – 20921-380 – Rio de Janeiro, RJ – Tel.: (21) 2585-2000, que se
reserva a propriedade literária desta tradução.

Impresso no Brasil

ISBN 978-85-68905-36-4

Seja um leitor preferencial Record.
Cadastre-se e receba informações sobre nossos lançamentos e nossas
promoções.

Atendimento e venda direta ao leitor: sac@record.com.br ou (21) 2585-2002.
Escreva para o editor: bestbusiness@record.com.br

Sumário

Introdução	**7**
1. A onda da automação	19
2. Desta vez é diferente?	53
3. Tecnologia da informação: uma força sem precedentes para a disrupção	95
4. Os empregos de colarinho-branco em situação de risco	119
5. A transformação da educação superior	177
6. O desafio do setor da saúde	199
7. As tecnologias e as indústrias do futuro	239
8. Consumidores, limites para o crescimento e... Crise?	261
9. A superinteligência e a singularidade	307
10. Em direção a um novo paradigma econômico	331
Conclusão	371
Agradecimentos	377
Notas	379
Índice remissivo	421

Introdução

Milton Friedman, economista ganhador do Prêmio Nobel, reuniu-se na década de 1960 com o governo de uma nação asiática em desenvolvimento. Friedman foi levado a uma obra pública de grande escala e ficou surpreso ao ver muitos trabalhadores usando pás, porém pouquíssimos buldôzeres, tratores ou outros equipamentos pesados de terraplenagem. Ao ser questionado, o encarregado pela obra explicou que o projeto havia sido concebido para ser um "programa de emprego". A resposta mordaz de Friedman se tornou famosa: "Então, por que não usar colheres em vez de pás?"

O comentário de Friedman capta o ceticismo — e, com frequência, o completo escárnio — que os economistas expressam diante do receio quanto à perspectiva de as máquinas destruírem empregos e, no longo prazo, contribuírem para o desemprego. Historicamente, esse ceticismo parece ser bem-fundamentado. Nos Estados Unidos, especialmente durante o século XX, o avanço sistemático da tecnologia nos conduziu a uma sociedade mais próspera.

Não há dúvida de que, ao longo do caminho, houve pequenos reveses — e, efetivamente, grandes distúrbios. A mecanização da agricultura aniquilou milhões de empregos e fez com que multidões de trabalhadores agrícolas fossem para as cidades em busca de trabalho nas fábricas. Mais tarde, a automação e a globalização fizeram com que os operários deixassem o setor industrial e procurassem emprego no setor de serviços.

8 | MARTIN FORD

O desemprego em curto prazo sempre foi um problema durante as transições, mas nunca se tornou sistêmico ou permanente. Novos empregos eram criados, e os trabalhadores desempregados encontravam novas oportunidades.

Além disso, não raro, esses novos empregos eram melhores que os anteriores, exigindo atualização das qualificações e oferecendo melhores salários. Isso nunca foi tão verdadeiro quanto nas duas décadas e meia que se seguiram à Segunda Guerra Mundial. A "era de ouro" da economia norte-americana se caracterizou por uma simbiose aparentemente perfeita entre o rápido progresso tecnológico e a prosperidade da força de trabalho no país. À medida que as máquinas utilizadas na produção iam sendo aperfeiçoadas, a produtividade dos trabalhadores que as operavam também aumentava, o que os tornava mais valiosos e lhes possibilitava exigir salários mais elevados. Durante todo o período pós-guerra, o avanço da tecnologia depositou dinheiro diretamente no bolso dos trabalhadores comuns, enquanto seus salários aumentavam na mesma proporção que sua produtividade. Entretanto, com o aumento da renda, esses trabalhadores passaram a gastar mais, impulsionando a demanda por produtos e serviços.

Enquanto esse virtuoso ciclo impelia a economia norte-americana para a frente, a ciência da economia também vivia a sua era de ouro. Foi nesse mesmo período que figuras imponentes, como Paul Samuelson, trabalharam para transformar a economia em uma ciência com forte base matemática. De forma gradual, a economia passou a ser dominada por técnicas quantitativas e estatísticas sofisticadas, e os economistas começaram a construir complexos modelos matemáticos que ainda constituem a base intelectual da área. Enquanto os economistas pós-guerra faziam o seu trabalho, teria sido natural para eles contemplar a economia em grande expansão ao seu redor e par-

OS ROBÔS E O FUTURO DO EMPREGO | 9

tir do princípio de que isso era o normal: que essa era a maneira como uma economia deveria funcionar — *e sempre funcionaria*.

Em *Collapse: How Societies Choose to Succeed or Fail* [Colapso: como as sociedades escolhem prosperar ou fracassar, em tradução livre], Jared Diamond conta a história da agricultura na Austrália. No século XIX, quando os europeus colonizaram o país, encontraram uma paisagem verde, relativamente viçosa. Assim como os economistas norte-americanos da década de 1950, os colonizadores australianos deduziram que o que estavam vendo era normal e que as condições que observavam continuariam sempre as mesmas. Eles investiram fortemente no desenvolvimento de fazendas nessa terra aparentemente fértil.

Uma ou duas décadas depois, contudo, eles se deram conta da realidade. Os fazendeiros descobriram que o clima era na verdade muito mais árido do que haviam pensado inicialmente. Eles apenas tiveram a sorte (ou talvez o azar) de chegar ao país em um período climático excepcionalmente favorável — um momento ideal em que tudo estava perfeito para a agricultura. Hoje, na Austrália, é possível encontrar os vestígios desses malfadados investimentos: casas de fazenda abandonadas em amplas extensões de terra que mais parecem um deserto.

Há boas razões para acreditar que o período de ouro norte-americano também tenha chegado ao fim. O relacionamento simbiótico entre a crescente produtividade e os salários ascendentes começou a se dissolver na década de 1970. Em 2013, um trabalhador típico da área de produção ou sem função de supervisão ganhava cerca de 13% menos do que em 1973 (depois de os valores terem sido corrigidos pela inflação), ao mesmo tempo em que a produtividade aumentou 107% e os custos dos itens dispendiosos, como moradia, educação e cuidados de saúde, subiram vertiginosamente.[1]

No dia 2 de janeiro de 2010, o *Washington Post* noticiou que a primeira década do século XXI não havia gerado novos empregos.[2] Isso não acontecia desde a Grande Depressão; na realidade, desde o pós-guerra nenhuma década atingiu menos de 20% no número de empregos disponíveis. Até mesmo a década de 1970, que foi associada à estagflação e à crise de energia, gerou aumento de 27% nos empregos.[3] A década perdida de 2000 é especialmente impressionante quando levamos em conta que a economia dos Estados Unidos precisa criar aproximadamente 1 milhão de empregos por ano apenas para acompanhar o crescimento da força de trabalho. Em outras palavras, na primeira década do século XX deveriam ter sido criados cerca de 10 milhões de empregos, mas isso não aconteceu.

Desde então, a desigualdade de renda aumentou vertiginosamente, até níveis que não eram vistos desde 1929, e o resultado do aumento de produtividade que ia para o bolso dos trabalhadores nos anos 1950 atualmente vai para o bolso de empresários e investidores. A parcela da renda nacional global que vai para o trabalho, em oposição ao capital, simplesmente despencou, e parece continuar em queda livre. Nosso período de ouro chegou ao fim, e a economia norte-americana está entrando em uma nova era.

Era que será definida por uma mudança fundamental no relacionamento entre trabalhadores e máquinas. Essa mudança desafiará essencialmente uma de nossas crenças mais básicas a respeito da tecnologia: *as máquinas são ferramentas que aumentam a produtividade dos trabalhadores.* O que vemos, na verdade, é uma inversão, ou seja, as próprias máquinas estão se transformando em trabalhadores, e a linha que separa a capacidade do trabalho da capacidade do capital está se tornando mais indistinta do que nunca.

OS ROBÔS E O FUTURO DO EMPREGO | 11

É claro que todo esse progresso é impulsionado pelo contínuo desenvolvimento da tecnologia. Embora, a esta altura, a maioria das pessoas esteja familiarizada com a Lei de Moore — a consagrada regra prática que diz que a capacidade de processamento dos computadores é duplicada aproximadamente entre 18 e 24 meses —, nem todos assimilaram as implicações desse extraordinário progresso exponencial.

Imagine que você entre no seu carro e comece dirigindo a 8km/h. Você dirige durante um minuto, acelera para duplicar a velocidade para 16km/h, dirige por mais um minuto, duplica novamente a velocidade e assim por diante. O que é realmente extraordinário não é a duplicação, mas sim a extensão de estrada que você percorre depois de o processo ter durado algum tempo. No primeiro minuto, você percorreria cerca de 134 metros. No terceiro minuto, a 32km/h, você percorreria 536 metros. No quinto minuto, com uma velocidade de 129km/h, você percorreria bem mais do que 1,5km/h. Para completar o sexto minuto, você precisaria de um carro mais rápido — e também de uma pista de corrida.

Pense agora na rapidez com que você estaria viajando — e em quanto progresso faria no último minuto — se duplicasse sua velocidade 27 vezes. Esse é aproximadamente o número de vezes que a capacidade de processamento dos computadores duplicou desde a invenção do circuito integrado em 1958. A revolução que está em andamento agora não está acontecendo apenas por causa da aceleração em si, mas porque *essa aceleração vem tendo lugar há tanto tempo* que a quantidade de progresso que podemos esperar agora é potencialmente estonteante.

A propósito, a resposta para a pergunta a respeito de sua velocidade no carro é 1.080 *milhões* de quilômetros por hora. Nesse minuto final, o 28º, você viajaria mais de 17,7 milhões de quilômetros. Andar nessa velocidade por mais ou menos cinco

12 | MARTIN FORD

minutos o levaria até Marte. Em resumo, é aí que a tecnologia da informação se situa hoje, com relação à época em que os primeiros circuitos integrados avançaram, no fim da década de 1950.

Na condição de alguém que trabalhou no desenvolvimento de software por mais de 25 anos, ocupei uma posição privilegiada no que se refere a observar essa extraordinária aceleração na capacidade de processamento dos computadores. Também vi de perto o enorme progresso realizado no design de software e nas ferramentas que tornam os programadores mais produtivos. Além disso, como dono de uma pequena empresa, observei a tecnologia transformar a maneira como administro os meus negócios — em particular, como reduziu de forma significativa a necessidade de contratar funcionários para executar muitas das tarefas rotineiras que sempre foram essenciais para a operação de qualquer empresa.

Em 2008, enquanto a crise financeira internacional se expandia, comecei a pensar seriamente nas implicações dessa duplicação sistemática na capacidade de processamento dos computadores e, especialmente, na probabilidade de que isso pudesse transformar drasticamente o mercado de trabalho e a economia como um todo nas próximas décadas. O resultado foi o meu primeiro livro, *The Lights in the Tunnel: Automation, Accelerating Technology and the Economy of the Future* [Luzes no túnel: automação, aceleração da tecnologia e a economia do futuro, em tradução livre], publicado em 2009.

Na época, enquanto escrevia a respeito da importância da aceleração da tecnologia, subestimei a rapidez com que as coisas efetivamente avançariam. Por exemplo, mencionei que os fabricantes de automóveis estavam trabalhando em sistemas destinados a evitar colisões e diminuir os acidentes, e sugeri que "ao longo do tempo esses sistemas poderiam evoluir para

OS ROBÔS E O FUTURO DO EMPREGO | 13

uma tecnologia capaz de dirigir autonomamente o carro". Bem, ao que se revelou, esse "tempo" não foi de modo nenhum longo! Um ano depois da publicação do livro, a Google lançou um carro completamente automatizado. E, a partir de então, três estados — Nevada, Califórnia e Flórida — aprovaram leis permitindo que os chamados carros autônomos, ou veículos sem motorista, utilizassem as estradas de maneira limitada.

Escrevi também a respeito do progresso no campo da inteligência artificial. Na ocasião, a história do computador "Deep Blue" e de como ele havia derrotado o campeão mundial de xadrez Garry Kasparov, em 1997, talvez tenha sido a mais impressionante demonstração da Inteligência Artificial (IA) em ação. Mais uma vez, fui pego de surpresa quando a IBM lançou o sucessor do Deep Blue, Watson — uma máquina que enfrentou um desafio bem mais difícil: o programa televisivo de conhecimentos gerais *Jeopardy!*. O xadrez é um jogo com regras rigidamente definidas; é o tipo de atividade na qual poderíamos esperar que um computador fosse competente. *Jeopardy!* é algo inteiramente diferente: um jogo que recorre a um corpo de conhecimento quase ilimitado e requer uma habilidade sofisticada para analisar a linguagem, até mesmo piadas e trocadilhos. O sucesso de Watson em *Jeopardy!* não é apenas impressionante, é altamente factível. Na verdade, a IBM já está posicionando Watson para desempenhar um papel importante em áreas como medicina e serviço de atendimento ao cliente.

É quase certo que todos nós ficaremos surpresos com o progresso que ocorrerá nos próximos anos. Essas surpresas não se restringirão à natureza dos avanços técnicos em si: o impacto disso no mercado de trabalho e na economia certamente contestará boa parte da sabedoria convencional a respeito de como a tecnologia e a economia se entrelaçam.

Uma convicção amplamente aceita que com certeza será contestada é a suposição de que a automação é basicamente uma ameaça para os trabalhadores com pouca instrução e baixos níveis de especialização. Essa suposição provém do fato de que essas funções tendem a ser rotineiras e repetitivas. No entanto, antes que você fique excessivamente à vontade com essa ideia, pense na rapidez com que esse limite está se deslocando. No passado, uma ocupação "rotineira" provavelmente teria significado ficar em pé diante de uma linha de montagem. Hoje, a realidade é bem diferente. Embora as ocupações de baixa qualificação continuem a ser afetadas, muitos trabalhadores com formação superior vão descobrir que seus empregos também estão em jogo à medida que a capacidade de automação dos softwares e os algoritmos preditivos avançam rapidamente.

O fato é que "rotineiras" talvez não seja a melhor palavra para descrever as funções mais propensas a serem ameaçadas pela tecnologia. Um termo mais preciso poderia ser "previsíveis". Outra pessoa poderia aprender a fazer o seu trabalho examinando o histórico detalhado de tudo o que você fez no passado? Ou alguém poderia se tornar competente repetindo as tarefas que você já concluiu, da maneira como um aluno poderia fazer testes para se preparar para uma prova? Se for esse o caso, existe uma boa chance de que um algoritmo possa um dia ser capaz de aprender a fazer todo o seu trabalho, ou pelo menos grande parte dele. Isso se tornou possível com a expansão do fenômeno de big data:* as organizações estão coletando informações a respeito de praticamente todos os aspectos de suas operações, e muitas funções e tarefas provavelmente estarão contidas nesses dados — aguardando o dia em que apareça um

---

*Este termo poderia ser traduzido como "megadados", porém, com o uso cada vez mais comum de "big data", optamos por mantê-lo em inglês. (*N. do E.*)

algoritmo inteligente e comece a se autoinstruir pesquisando os registros deixados por seus predecessores humanos.

A consequência disso é que a aquisição de mais instrução e habilidades não oferecerá necessariamente uma proteção eficaz contra a automação dos empregos no futuro. Como exemplo, pense nos radiologistas, médicos que se especializam na interpretação de imagens médicas. Os radiologistas precisam de intenso treinamento, no mínimo 13 anos. É muito fácil imaginar que um dia, em um futuro não muito distante, a radiologia será uma função exercida quase exclusivamente por máquinas.

De modo geral, os computadores estão se tornando muito competentes em adquirir habilidades, especialmente quando uma grande quantidade de informações de treinamento está disponível. Os cargos de início de carreira, em particular, serão bastante afetados, e existem evidências de que isso já esteja ocorrendo. Os salários dos recém-formados vêm efetivamente declinando ao longo da última década, enquanto 50% dos novos recém-formados são obrigados a aceitar empregos que não requerem formação universitária. Na realidade, como demonstrarei neste livro, o emprego para muitos profissionais qualificados — entre eles, advogados, jornalistas, cientistas e farmacêuticos — já está sendo significativamente desgastado pelo avanço da tecnologia da informação. Eles não estão sozinhos: quase todas as funções são, em algum nível, rotineiras e previsíveis, com relativamente poucas pessoas sendo pagas para se dedicar a um trabalho criativo ou para ter ideias extravagantes.

À medida que as máquinas passarem a se encarregar desse trabalho rotineiro e previsível, os trabalhadores enfrentarão um desafio sem precedentes quando tentarem se adaptar. No passado, a tecnologia da automação tendia a ser relativamente especializada e abalar um setor de emprego de cada vez, de modo que os trabalhadores se deslocavam para um novo setor emergente. A situação hoje é muito diferente. A tecnologia da informação é verdadeiramente uma tecnologia generalizada, e seu impacto também ocorrerá de forma generalizada. Praticamente todos os setores existentes estão propensos a se tornar menos dependentes da mão de obra à medida que a nova tecnologia vai sendo assimilada pelos modelos de negócios — e essa transição poderá ocorrer com muita rapidez. Ao mesmo tempo, os novos setores que surgirem quase sempre incorporarão uma poderosa tecnologia que economiza mão de obra desde os seus primórdios. Empresas como Google e Facebook, por exemplo, conseguiram se tornar famosas e obter gigantescas valorizações de mercado contratando uma quantidade ínfima de pessoas em proporção ao seu tamanho e à sua influência. Temos todos os motivos para esperar que um cenário semelhante se repita com relação a todos os novos setores a serem criados no futuro.

Tudo isso sugere que estamos avançando em direção a uma transição que vai esgotar tanto a economia quanto a sociedade. Grande parte dos conselhos convencionais oferecidos aos trabalhadores e estudantes que estão se preparando para ingressar na força de trabalho provavelmente será ineficaz. A lastimável realidade é que um grande número de pessoas fará tudo corretamente — buscará educação superior e se qualificará — e, ainda assim, não conseguirá encontrar uma posição segura na nova economia.

Além do impacto potencialmente devastador do desemprego, haverá também um custo econômico significativo. O virtuoso ciclo de feedback entre a produtividade, o aumento de salários e os crescentes gastos dos consumidores sofrerá um colapso. Esse efeito de feedback positivo já está seriamente reduzido: enfrentamos uma crescente desigualdade não apenas na renda, mas também no consumo. As unidades familiares que compõem a faixa superior de 5% são atualmente responsáveis por quase 40% dos gastos, e parece quase certo que essa tendência de maior concentração no topo continue. Os empregos ainda são o principal mecanismo pelo qual o poder de compra chega às mãos dos consumidores. Se esse mecanismo continuar a se desgastar, enfrentaremos a perspectiva de ter pouquíssimos consumidores viáveis para continuar a impulsionar o crescimento em nossa economia de mercado de massa.

Como este livro deixará claro, o avanço da tecnologia da informação está nos empurrando em direção a um ponto crucial que certamente tornará a economia como um todo menos dependente da mão de obra. No entanto, essa transição não ocorrerá necessariamente de maneira uniforme ou previsível. Dois setores em particular — o da educação superior e o da saúde — têm resistido fortemente a essas mudanças. A ironia é que o fato de a tecnologia não estar conseguindo transformar esses setores poderá ampliar suas consequências negativas em outras áreas, à medida que os custos dos cuidados de saúde e educação se tornarem cada vez mais opressivos.

É claro que a tecnologia não moldará isoladamente o futuro. Ela se entrelaçará com outros importantes desafios sociais e ambientais, como a população que está envelhecendo, a mudança do clima e o esgotamento de recursos. É frequente o prognóstico de que haverá escassez de trabalhadores à medida que a geração *baby boom* for deixando a força de trabalho, efetivamente contrabalançando — ou talvez até mesmo esmagando — qualquer impacto da automação. A rápida inovação é tipicamente concebida como uma força contrária com o potencial de minimizar, ou até mesmo de reverter, o estresse que passamos para o ambiente. No entanto, como veremos, muitas dessas suposições repousam em bases incertas: a história será, sem dúvida, muito mais complicada. Na verdade, a assustadora realidade é que, se não reconhecermos e nos adaptarmos às implicações do avanço da tecnologia, poderemos enfrentar a perspectiva de uma "tempestade perfeita", na qual os impactos de uma desigualdade em forte ascensão, o desemprego tecnológico e a mudança do clima se desenvolvem mais ou menos paralelamente e, de algumas maneiras, ampliam e reforçam uns aos outros.

No Vale do Silício, o termo "tecnologia disruptiva" é usado de modo casual. Ninguém duvida de que a tecnologia tenha o poder de devastar setores inteiros e derrubar áreas específicas da economia e do mercado de trabalho. A pergunta que vou fazer neste livro é mais ampla: a aceleração da tecnologia pode abalar *todo o nosso sistema*, a ponto de uma reestruturação fundamental ser necessária para a continuação da prosperidade?

1. A onda da automação

Um funcionário de um depósito se aproxima de uma pilha de caixas de vários formatos, tamanhos e cores que estão empilhadas de modo irregular. Imagine por um instante que você é capaz de ver o interior do cérebro do trabalhador, cuja tarefa é deslocar as caixas, e pense na complexidade do problema que deve ser resolvido.

Algumas das caixas têm uma cor marrom típica e estão bastante comprimidas, o que dificulta a visualização de suas bordas. Onde de fato termina uma caixa e começa a outra? Há outros casos, porém, em que existem espaços e desalinhamentos. Algumas caixas estão deslocadas de modo que uma das bordas está projetada para fora. No alto da pilha, uma pequena caixa está situada obliquamente no espaço entre duas caixas maiores. A maioria das caixas é de papelão marrom ou branco, mas algumas estão decoradas com logotipos de empresas, enquanto outras são coloridas, destinadas a serem exibidas nas prateleiras das lojas.

É claro que o cérebro humano é capaz de discernir toda essa complicada informação visual quase instantaneamente. O trabalhador percebe com facilidade as dimensões e a orientação de cada caixa, e parece saber instintivamente que precisa começar movendo as caixas que estão no alto da pilha, de modo a não desestabilizar as demais.

Esse é exatamente o tipo de desafio de percepção visual que o cérebro humano desenvolveu para superar. O fato de o trabalhador mover as caixas com sucesso não seria nem um pouco extraordinário — não fosse o fato de que, nesse caso, o trabalhador é um robô. Para ser mais preciso, é um braço robótico semelhante a uma cobra, e a cabeça consiste em uma ventosa. O robô demanda mais tempo para compreender as coisas do que o ser humano. Ele perscruta as caixas, ajusta levemente o olhar, reflete um pouco mais e, então, finalmente, avança e agarra uma caixa na parte superior da pilha.* A lentidão, contudo, resulta da complexidade dos mecanismos necessários para executar essa tarefa aparentemente fácil. Se existe algo que a história da tecnologia da informação ensina é que esse robô vai receber, muito em breve, um importante upgrade na velocidade.

Na realidade, os engenheiros da Industrial Perception, Inc., a startup do Vale do Silício que projetou e construiu esse robô, acreditam que, feitos os ajustes, a máquina será capaz de mover uma caixa a cada segundo. Compare isso com a velocidade máxima de um trabalhador humano, que é de uma caixa a cada seis segundos.[1] É desnecessário dizer que o robô pode trabalhar continuamente; ele nunca ficará cansado ou terá um problema nas costas — e certamente nunca entrará com um pedido de indenização.

O robô da Industrial Perception é extraordinário porque sua capacidade está na percepção visual, na computação espacial e na destreza. Em outras palavras, ele está invadindo a fron-

---

*Um vídeo do robô da Industrial Perception que move as caixas pode ser visto no endereço https://www.roboticbusinessrewieco.com/industrial_perception_inc_debuts_next_llevel_robotics_for_the_supply-chain/. (*N. do A.*)

OS ROBÔS E O FUTURO DO EMPREGO | 21

teira final da automação da máquina, na qual competirá pelos poucos empregos manuais, relativamente rotineiros, ainda disponíveis para os trabalhadores humanos.

É claro que a existência de robôs nas fábricas não é nenhuma novidade. Eles se tornaram indispensáveis em praticamente todos os setores industriais, de automóveis a semicondutores. A nova fábrica de carros elétricos da Tesla em Fremont, na Califórnia, utiliza 160 robôs industriais altamente flexíveis para montar cerca de 400 carros por semana. Quando o chassi de um novo carro chega à posição seguinte na linha de montagem, vários robôs descem sobre ele e trabalham de forma coordenada. As máquinas são capazes de trocar de maneira autônoma as ferramentas empunhadas por seus braços robóticos a fim de completar uma série de tarefas. O mesmo robô, por exemplo, instala os assentos, troca de ferramentas e depois aplica o adesivo e encaixa o para-brisa no lugar.[2] De acordo com a Federação Internacional de Robótica, as remessas internacionais de robôs industriais aumentaram em mais de 60% entre 2000 e 2012, com um total de vendas de cerca de US$28 bilhões nesse último ano. O mercado que cresce mais rápido é, de longe, o da China, onde as instalações de robôs aumentaram cerca de 25% ao ano entre 2005 e 2013.[3]

Embora os robôs industriais ofereçam uma combinação incomparável de velocidade, precisão e força bruta, de modo geral, são como atores cegos em um espetáculo rigidamente coreografado. Esses robôs se apoiam basicamente em *timing* e posicionamento precisos. Nos poucos casos que comportam capacidade de visão de máquina, eles conseguem enxergar apenas em duas dimensões, e somente em condições de iluminação controladas. São capazes, por exemplo, de selecionar partes de uma superfície plana, mas são incapazes de perceber a profundidade, o que resulta em ineficiência em ambientes que apresentem algum grau de imprevisibilidade. O resultado é que muitas tarefas rotineiras nas fábricas precisam ser realizadas por pessoas. Com frequência, são tarefas que envolvem preencher os espaços entre as máquinas, ou que estão na etapa final do processo de produção. Transportar peças de uma máquina para outra, por exemplo, ou atuar no setor de carga e descarga de caminhões.

A tecnologia que aciona a capacidade do robô da Industrial Perception de enxergar em três dimensões oferece um estudo de caso nas maneiras como a fecundação cruzada pode impulsionar surtos de inovação em áreas inesperadas. Poderíamos argumentar que a origem dos olhos do robô ocorreu em novembro de 2006, quando a Nintendo lançou o Wii.

A máquina da Nintendo incluía um tipo inteiramente novo de controle de jogo: um bastão sem fio que incorporava um dispositivo barato chamado acelerômetro. O bastão era capaz de detectar o movimento em três dimensões e depois emitir um fluxo de dados que podia ser interpretado pelo console do jogo. Os videogames passariam a ser controlados por movimentos corporais. O resultado foi uma experiência de jogo radicalmente diferente. A inovação da Nintendo esmagou o estereótipo da criança nerd grudada em um monitor e um joystick, abrindo uma nova fronteira para jogos mais ativos.

Isso também exigiu uma resposta competitiva de outros importantes protagonistas do setor de videogames. A Sony Corporation, fabricante do Playstation, optou essencialmente por copiar o projeto da Nintendo e lançou o seu próprio bastão detector de movimento. A Microsoft, contudo, decidiu ultrapassar a Nintendo e apresentou algo inteiramente novo. O item suplementar Kinect do console Xbox 360 eliminou inteiramente a necessidade de um bastão de controle. Para isso, a Microsoft construiu um mecanismo semelhante a uma câmera de vídeo

OS ROBÔS E O FUTURO DO EMPREGO | 23

que incorpora a capacidade de visão da máquina tridimensional, baseada, em parte, na tecnologia de imagem criada em uma pequena empresa israelense chamada PrimeSense. O Kinect alcança três dimensões a partir de uma espécie de sonar à velocidade da luz: o dispositivo emite um raio infravermelho na direção das pessoas e dos objetos de um ambiente e depois calcula a respectiva distância mensurando o tempo requerido pela luz refletida para chegar ao seu sensor infravermelho. Os jogadores passaram a interagir com o console Xbox fazendo apenas gestos e se movendo diante da câmera do Kinect.

Mas a grande questão do Kinect foi mesmo o preço. Ter tornado disponível essa sofisticada tecnologia — que, em outra época, poderia ter custado dezenas ou até mesmo centenas de milhares de dólares, exigindo um volumoso equipamento — em um aparelho para consumo doméstico no valor de US$150 foi algo revolucionário. Pesquisadores que trabalhavam com robótica compreenderam de imediato o potencial do Kinect. Semanas depois do lançamento do produto, equipes universitárias de engenharia e inovadores de atividades do tipo "faça você mesmo" haviam "hackeado" o Kinect e postado no YouTube vídeos de robôs que agora eram capazes de enxergar em três dimensões.[4] A Industrial Perception decidiu fazer o mesmo com seu sistema de visão na tecnologia que aciona o Kinect, e o resultado é uma máquina com um custo viável que percebe e interage com o ambiente enquanto lida com o tipo de incerteza que caracteriza o mundo real, quase como um humano.

Um trabalhador robótico versátil

O robô da Industrial Perception é uma máquina especializada que se concentra especificamente em mover caixas com a máxima eficiência. A Rethink Robotics, estabelecida em Boston, seguiu um caminho diferente com Baxter, um robô humanoide industrial que pode ser facilmente treinado para executar diversas tarefas repetitivas. A Rethink foi fundada por Rodney Brooks, um dos mais notáveis pesquisadores de robótica do mundo, ligado ao MIT e cofundador da iRobot, empresa que fabrica o aspirador automatizado Roomba e também robôs militares usados para desativar bombas no Iraque e no Afeganistão. Baxter, que custa significativamente menos do que um ano de salário de um trabalhador industrial típico norte-americano, é um robô industrial em menor escala projetado para operar em segurança perto das pessoas.

Ao contrário dos robôs industriais, que requerem uma programação complexa e dispendiosa, Baxter pode ser treinado movimentando os braços para o que lhe for solicitado. Se uma instalação utiliza vários robôs, Baxter pode transmitir para outros o treinamento adquirido por meio de uma simples conexão com um dispositivo USB. O robô pode ser adaptado para várias tarefas, como trabalhos leves na linha de montagem, transferência de peças entre correias transportadoras, acondicionamento de produtos em embalagens de varejo ou manutenção de máquinas utilizadas na fabricação do metal. Baxter é particularmente talentoso para embalar produtos acabados em caixas de expedição. A K'NEX, fabricante de kits de construção para crianças, situada em Hatfield, na Pensilvânia, descobriu que a habilidade de Baxter para embalar os seus produtos ajudava a empresa a reduzir de 20% a 40% o número de caixas que utilizava.[5] O robô da Rethink também tem uma capacidade de visão de máquina bidimensional acionada por câmeras em ambos os pulsos, sendo capaz de apanhar peças e até mesmo de realizar inspeções básicas de controle de qualidade.

A explosão na robótica que se aproxima

Embora Baxter e o robô que move caixas da Industrial Perception sejam máquinas radicalmente diferentes, ambos são construídos com base na mesma plataforma fundamental de software. O ROS — ou Robot Operating System — foi originalmente concebido no Laboratório de Inteligência Artificial da Universidade de Stanford e depois convertido em uma completa plataforma robótica pela Willow Garage, Inc., uma pequena empresa que projeta e fabrica robôs programáveis que são usados principalmente por pesquisadores nas universidades. O ROS é semelhante a sistemas operacionais como o Windows da Microsoft, o OS da Macintosh ou o Android da Google, mas é especificamente voltado para tornar os robôs fáceis de programar e controlar. Como o ROS é gratuito e também de fonte aberta — o que significa que os desenvolvedores de software podem facilmente modificá-lo e aprimorá-lo —, está se tornando rapidamente a plataforma-padrão de software para o desenvolvimento da robótica.

A história da computação mostra com bastante clareza que, uma vez que um sistema operacional padrão, aliado a ferramentas de programação baratas e fáceis de usar, se torna disponível, uma explosão de aplicativos de software provavelmente ocorrerá em seguida. Esse foi o caso do software do computador pessoal e, mais recentemente, dos aplicativos do iPhone, do iPad e do Android. Na realidade, essas plataformas estão agora de tal maneira saturadas de aplicativos que pode ser genuinamente difícil conceber uma ideia que ainda não tenha sido implementada.

É razoável supor que o campo da robótica seguirá um caminho semelhante; certamente nos encontramos hoje na vanguarda de uma onda explosiva de inovação que acabará produzindo robôs voltados para praticamente todas as possíveis tarefas comerciais, industriais e de consumo. Essa explosão será acionada pela disponibilidade de elementos básicos padronizados de software e hardware, que farão com que agregar novos projetos sem a necessidade de reinventar a roda se torne uma questão relativamente simples. Assim como o Kinect tornou a visão de máquina financeiramente viável, outros componentes de hardware — como os braços robóticos — verão cair o seu custo à medida que os robôs começarem a ser produzidos em larga escala. Em 2013, já havia milhares de componentes de software disponíveis para trabalhar com o ROS, e as plataformas de desenvolvimento eram baratas o bastante para possibilitar que praticamente qualquer pessoa começasse a projetar novos aplicativos da robótica. A Willow Garage, por exemplo, vende um kit completo de robô móvel chamado TurtleBot, que inclui visão de máquina acionada por Kinect, por cerca de US$1.200. Isso é bem menos do que um computador e um monitor baratos custavam no início da década de 1990, quando o Windows, da Microsoft, estava prestes a se tornar um fenômeno do software.

Em outubro de 2013, quando visitei a conferência e feira de robótica da RoboBusiness em Santa Clara, na Califórnia, ficou claro que o setor da robótica já havia começado a se preparar para a explosão que se aproxima. Empresas de todos os tamanhos estavam presentes para exibir robôs projetados para executar processos de fabricação de precisão, transportar suprimentos médicos entre departamentos em grandes hospitais ou operar autonomamente equipamentos pesados para a agricultura e a mineração. Havia um robô pessoal chamado "Budgee", capaz de carregar até 23 quilos. Uma variedade de robôs educacionais com funções que iam desde estimular a criatividade técnica até ajudar crianças com autismo ou deficiências de aprendizado. No estande da Rethink Robotics, Baxter

OS ROBÔS E O FUTURO DO EMPREGO | 27

havia recebido treinamento para o Halloween e estava pegando pequenas caixas com balas e doces e depois deixando-as cair em cestas com o formato de abóboras. Havia também empresas promovendo componentes como motores, sensores, sistemas de visão, controles eletrônicos e o software especializado para a construção de robôs. A startup Grabit Inc., do Vale do Silício, fez a demonstração de uma inovadora ferramenta de aperto acionada por eletroaderência que permite que os robôs peguem, carreguem e coloquem no lugar praticamente qualquer coisa simplesmente por meio de uma carga eletrostática controlada. Para completar, um escritório de advocacia internacional com atividade de robótica especializada estava presente para ajudar os funcionários a lidar com as complexidades de regulamentações trabalhistas, de contratação e de segurança quando os robôs são trazidos para substituir as pessoas ou trabalhar perto delas.

Uma das atrações mais extraordinárias da feira ficava nos corredores, que estavam povoados por um misto de participantes humanos e dezenas de robôs de presença remota supridos pela Suitable Technologies, Inc. Esses robôs, que eram compostos por uma tela plana e uma câmera instaladas em um pedestal móvel, possibilitavam que pessoas em outros locais participassem do evento, visitando os estandes, assistindo a demonstrações, fazendo perguntas e interagindo com outros participantes. A Suitable Technologies oferecia a presença remota na feira por um preço mínimo, o que permitia que visitantes de fora da área da Baía de São Francisco economizassem milhares de dólares com gastos de viagem. Depois de alguns minutos, os robôs — cada qual com um rosto humano exibido em sua tela — não pareciam nem um pouco deslocados enquanto passeavam entre os estandes e conversavam com outros participantes.

Os empregos industriais e a "volta para casa" das fábricas

Em um artigo de setembro de 2013, Stephanie Clifford, do *New York Times*, narrou a história da Parkdale Mills, uma fábrica de tecidos em Gaffney, na Carolina do Sul. A fábrica da Parkdale tem cerca de 140 funcionários. Em 1980, o mesmo nível de produção teria requerido mais de 2 mil operários. Dentro da fábrica, "é muito raro uma pessoa interromper a automação, o que acontece em geral porque determinadas tarefas ainda são mais baratas se executadas manualmente — como transferir o fio semiacabado de uma máquina para outra nas empilhadeiras".[6] O fio acabado é transportado automaticamente para máquinas de empacotamento e expedição ao longo de trajetos fixados no teto.

Esses 140 empregos na fábrica representam, pelo menos, a reversão parcial de um declínio que já dura décadas nas contratações industriais. A indústria têxtil norte-americana foi dizimada nos anos 1990, quando a produção migrou para países que pagavam salários baixos, especialmente China, Índia e México. Cerca de 1,2 milhão de empregos — mais de 3/4 dos empregos domésticos no setor têxtil — desapareceram entre 1990 e 2012. Nos últimos anos, contudo, observamos uma recuperação radical na produção. Entre 2009 e 2012, as exportações norte-americanas de tecidos e vestuário aumentaram em 37%, atingindo um total de quase US$23 bilhões.[7] A reviravolta está sendo impulsionada por uma tecnologia de automação tão eficiente a ponto de ser competitiva até mesmo com os trabalhadores que recebem os salários mais baixos no exterior.

A introdução dessas inovações sofisticadas que economizam mão de obra tem um impacto variado no setor industrial dos Estados Unidos e de outros países desenvolvidos. Embora fábricas como a Parkdale não criem diretamente um grande número de

OS ROBÔS E O FUTURO DO EMPREGO | 29

vagas, impulsionam o aumento do emprego nos fornecedores e em algumas áreas periféricas, como a de dirigir os caminhões que transportam a matéria-prima e os produtos finais. Embora um robô como Baxter certamente possa eliminar o emprego de alguns trabalhadores que executam tarefas rotineiras, também ajuda a tornar o setor industrial norte-americano mais competitivo em relação a países onde os salários são mais baixos. Na realidade, está agora em curso uma tendência significativa de "volta para casa", que está sendo motivada tanto pela disponibilidade da nova tecnologia como pelos crescentes custos de mão de obra no exterior, especialmente na China, onde os operários típicos tiveram um aumento salarial de quase 20% ao ano entre 2005 e 2010. Em abril de 2012, o Boston Consulting Group fez um levantamento entre executivos norte-americanos do setor industrial e descobriu que quase metade das empresas com vendas superiores a US$10 bilhões estava se relacionando ativamente com suas fábricas ou pensando em trazê-las de volta para os Estados Unidos.[8]

Trazer as fábricas de volta para casa reduz substancialmente os custos de transporte, oferecendo também muitas outras vantagens. Situar as fábricas perto dos mercados de consumo e dos centros de projetos possibilita que as empresas diminuam o tempo de produção e sejam bem mais ágeis nas respostas aos clientes. À medida que a automação se torna cada vez mais flexível e sofisticada, é provável que os fabricantes comecem a oferecer mais produtos customizáveis por meio de interfaces on-line, possibilitando que os clientes criem designs exclusivos ou especifiquem tamanhos de roupa difíceis de encontrar, por exemplo. A produção automatizada interna poderia, portanto, colocar um produto acabado nas mãos de um cliente em poucos dias.

Há, contudo, uma importante advertência com relação à narrativa da volta para casa. Nem mesmo o número relativamente pequeno de novos empregos industriais que estão sendo criados em decorrência disso continuará a existir no longo prazo; os robôs se tornam cada vez mais capazes e habilidosos, e à medida que novas tecnologias passarem a ser amplamente utilizadas, parece provável que muitas fábricas adotarão, com o tempo, a plena automação. As vagas nas indústrias dos Estados Unidos representam atualmente bem menos de 10% do número de vagas total. Em consequência, os robôs industriais e o retorno das fábricas provavelmente causarão um impacto relativamente marginal no mercado de trabalho como um todo.

A história será muito diferente nos países em desenvolvimento, como a China, onde as contratações estão muito mais concentradas no setor industrial. Na realidade, o avanço da tecnologia já causou um impacto significativo nesse país; entre 1995 e 2002, a China perdeu cerca de 15% de sua força de trabalho industrial, ou cerca de 16 milhões de empregos.[9] Fortes evidências sugerem que isso tende a acelerar. Em 2012, a Foxconn — o principal fabricante por contrato dos aparelhos e dispositivos da Apple — anunciou planos para operar com 1 milhão de robôs em suas fábricas. A empresa taiwanesa Delta Electronics, Inc., fabricante de adaptadores AC, recentemente alterou sua estratégia e passou a se concentrar em robôs de baixo custo para a montagem de aparelhos e instrumentos eletrônicos de precisão. A Delta espera oferecer um robô de montagem de um só braço por cerca de US$10 mil — menos da metade do custo do Baxter da Rethink. Fabricantes industriais europeus, como o ABB Group e a Kuka AG, estão investindo fortemente no mercado chinês e, hoje, constroem fábricas locais para produzir continuamente milhares de robôs por ano.[10]

Também é provável que uma crescente automação seja motivada pelo fato de as taxas de juros pagas pelas grandes empresas na China serem mantidas artificialmente baixas em decorrência da política do governo. Os empréstimos são renovados com frequência, de modo que o principal nunca chega a ser pago. Isso torna o investimento de capital extremamente atraente, mesmo quando os custos de mão de obra são baixos, e essa tem sido uma das principais razões pelas quais o investimento hoje é responsável por quase metade do PIB da China.[11] Muitos analistas acreditam que esse custo artificialmente baixo do capital tenha dado origem a uma grande quantidade de maus investimentos em toda a China, dos quais talvez o mais famoso seja a construção de "cidades-fantasmas", que parecem estar em grande parte desocupadas. Além disso, os baixos custos do capital podem criar um poderoso incentivo para que as grandes companhias invistam na automação dispendiosa, mesmo nos casos em que fazer isso não seja um bom negócio.

Um dos maiores desafios da transição para a montagem robótica na indústria chinesa de aparelhos eletrônicos será projetar robôs que sejam flexíveis o bastante para acompanhar o rápido ciclo de vida dos produtos. A Foxconn, por exemplo, mantém enormes instalações onde os operários residem, em dormitórios. A fim de acomodar as agressivas programações da produção, milhares de trabalhadores podem ser despertados no meio da noite e obrigados a começar a trabalhar de imediato. Isso resulta em uma impressionante capacidade de aumentar a produção ou de fazer um ajuste de acordo com mudanças no projeto, mas também coloca uma enorme pressão nos operários — o que foi comprovado pela epidemia de suicídios ocorrida nas instalações da Foxconn em 2010. Os robôs, é claro, têm a capacidade de trabalhar continuamente, e à medida que se tornarem mais flexíveis e fáceis de serem treinados para novas tarefas, eles se tornarão uma alternativa cada vez mais atraente para os trabalhadores humanos, mesmo quando os salários forem baixos.

A tendência para a crescente automação industrial nos países em desenvolvimento não está de modo nenhum limitada à China. A produção de roupas e sapatos, por exemplo, continua a ser um dos setores industriais mais intensivos em mão de obra, e as fábricas têm se deslocado para países com salários ainda mais baixos, como o Vietnã e a Indonésia. Em junho de 2013, a Nike anunciou que o aumento dos salários na Indonésia havia afetado negativamente seus resultados financeiros trimestrais. De acordo com o CFO da empresa, a solução a longo prazo desse problema será "substituir a mão de obra por tecnologia na fabricação do produto".[12] A crescente automação também é encarada como uma maneira de rechaçar as críticas relacionadas com os ambientes escravizantes que existem nas fábricas de vestuário do Terceiro Mundo.

O setor de serviços: onde estão os empregos

Nos Estados Unidos e em outras economias avançadas, a principal disrupção será no setor de serviços — onde, afinal de contas, hoje está empregada a maioria dos trabalhadores. Essa tendência já é evidente em áreas como a dos caixas eletrônicos e dos caixas automáticos de autosserviço, mas a próxima década provavelmente presenciará uma explosão de novas formas de automação nesse setor, colocando em risco milhões de empregos com salários relativamente baixos.

A Momentum Machines, Inc., uma startup de São Francisco, começou a automatizar completamente a produção de hambúrgueres gourmet. Enquanto um funcionário de fast food pode colocar uma dúzia de hambúrgueres no grill, a máquina da Momentum Machines molda os hambúrgueres a partir de carne recém-moída e depois grelha-os na hora — inclusive com a

OS ROBÔS E O FUTURO DO EMPREGO | 33

habilidade de adicionar a quantidade certa de carvão enquanto retém a umidade da carne. A máquina, que é capaz de produzir cerca de 360 hambúrgueres por hora, também torra e fatia o pão, adicionando ingredientes frescos como tomate, cebola e picles somente depois que o pedido é feito. Os hambúrgueres chegam montados e prontos para serem servidos em uma correia transportadora. Embora a maioria das empresas de robótica tenha o cuidado de contar uma história positiva quando se trata do possível impacto sobre o emprego, Alexandros Vardakostas, cofundador da Momentum Machines, fala sem rodeios a respeito do objetivo da empresa: "Nossa máquina não se destina a tornar os funcionários mais eficientes", disse ele. "O objetivo é eliminá-los completamente."*[13] A empresa estima que um restaurante de fast food gaste cerca de US$135 mil por ano com os salários de funcionários que produzem hambúrgueres, e que o custo total de mão de obra dessa produção para a economia norte-americana seja de US$9 bilhões anuais.[14] A Momentum Machines acredita que sua máquina se pagará em menos de um ano, e planeja vender não apenas para restaurantes, mas também para lojas de conveniência, food trucks e talvez até mesmo máquinas automáticas. A empresa argumenta que a eliminação dos custos de mão de obra e a redução da quantidade do espaço necessário nas cozinhas possibilitarão que os restaurantes gastem mais em ingredientes de alta qualidade, o que permitirá que eles ofereçam hambúrgueres gourmet a preços de fast food.

Esses hambúrgueres podem parecer muito convidativos, mas teriam um custo considerável. Milhões de pessoas têm empregos de baixa remuneração, frequentemente em tempo

---

*A empresa tem consciência do possível impacto que sua tecnologia terá sobre os empregos e, de acordo com seu site, pretende subsidiar um programa que oferecerá treinamento técnico com desconto para os funcionários que forem demitidos. (N. do E.)

parcial, nos setores de fast food e bebidas. Só o McDonald's emprega cerca de 1,8 milhão de trabalhadores em 34 mil restaurantes no mundo inteiro.[15] Historicamente, salários baixos, poucos benefícios e uma taxa de rotatividade elevada ajudaram a tornar mais acessíveis os empregos de fast food e outros cargos no varejo que requerem poucas qualificações, proporcionando uma espécie de rede de segurança no setor privado para trabalhadores que praticamente não têm outras opções. Em dezembro de 2013, o US Bureau of Labor Statistics [Departamento de Estatísticas do Trabalho dos Estados Unidos], BLS, classificou a categoria como "trabalhadores que preparam e servem a comida", uma classe que exclui garçons e garçonetes de serviço completo, como um dos principais setores do ponto de vista do número de vagas de emprego projetadas ao longo da década que termina em 2022 — com quase meio milhão de novas posições e outro milhão de vagas para substituir os trabalhadores que deixarem o setor.[16]

Na sequência da Grande Recessão, contudo, as regras que costumavam se aplicar às contratações no setor de fast food passaram a mudar rapidamente. Em 2011, o McDonald's lançou uma ostensiva iniciativa para contratar 50 mil novos funcionários em um único dia e recebeu mais de 1 milhão de solicitações — um coeficiente que fez com que conseguir um emprego no McDonald's fosse estatisticamente mais difícil do que ser aceito em Harvard. Embora as posições de fast food já tenham sido dominadas por jovens em busca de uma renda de tempo parcial enquanto estão na escola, o setor agora contrata trabalhadores bem mais maduros, que contam com o emprego como sua principal fonte de renda. Quase 90% dos trabalhadores do setor de fast food têm mais de 20 anos, e a idade média é de 35 anos.[17] Muitos desses trabalhadores mais velhos têm uma família para sustentar, tarefa quase impossível para quem ganha, em média, US$8,69 por hora.

Os baixos salários do setor e a ausência quase completa de benefícios vêm atraindo críticas intensas. Em outubro de 2013, o McDonald's foi seriamente censurado depois de um funcionário que telefonou para o setor financeiro da empresa ter sido aconselhado a solicitar auxílio-alimentação e assistência médica gratuita ao governo.[18] Na realidade, uma análise do Centro de Trabalho da Universidade da Califórnia, em Berkeley, constatou que mais da metade das famílias dos trabalhadores do setor de fast food está inscrita em algum tipo de programa de assistência social e que o custo resultante para os contribuintes norte-americanos é de quase US$7 bilhões por ano.[19]

No outono de 2013, quando uma enxurrada de protestos e de greves nos restaurantes de fast food irrompeu em Nova York e depois se espalhou para mais de cinquenta cidades norte-americanas, o Employment Policies Institute, um *think tank* conservador com fortes vínculos com os setores de restaurantes e hotéis, colocou um anúncio de página inteira no *Wall Street Journal* advertindo que "robôs poderão em breve substituir os trabalhadores do setor de fast food que estão exigindo um salário mínimo mais elevado". Embora a intenção do anúncio fosse, sem dúvida, amedrontar as pessoas, a realidade é que — como demonstra a máquina da Momentum Machines — o processo de automação no setor de fast food é praticamente inevitável. Tendo em vista que empresas como a Foxconn estão lançando robôs para executar a montagem de aparelhos e instrumentos eletrônicos de precisão na China, existem poucos motivos para acreditar que as máquinas não estarão também, com o tempo, servindo hambúrgueres, tacos e bebidas à base de café em todo o setor de fast food.*

---

*Os economistas categorizam a fast food como parte do setor de serviços; no entanto, sob um ponto de vista técnico, esse setor está mais próximo de ser uma forma de produção just-in-time. (*N. do A.*)

A rede de restaurantes de sushi Kura, no Japão, criou uma estratégia de automação bem-sucedida. Nos 262 restaurantes da rede, robôs ajudam a fazer o sushi enquanto correias transportadoras substituem os garçons. Para garantir que os alimentos estejam sempre frescos, o sistema acompanha o tempo que cada prato de sushi está circulando e automaticamente remove aqueles que atingem o tempo limite. Os clientes fazem seus pedidos em telas de toque e, quando acabam de comer, colocam os pratos vazios em uma abertura perto da mesa. O sistema calcula a conta e depois limpa os pratos, enviando-os de volta para a cozinha. Em vez de contratar gerentes de loja em cada local, a rede Kura utiliza instalações centrais nas quais os gerentes podem monitorar remotamente quase todos os aspectos das operações dos restaurantes. O modelo de negócio baseado na automação da rede Kura permite que ela cobre apenas 100 ienes por prato (cerca de US$1), oferecendo preços significativamente inferiores aos de seus concorrentes.[20]

É relativamente fácil imaginar muitas das estratégias que deram certo para a rede Kura, especialmente a produção automatizada da comida e o gerenciamento fora do local do restaurante, sendo adotadas, com o tempo, em todo o setor de fast food. Alguns passos significativos já foram dados nessa direção; o McDonald's, por exemplo, anunciou, em 2011, que iria instalar sistemas de pedidos em telas de toque em 7 mil de seus restaurantes europeus.[21] Uma vez que um dos principais protagonistas do setor comece a obter vantagens significativas em virtude da crescente automação, os outros praticamente não terão escolha senão seguir o exemplo. A automação também oferecerá a capacidade de competir em outras dimensões para além dos custos de mão de obra mais baixos. A produção robótica poderá ser encarada como mais higiênica, já que menos trabalhadores entrariam em contato com a comida. A conveniência, a velocidade e a exatidão do pedido aumentariam, assim como a capacidade de customizar os pedidos. Uma vez que as preferências de um cliente fossem registradas em um restaurante, a automação tornaria simples reproduzir sistematicamente os mesmos resultados em outros locais.

Com isso em vista, é bem fácil imaginar que um típico restaurante de fast food poderá, com o tempo, ser capaz de reduzir sua força de trabalho em 50%, ou talvez ainda mais. Nos Estados Unidos, o mercado de fast food está tão saturado que parece extremamente improvável que novos restaurantes consigam compensar essa drástica redução no número de funcionários requeridos em cada local. E isso, é claro, significaria a possibilidade de um grande número de vagas previstas pelo Departamento de Estatísticas do Trabalho nunca se tornar realidade.

A outra grande concentração de empregos com baixos salários na área de serviços se encontra no setor do varejo. Economistas do Departamento de Estatísticas do Trabalho consideram o "profissional de vendas do varejo" — que está classificado em segundo lugar, atrás apenas de "enfermeiro diplomado" — a ocupação específica que adicionará o maior número de empregos na década que se encerra em 2020, e esperam que mais de 700 mil novos empregos sejam criados.[22] Mais uma vez, contudo, a tecnologia tem o potencial de fazer com que as projeções do governo pareçam otimistas. Podemos antever que provavelmente três principais forças moldarão as contratações no setor do varejo daqui em diante.

A primeira será a contínua disrupção do setor causada pelas cadeias varejistas on-line como a Amazon, o eBay e a Netflix. A vantagem competitiva que os vendedores on-line têm sobre as lojas físicas já é evidente com o fim de grandes redes varejistas como a Circuit City, a Borders e a Blockbuster. Tanto a Amazon como o eBay estão fazendo uma experiência com a entrega no

38 | MARTIN FORD

mesmo dia em várias cidades norte-americanas, com o objetivo de enfraquecer uma das últimas grandes vantagens de que as lojas de varejo locais ainda desfrutam: a capacidade de proporcionar uma gratificação imediata após a compra.

Teoricamente, a invasão de varejistas on-line não deveria necessariamente destruir empregos, mas fazer a transição deles do ambiente de varejo tradicional para os depósitos e centros de distribuição utilizados pelas empresas on-line. No entanto, a realidade é que, uma vez que os empregos são deslocados para um depósito, torna-se muito mais fácil automatizá-los. A Amazon comprou a Kiva Systems, uma empresa de robótica de depósitos em 2012. Os robôs da Kiva, que se parecem um pouco com enormes discos de hockey, são projetados para deslocar materiais dentro dos depósitos. Em vez de ter funcionários que percorrem os corredores selecionando artigos, um robô da Kiva simplesmente desliza por uma unidade de prateleiras ou de um pálete inteiro, levanta-o e depois o conduz para o funcionário que está embalando o pedido. Os robôs se deslocam utilizando uma grade organizada por códigos de barras conectados ao chão e são usados para automatizar as operações dos depósitos em vários grandes varejistas além da Amazon, entre eles a Toys "R" Us, a Gap, a Walgreens e a Staples.[23] Um ano depois da aquisição, a Amazon tinha cerca de 1.400 robôs Kiva em operação, mas havia apenas começado o processo de integrar as máquinas aos seus imensos depósitos. Um analista de Wall Street estima que os robôs possibilitarão que a empresa reduza seus custos de atendimento dos pedidos em até 40%.[24]

A Kroger Company, um dos maiores varejistas de gêneros alimentícios nos Estados Unidos, também criou centros de distribuição altamente automatizados. O sistema da Kroger é capaz de receber dos fornecedores páletes contendo grandes suprimentos de um único produto e depois desmontá-los e criar

OS ROBÔS E O FUTURO DO EMPREGO | 39

novos páletes, contendo uma variedade de diferentes produtos que estão prontos para o envio às lojas. O sistema também é capaz de organizar a maneira como os produtos são empilhados nos páletes mistos, a fim de otimizar o abastecimento das prateleiras quando eles chegam às lojas. Os depósitos automatizados eliminam completamente a necessidade de intervenção humana, exceto na hora de carregar e descarregar os páletes dos caminhões.[25] O óbvio impacto que esses sistemas automatizados causam nos empregos não passou despercebido, e o Teamsters Union* entrou em constante conflito com a Kroger, bem como com outros varejistas de gêneros alimentícios, por causa da criação desses sistemas. Com a inserção dos robôs da Kiva e do sistema automatizado da Kroger, sobram para os trabalhadores funções em áreas como a de empacotamento de mercadorias para o envio final aos clientes, que requerem reconhecimento visual e destreza. E são exatamente essas áreas que estão desenvolvendo inovações para a Industrial Perception, em breve, ampliar a fronteira técnica.

A segunda força provavelmente será o crescimento explosivo do setor varejista de autosserviço completamente automatizado — ou, em outras palavras, máquinas de venda e quiosques inteligentes. Um estudo projetou que o valor dos produtos e serviços vendidos nesse mercado cresceria de cerca de US$740 bilhões em 2010 para mais de US$1,1 trilhão em 2015.[26] As máquinas de venda progrediram muito além de dispensar refrigerantes, pacotes de biscoitos e salgadinhos, além de um péssimo café instantâneo, e atualmente máquinas sofisticadas que vendem produtos eletrônicos de consumo

---

*Como consta no site do sindicato, o Teamsters Union defende caminhoneiros e trabalhadores de depósitos, mas conta com trabalhadores organizados em praticamente todas as ocupações imagináveis, profissionais e não profissionais, do setor privado e do setor público. (N. da T.)

40 | MARTIN FORD

como o iPod e o iPad da Apple são comuns nos aeroportos e hotéis de alto nível. A AVT, Inc., um dos principais fabricantes de máquinas de varejo automatizadas, afirma que é capaz de projetar uma solução de autosserviço personalizado praticamente para qualquer produto. As máquinas de venda tornam possível reduzir três dos principais custos do setor varejista: aqueles relacionados com bens imóveis, mão de obra e o furto de clientes e funcionários. Além de proporcionar um serviço durante 24 horas, muitas máquinas contêm telas de vídeo e são capazes de fazer propaganda direcionada de um ponto de venda, com a finalidade de motivar os clientes a comprar produtos relacionados, de maneira bastante semelhante à de um vendedor de loja. Elas também podem coletar o endereço de e-mail dos clientes e enviar recibos. Basicamente, as máquinas oferecem muitas das vantagens dos pedidos feitos on-line, com o benefício adicional da entrega instantânea.

Embora seja certo que a proliferação de máquinas de venda e quiosques eliminará empregos de vendas no varejo, essas máquinas também, é claro, criarão empregos em áreas de manutenção, reposição de estoque e consertos. O número desses novos empregos, contudo, provavelmente será mais limitado do que poderiam esperar. As máquinas de última geração estão diretamente conectadas à internet e apresentam um fluxo contínuo de informações de vendas e diagnóstico; elas também são projetadas para minimizar os custos de mão de obra associados à sua operação.

Em 2010, David Dunning era o supervisor regional de operações responsável pela manutenção e pela reposição do estoque de 189 quiosques de locação de filmes da Redbox na área de Chicago.[27] A Redbox tem mais de 42 mil quiosques nos Estados Unidos e no Canadá, tipicamente situados em lojas de conveniência e supermercados, alugando cerca de 2 milhões

OS ROBÔS E O FUTURO DO EMPREGO | 41

de vídeos por dia.[28] Dunning administrava os quiosques de sua área com uma equipe de apenas sete pessoas. A reposição do estoque é altamente automatizada; na realidade, o aspecto mais intensivo da mão de obra é trocar os anúncios translúcidos dos filmes expostos no quiosque — processo que tipicamente leva menos de dois minutos por máquina. Dunning e sua equipe dividem o tempo disponível entre o depósito, aonde chegam os novos filmes, e seus carros e casas, de onde são capazes de acessar e administrar as máquinas por seus computadores. Os quiosques são projetados para ter manutenção remota. Por exemplo, se uma máquina trava, informa isso imediatamente, e um técnico pode se conectar com o seu laptop, reiniciar o mecanismo e corrigir o problema sem precisar ir até a máquina. Os novos filmes são lançados sempre às terças-feiras, mas as máquinas podem ser reabastecidas em qualquer ocasião antes disso; o quiosque tornará os filmes disponíveis para a locação no momento adequado, o que possibilita que os técnicos programem suas visitas de reposição do estoque, de maneira a evitar o trânsito.

Embora os empregos de Dunning e de sua equipe sejam, sem dúvida, interessantes e desejáveis, são poucos, apenas uma fração do que uma rede varejista tradicional criaria. A hoje extinta Blockbuster, por exemplo, já teve dezenas de lojas na área metropolitana de Chicago, cada uma com sua própria equipe de vendas.[29] Em seu auge, a Blockbuster tinha cerca de 9 mil lojas e 60 mil funcionários. Isso representa mais ou menos sete funcionários por loja — aproximadamente o mesmo número que a Redbox empregava em toda a região atendida pela equipe de Dunning.

A terceira maior força que provavelmente perturbará as contratações no setor do varejo será a introdução de uma crescente automação nas lojas à medida que os varejistas físicos se esforçam para permanecer competitivos. As mesmas inovações que estão possibilitando que os robôs industriais aumentem a fronteira em áreas como destreza física e reconhecimento visual possibilitarão, com o tempo, que a automação no varejo comece a se deslocar dos depósitos para ambientes mais desafiadores e variados, como abastecer as prateleiras nas lojas. Na realidade, em 2005, a Walmart estava investigando a possibilidade de usar robôs que percorrem os corredores das lojas à noite e automaticamente escaneiam códigos de barras a fim de acompanhar o estoque dos produtos.[30]

Ao mesmo tempo, os corredores de check out automático e os quiosques de informações nas lojas certamente contarão com uso mais fácil, e também mais comum. Os aparelhos móveis também se tornarão uma ferramenta de autosserviço cada vez mais importante. Os futuros compradores se apoiarão em seus celulares como uma ferramenta de compra, pagamento e obtenção de ajuda e informações a respeito de produtos enquanto estiverem nos ambientes de varejo tradicionais. A disrupção móvel do varejo já está em andamento. A Walmart, por exemplo, está testando um programa experimental que permite que os clientes escaneiem códigos de barras e, em seguida, façam o check out e paguem via celular — evitando as longas filas dos caixas.[31] A Silvercar, uma startup locadora de carros, oferece a possibilidade de o cliente reservar e pegar um carro sem jamais ter que interagir com um funcionário da locadora; ele simplesmente escaneia um código de barras para abrir o carro e depois sai dirigindo.[32] À medida que a tecnologia da linguagem natural, como a Siri, da Apple, ou de sistemas ainda mais poderosos, como o Watson, da IBM, continuar a progredir e passar a ter um preço mais acessível, é fácil imaginar os compradores utilizando seus aparelhos móveis mais ou menos da mesma maneira como o fariam se estivessem interagindo com um funcionário da loja. A diferença, claro, é que o cliente nunca terá que esperar ou "caçar" o funcionário; o assistente virtual estará sempre disponível e raramente, ou talvez nunca, dará uma resposta incorreta.

Embora muitos varejistas possam escolher levar a automação para configurações tradicionais de varejo, optarão por modificar inteiramente o projeto das lojas — talvez, essencialmente, transformando-as em máquinas de venda aperfeiçoadas. As lojas desse tipo poderão consistir de um depósito automatizado com um showroom anexo no qual os clientes vão examinar amostras dos produtos e fazer pedidos. Estes poderão então ser entregues diretamente aos clientes, ou talvez até mesmo colocados pelos robôs nos veículos. Independentemente do caminho tecnológico que a empresa escolher seguir, é difícil imaginar que o resultado final não seja uma quantidade maior de robôs e máquinas — e um número significativamente menor de empregos.

Robótica em nuvem

Um dos mais importantes propulsores da revolução dos robôs poderá ser a "robótica em nuvem" — ou a migração de grande parte da inteligência que anima os robôs móveis para poderosas centrais de processamento. A robótica em nuvem foi viabilizada pela radical aceleração na velocidade com que as informações podem ser comunicadas; hoje é possível transferir grande parte da computação requerida pela robótica avançada para enormes centros de dados, dando aos robôs individuais acesso a recursos de toda a rede. Isso, é claro, torna possível construir robôs menos dispendiosos, já que há necessidade de menos energia de processamento e memória na unidade, e também possibilita upgrades imediatos de software em múltiplas máquinas. Se um robô emprega inteligência artificial centralizada para aprender e se adaptar ao seu ambiente, então esse conhecimento recém-adquirido poderia se tornar instantaneamente disponível para quaisquer outras máquinas que acessassem o sistema — tornando fácil escalonar o aprendizado da máquina por um grande número de robôs. A Google anunciou o apoio à robótica em nuvem em 2011 e oferece uma interface que possibilita que os robôs tirem proveito de todos os serviços projetados para dispositivos Android.*

O impacto da robótica em nuvem poderá ser impressionante em áreas como a do reconhecimento visual, que requer acesso a vastos bancos de dados, bem como a uma poderosa capacidade de processamento. Pense, por exemplo, no enorme desafio técnico envolvido na construção de um robô capaz de executar uma diversidade de tarefas domésticas. Uma empregada robótica cuja tarefa fosse colocar ordem na bagunça de um aposento precisaria ser capaz de reconhecer uma quantidade quase ilimitada de objetos e depois decidir o que fazer com eles. Esses objetos poderiam se apresentar em vários estilos, estar colocados em várias posições e talvez até mesmo se encontrar, de alguma maneira, enredados uns nos outros. Compare esse desafio com aquele enfrentado pelo robô da Industrial Perception que move caixas, citado no início deste capítulo. Embora a capacidade do robô de discernir e pegar caixas individuais, mesmo quando estão empilhadas de maneira descuidada, seja uma realização impressionante, mesmo assim está limitada a... caixas. Isso está, obviamente, muito longe de o robô ser capaz de reconhecer e manipular praticamente qualquer objeto com qualquer formato e em qualquer configuração.

---

*O forte interesse da Google pela robótica pôde ser comprovado em 2013, quando a empresa adquiriu oito empresas startup em um período de seis meses. Entre elas, estava a Industrial Perception. (*N. do A.*)

OS ROBÔS E O FUTURO DO EMPREGO | 45

Construir essa abrangente percepção e esse reconhecimento visual em um robô com preço acessível representa um desafio intimidador. No entanto, a robótica em nuvem oferece pelo menos um vislumbre do caminho que poderá, com o tempo, conduzir a uma solução. Em 2010, a Google lançou seu aplicativo "Goggles" para aparelhos móveis equipados com câmera e, desde então, vem aprimorando sua tecnologia. Esse recurso possibilita que você tire uma foto de prédios históricos, livros, trabalhos de arte e produtos comerciais e depois peça ao sistema que reconheça e obtenha informações relevantes para essa foto. Seria bem difícil e dispendioso embutir a capacidade de reconhecer praticamente qualquer objeto no sistema integrado de um robô, mas é relativamente fácil imaginar os robôs do futuro reconhecendo os objetos em seu ambiente por meio do acesso a um vasto banco de dados de imagens centralizado, semelhante ao usado pelo sistema Goggles. A biblioteca de imagens baseada em nuvem poderia ser continuamente atualizada, e quaisquer robôs com acesso ao sistema obteriam upgrade imediato de sua capacidade de reconhecimento visual.

A robótica em nuvem certamente será um propulsor significativo do progresso na construção de robôs mais capazes, mas também desperta preocupações importantes, especialmente na área da segurança. Sem considerar sua perturbadora semelhança com "Skynet", a máquina controladora inteligente da série de filmes *O exterminador do futuro*, estrelada por Arnold Schwarzenegger, há também a questão mais prática e imediata da suscetibilidade à invasão de hackers ou a um ciberataque. Essa será uma preocupação importante se a robótica em nuvem assumir um dia um papel central em nossa infraestrutura de transporte. Por exemplo, se caminhões e trens automatizados passarem a transportar alimentos e outros suprimentos essenciais sob um controle centralizado, esse sistema poderá criar extrema vulnerabilidade. Já existe uma grande preocupação a respeito da vulnerabilidade das máquinas industriais, bem como da infraestrutura fundamental, como a rede elétrica, a um ciberataque. Essa vulnerabilidade foi demonstrada pelo vírus Stuxnet, que foi criado pelos governos dos Estados Unidos e de Israel em 2010 para atacar as centrífugas usadas no programa nuclear iraniano. Se, um dia, importantes componentes de infraestrutura dependerem de uma inteligência artificial centralizada, essas preocupações poderiam ascender a um nível completamente novo.

Os robôs na agricultura

De todos os setores de emprego que compõem a economia norte-americana, a agricultura se destaca como aquele que passou por uma transformação mais radical, como resultado direto do progresso tecnológico. Quase todas essas novas tecnologias tinham, é claro, uma natureza mecânica e surgiram muito antes do advento da avançada tecnologia da informação. No final do século XIX, quase 50% dos trabalhadores norte-americanos estavam empregados em propriedades rurais; em 2000, esse percentual havia caído para menos de 2%. Para culturas agrícolas como trigo, milho e algodão, que podem ser plantados, cultivados e colhidos mecanicamente, a mão de obra humana necessária por *bushel* [35,34 litros] produzido hoje é praticamente desprezível nos países desenvolvidos. Muitos aspectos da criação e da administração dos animais de fazenda também estão mecanizados. Por exemplo, sistemas de ordenha robóticos são habitualmente utilizados nas fazendas de gado leiteiro e, nos Estados Unidos, as galinhas são criadas para atingir determinados tamanhos, de maneira a torná-las compatíveis com o abate e o processamento automatizado.

As áreas da agricultura intensivas em mão de obra estão basicamente voltadas para a seleção de frutas e hortaliças delicadas e valiosas, bem como de plantas e flores ornamentais. Assim como outras ocupações manuais relativamente rotineiras, essas funções têm estado até agora protegidas da mecanização, principalmente porque dependem muito da percepção visual e da habilidade manual. As frutas e as hortaliças são facilmente danificadas e, com frequência, precisam ser selecionadas com base na cor ou na textura. Para uma máquina, o reconhecimento visual é um desafio importante: as condições de luminosidade podem ser altamente variáveis, e as frutas individuais podem estar em várias posições e até mesmo parcial ou completamente cobertas por folhas.

As mesmas inovações que expandem a fronteira da robótica no ambiente das fábricas e dos depósitos estão finalmente tornando muitas das funções agrícolas suscetíveis à automação. A Vision Robotics, empresa estabelecida em San Diego, na Califórnia, está desenvolvendo uma máquina para colher laranjas que parece um polvo. O robô usará uma visão de máquina tridimensional para formar um modelo computadorizado de uma laranjeira inteira e depois armazenar a localização de cada fruta. Essas informações serão então passadas para os oito braços robóticos da máquina, os quais rapidamente colherão as laranjas.[33] A startup Harvest Automation, de Boston, está concentrada na construção de robôs para automatizar as operações nos viveiros de plantas e nas estufas. Ela estima que o trabalho manual represente mais de 30% do custo de cultivo das plantas ornamentais. A longo prazo, a empresa acredita que seus robôs serão capazes de executar até 40% do trabalho manual agrícola hoje requerido nos Estados Unidos e na Europa.[34] Robôs experimentais já estão podando videiras na França usando a tecnologia de visão de máquina combinada com algoritmos que decidem quais caules devem ser cortados.[35] No Japão, uma nova máquina é capaz de selecionar morangos maduros com base em variações sutis de cor e depois colher um morango a cada oito segundos — trabalhando continuamente e fazendo a maior parte do trabalho à noite.[36]

Os robôs agrícolas avançados são particularmente atraentes em países que não têm acesso à mão de obra migratória com baixos salários. Tanto a Austrália como o Japão, por exemplo, são nações insulares com uma força de trabalho que está envelhecendo rapidamente. Considerações de segurança também fazem de Israel uma ilha virtual do ponto de vista da mobilidade da mão de obra. Muitas frutas e hortaliças precisam ser colhidas em uma janela de tempo muito pequena, de modo que a falta de trabalhadores disponíveis no momento certo pode facilmente se revelar um problema catastrófico.

Além de reduzir a necessidade de mão de obra, a automação agrícola tem o enorme potencial de tornar a atividade rural mais eficiente e bem menos intensiva em recursos. Os computadores têm a capacidade de acompanhar e administrar as culturas agrícolas em um nível de detalhe que seria inconcebível para os trabalhadores humanos. O Australian Centre for Field Robotics (ACFR), na Universidade de Sydney, está concentrado em empregar a robótica agrícola avançada para ajudar a posicionar a Austrália como um dos principais fornecedores de alimentos para a população da Ásia, que está explodindo — apesar da relativa escassez de terra arável e água doce no país. O ACFR idealiza robôs que percorrem continuamente os campos, colhendo amostras do solo ao redor de plantas e depois injetando a quantidade correta de água ou fertilizante.[37] A aplicação precisa de fertilizantes ou pesticidas em plantas, ou até mesmo em frutas específicas que crescem em uma árvore, poderia reduzir a utilização desses produtos

OS ROBÔS E O FUTURO DO EMPREGO | 49

químicos em até 80%, diminuindo, desse modo, drasticamente, a quantidade de escoamento tóxico, que acaba poluindo rios, córregos e outras massas de água.*[38]

A agricultura, na maior parte dos países em desenvolvimento, é notoriamente ineficiente. Os pedaços de terra cultivados pelas famílias em geral são minúsculos, o investimento de capital é mínimo e a tecnologia moderna simplesmente não está disponível. Embora as técnicas de cultivo sejam intensivas em mão de obra, a terra com frequência precisa sustentar mais pessoas do que aquelas realmente necessárias para cultivá-la. Quando a população mundial aumentar para além de 9 bilhões nas próximas décadas, haverá uma pressão cada vez maior para que se faça a transição de toda a terra arável disponível para fazendas mais eficientes que sejam capazes de produzir safras maiores. A tecnologia agrícola avançada desempenhará papel importante, em especial nos países em que a água é escassa e os ecossistemas foram danificados pela utilização excessiva de produtos químicos. A maior mecanização, contudo, também significará que a terra proverá sustento para um número bem menor de pessoas. A norma histórica tem sido a de esses trabalhadores excedentes migrarem para as cidades e os centros industriais em busca de trabalho nas fábricas — mas, como vimos, essas fábricas serão transformadas pela tecnologia de automação, em crescente expansão. Na realidade, parece um tanto difícil imaginar quantos países em desenvolvimento conseguirão lidar com esses distúrbios tecnológicos sem enfrentar importantes crises de desemprego.

Nos Estados Unidos, a robótica agrícola tem o potencial de, com o tempo, frustrar muitas das suposições fundamentais

---

*A agricultura de precisão — ou a capacidade de acompanhar e administrar plantas ou até mesmo frutas — faz parte do fenômeno de big data, assunto que vamos examinar no Capítulo 4. (N. do A.)

que são a base da política de imigração — uma área que já está sujeita a interesses partidários intensamente polarizados. O impacto já é evidente em algumas áreas que costumavam empregar um grande número de trabalhadores rurais. Na Califórnia, as máquinas contornam o intimidador desafio visual de selecionar amêndoas simplesmente agarrando a árvore inteira e sacudindo-a com violência. As amêndoas, então, caem no chão, onde serão colhidas por outra máquina. Muitos agricultores californianos deixaram de se dedicar a culturas agrícolas delicadas como o tomate e passaram a cultivar nozes, mais robustas, porque estas podem ser mecanicamente colhidas. Os empregos na Califórnia diminuíram cerca de 11% na primeira década do século XXI, enquanto a produção total de culturas como as amêndoas, que são compatíveis com as técnicas agrícolas automatizadas, simplesmente explodiu.[39]

À MEDIDA QUE A ROBÓTICA E AS TECNOLOGIAS avançadas de autosserviço são implementadas em todos os setores da economia, ameaçarão principalmente os empregos com salários mais baixos, que requerem níveis modestos de instrução e treinamento. No entanto, hoje esses empregos compõem a vasta maioria das novas colocações que estão sendo geradas pela economia — e a economia norte-americana precisa criar algo em torno de 1 milhão de empregos por ano apenas para ficar estacionária em face do crescimento populacional. Mesmo que coloquemos de lado a possibilidade de uma efetiva redução no número desses empregos à medida que forem surgindo novas tecnologias, qualquer declínio na velocidade com que eles são criados terá consequências terríveis e cumulativas para o emprego a longo prazo.

Muitos economistas e políticos poderão se mostrar propensos a não considerar isso um problema. Afinal de contas, os empregos rotineiros, com baixos salários e que exigem poucas qualificações — pelo menos nas economias avançadas — tendem a ser encarados como inerentemente indesejáveis, e quando os economistas discutem o impacto da tecnologia nesse tipo de emprego, é muito provável que ouçamos a frase "liberados", ou seja, os trabalhadores que perderem seu emprego de baixa qualificação estarão liberados para procurar mais treinamento e melhores oportunidades. É claro que a suposição fundamental é que uma economia dinâmica como a dos Estados Unidos sempre será capaz de gerar um número suficiente de empregos mais bem-remunerados e que requerem melhores qualificações para absorver todos esses trabalhadores recém-liberados — desde que eles consigam adquirir o treinamento necessário.

Essa suposição repousa sobre uma base cada vez mais duvidosa. Nos dois próximos capítulos, vamos examinar o impacto que a automação já teve nos empregos e na renda dos norte-americanos e analisar as características que diferenciam a tecnologia da informação como uma força singularmente disruptiva. Essa discussão fornecerá um ponto inicial a partir do qual nos aprofundaremos em uma história que está desabrochando e prestes a afetar radicalmente a sabedoria convencional a respeito dos tipos de emprego que têm mais probabilidade de serem automatizados e a viabilidade do constante aumento da instrução e do treinamento como uma solução: as máquinas também estão indo atrás dos empregos altamente remunerados e qualificados.

2. Desta vez é diferente?

Na manhã de domingo, 31 de março de 1968, o reverendo Martin Luther King Jr. postava-se no púlpito de pedra de calcário, laboriosamente talhado, da Catedral Nacional de Washington. O prédio — que é uma das maiores igrejas do mundo e tem duas vezes o tamanho da Abadia de Westminster, em Londres — estava lotado, com milhares de pessoas apinhadas na nave central e no transepto, olhando para baixo da galeria do coro e espremidas nos portais. Pelo menos outras mil pessoas estavam reunidas do lado de fora, nos degraus, ou na igreja vizinha, a Igreja Episcopal de Santo Albano, para ouvir o sermão pelos alto-falantes.

Esse seria o último sermão do Dr. King. Cinco dias depois, a catedral estaria novamente apinhada, porém por uma multidão muito mais sombria — que contava com a presença do presidente Lyndon Johnson, altos funcionários do gabinete presidencial, os nove juízes da Suprema Corte e importantes membros do Congresso —, reunida para homenagear King em um serviço memorial no dia seguinte ao seu assassinato em Memphis, Tennessee.[1]

O título daquele último sermão do Dr. King foi "Permanecendo desperto durante a Grande Revolu-

54 | MARTIN FORD

ção". Os direitos humanos foram, como era de se esperar, um importante componente de seu discurso, mas ele tinha em mente uma mudança revolucionária em uma área muito mais ampla, como explicou pouco depois de começar o sermão:

> É impossível negar que uma grande revolução está em curso no mundo. Em certo sentido, trata-se de uma tripla revolução: ou seja, uma revolução tecnológica, com o impacto da automação e da cibernética; há também a revolução nos armamentos, com o surgimento de armas de guerra atômicas e nucleares; e há a revolução dos direitos humanos, com a explosão de liberdade que está acontecendo no mundo inteiro. De fato, vivemos numa época em que mudanças estão ocorrendo. E há ainda a voz que brada através do panorama do tempo dizendo: "Vejam, faço novas todas as coisas; as coisas antigas desaparecem."[2]

A expressão "tripla revolução" fazia referência a um relatório escrito por um grupo de acadêmicos, jornalistas e tecnólogos proeminentes que se intitulavam Comitê Ad Hoc sobre a Tripla Revolução. O grupo contava com o químico ganhador do Prêmio Nobel Linus Pauling e também com o economista Gunnar Myrdal, que viria a receber o Prêmio Nobel de Economia, junto com Friedrich Hayek, em 1974. Duas das forças revolucionárias identificadas no relatório — as armas nucleares e o movimento dos direitos civis — estão indelevelmente inseridas na narrativa histórica da década de 1960. A terceira revolução, que compreendia a maior parte do texto do documento, foi em grande medida esquecida. O relatório vaticinou que a automação logo resultaria em uma economia na qual "uma produção potencialmente ilimitada pode ser obtida por sistemas de máquinas que exigirão pouca cooperação da parte dos seres humanos".[3] O resultado seria o desemprego em massa, a crescente desigualdade e, por último, a queda na demanda de bens e serviços, já

OS ROBÔS E O FUTURO DO EMPREGO | 55

que os consumidores iriam carecer cada vez mais do poder de compra necessário para continuar a impulsionar o crescimento econômico. O Comitê Ad Hoc continuou e propôs uma solução radical: a implementação de uma renda mínima garantida que se tornaria possível pela "economia de abundância" que essa difundida automação poderia criar, e que "substituiria a miscelânea de medidas de assistência social" destinadas a lidar com a pobreza que estavam em vigor na época.*

O relatório da Tripla Revolução foi divulgado para a mídia e enviado ao presidente Johnson, ao secretário do Trabalho e aos líderes do Congresso em março de 1964. Uma carta de encaminhamento advertia que, se alguma medida semelhante às soluções propostas no relatório não fosse implementada, "a nação seria lançada em um distúrbio econômico e social sem precedentes". Um artigo de primeira página com extensas citações do relatório foi publicado na edição do dia seguinte do *New York Times*, e vários outros jornais e revistas publicaram artigos e editoriais (a maioria deles fazia críticas), em alguns casos até mesmo incluindo o texto completo do relatório.[4]

A Tripla Revolução marcou o que talvez tenha sido a crista de uma onda de preocupação a respeito do impacto da automação que havia surgido depois da Segunda Guerra Mundial. O espectro do desemprego em massa quando as máquinas desalojassem os trabalhadores havia incitado o medo muitas vezes no passado — recuando ao levante ludita na Grã-Bretanha, em 1812 —, mas, nas décadas de 1950 e 1960, a preocupação era es-

---

*O Comitê da Tripla Revolução não defendia a implementação imediata de uma renda garantida. Em vez disso, propunha uma lista com nove políticas de transição. Muitas delas eram bastante convencionais, e incluíam itens como grande aumento no investimento com educação, projetos de utilidade pública para criar empregos e a construção de moradias de baixo custo. O relatório também defendia uma grande expansão do papel dos sindicatos e sugeria que o trabalho organizado se tornasse um defensor tanto dos desempregados como daqueles que tinham um emprego. (*N. do A.*)

56 | MARTIN FORD

pecialmente aguda e articulada por algumas das pessoas mais proeminentes e intelectualmente capazes dos Estados Unidos.

Em 1949, a pedido do *New York Times*, Norbert Wiener, um matemático de renome internacional do Massachusetts Institute of Technology, escreveu um artigo descrevendo sua visão para o futuro dos computadores e da automação.[5] Wiener fora uma criança prodígio que ingressara na faculdade aos 11 anos e concluíra o doutorado com apenas 17; posteriormente, fundou o campo da cibernética e fez substanciais contribuições para a matemática aplicada e para a base da ciência da computação, da robótica e da automação controlada por computador. Em seu artigo — escrito apenas três anos depois que o primeiro verdadeiro computador eletrônico de uso geral foi construído na Universidade da Pensilvânia* — Wiener argumentou que, "se pudermos fazer qualquer coisa de maneira clara e inteligível, poderemos fazê-la com uma máquina", advertindo que isso poderia, em última análise, conduzir a "uma revolução industrial de absoluta crueldade" acionada por máquinas capazes de "reduzir o valor econômico do operário de fábrica a ponto de não valer a pena contratá-lo por nenhum preço".**

Três anos depois, um futuro distópico bem parecido com aquele que Wiener havia imaginado apareceu nas páginas do primeiro romance de Kurt Vonnegut. *Revolução no futuro* descreveu uma economia automatizada em que máquinas industriais controladas por uma minúscula elite técnica faziam

---

*O ENIAC (Electronic Numerical Integrator and Computer) foi construído na Universidade da Pensilvânia em 1946. Tratava-se de um computador programável, financiado pelo Exército dos Estados Unidos, que se destinava principalmente a calcular tabelas de tiro usadas para a mira da artilharia. (*N. do A.*)

**Por causa de um erro de comunicação, o artigo de Wiener não foi publicado em 1949. Um rascunho foi encontrado por um pesquisador que trabalhava com documentos nos arquivos da biblioteca do MIT em 2012, e trechos substanciais foram finalmente publicados em um artigo de maio de 2013 pelo jornalista científico John Markoff. (*N. do A.*)

praticamente todo o trabalho, enquanto a vasta maioria da população enfrentava uma existência sem sentido e um futuro sem esperança. Vonnegut, que posteriormente alcançou status de autor lendário, passou a vida inteira ciente da relevância de seu romance de 1952, escrevendo décadas depois que ele estava se tornando "mais atual a cada dia".[6]

Quatro meses depois de o governo Johnson receber o relatório da Tripla Revolução, o presidente assinou uma lei criando a Comissão Nacional de Tecnologia, Automação e Progresso Econômico.[7] Nos comentários que fez na cerimônia de assinatura da lei, Johnson disse que "a automação pode ser a aliada da nossa prosperidade se olharmos para a frente, se compreendermos o que está por vir e se definirmos o nosso rumo com sabedoria depois de um planejamento adequado para o futuro". A recém-formada comissão — como acontece quase universalmente — dissipou-se rapidamente na obscuridade, deixando para trás pelo menos três longos relatórios.[8]

A ironia de todas as preocupações com a automação do período pós-guerra foi que a economia ofereceu pouquíssimas evidências que respaldassem essas preocupações. Quando o relatório da Tripla Revolução foi divulgado, em 1964, a taxa de desemprego estava pouco acima de 5%, e cairia para um mínimo de 3,5% em 1969. Mesmo durante as quatro recessões que ocorreram entre 1948 e 1969, o desemprego nunca atingiu 7%, caindo depois rapidamente, quando a recuperação tinha início.[9] A criação de novas tecnologias de fato promoveu um aumento substancial na produtividade, mas a parte do leão desse crescimento era captada pelos trabalhadores na forma de salários mais elevados.

No início da década de 1970, o foco se deslocara para o embargo do petróleo da OPEP, e depois para os anos subsequentes de estagflação. O potencial para que as máquinas e os computadores causassem o desemprego foi empurrado cada vez para mais longe da cultura predominante. Entre os economistas profissionais em particular, a ideia se tornou praticamente intocável. Aqueles que se atreviam a cultivar esses pensamentos corriam o risco de ser rotulados de "neoluditas".

Tendo em vista que as terríveis circunstâncias previstas no relatório da Tripla Revolução não aconteceram, podemos fazer uma pergunta óbvia: os autores do relatório estavam de fato errados? Ou eles — como muitos antes deles — simplesmente fizeram soar o alarme cedo demais?

Norbert Wiener, na condição de um dos pioneiros da tecnologia da informação, percebeu que o computador digital era fundamentalmente diferente das tecnologias mecânicas que o precederam. Era um agente de mudança: um novo tipo de máquina, com o potencial de marcar o início de uma nova era — e, em última análise, talvez um tipo de máquina capaz de despedaçar a própria estrutura da sociedade. No entanto, as opiniões de Wiener foram expressas em uma época na qual os computadores eram monstruosidades do tamanha de uma sala e cujos cálculos eram alimentados por dezenas de milhares de válvulas de rádio eletrônicas extremamente quentes, e era esperado que um certo número delas parasse de funcionar quase diariamente.[10] Décadas se passariam até que o arco exponencial do progresso impelisse a tecnologia digital para um nível no qual essas opiniões pudessem ser razoavelmente justificadas.

Essas décadas ficaram para trás, e o momento agora é oportuno para uma reavaliação com o espírito aberto do impacto da tecnologia sobre a economia. As informações mostram que, enquanto as preocupações com o impacto da tecnologia que economiza mão de obra retrocediam para a periferia do pensamento econômico, algo que fora fundamental para a prosperidade da era do pós-guerra começou gradualmente a mudar na economia americana. A quase perfeita correlação histórica entre o aumento da produtividade e o aumento da renda entrou em colapso; o salário da maioria dos norte-americanos estagnou e, no caso de muitos trabalhadores, até mesmo declinou; a desigualdade de renda cresceu vertiginosamente para níveis não presenciados desde a véspera do colapso do mercado de ações de 1929; e uma nova expressão — "recuperação sem empregos" — encontrou lugar proeminente em nosso vocabulário. Ao todo, podemos enumerar pelo menos sete tendências econômicas que, tomadas em conjunto, sugerem um papel transformador para a progressiva tecnologia da informação.

Sete tendências fatais

Salários estagnados

O ano de 1973 foi repleto de eventos na história dos Estados Unidos. O governo Nixon estava envolvido com o escândalo Watergate e, em outubro, a OPEP iniciou um embargo de petróleo que logo resultaria em longas filas de motoristas zangados nos postos de gasolina do país inteiro. No entanto, enquanto Nixon descia em sua espiral da morte, outra história estava se desenrolando. Ela começou com um evento que passou completamente despercebido, mas que marcou o início de uma tendência que possivelmente ofuscou a importância tanto de Watergate quanto da crise do petróleo, porque esse foi o ano em que a remuneração do trabalhador norte-americano típico atingiu seu auge. Em dólares de 2013, o trabalhador típico — ou seja, os trabalhadores da área de produção e os que não ocupavam cargos de supervisão no setor privado, que representavam bem mais da metade da força de trabalho no país — ganhava cerca de US$767 por semana em 1973. No ano seguinte, o salário médio real iniciou um íngreme declínio do qual nunca se recuperou por completo. Quatro décadas depois, um trabalhador semelhante ganha apenas US$664, o que equivale a um declínio de cerca de 13%.[11]

A história se torna modestamente melhor se examinarmos a renda mediana das unidades familiares. Entre 1949 e 1973, essa renda nos Estados Unidos aproximadamente duplicou, indo de cerca de US$25 mil para US$50 mil. O crescimento da renda mediana nesse período acompanhou quase perfeitamente o PIB *per capita*. Três décadas depois, a renda mediana das unidades familiares havia aumentado para cerca de US$61 mil, o que equivale a um aumento de apenas 22%. Esse crescimento, contudo, foi, em grande medida, impulsionado pelo ingresso das mulheres na força de trabalho. Se a renda tivesse avançado em uníssono com o crescimento econômico — como era o caso antes de 1973 —, a renda da família mediana estaria hoje bem acima de US$90 mil, ou seja, 50% a mais da renda mediana atual de US$61 mil.[12]

A Figura 2.1 mostra a relação entre a produtividade do trabalho* (que mede o valor da produção horária dos trabalhadores) e a remuneração (que inclui os salários e os benefícios) paga aos trabalhadores do setor privado a partir de 1948. O primeiro segmento do gráfico (de 1948 a 1973) mostra a expectativa dos economistas. O crescimento na produtividade avança quase perfeitamente em uníssono com a remuneração. A prosperidade marcha para cima e é compartilhada amplamente por todos os que contribuem para a economia. A partir de meados da década

---

*A produtividade do trabalho mede o valor da produção (bens ou serviços) gerada por hora pelos trabalhadores. Trata-se de um indicador criticamente importante da eficiência geral de uma economia; ele determina, em um grau significativo, a riqueza de uma nação. Os países desenvolvidos, industrializados, têm uma elevada produtividade porque seus trabalhadores têm acesso a uma tecnologia melhor, desfrutam de melhor nutrição e também de ambientes mais seguros e saudáveis, e são, de um modo geral, mais instruídos e treinados. Os países pobres carecem dessas coisas e são, portanto, menos produtivos; o povo precisa trabalhar mais horas e mais arduamente para gerar o mesmo nível de produção. (*N. do A.*)

de 1970, a ampliação da lacuna entre as duas linhas é uma ilustração gráfica do grau em que os frutos da inovação em toda a economia estão agora sendo quase inteiramente creditados aos empresários e investidores, e não aos trabalhadores.

Figura 2.1. Crescimento da remuneração horária real dos trabalhadores da área de produção e dos que não têm função de supervisão *versus* produtividade (1948-2011)

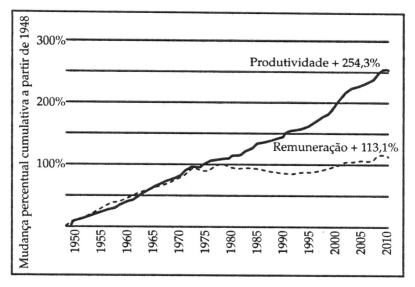

FONTE: Lawrence Mishel, Instituto de Economia Política, com base em uma análise não publicada de informações totais da economia do Bureau of Labor Statistics [Departamento de Estatísticas do Trabalho], do programa de Labor Productivity and Costs [Produtividade e Custos do Trabalho], e da série de informações públicas sobre a Bureau of Economic Analysis's National Income and Product Accounts [Renda Nacional e Contas de Produtos do Departamento de Análise Econômica].[13]

Apesar da clareza desse gráfico, muitos economistas ainda não reconheceram completamente a divergência entre o crescimento dos salários e da produtividade. A Figura 2.2 compara as taxas de crescimento da remuneração e da produtividade em diferentes períodos desde 1947. A produtividade tem superado significativamente a remuneração em cada década desde 1980. A diferença é especialmente drástica de 2000 a 2009; embora o crescimento da produtividade seja quase igual ao do período 1947-1973 — a era de ouro da prosperidade do pós-guerra —, a remuneração fica muito para trás. É difícil olhar para esse gráfico e não ter a impressão de que o crescimento da produtividade está claramente superando todos os aumentos que quase todos os trabalhadores estão obtendo.

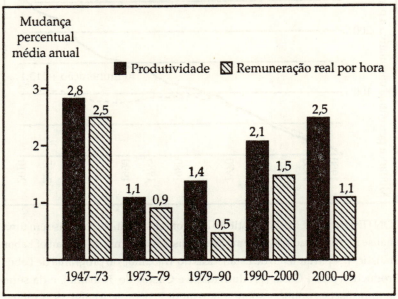

Figura 2.2. O crescimento da produtividade *versus* o crescimento da remuneração

FONTE: Departamento de Estatísticas do Trabalho dos Estados Unidos.[14]

A maioria dos estudantes de economia tem sido especialmente lenta em reconhecer esse quadro. Considere, por exemplo, *Principles of Economics* [Princípios da economia, em tradução livre], um livro-texto introdutório de autoria de John B. Taylor e Akila

OS ROBÔS E O FUTURO DO EMPREGO | 63

Weerapana,[15] o texto obrigatório para o curso de introdução à economia, imensamente popular, do professor Taylor na Universidade de Stanford. O livro contém um gráfico muito semelhante ao da Figura 2.2, mas, mesmo assim, defende um estreito relacionamento entre os salários e a produtividade. Mas e quanto ao fato de que a produtividade se afasta dos saltos dos salários a partir da década de 1980? Taylor e Weerapana assinalam que "o relacionamento não é perfeito". Essa declaração parece ser, no mínimo, uma atenuação da verdade. A edição de 2007 de outro livro-texto, também intitulado *Principles of Economics*,[16] cujo coautor é o professor de Princeton — e ex-presidente do conselho de administração do Federal Reserve — Ben Bernanke, sugere que o lento crescimento dos salários a partir de 2000 pode ter resultado do "fraco mercado de trabalho que se seguiu à recessão de 2001" e que os salários deverão "alcançar o crescimento da produtividade quando o mercado de trabalho voltar ao normal" — um ponto de vista que parece desconsiderar o fato de que a estreita correlação entre salário e produtividade começou a deteriorar muito antes de os atuais estudantes universitários terem nascido.*

---

*Há também uma questão técnica que entra em jogo quando discutimos a lacuna entre o crescimento dos salários e o aumento da produtividade. Tanto os valores dos salários (ou, em linhas mais gerais, da remuneração) como os da produtividade precisam ser ajustados pela inflação. A maneira clássica de fazer isso — e o método adotado pelo US Bureau of Labor Statistics [Departamento de Estatísticas do Trabalho dos Estados Unidos] (BLS) — é usar duas medidas diferentes de inflação. Os salários são ajustados por meio do Índice de Preço ao Consumidor (IPC) porque isso reflete os preços dos produtos e serviços nos quais os trabalhadores efetivamente gastam seu dinheiro. Os valores da produtividade são ajustados pelo deflator do PIB (ou deflator de preço implícito), que é uma medida mais ampla da inflação em toda a economia. Em outras palavras, o deflator do PIB incorpora os preços de muitos itens que os consumidores na verdade não compram. Uma diferença especialmente importante é que os computadores e a tecnologia da informação — que sofreram uma substancial deflação no preço devido à Lei de Moore — são muito mais importantes para o deflator do PIB do que o IPC (os computadores não são um grande componente do orçamento da maioria das unidades familiares, mas são comprados em grande quantidade pelas empresas). Alguns economistas — particularmente os mais conservadores — argumentam que o deflator do PIB deveria ser usado tanto para os salários como para a produtividade. Quando esse método é utilizado, a lacuna entre o crescimento dos salários e o crescimento da produtividade se reduz significativamente. No entanto, é quase certo que essa abordagem minimiza o nível de inflação que afeta os assalariados. (*N. do A.*)

Um mercado em baixa para a parcela do trabalho e um mercado superaquecido para as corporações

No início do século XX, o economista e estatístico britânico Arthur Bowley pesquisou décadas de informações sobre a renda nacional do Reino Unido e mostrou que a fração da renda nacional que ia para o trabalho e para o capital permanecia relativamente constante, pelo menos no decorrer de longos períodos. Esse relacionamento aparentemente fixo acabou se tornando um princípio econômico aceito e conhecido como "Lei de Bowley". John Maynard Keynes, talvez o mais famoso economista de todos os tempos, diria mais tarde que a Lei de Bowley era "um dos fatos mais surpreendentes, embora mais bem-estabelecidos, em toda a amplitude da estatística econômica".[17]

Figura 2.3. Parcela do trabalho da renda nacional dos Estados Unidos (1947-2014)

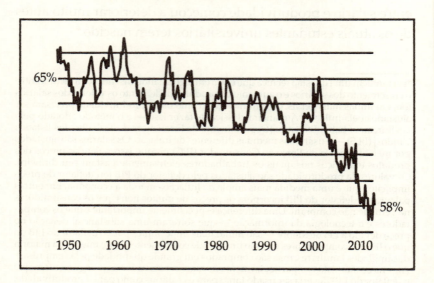

FONTE: US Bureau of Labor Statistics [Departamento de Estatísticas do Trabalho dos Estados Unidos] e Federal Reserve Bank de St. Louis (FRED).[18]

OS ROBÔS E O FUTURO DO EMPREGO | 65

Como mostra a Figura 2.3, no período do pós-guerra, a parcela da renda nacional dos Estados Unidos que ia para o trabalho alterou-se em uma amplitude relativamente estreita, como havia prognosticado a Lei de Bowley. No entanto, desde meados da década de 1970, a Lei de Bowley começou a degringolar, pois a parcela do trabalho passou, primeiro, por um declínio gradual e, depois, por uma aparente queda livre, pouco depois da virada do século. O declínio é ainda mais extraordinário quando consideramos que a parcela do trabalho inclui qualquer pessoa que receba um contracheque. Em outras palavras, os enormes salários dos CEOs, dos executivos de Wall Street, das celebridades do esporte e dos astros e estrelas do cinema são todos considerados trabalho, e esses, é claro, não vêm de modo nenhum declinando; eles vêm disparando. Um gráfico que mostrasse a parcela da renda nacional creditada aos trabalhadores comuns — ou, em linhas mais gerais, aos 99% inferiores da distribuição de renda — certamente apontaria uma queda ainda mais íngreme.

Enquanto a parcela da renda do trabalho despencava, a história era muito diferente para os lucros corporativos. Em abril de 2012, o *Wall Street Journal* publicou uma história intitulada "For Big Companies, Life is Good" ["Para as grandes empresas, a vida é boa"] que documentou a impressionante velocidade com que as corporações se recuperaram da mais grave crise econômica depois da Grande Depressão. Enquanto milhões de trabalhadores permaneciam desempregados ou aceitavam empregos com um salário menor ou com menos horas de trabalho, o setor corporativo emergiu da retração econômica "mais produtivo, mais lucrativo, cheio de dinheiro e menos onerado por dívidas".[19] No decurso da Grande Recessão, as corporações haviam se tornado versadas em produzir mais com menos funcionários. Em 2011, grandes empresas geraram uma média de US$420 mil de receita por funcionário, um aumento de mais de 11% sobre o valor de 2007, que era de US$378 mil.[20] Ao gastar em novas fábricas e equipamentos, inclusive na tecnologia da informação, de acordo com o índice S&P 500, as empresas haviam duplicado com relação ao ano anterior, levando o investimento de capital como um percentual da receita de volta aos níveis anteriores à crise.

Os lucros corporativos como percentual do total da economia (PIB) também dispararam depois da Grande Recessão (veja a Figura 2.4). Repare que, apesar da queda íngreme dos lucros durante a crise econômica de 2008-2009, a velocidade com que a lucratividade se recuperou não teve precedentes em comparação às recessões anteriores.

Figura 2.4. Lucros corporativos como percentual do PIB

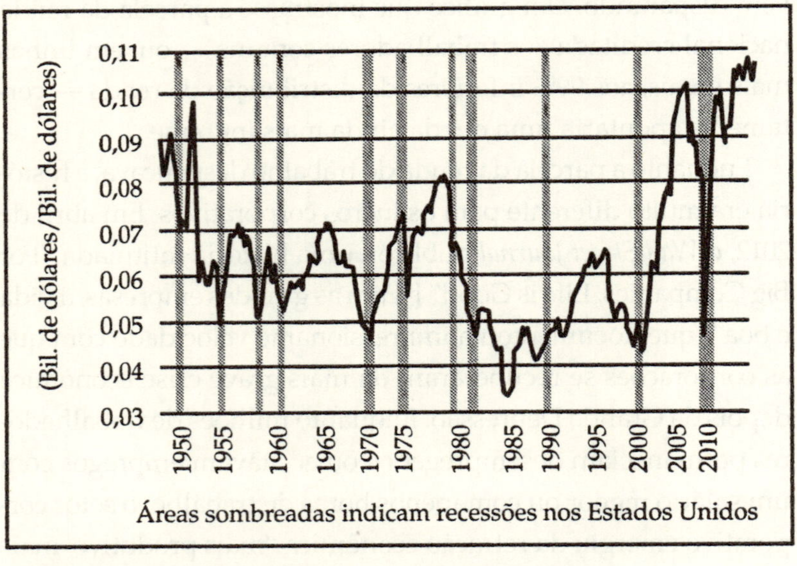

FONTE: Federal Reserve Bank of St. Louis (FRED).[21]

O declínio na parcela do trabalho da renda nacional não está de modo nenhum limitado aos Estados Unidos. Em uma pesquisa de 2013,[22] os economistas Loukas Karabarbounis e Brent

OS ROBÔS E O FUTURO DO EMPREGO | 67

Neiman, ambos da Booth School of Business da Universidade de Chicago, analisaram informações de 56 países e descobriram que 38 haviam demonstrado declínio significativo na parcela do trabalho. Na realidade, a pesquisa dos autores mostrou que Japão, Canadá, França, Itália, Alemanha e China tiveram um declínio maior do que os Estados Unidos em um período de dez anos. O declínio da parcela do trabalho na China — país que a maioria de nós acha que está sugando todo o trabalho — foi especialmente acentuado, com uma queda três vezes maior do que a dos Estados Unidos.

Karabarbounis e Neiman concluíram que esse declínio mundial resultou de "ganhos de eficiência em setores produtores de capital, frequentemente atribuídos a avanços na tecnologia da informação e à era do computador".[23] Os autores também assinalaram que uma parcela da renda do trabalho estável continua a ser "uma característica fundamental dos modelos macroeconômicos".[24] Em outras palavras, assim como os economistas não parecem ter assimilado completamente as implicações da divergência entre o crescimento da produtividade e dos salários ocorrida por volta de 1973, ainda se sentem bastante satisfeitos em embutir a Lei de Bowley nas equações que usam para modelar a economia.

O declínio da participação da força de trabalho

Outra tendência foi o declínio da participação da força de trabalho. Na sequência da crise econômica de 2008-2009, a taxa de desemprego caiu não porque estivessem sendo criados grandes quantidades de novos empregos, mas porque trabalhadores desanimados deixavam a força de trabalho. Ao contrário da taxa de desemprego, que contabiliza apenas aqueles que estão ativamente em busca de um emprego, a participação da força de trabalho oferece uma ilustração gráfica que capta os trabalhadores que desistiram.

Como mostra a Figura 2.5, a taxa de participação da força de trabalho aumentou acentuadamente entre 1970 e 1990, quando as mulheres entraram com mais força no mercado de trabalho. A tendência geral disfarça o fato crucial de que o percentual de homens na força de trabalho tem estado em declínio sistemático desde 1950, caindo de um patamar de cerca de 86% para 70% em 2013. A taxa de participação para as mulheres atingiu um máximo de 60% em 2000; a taxa de participação geral da força de trabalho chegou a um máximo de cerca de 67% no mesmo ano.[25]

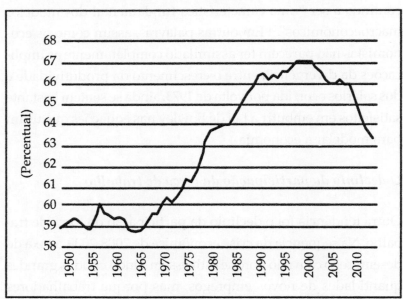

Figura 2.5. Taxa de participação da força de trabalho

FONTE: US Bureau of Labor Statistics [Departamento de Estatísticas do Trabalho] e Federal Reserve Bank de St. Louis (FRED).[26]

OS ROBÔS E O FUTURO DO EMPREGO | 69

A participação da força de trabalho vem diminuindo a partir de então, e embora isso se deva em parte à aposentadoria da geração *baby boom*, e em parte ao fato de os jovens trabalhadores estarem buscando mais instrução, essas tendências demográficas não explicam completamente esse declínio. A taxa de participação na força de trabalho para adultos com idade entre 25 e 54 anos — aqueles que têm idade suficiente para ter concluído a faculdade e até mesmo a pós-graduação, mas que são jovens demais para se aposentar — declinou de cerca de 84,5% em 2000 para pouco mais de 81% em 2013.[27] Em outras palavras, tanto a taxa de participação global na força de trabalho como a taxa de participação dos adultos com idade ideal para trabalhar caíram cerca de três pontos percentuais desde 2000 — e cerca de metade desse declínio aconteceu antes da crise financeira de 2008.

O declínio da participação na força de trabalho foi acompanhado por uma explosão nos pedidos de inscrição no programa de invalidez da Previdência Social, que se destina a proporcionar uma rede de segurança para os trabalhadores que sofrem de lesões debilitantes. Entre 2000 e 2011, o número de pedidos de inscrição mais do que duplicou, indo de cerca de 1,2 milhão por ano para quase 3 milhões por ano.[28] Como não existe nenhuma evidência de que uma epidemia de lesões no local de trabalho tenha tido início na virada do século, muitos analistas desconfiam de que as pessoas estão usando indevidamente o programa de invalidez como uma espécie de programa de seguro-desemprego de último recurso — e permanente. Tendo em vista tudo isso, parece claro que alguma coisa além da tendência demográfica ou dos fatores econômicos cíclicos está expulsando as pessoas da força de trabalho.

Declínio da criação de empregos, lentidão na recuperação sem empregos e o crescimento vertiginoso do desemprego a longo prazo

Nos últimos cinquenta anos, a economia norte-americana se tornou progressivamente menos eficaz na geração de novos empregos. Somente a década de 1990 — embora por uma pequena margem — conseguiu acompanhar o crescimento de empregos da década anterior, e isso se deveu, em boa medida, ao grande avanço tecnológico que ocorreu na segunda metade da década. A recessão que teve início em dezembro de 2007 e a crise financeira que se seguiu foram um total desastre para a criação de empregos no início do século; a primeira década terminou praticamente com o mesmo número de empregos que existiam em dezembro de 1999. No entanto, mesmo antes do advento da Grande Recessão, a primeira década do novo século já estava a caminho de produzir, de longe, o pior crescimento percentual no emprego desde a Segunda Guerra Mundial.

Como mostra a Figura 2.6, o número de empregos havia crescido apenas cerca de 5,8% até o final de 2007. A distribuição proporcional desse número pela década inteira sugere que, se a crise econômica não tivesse ocorrido, é provável que os anos 2000 tivessem terminado com uma taxa de criação de empregos de aproximadamente 8% — o que equivale a menos da metade do aumento percentual presenciado nas décadas de 1980 e 1990.

Esse desempenho desprezível na criação de empregos é especialmente perturbador à luz do fato de que a economia precisa gerar um grande número de novos empregos — entre 75 mil e 150 mil por mês, dependendo das suposições de cada um — apenas para acompanhar o crescimento populacional.[29] Mesmo quando é empregada a estimativa mais baixa, ainda assim os primeiros dez anos do milênio resultaram em um déficit de cerca de 9 milhões de empregos.

Figura 2.6. Criação de empregos nos Estados Unidos por década

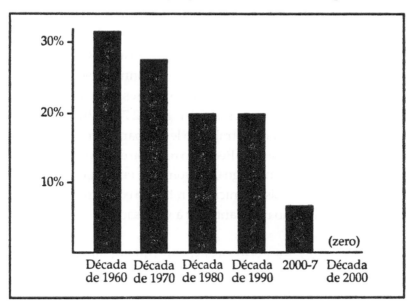

FONTE: US Bureau of Labor Statistics [Departamento de Estatísticas do Trabalho] e Federal Reserve Bank de St. Louis (FRED).[30]

É evidente que, quando uma recessão derruba a economia, o mercado de trabalho leva mais tempo para se recuperar. As demissões temporárias estão abrindo caminho para a recuperação sem empregos. Um relatório de pesquisa de 2010, do Federal Reserve Bank de Cleveland, descobriu que as recentes recessões presenciaram um drástico declínio na taxa pela qual os trabalhadores desempregados são capazes de conseguir novos empregos. Em outras palavras, o problema não é o fato de que mais empregos estão sendo destruídos nos períodos de retração econômica, e sim de que menos empregos estão sendo criados na fase de recuperação. Depois do início da Grande Recessão, em dezembro de 2007, a taxa de desemprego continuou a subir por quase dois anos, chegando a aumentar cinco pontos percentuais e atingir um máximo de 10,1%. A análise do Federal Reserve Bank de Cleveland descobriu que a crescente dificuldade enfrentada pelos trabalhadores para encontrar novas colocações representava mais de 95% desse salto de 5% na taxa de desemprego.[31] Isso, por sua vez, conduziu a um enorme salto na taxa de desemprego a longo prazo, que atingiu o máximo em 2010, quando cerca de 45% dos trabalhadores estavam sem trabalho havia mais de seis meses.[32] A Figura 2.7 mostra o número de meses que o mercado de trabalho levou para se recuperar das recentes recessões. A Grande Recessão resultou em uma monstruosa recuperação sem empregos; foi somente em maio de 2014 — seis anos e meio depois do início da retração econômica — que o emprego retornou ao nível anterior à recessão.

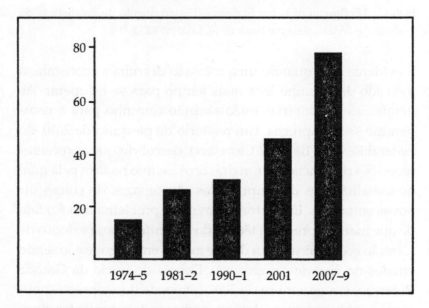

Figura 2.7. Recessão nos Estados Unidos: número de meses que o mercado levou para se recuperar (mensurado a partir do início da recessão)

FONTE: US Bureau of Labor Statistics [Departamento de Estatísticas do Trabalho dos Estados Unidos] e Federal Reserve Bank de St. Louis (FRED).[33]

O desemprego prolongado é um problema debilitante. As qualificações profissionais se desgastam com o tempo; o risco de que os trabalhadores percam o ânimo aumenta, e muitos empregadores parecem discriminar ativamente aqueles que estão desempregados há muito tempo, não raro se recusando até mesmo a examinar o currículo deles. Na realidade, um experimento de campo conduzido por Rand Ghayad, candidato ao doutorado em economia na Universidade Northeastern, mostrou que um candidato que esteja desempregado há pouco tempo, sem nenhuma experiência no setor, tem maior probabilidade de ser chamado para uma entrevista do que alguém com uma experiência que possa ser aplicada de imediato mas que está sem trabalho há mais de seis meses.[34] Um relatório do Urban Institute constatou que o desemprego a longo prazo não torna as pessoas consideravelmente diferentes dos outros trabalhadores, sugerindo que se tornar um desempregado de longo prazo — e sofrer o estigma associado a essa categoria — pode ser, em grande medida, uma questão de má sorte.[35] Se você perder o emprego em uma época especialmente desfavorável e depois não conseguir encontrar uma nova colocação antes da terrível marca dos seis meses (o que é uma possibilidade real se a economia estiver em queda livre), suas perspectivas diminuem muito a partir desse ponto — independentemente de sua qualificação.

A crescente desigualdade

A linha divisória entre os ricos e as outras pessoas vem crescendo regularmente desde a década de 1970. Entre 1993 e 2010, mais da metade da renda nacional dos Estados Unidos foi para unidades familiares situadas no 1% superior da distribuição de renda.[36] A partir de então, as coisas apenas pioraram. Em uma análise publicada em setembro de 2013, o economista Emmanuel Saez, da Universidade da Califórnia, em Berkeley, descobriu que impressionantes 95% dos ganhos da renda total durante o período de 2009 a 2012 foram sugados pela pessoas que compõem o 1% mais rico.[37] Justamente quando o movimento Occupy Wall Street desapareceu de cena, as evidências mostram, com bastante clareza, que a desigualdade de renda nos Estados Unidos não é apenas elevada; ela pode muito bem estar acelerando.

Embora a desigualdade venha aumentando em quase todos os países industrializados, os Estados Unidos ainda são claramente um caso discrepante. De acordo com uma análise da Agência Central de Inteligência (CIA), a desigualdade de renda nos Estados Unidos é muito semelhante à das Filipinas e significativamente maior do que a do Egito, do Iêmen e da Tunísia.[38] Pesquisas também constataram que a mobilidade econômica, uma medida da probabilidade que os filhos dos pobres têm de conseguir galgar a escala de renda, é significativamente menor nos Estados Unidos do que em quase todas as nações europeias. Em outras palavras, uma das ideias mais fundamentais inseridas no espírito norte-americano — a crença de que qualquer pessoa pode progredir por meio do trabalho árduo e da perseverança — na verdade se baseia muito pouco na realidade estatística.

Pode ser muito difícil perceber essa desigualdade. A maioria das pessoas tende a concentrar sua atenção na região onde mora. Elas se preocupam com o vizinho, e não com o gerente do fundo hedge, o qual, com toda a certeza, nunca encontrarão. Pesquisas de opinião demonstraram que a maioria dos norte-americanos subestima o nível de desigualdade, e quando lhes é pedido que escolham uma distribuição de renda nacional

OS ROBÔS E O FUTURO DO EMPREGO | 75

"ideal", eles fazem uma escolha que, no mundo real, só existe nas democracias sociais da Escandinávia.[*39]

Não obstante, a desigualdade tem implicações genuínas que vão além da simples frustração com relação à incapacidade de ficar no mesmo patamar dos vizinhos. Em primeiro lugar, está o fato de que o sucesso esmagador daqueles que se encontram no limite superior parece estar correlacionado com perspectivas decrescentes para quase todas as outras pessoas. O antigo provérbio que diz que a maré alta levanta todos os barcos fica bastante desgastado se você não teve um aumento significativo desde o governo Nixon.

Existe também o óbvio risco da captura política pela elite financeira. Nos Estados Unidos, em um grau mais elevado do que em qualquer outra democracia avançada, a política é impulsionada quase totalmente pelo dinheiro. As pessoas ricas e as organizações que elas controlam podem moldar a política do governo por meio de contribuições políticas e ações de lobby, o que, com frequência, produz resultados que estão claramente em desacordo com o que o público de fato deseja. Se os que estão no topo da distribuição de renda se tornam cada vez mais distantes — vivendo em uma espécie de bolha que os isola quase inteiramente da realidade enfrentada pelos norte-americanos típicos —, existe o risco genuíno de que eles não estarão dispostos a apoiar o investimento nos bens públicos e na infraestrutura dos quais todas as outras pessoas dependem.

A crescente fortuna dos que estão no topo poderá, em última análise, representar uma ameaça para a governança demo-

---

*Isso é verdade, independentemente do partido político. Em uma pesquisa realizada por Dan Ariely, da Universidade Duke, mais de 90% dos republicanos e 93% dos democratas preferiam uma distribuição de renda semelhante à da Suécia à distribuição dos Estados Unidos. (N. do A.)

crática. No entanto, o problema mais imediato para a maioria das pessoas da classe média e da classe trabalhadora é que as oportunidades no mercado de trabalho estão amplamente se deteriorando.

A renda declinante e o desemprego para os recém-formados nas universidades

Um curso universitário de quatro anos passou a ser quase universalmente considerado a credencial fundamental para o ingresso na classe média. Em 2012, o salário-hora médio para portadores de diploma de nível superior excedia em mais de 80% o salário dos portadores de diploma do ensino médio.[40] O adicional do salário de nível superior é um reflexo do que os economistas chamam de "skill biased technological change" [mudança tecnológica influenciada pela habilidade] (SBTC).* A ideia geral por trás da SBTC é que a tecnologia da informação automatizou ou reduziu a qualificação de grande parte do trabalho executado por trabalhadores menos instruídos, enquanto aumentou o valor relativo das tarefas cognitivamente mais complexas e tipicamente executadas pelos portadores de diploma superior.

Os diplomas de pós-graduação e de especialização proporcionam rendas ainda maiores, e, na verdade, a partir da virada do século, as coisas estão muito menos auspiciosas para os jovens universitários recém-formados que não têm também um

---

*A SBTC e o adicional do salário de nível superior oferecem uma explicação parcial para o aumento da desigualdade de renda. No entanto, como quase um terço da população adulta dos Estados Unidos tem nível universitário, isso implicaria em uma forma de desigualdade muito mais branda do que a que efetivamente existe. A verdadeira ação está no topo — e as coisas vão se tornando mais extremas à medida que subimos. As fortunas descomunais daqueles que estão no 1% superior não podem, de forma razoável, ser atribuídas a melhor instrução ou treinamento. (*N. do A.*)

OS ROBÔS E O FUTURO DO EMPREGO | 77

diploma de pós-graduação. Uma análise aponta que a renda dos jovens trabalhadores que têm apenas o bacharelado declinou quase 15% entre 2000 e 2010, e a mudança começou bem antes do advento da crise financeira de 2008.

Os universitários recém-formados também estão subempregados. Segundo algumas estimativas, metade dos novos graduados não consegue encontrar colocações em que possam aplicar o que aprenderam na faculdade e que deem acesso ao primeiro degrau da carreira. Muitos desses graduados provavelmente terão dificuldade para ingressar em sólidas trajetórias que os alçarão à classe média.

Sem dúvida, os portadores de diploma de nível superior mantiveram, em média, o adicional de renda sobre os trabalhadores que têm apenas o ensino médio, mas isso se deve, em grande medida, ao fato de as perspectivas para esses trabalhadores menos instruídos terem se tornado genuinamente deploráveis. Em julho de 2013, menos da metade dos trabalhadores norte-americanos com idade entre 20 e 24 anos e que não estavam matriculados em escolas tinha emprego de horário integral. Entre os não estudantes com idade entre 16 e 19 anos, somente cerca de 15% trabalhavam em regime de horário integral.[41] O retorno sobre o investimento para a educação universitária pode estar caindo, mas ainda supera, quase sempre, a alternativa.

A polarização e os empregos de tempo parcial

Outro problema novo é que os empregos que estão sendo criados durante as recuperações econômicas são, em geral, piores do que aqueles que foram destruídos pelas recessões. Em uma pesquisa de 2012, os economistas Nir Jaimovich e Henry E. Siu analisaram informações de recentes recessões norte-americanas e descobriram que os empregos com mais probabilidade de desaparecer permanentemente são os bons empregos de classe média, enquanto os empregos que tendem a ser criados durante as recuperações estão em grande medida concentrados nos setores de baixos salários, como o varejo, a hospedagem e a preparação de alimentos, e, em menor grau, nas profissões altamente especializadas, que requerem extenso treinamento.[42] Isso foi especialmente verdadeiro na recuperação que teve início em 2009.[43] Muitos desses novos empregos de baixos salários também são de tempo parcial. Entre o início da Grande Recessão, em dezembro de 2007 e agosto de 2013, 5 milhões de empregos de tempo integral desapareceram, mas houve um aumento de aproximadamente 3 milhões no número de empregos de tempo parcial.[44] Esse aumento nas colocações de tempo parcial ocorreu inteiramente entre trabalhadores que tiveram suas horas de trabalho reduzidas ou que gostariam de ter um emprego de tempo integral, mas não conseguiam encontrar nenhum.

A propensão da economia em eliminar empregos sólidos de classe média, que requerem qualificações intermediárias, e depois substituí-los por uma combinação de empregos malre-munerados do setor de serviços e de empregos de nível superior que requerem altas qualificações e que são, de modo geral, inalcançáveis pela maior parte da força de trabalho, foi apelidada de "polarização do mercado de trabalho". A polarização ocupacional resultou em um mercado de trabalho em forma de ampulheta, em que os trabalhadores que não conseguem um dos empregos desejáveis no topo acabam embaixo.

Esse fenômeno da polarização foi amplamente estudado por David Autor, economista do Massachusetts Institute of Technology. Em um trabalho de 2010, Autor identifica quatro categorias ocupacionais intermediárias específicas que foram duramente atingidas quando a polarização se desenvolveu: a dos profissionais de vendas, a dos trabalhadores de escritório/ administrativos, a dos profissionais de produção/atividades/ consertos e a dos operadores/montadores/trabalhadores braçais. Ao longo dos trinta anos que transcorreram entre 1979 e 2009, o percentual da força de trabalho norte-americana empregada nessas quatro áreas declinou de 57,3% para 45,7%, e houve uma visível aceleração na taxa de destruição de empregos entre 2007 e 2009.[45] O trabalho de David Autor também deixa claro que a polarização não está limitada aos Estados Unidos, tendo sido documentada na maioria das economias industriais avançadas; 16 países da União Europeia presenciaram um declínio significativo no percentual da força de trabalho envolvido em ocupações intermediárias entre 1993 e 2006.[46]

David Autor conclui que as principais forças propulsoras por trás da polarização do mercado de trabalho são "a automação do trabalho rotineiro e, em menor grau, a integração internacional dos mercados de trabalho por meio do comércio e, mais recentemente, do *offshoring*.*[47] Em seu trabalho mais recente, que mostra o relacionamento entre a polarização e as recuperações sem empregos, Jaimovich e Siu ressaltam que 92% das perdas de emprego em ocupações intermediárias ocorreram em um ano de recessão.[48] Em outras palavras, a polarização não é necessariamente algo que acontece de acordo com um plano grandioso, tampouco uma evolução gradual e contínua. Mais exatamente, trata-se de um processo orgânico que está profundamente entrelaçado com o ciclo de negócios; os trabalhos rotineiros são eliminados por razões econômicas durante uma recessão, mas as organizações depois descobrem que a tecnologia da informação em constante evolução possibilita

---

*Terceirização no exterior. (N. da T.)

80 | MARTIN FORD

que eles funcionem com êxito sem recontratar os trabalhadores, uma vez que uma recuperação esteja em andamento. Chrystia Freeland, da Reuters, diz isso de maneira especialmente apropriada, ao escrever que "o sapo da classe média não está sendo lentamente fervido; ele está sendo periodicamente grelhado, a uma temperatura muito elevada".*[49]

Uma narrativa tecnológica

É relativamente fácil montar uma narrativa hipotética que coloque o avanço da tecnologia — e a resultante automação do trabalho rotineiro — como a principal explicação para essas sete tendências econômicas fatais. A era de ouro entre 1947 e 1973 se caracterizou por um significativo progresso tecnológico e um forte crescimento da produtividade. Isso foi antes da era da tecnologia da informação; as inovações nesse período foram basicamente em áreas como a da engenharia mecânica e da química, além da aeroespacial. Pense, por exemplo, em como os aviões evoluíram de motores de combustão interna que impulsionam as hélices para motores a jato, muito mais confiáveis e com melhor desempenho. Esse período exemplificou o que está escrito em todos esses livros de economia: a inovação e a produtividade em ascensão tornaram os trabalhadores mais valiosos — e possibilitaram que auferissem maiores salários.

Na década de 1970, a economia foi alvo de um forte choque com a crise do petróleo e entrou em um período de alto desemprego, aliado a uma elevada inflação. A produtividade

---

*É uma menção ao fato, também comumente citado no Brasil, de que, se colocarmos um sapo (no original, *frog*, rã) na panela com água fria e formos aquecendo gradativamente a água, até ela ferver, o sapo não perceberá o aumento da temperatura e morrerá cozido. (*N. da T.*)

OS ROBÔS E O FUTURO DO EMPREGO | 81

caiu drasticamente. A taxa de inovação também ficou estagnada, enquanto o constante progresso tecnológico, em muitas áreas, se tornou mais difícil. As aeronaves a jato mudaram muito pouco. Tanto a Apple como a Microsoft foram fundadas nesse período, mas o pleno impacto da tecnologia da informação ainda se encontrava em um futuro distante.

A década de 1980 presenciou uma crescente inovação, mas esta se concentrou mais no setor de tecnologia da informação. Esse tipo de inovação causou um impacto diferente nos trabalhadores; os computadores aumentaram o valor daqueles que tinham o conjunto de habilidades adequadas, o que as inovações da era do pós-guerra haviam feito para quase todo mundo. No caso de muitos outros trabalhadores, contudo, os computadores causaram um efeito menos positivo. Alguns tipos de emprego começaram a ser inteiramente destruídos ou passaram a ser menos qualificados, tornando os trabalhadores menos valiosos — pelo menos até que eles fossem capazes de fazer um novo treinamento para conseguir empregos que potencializavam a tecnologia computacional. À medida que a tecnologia da informação foi ganhando importância, a parcela do trabalho na renda começou gradualmente a declinar. As aeronaves a jato permaneceram, em grande medida, inalteradas desde a década de 1970, mas passaram a usar cada vez mais os computadores na instrumentação e nos controles.

A década de 1990 viu a TI acelerar ainda mais, e a internet decolou na segunda metade da década. As tendências que tiveram início na década de 1980 continuaram, mas a década também presenciou a bolha tecnológica e a geração de milhões de novos empregos, especialmente no setor de TI. Esses eram bons empregos, que frequentemente envolviam a administração de computadores e redes, que estavam rapidamente se tornando fundamentais para empresas de todos os tamanhos. Como resultado, os salários

82 | MARTIN FORD

melhoraram nesse período, mas, ainda assim, ficaram aquém do crescimento da produtividade. A inovação estava ainda mais concentrada na TI. A recessão de 1990-1991 foi seguida por uma recuperação sem empregos, enquanto os trabalhadores, muitos dos quais haviam perdido bons empregos intermediários, tinham dificuldade para encontrar novas colocações. O mercado de trabalho foi se tornando mais polarizado. Os projetos dos aviões a jato ainda eram semelhantes aos da década de 1970; no entanto, agora contavam com sistemas "fly by wire" [controle de voo pelo computador] (FBW), em que os computadores moviam a superfície dos controles em resposta às informações inseridas pelos pilotos, e também com maior automação de voo.

Nos anos que se seguiram a 2000, a tecnologia da informação prosseguiu com sua aceleração, e a produtividade aumentou à medida que as empresas se tornavam mais competentes em tirar o máximo proveito de todas as novas inovações. Muitos dos bons empregos criados na década de 1990 começaram a desaparecer quando as corporações passaram a automatizá-los ou a terceirizá-los no exterior, ou, ainda, a terceirizar os seus departamentos de TI para serviços centralizados de computação "de nuvem". Em toda a economia, os computadores e as máquinas estavam cada vez mais substituindo os trabalhadores, em vez de torná-los mais valiosos, e os aumentos salariais ficaram muito aquém do crescimento da produtividade. Tanto a parcela da renda nacional que ia para o trabalho como a taxa de participação da força de trabalho declinaram drasticamente. O mercado de trabalho continuou polarizado, e as recuperações sem empregos se tornaram a norma. Os aviões a jato ainda usavam os mesmos projetos básicos e sistemas de propulsão da década de 1970, mas o projeto e a simulação auxiliados por computador haviam resultado em muitas melhoras gradativas em áreas como a eficiência do combustível. A tecnologia da informação incorporada às aeronaves tornou-se ainda mais sofisticada, passando rotineiramente a incluir a automação completa de voo,

OS ROBÔS E O FUTURO DO EMPREGO | 83

o que permitia que os aviões decolassem, voassem para um destino e depois aterrissassem — tudo sem a intervenção humana.

Bem, você poderá não concordar com essa história por considerá-la muito simplista — ou talvez completamente errada. Afinal de contas, não foi a globalização, ou talvez o programa econômico do governo Reagan, que deu origem a todos os nossos problemas? Como eu disse, essa narrativa teve a intenção de ser hipotética: uma simples história para ajudar a esclarecer o argumento em defesa da importância da tecnologia nas sete tendências econômicas documentadas. Cada uma dessas tendências foi estudada por equipes de economistas e outras pessoas que tentaram descobrir as causas subjacentes, e a tecnologia tem sido considerada um fator contributivo, embora nem sempre o único. No entanto, é quando as sete tendências são consideradas em conjunto que o argumento a favor da tecnologia da informação como uma força econômica disruptiva é mais convincente.

Além da tecnologia da informação, que está acelerando, existem três outras principais possibilidades que podem, de modo concebível, ter contribuído para todas as nossas sete tendências econômicas, ou pelo menos para a maioria delas: a globalização, o crescimento do setor financeiro e a política (na qual incluo fatores como a desregulamentação e o declínio da mão de obra sindicalizada).

A globalização

O fato de a globalização ter causado um impacto impressionante em determinados setores e regiões é inegável — basta olhar para o cinturão de ferrugem* dos Estados Unidos. Mas a globalização, em particular o comércio com a China, não

---

*Rustbelt no original. Referência aos estados no Nordeste e do Meio-Oeste dos Estados Unidos onde muitas fábricas fecharam (como usinas siderúrgicas) por causa de mudanças na economia. (N. da T.)

poderia, sozinha, ter feito com que os salários da maioria dos trabalhadores norte-americanos ficassem estagnados por mais de quatro décadas.

Em primeiro lugar, o comércio internacional afeta diretamente os trabalhadores que estão empregados no setor comercializável — em outras palavras, em empresas que produzem bens ou serviços que podem ser transportados para outros locais. A maioria dos trabalhadores norte-americanos hoje em dia trabalha em áreas não comercializáveis, como governo, educação, serviços de saúde, serviços de alimentação e varejo. Em sua maior parte, essas pessoas não estão competindo diretamente com os trabalhadores do exterior, de modo que a globalização não está forçando seus salários para baixo.

Segundo, embora possa parecer que praticamente tudo o que é vendido na Walmart é fabricado na China, a maior parte dos gastos de consumo norte-americanos permanece nos Estados Unidos. Uma análise realizada em 2011 por Galina Hale e Bart Hobijn, dois economistas do Federal Reserve Bank de São Francisco, descobriu que 82% dos bens e serviços que os norte-americanos compram são produzidos inteiramente no país; isso acontece, em grande medida, porque gastamos a maior parte de nosso dinheiro em serviços não comercializáveis. O valor total das importações da China correspondeu a menos de 3% dos gastos dos consumidores.[50]

Sem dúvida é verdade que, como mostra a Figura 2.8, a fração de trabalhadores norte-americanos empregados no setor industrial caiu de forma significativa a partir do início da década de 1950. Essa tendência começou décadas antes da promulgação do North American Free Trade Agreement [Acordo de Livre-Comércio da América do Norte] (NAFTA) na década de 1990 e da ascensão da China da década de 2000. Na realidade, o declínio parece ter sido interrompido no final da Grande Recessão, já que o emprego nas fábricas superou em desempenho o mercado de trabalho como um todo.

Figura 2.8. Percentual de trabalhadores norte-americanos no setor industrial

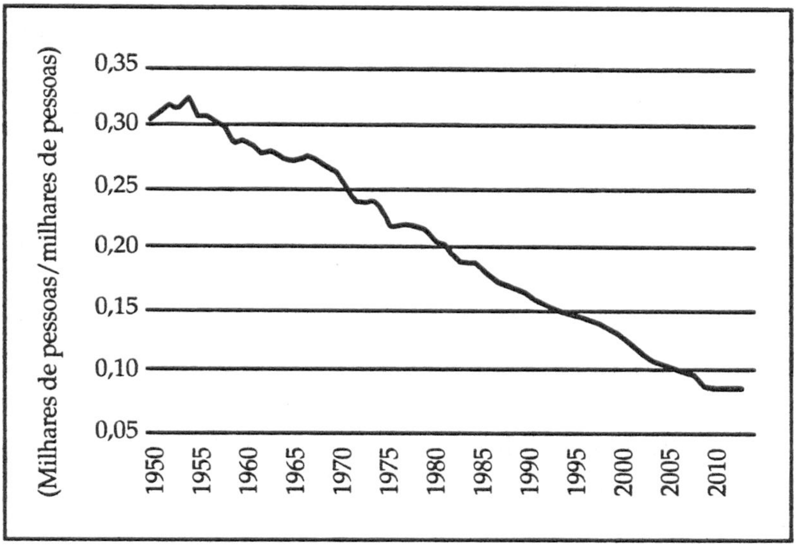

FONTE: US Bureau of Labor Statistics [Departamento de Estatísticas do Trabalho] e Federal Reserve Bank de St. Louis (FRED).[51]

Uma força poderosa tem eliminado, de maneira bastante sistemática, os empregos no setor industrial. Essa força é o avanço da tecnologia. Enquanto o número de empregos no setor industrial vem declinando regularmente como percentual do total de empregos, o valor ajustado pela inflação dos bens fabricados nos Estados Unidos aumentou drasticamente ao longo do tempo. Estamos fabricando mais produtos, porém com um número cada vez menor de trabalhadores.

A financialização

Em 1950, o setor financeiro dos Estados Unidos representava cerca de 2,8% da economia como um todo. Em 2011, a atividade relacionada com as finanças mais do que triplicara, atingindo 8,7% do PIB. A remuneração paga aos trabalhadores no setor financeiro também explodiu nas três últimas décadas, e, hoje, é cerca de 70% maior do que a média de outros setores.[52] Os ativos em poder dos bancos cresceram de cerca de 55% do PIB em 1980 para 95% em 2000, enquanto os lucros gerados no setor financeiro mais do que duplicaram, indo de uma média de cerca de 13% de todos os lucros corporativos entre 1978 e 1997 para 30% no período entre 1998 e 2007.[53] Independentemente de como você escolha mensurá-lo, o setor financeiro cresceu muito como uma parcela da atividade econômica nos Estados Unidos e, em um grau um tanto menos espetacular, em quase todos os países industrializados.

A primeira queixa dirigida contra a financialização da economia é que grande parte dessa atividade está voltada para a busca de renda.* Em outras palavras, o setor financeiro não está criando um valor real nem contribuindo para o bem-estar global da sociedade; ele está simplesmente procurando maneiras cada vez mais criativas de drenar lucros e riqueza de outros lugares na economia. Talvez a enunciação mais pitoresca dessa acusação tenha sido a de Matt Taibbi, da revista *Rolling Stone,* em sua crítica à Goldman Sachs, na qual ele notoriamente rotulou a empresa de Wall Street de "uma grande lula-vampiro, com os tentáculos enrolados na face da humanidade, comprimindo incessantemente suas ventosas contra tudo o que tenha cheiro de dinheiro".[54]

---

*No original, *rent seeking*. Trata-se de um termo econômico que costuma ser traduzido por busca de renda ou caça à renda. A busca de renda envolve procurar aumentar nossa parcela da riqueza existente sem criar uma nova riqueza. (*N. da T.*)

OS ROBÔS E O FUTURO DO EMPREGO | 87

Economistas que estudaram a financialização descobriram uma forte correlação entre o crescimento do setor financeiro e a desigualdade e também o declínio da parcela do trabalho da renda nacional.[55] Como o setor financeiro está, com efeito, impondo uma espécie de encargo ao restante da economia e depois deslocando o lucro para o topo da distribuição de renda, é razoável concluir que ele desempenhou um papel relevante em algumas das tendências que examinamos. Ainda assim, parece difícil criar um argumento convincente de que a financialização é a principal causa, digamos, da polarização e da eliminação de empregos rotineiros.

Também é importante compreender que o crescimento no setor financeiro dependeu fortemente do avanço da tecnologia da informação. Praticamente todas as inovações financeiras que surgiram nas últimas décadas — incluindo as *collateralized debt obligations* [obrigações de dívida colateralizada] (CDOs) e os exóticos derivativos financeiros — não poderiam existir sem o acesso a poderosos computadores. Do mesmo modo, algoritmos automatizados de negociação são hoje responsáveis por quase dois terços das negociações do mercado de ações, e empresas de Wall Street construíram grandes centros de computação próximos às centrais de corretagem, a fim de obter vantagens de negociação medidas em minúsculas frações de segundo. Entre 2005 e 2013, o tempo médio de execução de uma negociação caiu de cerca de 10 segundos para apenas 0,0008 segundo,[56] e a negociação robótica, de alta velocidade, esteve fortemente envolvida no "flash crash" de maio de 2010, no qual a Média Industrial Dow Jones caiu quase mil pontos e, em seguida, se recuperou, apresentando um ganho líquido, tudo em um intervalo de apenas alguns minutos.

A partir dessa perspectiva, a financialização não é tanto uma explicação competitiva para as nossas sete tendências econômicas; ela é, mais exatamente — pelo menos em certa medida —, uma das ramificações da tecnologia da informação que está acelerando. Isso encerra uma forte advertência quando olhamos para o futuro: à medida que a TI for avançando com o seu inexorável progresso, podemos estar certos de que os inovadores financeiros, na ausência de regulamentações que os restrinjam, encontrarão maneiras de potencializar todos esses novos recursos — e, se a história servir de orientação, isso não acontecerá necessariamente de maneiras que beneficiem a sociedade como um todo.

A política

Na década de 1950, mais de um terço da força de trabalho do setor privado dos Estados Unidos era sindicalizado. Em 2010, esse número havia declinado para cerca de 7%.[57] No auge de seu poder, o trabalho organizado era um poderoso defensor da classe média como um todo. O fato de os trabalhadores serem capazes de captar sistematicamente a parte do leão do crescimento da produtividade nas décadas de 1950 e 1960 provavelmente pode ser atribuído, pelo menos em parte, ao poder de negociação dos sindicatos nesse período. A situação hoje é muito diferente; os sindicatos agora precisam se esforçar simplesmente para manter sua afiliação atual.

O declínio acentuado do poder da mão de obra sindicalizada é um dos fenômenos mais visíveis associados ao deslocamento para a direita que vem caracterizando a política econômica norte-americana nas três últimas décadas. No livro de 2010 *Winner-Take-All Politics* [Política "quem leva tudo", em tradução livre], os cientistas políticos Jacob S. Hacker e Paul Pierson apresentam um argumento convincente de que a política é o principal determinante da desigualdade nos Estados Unidos.

OS ROBÔS E O FUTURO DO EMPREGO | 89

Hacker e Pierson apontam para 1978 como o ano fundamental em que o cenário político norte-americano começou a mudar debaixo de uma investida prolongada e organizada da parte de interesses empresariais conservadores. Nas décadas que se seguiram, alguns setores foram desregulamentados, as taxas marginais de impostos sobre os ricos e as corporações foram reduzidas a mínimos históricos e os locais de trabalho se tornaram cada vez mais inóspitos para as organizações sindicais. Boa parte disso não foi determinada pela política eleitoral, e sim pela contínua ação de lobby da parte de interesses empresariais. À medida que o poder da mão de obra sindicalizada definhava, e o número de lobistas em Washington explodia, a guerra política cotidiana na capital ia se tornando cada vez mais assimétrica.

Embora a situação política nos Estados Unidos pareça singularmente prejudicial para a classe média, evidências do impacto do avanço da tecnologia da informação podem ser encontradas em um vasto leque de nações desenvolvidas e em desenvolvimento, enquanto a parcela da renda nacional reivindicada pelo trabalho está, de um modo geral, diminuindo. A polarização do mercado de trabalho foi observada na maioria das nações europeias. E no Canadá — onde a mão de obra sindicalizada permanece como uma poderosa força nacional — a desigualdade está aumentando, a renda das unidades familiares medianas caiu em termos reais a partir de 1980 e a afiliação aos sindicatos no setor privado declinou à medida que os empregos industriais foram desaparecendo.[58]

Em certa medida, a questão aqui é de categorização: se uma nação deixa de implementar políticas destinadas a mitigar o impacto das mudanças estruturais ocasionadas pelo avanço da tecnologia, devemos rotular isso como um problema causado pela tecnologia ou pela política? De qualquer modo, existem poucas dúvidas de que os Estados Unidos estão sozinhos no aspecto das decisões políticas tomadas. Em vez de simplesmente deixar de pôr em prática políticas que poderiam ter desacelerado as forças que impelem o país em direção a níveis mais elevados de desigualdade, os Estados Unidos, com muita frequência, fizeram escolhas que efetivamente colocaram o vento atrás dessas forças.

Olhando para o futuro

É provável que o debate a respeito das principais causas da crescente desigualdade e de décadas de estagnação salarial nos Estados Unidos continue com força total e, como ele aborda questões intensamente polarizantes — mão de obra sindicalizada, alíquotas de impostos dos ricos, livre-comércio, papel adequado do governo —, é certo que o diálogo será influenciado pela ideologia. As evidências que apresentei aqui demonstram que a tecnologia da informação desempenhou um papel significativo — embora não necessariamente dominante — ao longo das últimas décadas. Além disso, estou satisfeito em deixar que os historiadores econômicos investiguem as informações e talvez um dia lancem uma luz mais definitiva sobre as forças precisas que nos ajudaram a chegar a esse ponto. A verdadeira pergunta — o tema principal deste livro — é: o que será mais importante no futuro? Muitas das forças que causaram forte impacto na economia e no ambiente político nos últimos cinquenta anos em grande medida já se exauriram. Os sindicatos fora do setor público foram dizimados. As mulheres que desejam seguir uma carreira ingressaram na força de trabalho ou se matricularam em faculdades e escolas de formação profissional. Existem indícios de que o impulso em direção à terceirização das fábricas no exterior arrefeceu significativamente e, em alguns casos, a indústria está regressando aos Estados Unidos.

Entre as forças preparadas para moldar o futuro, a tecnologia da informação se ergue sozinha sob o aspecto de seu progresso exponencial. Até mesmo em países onde o ambiente político é bem mais suscetível ao bem-estar dos trabalhadores típicos, as mudanças acarretadas pela tecnologia estão se tornando cada vez mais evidentes. À medida que a fronteira tecnológica vai se expandindo, muitas funções que hoje não consideraríamos rotineiras, e que estariam, portanto, protegidas da automação, serão, com o tempo, levadas para a categoria rotineira e previsível. A parte intermediária esvaziada do mercado de trabalho já polarizado provavelmente se expandirá, à medida que os robôs e as tecnologias de autosserviço forem corroendo continuamente os empregos de baixa remuneração, ao mesmo tempo em que algoritmos cada vez mais inteligentes ameaçam as ocupações com qualificações mais elevadas. Uma pesquisa de 2013 realizada por Carl Benedikt Frey e Michael A. Osborne, na Universidade de Oxford, concluiu que ocupações que correspondem a quase metade do emprego total nos Estados Unidos poderão ser vulneráveis à automação daqui a mais ou menos duas décadas.[59]

Embora seja quase certo que a tecnologia da informação terá um impacto descomunal na economia e no mercado de trabalho do futuro, ela permanecerá profundamente entrelaçada com outras forças poderosas. A linha divisória entre a tecnologia e a globalização se tornará indistinta quando os empregos que requerem maiores qualificações se tornarem mais vulneráveis à terceirização eletrônica no exterior. Se, como parece provável, o avanço da tecnologia continuar a impelir os Estados Unidos e outros países industrializados rumo a uma desigualdade cada vez maior, a influência política exercida pela elite financeira só vai aumentar. Isso poderá tornar ainda mais difícil colocar em prática políticas que possam servir para neutralizar as mudanças estruturais que ocorrem na economia e melhorar as perspectivas para aqueles que se encontram nos níveis inferiores da distribuição de renda.

Em meu livro publicado em 2009, *The Lights in the Tunnel*, afirmei que, "embora os tecnólogos estejam ativamente pensando e escrevendo livros a respeito de máquinas inteligentes, a ideia de que a tecnologia irá realmente um dia substituir uma grande fração da força de trabalho humana e conduzir a um desemprego permanente e estrutural é quase impensável para a maioria dos economistas". É preciso dizer a favor deles que, depois disso, alguns economistas começaram a levar mais a sério o potencial para uma automação difundida. Em seu livro eletrônico de 2011, *Race Against the Machine* [Corrida contra as máquinas, em tradução livre], Erik Brynjolfsson e Andrew McAfee, do Massachusetts Institute of Technology, ajudaram a levar essas ideias para a corrente predominante da economia. Proeminentes economistas, entre eles Paul Krugman e Jeffrey Sachs, também escreveram a respeito do possível impacto da inteligência artificial.[60] A ideia de que a tecnologia poderia um dia realmente transformar o mercado de trabalho e, em última análise, requerer mudanças fundamentais tanto em nosso sistema econômico quanto no contrato social permanece completamente não reconhecida ou situada à margem do discurso público.

Na realidade, entre os praticantes de economia e de finanças, existe frequentemente a tendência quase automática de desconsiderar qualquer pessoa que argumente que desta vez pode ser diferente. Muito provavelmente, esse é o instinto correto quando estamos discutindo os aspectos da economia que são basicamente impulsionados pelo comportamento humano e pela psicologia de mercado. Os fundamentos psicológicos da recente bolha imobiliária e seu consequente estouro foram certamente um pouco diferentes daqueles que caracterizaram as crises financeiras ao longo da história. Muitas das maquinações políticas do início da república romana poderiam ser imperceptivelmente inseridas na primeira página do jornal *Politico*. Essas coisas na verdade nunca mudam.

Seria um erro, contudo, aplicar esse mesmo raciocínio ao impacto do avanço da tecnologia. Até o momento em que a primeira aeronave conseguiu sustentar um voo propulsionado em Kitty Hawk, na Carolina do Norte, era um fato incontestável — apoiado por informações que recuavam ao início dos tempos — que os seres humanos, amarrados em engenhocas mais pesadas do que o ar, *não voam*. Assim como aquela realidade mudou em um instante, um fenômeno semelhante ocorre continuamente em quase todas as esferas da tecnologia. Dessa vez é sempre diferente quando a tecnologia está envolvida: afinal de contas, essa é a ideia da inovação. Em última análise, a pergunta de se as máquinas inteligentes irão um dia ofuscar a capacidade das pessoas de executar grande parte do trabalho será respondida pela natureza da tecnologia que chegar ao futuro, e não pelas lições compiladas a partir da história econômica.

NO PRÓXIMO CAPÍTULO, vamos examinar a natureza da tecnologia da informação e sua inexorável aceleração, as características que a diferenciam e as maneiras pelas quais ela já está transformando importantes esferas da economia.

3. Tecnologia da informação: uma força sem precedentes para a disrupção

Imagine que você deposite 1 centavo em uma conta bancária. Agora, duplique o saldo da conta todos os dias. No terceiro dia, você iria de 2 centavos para 4 centavos. O quinto dia levaria o seu saldo de 8 para 16 centavos. Menos de um mês depois, você teria mais de US$1 milhão. Se tivéssemos depositado esse centavo inicial em 1949, na ocasião em que Norbert Wiener estava escrevendo seu artigo a respeito do futuro da computação, e depois deixássemos a Lei de Moore seguir seu curso natural — duplicando a quantia mais ou menos a cada dois anos —, em 2015 nossa conta tecnológica conteria quase US$86 milhões. E, à medida que as coisas avançam, a partir deste ponto, o saldo da conta continuará a duplicar. As futuras inovações serão capazes de potencializar esse enorme saldo acumulado e, como resultado, a velocidade do progresso nos próximos anos e décadas provavelmente excederá aquilo a que estávamos acostumados no passado.

A Lei de Moore é a maneira mais conhecida de calcular o avanço da capacidade de processamento, mas, na verdade, a tecnologia da informação está

96 | MARTIN FORD

acelerando em muitas áreas diferentes. Por exemplo, a capacidade da memória do computador e a quantidade de informações digitais que podem ser conduzidas nas linhas de fibra ótica passaram por aumentos exponenciais sistemáticos. A aceleração não está restrita ao hardware do computador; a eficiência de alguns algoritmos de software aumentou em um ritmo que excede, em muito, o que a Lei de Moore por si só prognosticaria.

Embora a aceleração exponencial ofereça uma compreensão valiosa do avanço da tecnologia da informação ao longo de períodos relativamente longos, a realidade de curto prazo é bem mais complexa. De modo geral, o progresso nem sempre é suave e sistemático; em vez disso, com frequência dá uma guinada para a frente e depois faz uma pausa, enquanto novos recursos são assimilados pelas organizações e a base para o período seguinte, de rápido progresso, é estabelecida. Existem também interdependências intricadas e ciclos de feedback entre diferentes esferas da tecnologia. O progresso em uma área pode causar um repentino surto de inovação em outra. À medida que a tecnologia da informação segue em frente, seus tentáculos se estendem pelas organizações e pela economia como um todo, não raro transformando a forma como as pessoas trabalham e promovendo seu avanço. Considere, por exemplo, como a ascensão da internet e os sofisticados softwares de colaboração possibilitaram o *offshoring* no desenvolvimento de softwares; isso gerou um grande número de programadores qualificados, e todo esse novo talento está ajudando a impulsionar o progresso.

A aceleração *versus* a estagnação

Enquanto as tecnologias da informação e das comunicações avançaram exponencialmente nas últimas décadas, a inovação em outras áreas foi gradual. Automóveis, residências, aeronaves,

OS ROBÔS E O FUTURO DO EMPREGO | 97

eletrodomésticos e as infraestruturas de transporte e energia, nada disso mudou significativamente desde meados do século XX. O famoso comentário do cofundador do Pay-Pal, Peter Thiel — "Esperávamos carros voadores e, em vez disso, ganhamos 140 caracteres" —, sintetiza a opinião de uma geração que esperava um futuro bem mais interessante.

Essa afirmação contrasta bastante com a que uma pessoa que tenha vivido nas últimas décadas do século XIX e na primeira metade do século XX experimentou. Automóveis, aviões, eletricidade, encanamento interno das residências, eletrodomésticos, saneamento público e sistemas de serviços de utilidade pública passaram a ser comuns nesse período. Pelo menos nos países industrializados, pessoas de todos os níveis sociais conseguiram uma melhora impressionante em sua qualidade de vida, ao mesmo tempo em que a questão da saúde social era lançada em novas e estonteantes alturas.

Alguns economistas observaram esse avanço em ritmo lento na maioria das esferas da tecnologia e o associaram às tendências econômicas que examinamos no capítulo anterior e, em particular, à estagnação da renda do norte-americano em geral. Um dos princípios básicos da economia moderna é que essa mudança tecnológica é fundamental para o crescimento econômico a longo prazo. Robert Solow, o economista que formalizou essa ideia, recebeu o Prêmio Nobel por seu trabalho em 1987. Se a inovação é o principal determinante da prosperidade, então talvez as rendas estagnadas indiquem que o problema é a velocidade com que as novas invenções e ideias estão sendo geradas, e não o impacto da tecnologia nas classes média e trabalhadora. Talvez os computadores não sejam realmente tão importantes, e o ritmo lento do progresso em uma área mais vasta seja o que mais importa.

Vários economistas defenderam esse argumento. Tyler Cowen, economista da Universidade George Mason, propôs em seu livro de 2011, *The Great Stagnation* [A grande estagnação, em tradução livre], que a economia dos Estados Unidos atingiu uma estagnação temporária depois de consumir todas as frutas fáceis de alcançar, as terras livres e o talento humano subutilizado. Robert J. Gordon, da Universidade Northwestern, é ainda mais pessimista. Argumentou em um artigo de 2012 que o crescimento econômico dos Estados Unidos, obstruído por um ritmo lento de inovação e uma série de "ventos contrários" — entre eles, o endividamento excessivo, uma população que está envelhecendo e déficits em nosso sistema educacional —, pode ter de fato chegado ao fim.[1]

A fim de obter alguns vislumbres dos fatores que influenciam o ritmo da inovação, podemos refletir sobre o caminho histórico que quase todas as tecnologias seguem. Os aviões são um bom exemplo. O primeiro voo propulsionado controlado ocorreu em dezembro de 1903 e durou cerca de 12 segundos. O progresso se acelerou a partir desse humilde início, mas o nível primitivo inicial da tecnologia significou que anos se passariam antes que um avião surgisse. Em 1905, Wilbur Wright conseguiu permanecer no ar durante quase 40 minutos enquanto percorria cerca de 40 quilômetros. Alguns anos depois, contudo, as coisas começaram realmente a funcionar; a tecnologia aeronáutica havia progredido ao longo de sua curva exponencial, e a velocidade de progresso absoluto se acelerou drasticamente. Na Primeira Guerra Mundial, os aviões se lançaram em combates aéreos de alta velocidade. O progresso continuou a se acelerar nas duas décadas seguintes, produzindo, finalmente, aviões de combate de alto desempenho, como o Spitfire, o Zero e o P-51. No entanto, em algum momento durante a Segunda Guerra Mundial, a velocidade do avanço foi significativamente reduzida. As aeronaves propulsionadas por motores de combustão interna que impulsionam as hélices estavam agora muito perto do seu supremo potencial técnico, e as melhoras no projeto além desse ponto seriam gradativas.

Esse caminho em forma de S no qual o avanço que se acelera — ou exponencial — finalmente amadurece em uma estagnação ilustra, de modo efetivo, a história da vida de quase todas as tecnologias específicas. Sabemos que, à medida que a Segunda Guerra Mundial se aproximava do fim, uma tecnologia aeronáutica inteiramente nova surgia em cena. Os aviões a jato logo ofereceriam um nível de performance bem além do que era possível para qualquer aeronave a hélice. Os jatos eram uma tecnologia disruptiva: eles tinham uma curva S própria. A Figura 3.1 mostra como ela poderia ser.

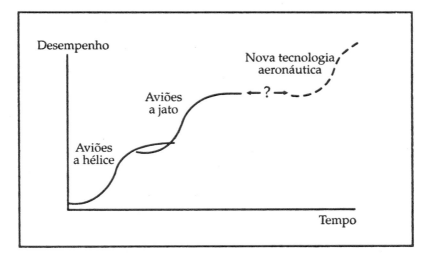

Figura 3.1. Curvas S da tecnologia aeronáutica

Se quisermos acelerar radicalmente o ritmo da inovação nos projetos aeronáuticos, precisamos encontrar outra curva S, que represente uma tecnologia que seja não apenas superior do ponto de vista da performance, mas também economicamente viável.* O problema, claro, é que, até agora, essa nova curva não foi encontrada em lugar nenhum. Partindo do princípio de que não podemos descobrir essa tecnologia disruptiva simplesmente pulando a cerca na Área 51, será necessário um salto gigantesco para chegarmos a essa nova curva S — e isso pressupõe, é claro, que a curva exista.

O ponto crítico aqui é que, enquanto muitos fatores, como o nível de iniciativa e investimento em pesquisa e desenvolvimento, ou a presença de um ambiente regulatório favorável, podem certamente causar impacto sobre a posição relativa das curvas S da tecnologia, o fator mais importante é, de longe, o conjunto das leis físicas que governam a esfera da tecnologia em questão. Ainda não temos uma nova tecnologia aeronáutica disruptiva, e isso se deve principalmente às leis da física e às limitações envolvidas com relação ao nosso conhecimento científico e técnico atual. Se temos a esperança de passar por outro período de rápida inovação em um vasto leque de áreas tecnológicas — talvez algo comparável com o que aconteceu entre aproximadamente 1870 e 1960 —, precisaríamos encontrar novas curvas S em todas essas diferentes áreas. Obviamente, isso tende a representar um enorme desafio.

Entretanto, existe uma razão importante para sermos otimistas, que é o impacto positivo que a tecnologia da informação terá em pesquisa e desenvolvimento de outros campos. Essa tecnologia já foi agente de transformação em outras áreas. A sequenciação do genoma humano certamente teria sido impossível sem uma capacidade de processamento avançada.

---

*O Concorde supersônico, por exemplo, apresentou uma nova curva S do ponto de vista da performance absoluta, mas não se revelou uma tecnologia economicamente sustentável e nunca foi capaz de captar mais do que uma minúscula fração do mercado de passageiros das linhas comerciais. O Concorde ficou em operação de 1976 a 2003. (*N. do A.*)

A simulação e os projetos apoiados no desenvolvimento tecnológico expandiram o potencial de experimentar novas ideias em várias áreas de pesquisa.

Uma história de sucesso da tecnologia da informação que causou um impacto expressivo e pessoal em todos nós foi o papel da capacidade de processamento avançada na exploração de petróleo e de gás natural. Quando o suprimento mundial de campos de petróleo e gás natural declinou, novas técnicas, como as imagens subterrâneas tridimensionais, se tornaram ferramentas indispensáveis para a localização de novas reservas. A Aramco, companhia nacional de petróleo saudita, por exemplo, mantém um gigantesco centro de processamento de dados onde poderosos supercomputadores são muito úteis para manter o fluxo de petróleo. Muitos poderão ficar surpresos ao tomar conhecimento de que uma das mais importantes ramificações da Lei de Moore foi o fato de os suprimentos mundiais de energia terem acompanhado, pelo menos até agora, a crescente demanda.

O advento do microprocessador resultou no aumento impressionante de nossa capacidade generalizada de executar e manipular informações. Se antes os computadores eram enormes, lentos, dispendiosos e poucos, hoje são baratos, poderosos e onipresentes. Se fôssemos multiplicar o aumento da capacidade de processamento de um único computador a partir de 1960 pelo número de novos microprocessadores que apareceram depois disso, o resultado seria quase incalculável. Parece impossível imaginar que um aumento tão imensurável em nossa capacidade geral de processamento não terá consequências drásticas em vários campos científicos e técnicos. Não obstante, o principal determinante das posições das curvas S da tecnologia que precisaremos atingir para termos uma inovação verdadeiramente disruptiva ainda são as leis aplicáveis da natureza. A capacidade de processamento não pode alterar

102 | MARTIN FORD

essa realidade, mas poderá muito bem ajudar os pesquisadores a preencherem algumas lacunas.

Os economistas que consideram termos atingido uma estagnação tecnológica em geral têm uma fé profunda no relacionamento entre o ritmo da inovação e a realização da prosperidade generalizada; a implicação é que, se conseguirmos simplesmente desencadear o progresso tecnológico em uma área ampla, as rendas medianas começarão novamente a aumentar em termos reais. Creio que existem bons motivos para que fiquemos preocupados com a possibilidade de que esse talvez não venha a ser necessariamente o caso. A fim de entender o motivo, vamos examinar o que torna a tecnologia da informação exclusiva e as maneiras pelas quais ela se entrelaçará com as inovações de outras áreas.

Por que a tecnologia da informação é diferente?

A inexorável aceleração do hardware do computador ao longo das décadas sugere que, de alguma maneira, conseguimos permanecer na parte íngreme da curva S por mais tempo do que foi possível em outras esferas da tecnologia. A realidade, contudo, é que a Lei de Moore envolveu a ascensão bemsucedida de uma escadaria de curvas S sucessivas, cada qual representando uma tecnologia específica de fabricação de um semicondutor. Por exemplo, o processo litográfico usado para distribuir circuitos integrados baseou-se, inicialmente, em técnicas de imagem ótica. Quando o tamanho dos elementos dos dispositivos individuais encolheu a ponto de o comprimento de onda da luz visível ser longo demais para possibilitar um progresso adicional, a indústria dos semicondutores avançou para a litografia de raios X.[2] A Figura 3.2 ilustra, em linhas gerais, como poderia ser galgar uma série de curvas S.

Uma das características que definem a tecnologia da informação tem sido a relativa acessibilidade das curvas S subsequentes. O segredo da aceleração sustentável não tem sido tanto que a fruta esteja pendurada em uma altura de fácil acesso, mas sim que a árvore seja escalável. Subir nessa árvore tem sido um processo complexo, impulsionado por intensa competição, e que requereu grandes investimentos. Tem havido também substanciais cooperação e planejamento. Para ajudar a coordenar todas essas iniciativas, o setor publica um volumoso documento intitulado International Technology Roadmap for Semiconductors [Guia de Tecnologia Internacional para Semicondutores] (ITRS), que oferece uma visão antecipada detalhada de como se espera que a Lei de Moore se desenvolva.

Figura 3.2. A Lei de Moore como uma escadaria de curvas S

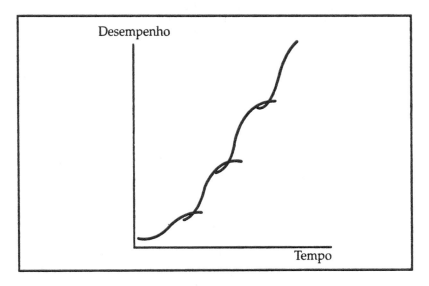

Do jeito que as coisas estão hoje, o hardware do computador poderá em breve enfrentar o mesmo tipo de desafio que caracteriza outras áreas da tecnologia. Em outras palavras, atingir

104 | MARTIN FORD

a próxima curva S poderá exigir um salto gigantesco — talvez até mesmo inalcançável. O caminho histórico seguido pela Lei de Moore tem sido continuar a encolher o tamanho dos transistores para que um número cada vez maior de circuitos possa ser acondicionado em um chip. No início da década de 2020, o tamanho dos elementos de design individual nos chips de computador estará reduzido a cerca de 5 nanômetros (bilionésimos de metro), e é provável que isso esteja muito próximo do limite fundamental, além do qual nenhuma outra miniaturização é possível. Há, contudo, uma série de estratégias alternativas que permitem que o progresso continue com força total, inclusive o design de chip tridimensional e materiais exóticos à base de carbono.[*3]

Mesmo que o avanço da capacidade do hardware do computador estivesse prestes a ficar estagnado, ainda restaria toda uma gama de trajetos ao longo dos quais o projeto poderia continuar. A tecnologia da informação existe na interseção de duas diferentes realidades. A Lei de Moore dominou a esfera dos átomos, na qual a inovação é um esforço para construir dispositivos mais rápidos e minimizar ou encontrar uma maneira de dissipar o calor que eles geram. Em contrapartida, a esfera dos bits é um lugar abstrato, sem atrito, no qual os algoritmos, a arquitetura (o projeto conceitual dos sistemas de computação) e a matemática aplicada determinam a velocidade do progresso.

---

[*]A ideia por trás dos chips 3D é começar a empilhar os circuitos verticalmente em múltiplas camadas. A Samsung Electronics começou a fabricar chips de memória flash em agosto de 2013. Se essa técnica se revelar economicamente viável para os chips de processador bem mais sofisticados projetados por empresas como a Intel e a AMD (Advanced Micro Devices), poderá representar o futuro da Lei de Moore. Outra possibilidade é se voltar para materiais exóticos à base de carbono como uma alternativa para o silício. Os nanotubos de grafeno e de carbono, ambos resultantes de recentes pesquisas na nanotecnologia, poderão, com o tempo, oferecer um novo veículo para a computação de altíssimo desempenho. Pesquisadores da Universidade Stanford já criaram um computador rudimentar com nanotubos de carbono, embora seu desempenho fique aquém dos processadores comerciais à base de silício. (N. do A.)

OS ROBÔS E O FUTURO DO EMPREGO | 105

Em algumas áreas, os algoritmos já avançaram em um ritmo mais rápido do que o hardware. Em uma análise recente, Martin Grötschel, do Zuse Institute, em Berlim, descobriu que, usando os computadores e o software que existiam em 1982, teriam sido necessários 82 anos para resolver um problema de planejamento de produção particularmente complexo. Em 2003, o mesmo problema poderia ser solucionado em cerca de 1 minuto — uma melhora de cerca de 43 milhões de vezes. O hardware do computador se tornou aproximadamente mil vezes mais rápido no mesmo período, o que significa que as melhoras nos algoritmos utilizados representaram, em média, um aumento de 43 mil vezes no desempenho.[4]

Nem todos os softwares melhoraram com tanta rapidez. Isso é especialmente verdadeiro nas áreas em que os softwares precisam interagir diretamente com as pessoas. Em uma entrevista feita em agosto de 2013 com James Fallows, da revista *Atlantic*, Charles Simonyi, o cientista de computação que supervisionou o desenvolvimento do Word e do Excel da Microsoft, afirmou que o software deixou de alavancar os avanços que ocorreram no hardware. Quando lhe perguntaram onde residia o maior potencial para o aperfeiçoamento futuro, Simonyi respondeu: "A resposta básica é que ninguém mais estaria fazendo coisas rotineiras e repetitivas."[5]

Existe também um amplo espaço para o progresso no futuro se tentarmos encontrar maneiras melhores de interligar uma grande quantidade de processadores baratos em enormes sistemas paralelos. Reformular a atual tecnologia de dispositivos de hardware em projetos teóricos inteiramente novos poderia produzir enormes saltos na capacidade de processamento. Uma clara evidência de que um sofisticado projeto arquitetônico baseado em uma complexa interconexão pode produzir uma impressionante capacidade de processamento é proporcionada

106 | MARTIN FORD

pelo que é, até agora, a máquina de computação mais poderosa que existe: o cérebro humano. Ao criar o cérebro, a evolução não teve o luxo da Lei de Moore. O "hardware" do cérebro humano não é mais rápido do que o de um camundongo e é milhares a milhões de vezes mais lento do que um circuito integrado moderno; a diferença reside inteiramente na sofisticação do design.[6] Na realidade, o suprassumo da capacidade de processamento — e quiçá da inteligência artificial — talvez possa ser alcançado se um dia os pesquisadores forem capazes de unir a velocidade do hardware atual dos computadores com algo que se aproxime do nível de complexidade de projeto que encontraríamos no cérebro. Minúsculos passos já foram dados nessa direção: a IBM lançou um chip de computação cognitiva em 2011 — inspirado no cérebro humano e apropriadamente chamado de "SyNAPSE" — e criou em seguida uma nova linguagem de programação para acompanhar o hardware.[7]

Além da inexorável aceleração do hardware e, em muitos casos, do software, existem, creio eu, duas outras características que definem a tecnologia da informação. A primeira é que a TI evoluiu e se tornou uma tecnologia efetivamente de uso geral. Existem pouquíssimos aspectos do dia a dia, em especial da operação dos negócios e organizações de todos os tamanhos, que não são significativamente influenciados pela tecnologia da informação ou até mesmo muito dependentes dela. Os computadores, as redes e a internet estão agora irreparavelmente integrados aos nossos sistemas econômicos, sociais e financeiros. A TI está em toda parte, e é difícil até mesmo imaginar a vida sem ela.

Muitos observadores compararam a tecnologia da informação com a eletricidade, a outra tecnologia transformadora de uso geral que passou a ser abundantemente utilizada na primeira metade do século XX. Nicholas Carr apresenta em

OS ROBÔS E O FUTURO DO EMPREGO | 107

seu livro de 2008, *The Big Switch* [A grande troca, em tradução livre], um argumento especialmente convincente para que encaremos a TI como um serviço de utilidade pública semelhante à eletricidade. Embora muitas dessas comparações sejam apropriadas, a verdade é que é difícil imitar a eletricidade. A eletrificação transformou as empresas, a economia como um todo, as instituições sociais e a vida das pessoas em um grau impressionante — e fez isso de maneira esmagadora, mas positiva. Seria provavelmente muito difícil encontrar uma única pessoa em um país desenvolvido como os Estados Unidos que não tenha tido uma grande melhora em seu padrão de vida com o advento da energia elétrica. O impacto da tecnologia da informação provavelmente será mais sutil e, para muitas pessoas, causará menos impacto positivo. O motivo tem a ver com outra característica inconfundível da TI: a capacidade cognitiva.

A tecnologia da informação, em um grau sem precedentes na história do progresso tecnológico, condensa a inteligência. Os computadores tomam decisões e resolvem problemas. Os computadores são máquinas que podem — de maneira muito limitada e especializada — *pensar*. Ninguém argumentaria que os computadores de hoje se aproximam, de alguma forma, da inteligência geral do nível humano. Mas isso frequentemente deixa de captar o ponto essencial. Os computadores estão se tornando radicalmente melhores na execução de tarefas especializadas, rotineiras e previsíveis, e parece bastante provável que, em breve, estejam preparados para superar em desempenho muitas das pessoas hoje empregadas para executar essas tarefas.

O progresso na economia humana foi, em grande medida, resultado da especialização ocupacional ou, como diria Adam Smith, da "divisão do trabalho". Um dos paradoxos do progresso na era do computador é que, à medida que o trabalho se

108 | MARTIN FORD

torna mais especializado, ele pode, em muitos casos, também se tornar mais suscetível de ser automatizado. Muitos especialistas diriam que, do ponto de vista da inteligência *geral*, a melhor tecnologia atual mal tem um desempenho melhor do que o de um inseto. No entanto, os insetos não têm o hábito de aterrissar aviões a jato, fazer reservas para o jantar ou negociar em Wall Street. Os computadores hoje fazem todas essas coisas, e logo começarão a invadir muitas outras áreas.

A vantagem comparativa e as máquinas inteligentes

Os economistas que rejeitam a ideia de que as máquinas poderão um dia fazer com que grande parcela da nossa força de trabalho não consiga um emprego e não raro fundamentam seu argumento em uma das maiores ideias da economia: a teoria da vantagem comparativa.[8] Para ver como funciona a vantagem comparativa, vamos considerar duas pessoas. Jane é realmente excepcional. Depois de muitos anos de treinamento intensivo e com um histórico de sucesso quase inigualável, ela é considerada uma das mais proeminentes neurocirurgiãs do mundo. Jane parou de estudar alguns anos depois que terminou o curso básico na faculdade. Nesse período, antes de ingressar na faculdade de medicina, ela se matriculou em um dos melhores institutos de culinária da França e hoje tem um talento refinado para preparar pratos gourmet. Tom é o típico homem comum. No entanto, ele também prepara muito bem pratos gourmet, e sua competência foi elogiada várias vezes. Ainda assim, ele não consegue realmente se igualar ao que Jane é capaz de fazer na cozinha. Além disso, é óbvio que Tom não teria permissão para chegar nem perto de uma sala de cirurgia.

Tendo em vista que Tom não pode competir com Jane na cozinha, muito menos como cirurgião, existe alguma maneira pela qual os dois pudessem chegar a um acordo que deixasse ambos em melhor situação? A vantagem comparativa responde que "sim" e nos diz que Jane poderia contratar Tom como cozinheiro. Mas por que ela faria isso quando pode obter melhores resultados cozinhando ela mesma? A resposta é que isso liberaria mais tempo e energia de Jane para se dedicar à atividade na qual realmente se destaca (e que proporciona uma renda bem maior): a neurocirurgia.

A principal ideia por trás da vantagem comparativa é que devemos sempre conseguir encontrar um emprego, desde que nos especializemos naquilo em que temos mais habilidade do que outras pessoas. Ao fazer isso, oferecemos aos outros a chance de também se especializar e, desse modo, ter uma renda maior. No caso de Tom, sua habilidade era cozinhar. Jane tem mais sorte (e é muito mais rica) porque realmente se destaca na ocupação em que tem mais habilidade, e, por uma casualidade, esse talento tem um valor de mercado muito elevado. Ao longo de toda a história econômica, a vantagem comparativa tem sido o principal determinante de uma especialização cada vez maior e dos negócios entre pessoas e nações.

Agora vamos mudar a história. Imagine que Jane tem a capacidade de clonar a si mesma de maneira fácil e barata. Se você gosta de filmes de ficção científica, pense em *Matrix Reloaded*, no qual Neo enfrenta dezenas de cópias do agente Smith. Nessa luta particular, Neo leva a melhor, mas creio que você seja capaz de perceber que Tom talvez não tenha tanta sorte quando se trata de manter seu emprego trabalhando para Jane. A vantagem competitiva funciona por causa do custo de oportunidade: se uma pessoa escolhe fazer uma coisa, precisa necessariamente desistir da oportunidade de fazer outra. O tempo e o espaço são limitados; ela não pode estar em dois lugares, fazendo a mesma coisa, ao mesmo tempo.

As máquinas, especialmente os aplicativos de software, podem ser reproduzidos com facilidade. Em muitos casos, podem ser clonados por um pequeno custo quando comparado à contratação de uma pessoa. Quando a inteligência pode ser reproduzida, o conceito do custo de oportunidade sofre uma reviravolta. Agora Jane pode fazer uma cirurgia cerebral e cozinhar ao mesmo tempo. Por que ela precisaria de Tom? É fácil prever que, em breve, os clones de Jane também começarão a deixar sem trabalho neurocirurgiões menos talentosos. A vantagem comparativa na era das máquinas inteligentes poderá exigir certa reconsideração.

Imagine o impacto de uma grande corporação capaz de treinar um único funcionário e depois cloná-lo e formar um exército de trabalhadores, todos possuindo instantaneamente o conhecimento e a experiência do primeiro, mas que, a partir desse ponto, também são capazes de continuar a aprender e se adaptar a novas situações. Quando a inteligência condensada na tecnologia da informação é reproduzida e escalonada através das organizações, tem o potencial de fundamentalmente redefinir o relacionamento entre as pessoas e as máquinas. A partir da perspectiva de um grande número de trabalhadores, os computadores deixarão de ser ferramentas que melhoram a produtividade deles e passarão a ser substitutos viáveis. É claro que esse resultado aumentará de forma significativa a produtividade de muitas empresas e indústrias — mas também as tornará muito menos intensivas em mão de obra.

A tirania e a cauda longa

A influência dessa inteligência artificial distribuída está mais evidente no próprio setor de tecnologia da informação. A internet deu origem a corporações muito lucrativas e influen-

OS ROBÔS E O FUTURO DO EMPREGO | 111

tes, com uma força de trabalho surpreendentemente diminuta. Em 2012, a Google, por exemplo, gerou um lucro de quase US$14 bilhões empregando menos de 38 mil pessoas.[9] Compare esses números com o da indústria automotiva. No auge da oferta de emprego, em 1979, a General Motors tinha quase 840 mil funcionários e teve um lucro de apenas US$11 bilhões — 20% menos do que a Google arrebatou. Sim, isso mesmo, depois de os valores serem corrigidos pela inflação.[10] A Ford, a Chrysler e a American Motors empregavam mais centenas de milhares de pessoas. Além desses trabalhadores essenciais, a indústria também criou milhares de empregos periféricos de classe média em áreas como a de direção, consertos, seguros e aluguel de carros.

Sem dúvida, o setor da internet também oferece oportunidades periféricas. A nova economia da informação é frequentemente elogiada como a grande niveladora. Afinal de contas, qualquer pessoa pode escrever um blog e colocar anúncios nele, publicar um livro eletrônico, vender produtos no eBay ou desenvolver um aplicativo do iPhone. Embora essas oportunidades de fato existam, elas são radicalmente diferentes daqueles empregos estáveis de classe média criados pela indústria automotiva. A evidência demonstra claramente que a renda percebida nas atividades on-line quase sempre tende a seguir a distribuição de que quem ganha leva tudo. Embora a internet possa, em tese, nivelar as oportunidades e derrubar as barreiras de entrada, os resultados efetivos que ela produz são, quase invariavelmente, altamente desiguais.

Se você colocar em um gráfico o tráfego que chega aos websites, a receita de propaganda gerada on-line, os downloads de músicas da loja do iTunes, dos livros vendidos na Amazon, dos aplicativos baixados no AppStore da Apple ou do Google Play, ou quase tudo mais que é feito on-line, acabará com algo parecido com a Figura 3.3. Essa distribuição de cauda longa é dominante nos modelos das corporações que dominam o setor da internet. Empresas como Google, Ebay e Amazon são capazes de gerar receita a partir de *todos os pontos* da distribuição. Se uma companhia controla um grande mercado, a agregação de quantias, até mesmo minúsculas, ao longo de toda a curva resulta em receitas totais que podem facilmente chegar a bilhões de dólares.

Figura 3.3. Uma distribuição do tipo quem ganha leva tudo/cauda longa

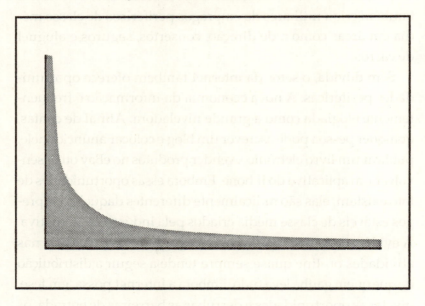

Os mercados de produtos e serviços, suscetíveis de serem digitalizados, evoluem para essa distribuição do tipo quem ganha leva tudo. As vendas de livros e músicas, os anúncios classificados e o aluguel de filmes, por exemplo, estão sendo cada vez mais dominados por um minúsculo número de centros de distribuição, e o resultado óbvio foi a eliminação de um vasto número de empregos para pessoas como jornalistas e vendedores de lojas.

A cauda longa é maravilhosa se você é dono dela. No entanto, quando ocupa apenas um único ponto da distribuição, a história é bem diferente. Na cauda longa, a renda da maioria das atividades on-line rapidamente cai para o nível dos trocados. Isso pode funcionar bem se você tiver uma fonte de renda alternativa, ou se por acaso morar no porão da casa de seus pais. O problema é que, como a tecnologia continua a transformar os setores, um número cada vez maior de empregos que oferecem essa fonte de renda básica está propenso a desaparecer.

Como cada vez mais pessoas perdem o fluxo de renda confiável que as fixa na classe média, elas estão mais propensas a se voltar para essas oportunidades de cauda longa na economia digital. Alguns sortudos fornecerão as histórias de sucesso ocasionais de que ouvimos falar, mas a grande maioria batalhará para manter alguma coisa próxima do estilo de vida da classe média. Como ressaltou o visionário tecnológico Jaron Lanier, muitas pessoas provavelmente serão forçadas a ingressar na economia informal que é encontrada nas nações do Terceiro Mundo.[11] Jovens adultos que consideram a economia informal sedutora rapidamente descobrirão suas desvantagens quando começarem a pensar em manter uma casa, criar filhos ou planejar a aposentadoria. É claro que sempre houve pessoas vivendo à margem da sociedade nos Estados Unidos e em outras economias desenvolvidas, mas, em certa medida, elas vivem à custa da riqueza gerada por uma massa crítica de unidades familiares de classe média. A presença dessa sólida classe média é um dos principais fatores que diferenciam uma nação desenvolvida de um país pobre — e sua erosão está se tornando cada vez mais evidente, especialmente nos Estados Unidos.

A maioria dos otimistas tecnológicos provavelmente discordaria dessa caracterização. Eles tendem a encarar a tecnologia da informação como universalmente fortalecedora. Talvez não seja por coincidência que eles tendem a ter muito sucesso na nova economia. Os otimistas digitais mais proeminentes tipicamente vivem na extrema esquerda da cauda longa — ou, o que é ainda melhor, eles talvez tenham fundado a empresa que é dona de toda a distribuição. Em um programa especial da televisão PBS que foi ao ar em 2012, perguntaram ao inventor e futurista Ray Kurzweil o que ele pensava a respeito da possibilidade de um "divisor digital" — uma referência à possibilidade de que apenas um pequeno percentual da população será capaz de prosperar na nova economia da informação. Kurzweil descartou a ideia desse divisor, apontando, em vez disso, para tecnologias fortalecedoras como os celulares. Qualquer pessoa com um smartphone, disse ele, "está carregando o equivalente a bilhões de dólares de capacidade de processamento há aproximadamente vinte ou trinta anos".[12] O que não foi dito é como uma pessoa comum deve otimizar essa tecnologia e transformá-la em uma renda que supra sua subsistência.

De fato, está comprovado que os celulares melhoram o padrão de vida, mas isso foi documentado principalmente nos países em desenvolvimento que carecem de outras infraestruturas de comunicação. Sem dúvida, a história de sucesso mais comemorada envolve os pescadores de sardinha de Kerala, uma região situada na costa sudoeste da Índia. Em uma pesquisa, o economista Robert Jensen descreveu como os celulares possibilitaram que os pescadores determinassem quais aldeias ofereciam os melhores mercados para o seu peixe.[13] Antes do advento da tecnologia da rede sem fio, ter uma aldeia particular em vista era um palpite que frequentemente resultava em incompatibilidade entre a oferta e a demanda. No entanto, com os seus novos telefones, os pescadores passaram a saber exatamente onde estavam os compradores, e isso resultou em melhor funcionamento do mercado, com preços mais estáveis e bem menos desperdício.

OS ROBÔS E O FUTURO DO EMPREGO | 115

Os pescadores de sardinha de Kerala se tornaram uma espécie de modelo para o otimismo tecnológico, uma vez que essa experiência está relacionada com os países em desenvolvimento, e sua história tem sido narrada em vários livros e artigos de revistas.[14] Embora seja inquestionável que os telefones celulares têm um grande valor para os pescadores do Terceiro Mundo, há poucas evidências de que os cidadãos comuns nos países desenvolvidos — ou até mesmo nos países pobres — conseguirão extrair uma renda significativa de seus smartphones. Até mesmo desenvolvedores de software qualificados acham extremamente desafiador gerar uma receita expressiva a partir de aplicativos móveis, e não é preciso dizer que a principal razão é a onipresente distribuição de cauda longa. Se você visitar qualquer fórum on-line povoado por desenvolvedores de Android ou iPhone, é bem provável que encontre discussões lamentando o modelo "quem ganha leva tudo" do ecossistema móvel e a dificuldade de monetizar os aplicativos. Em geral, o acesso a um smartphone pode oferecer pouco mais do que a possibilidade de os desempregados da classe média jogarem Angry Birds enquanto esperam na fila.

Uma questão moral

Se usarmos novamente a ideia de duplicar 1 centavo para representar o avanço da tecnologia digital, ficará evidente que o saldo da conta tecnológica resulta do esforço de inúmeras pessoas e organizações ao longo de décadas. Na realidade, o arco do progresso pode recuar no tempo pelo menos até a máquina da diferença mecânica de Charles Babbage, no início do século XVII.

A importância das inovações que resultaram nas fantásticas riqueza e influência da economia da informação de hoje, sem dúvida muito significativas, não se compara à do trabalho

116 | MARTIN FORD

inovador feito por pioneiros como Alan Turing e John von Neumann. A diferença é que até mesmo avanços graduais são hoje capazes de potencializar esse extraordinário saldo acumulado da conta. Em certo sentido, os inovadores bem-sucedidos de hoje são um pouco como a corredora da Maratona de Boston,* que, em 1980, notoriamente se infiltrou na corrida 800 metros antes da linha de chegada.

É claro que todos os inovadores se baseiam naqueles que vieram antes deles. Isso certamente foi verdade quando Henry Ford lançou o Modelo T. No entanto, com a tecnologia da informação, é diferente. A capacidade única da TI de escalonar a inteligência artificial nas organizações de modo a substituir os trabalhadores, com sua propensão de criar em toda parte cenários do tipo "quem ganha leva tudo", terá implicações drásticas tanto para a economia quanto para a sociedade.

Talvez seja necessário fazer uma pergunta moral fundamental: a população deve ter algum tipo de direito sobre esse saldo acumulado da conta tecnológica? É claro que as pessoas se beneficiam bastante do avanço da tecnologia digital do ponto de vista de custos mais baixos, da conveniência e do livre acesso às informações e ao entretenimento. Mas isso nos reconduz ao problema do argumento de Kurzweil com relação aos celulares: essas coisas não vão pagar o aluguel.

É preciso ter em mente também que grande parte da pesquisa básica que possibilitou o progresso do setor de TI foi financiada por contribuintes norte-americanos. A Defense Advanced Research Projects Agency [Agência de Projetos de Pesquisa Avançada da Defesa] (DARPA) criou e financiou a rede de computadores que deu origem à internet.** A Lei de Moore

---

*Trata-se de Rosie Ruiz, cubana-americana. (*N. da T.*)
**A DARPA também forneceu o respaldo financeiro inicial para o desenvolvimento do Siri (hoje assistente virtual de tecnologia da Apple) e financiou o desenvolvimento dos novos chips de computação cognitiva SyNAPSE da IBM. (*N. da T.*)

OS ROBÔS E O FUTURO DO EMPREGO | 117

aconteceu, em parte, em consequência da pesquisa coordenada por uma universidade financiada pela National Science Foundation. A Semiconductor Industry Association, o comitê de ação política do setor, faz ativamente lobby em defesa do aumento do financiamento federal para a pesquisa. Hoje, a tecnologia dos computadores existe, até certo ponto, porque milhões de contribuintes de classe média sustentaram o financiamento federal para a pesquisa básica nas décadas que se seguiram à Segunda Guerra Mundial. Podemos estar razoavelmente certos de que esses contribuintes ofereceram seu apoio na expectativa de que os frutos dessa pesquisa iriam criar um futuro mais próspero para seus filhos e netos. No entanto, as tendências que examinamos no último capítulo sugerem que estamos avançando em direção a um resultado muito diferente.

ALÉM DA QUESTÃO MORAL BÁSICA de uma minúscula elite poder ou não, de fato, conquistar o domínio do capital tecnológico acumulado da sociedade, existem também questões práticas relacionadas com a saúde global de uma economia em que a desigualdade de renda se torna excessiva. A continuação do progresso depende de um mercado vibrante para futuras inovações — o que, por sua vez, requer uma distribuição razoável do poder de compra.

Em capítulos posteriores, vamos observar mais detalhadamente algumas das implicações econômicas e sociais gerais da aceleração inexorável da tecnologia digital. Mas, primeiro, vamos examinar como essas inovações estão ameaçando cada vez mais os cargos altamente qualificados ocupados por trabalhadores com grau universitário e até mesmo de pós-graduação, e ainda os profissionais de nível superior com especialização.

4. Os empregos de colarinho-branco em situação de risco

No dia 11 de outubro de 2009, o time de beisebol Los Angeles Angels venceu o Boston Red Socks nos *play-offs* da Liga Americana e conquistou o direito de enfrentar o New York Yankees e tentar competir na World Series. Foi uma vitória especialmente emocionante para os Angels porque, seis meses antes, um de seus mais proeminentes jogadores, o arremessador Nick Adenhart, havia morrido em um acidente de carro causado por um motorista bêbado. Um jornalista esportivo começou seu artigo descrevendo o jogo da seguinte maneira:

> As coisas pareciam complicadas para os Angels quando estavam perdendo por 2 pontos no nono e último *inning*, mas o Los Angeles se recuperou graças a um arremesso de Vladimir Guerrero, que os colocou 7-6 contra o Boston Red Sox no Fenway Park, no domingo.
>
> Guerrero carregou dois corredores dos Angels. Ele rebateu duas das quatro vezes que atuou como rebatedor.
>
> "Quando se trata de homenagear Nick Adenhart, e o que aconteceu em abril em Anaheim, sim, provavelmente foi o maior sucesso [da minha carreira]",

120 | MARTIN FORD

declarou Guerrero. "Porque estou dedicando isso a um ex-colega de equipe, um cara que morreu."

Guerrero tem apresentado um bom desempenho como rebatedor nesta temporada, especialmente nos jogos diurnos. Nestes, Guerrero tem um .794 OPS [*on-base plus slugging*]. Ele rebateu cinco *home runs* e pontuou com 13 corredores em 26 jogos.[1]

O autor do texto provavelmente não corre nenhum risco imediato de receber algum prêmio pelo que escreveu. Mesmo assim, a narrativa é uma realização extraordinária: não porque seja de fácil leitura, escrita corretamente, além de uma descrição precisa do jogo de beisebol, mas porque o autor é um programa de computador.

O software em questão, denominado "StatsMonkey", foi criado por alunos e pesquisadores do Intelligent Information Laboratory [Laboratório de Informação Inteligente], da Universidade Northwestern. O StatsMonkey foi projetado para automatizar as notícias esportivas, transformando informações objetivas a respeito de um jogo particular em uma narrativa cativante. O sistema vai além de simplesmente relacionar fatos; mais exatamente, ele escreve uma história que incorpora os mesmos atributos essenciais que um jornalista esportivo desejaria incluir. O StatsMonkey faz uma análise estatística para discernir os eventos dignos de nota que ocorreram durante determinado jogo; em seguida, gera um texto em linguagem natural que resume a dinâmica global do jogo, ao mesmo tempo em que se concentra nas jogadas mais importantes e nos principais jogadores que contribuíram para a história.

Em 2010, os pesquisadores da Universidade Northwestern que supervisionaram a equipe de estudantes de ciência da computação e de jornalismo que trabalharam no StatsMonkey levantaram capital de risco e fundaram uma nova empresa, a Narrative Science, Inc., para comercializar a tecnologia.

OS ROBÔS E O FUTURO DO EMPREGO | 121

A empresa contratou uma equipe de engenheiros e cientistas de computação de alto nível; em seguida, descartou o código de computador originário do StatsMonkey e construiu um sistema de inteligência artificial muito mais poderoso e abrangente, que chamou de Quill.

A tecnologia da Narrative Science é utilizada por importantes veículos da mídia, inclusive a revista *Forbes*, para produzir artigos automatizados em várias áreas, entre elas a do esporte, dos negócios e da política. O software da empresa gera uma notícia a cada 30 segundos, em média, e muitas delas são publicadas em sites amplamente conhecidos que preferem não confessar que usam o serviço. Em uma conferência do setor em 2011, o redator Steven Levy, da revista *Wired*, insistiu com Kristian Hammond, cofundador da Narrative Science, para que fizesse uma previsão do percentual dos artigos novos que seriam redigidos algoritmicamente dali a 15 anos. A resposta foi: mais de 90%.[2]

A Narrative Science tem os olhos voltados para muito mais do que apenas o setor de notícias. O Quill foi projetado para ser um mecanismo analítico e redator de narrativas de uso geral, capaz de produzir textos para vários setores. O Quill começa recolhendo informações de várias fontes, entre elas bancos de dados de transações, sistemas de divulgação de informações, sites e até mesmo a mídia social. Então, realiza uma análise destinada a trazer à tona os fatos e as observações mais importantes e interessantes. Depois, reúne todas essas informações em uma narrativa coerente que a empresa afirma estar à altura do trabalho dos melhores analistas humanos. Uma vez configurado, o sistema Quill pode gerar textos de negócios quase instantaneamente e apresentá-los de maneira contínua — sem intervenção humana.[3] Um dos mais antigos financiadores da Narrative Science foi In-Q-Tel, a divisão de capital de risco da

CIA (Central Intelligence Agency), e as ferramentas da empresa provavelmente serão usadas para transformar as torrentes de dados brutos recolhidos pela comunidade de inteligência dos Estados Unidos em um formato de narrativa facilmente compreensível.

A tecnologia Quill mostra o grau em que tarefas que já foram da alçada exclusiva de profissionais qualificados de nível superior estão vulneráveis à automação. É claro que o trabalho baseado no conhecimento recorre a um vasto leque de recursos. Entre outras coisas, o analista talvez precise saber como extrair informações de uma variedade de sistemas, executar a modelagem estatística ou financeira e depois redigir relatórios, textos e apresentações compreensíveis. A redação — que, afinal de contas, é pelo menos tanto arte quanto ciência — poderia parecer uma das tarefas menos prováveis de serem automatizadas. Mas isso também foi alcançado, e os algoritmos estão se aprimorando rapidamente. Na realidade, como as funções baseadas em conhecimento podem ser automatizadas utilizando-se apenas um software, elas poderão, em muitos casos, se revelar mais vulneráveis do que as funções que exigem menos qualificações e envolvem a manipulação física.

Por coincidência, a redação também é uma área em que os empregadores sistematicamente se queixam de que os portadores de diploma de nível superior são deficientes. Um recente levantamento realizado entre empregadores descobriu que cerca de 50% dos funcionários recém-contratados com curso superior de dois anos de duração e mais de 25% daqueles com curso de quatro anos tinham uma redação sofrível — e, em alguns casos, até mesmo capacidade de leitura insatisfatória.[4] Se um software inteligente pode, como afirma a Narrative Science, começar a igualar os analistas humanos mais capazes, o crescimento futuro do emprego baseado no conhecimento é duvidoso para todos os portadores de diploma de nível superior, especialmente para os menos preparados.

Big data e o aprendizado de máquina

O sistema redator de narrativas Quill é apenas um dos vários softwares novos que estão sendo desenvolvidos para potencializar a enorme quantidade de informações que hoje é recolhida e armazenada nas empresas, organizações e governos na economia mundial. De acordo com uma estimativa, a quantidade total de dados armazenados mundialmente é mensurada em exabytes (um exabyte equivale a 1 bilhão de gigabytes), e esse número está sujeito à sua própria aceleração do tipo Lei de Moore, duplicando, em média, a cada três anos.[5] Quase todos esses dados estão hoje armazenados em formato digital e, portanto, são passíveis de manipulação direta pelos computadores. Os servidores do Google, por si sós, lidam com cerca de 24 petabytes (o que equivale a 1 milhão de gigabytes), que correspondem basicamente a informações a respeito do que seus milhões de usuários buscam diariamente.[6]

Todas essas informações provêm de uma profusão de fontes distintas. Apenas na internet, existem visitas a sites, buscas, e-mails, interações em redes sociais e cliques em anúncios, para mencionar apenas alguns exemplos. Nas empresas, há transações, contatos com os clientes, comunicações internas e informações captadas em sistemas financeiros, contábeis e de marketing. No mundo real, sensores captam continuamente dados operacionais, em tempo real, nas fábricas, hospitais, automóveis, aeronaves e em um sem-número de outros mecanismos de consumo e máquinas industriais.

124 | MARTIN FORD

A grande maioria dessas informações é o que um cientista de computação chamaria de "desorganizadas". Em outras palavras, elas são captadas em vários formatos que, com frequência, podem ser difíceis de compatibilizar ou comparar. Isso é muito diferente dos sistemas tradicionais relacionais de bancos de dados, em que as informações são organizadas harmoniosamente em fileiras e colunas homogêneas que tornam a busca e o acesso rápidos, confiáveis e precisos. A natureza desorganizada do big data conduziu ao desenvolvimento de novas ferramentas, especificamente voltadas para encontrar significado e coerência em informações que são recolhidas em uma variedade de fontes. A rápida melhora nessa área é apenas mais um exemplo da maneira como os computadores estão, pelo menos em um sentido limitado, começando a invadir aptidões que anteriormente eram exclusivas dos seres humanos. A capacidade de processar continuamente um fluxo de informações desorganizadas provenientes de fontes do nosso ambiente é, afinal de contas, uma das coisas às quais os seres humanos estão especificamente adaptados. A diferença, claro, é que, na esfera do big data, os computadores são capazes de fazer isso em uma escala que seria impossível para uma pessoa. O big data está causando impacto revolucionário em um vasto leque de áreas, entre elas a dos negócios, da política, da medicina e de quase todos os campos das ciências naturais e sociais.

As grandes cadeias varejistas estão se apoiando no big data para alcançar um nível de compreensão sem precedentes nas preferências de compra de cada comprador, o que lhe possibilita fazer ofertas direcionadas que aumentam a receita e, ao mesmo tempo, ajudam a desenvolver a lealdade do cliente. Departamentos de polícia no mundo inteiro estão se voltando para as análises algorítmicas, para predizer a hora e a localização em que é mais provável a ocorrência de crimes, a fim de acionar

OS ROBÔS E O FUTURO DO EMPREGO | 125

adequadamente suas forças. O portal de informações da cidade de Chicago permite que os residentes consultem tanto as tendências históricas quanto as de tempo real em uma extensão de áreas que captam o fluxo e o refluxo da vida em uma grande cidade — inclusive o consumo de energia, o crime, os indicadores de desempenho para transporte, escolas e cuidados de saúde, e até mesmo o número de buracos consertados em determinado intervalo de tempo. Ferramentas que oferecem novas maneiras de visualizar informações recolhidas em interações nas redes sociais, bem como em sensores embutidos em portas, catracas e escadas rolantes, oferecem representações gráficas de planejadores urbanos e administradores de cidades em relação à maneira como as pessoas se deslocam, trabalham e interagem nos ambientes urbanos, uma evolução que poderá conduzir diretamente a cidades mais eficientes e habitáveis.

No entanto, existe um possível lado negro. A Target, Inc., forneceu um exemplo bem mais polêmico de maneiras pelas quais uma enorme quantidade de informações extraordinariamente detalhadas podem ser aproveitadas. Um cientista de dados que trabalhava para a empresa descobriu um complexo conjunto de correlações envolvendo a compra de cerca de 25 diferentes produtos cosméticos e de saúde em um estágio tão inicial que, em alguns casos, as mulheres ainda nem haviam compartilhado a notícia com os mais próximos. Em um artigo publicado no início de 2012, o *New York Times* noticiou um caso no qual o pai de uma adolescente se queixou a respeito de uma correspondência enviada para a família — descobrindo, porém, mais tarde, que a Target, de fato, sabia mais do que ele.[7] Alguns críticos temem que essa história um tanto sinistra seja apenas o início, e que o big data será cada vez mais utilizado para gerar previsões que potencialmente invadem a privacidade e talvez até mesmo a liberdade.

126 | MARTIN FORD

As observações compiladas a partir do big data são provenientes da correlação e não esclarecem nada a respeito das causas dos fenômenos em estudo. Um algoritmo pode descobrir que, se A é verdadeiro, B provavelmente também é, mas não é capaz de determinar se A causa B ou vice-versa — ou se, talvez, tanto A quanto B são causados por um fator externo. Em muitos casos, contudo, especialmente na esfera dos negócios, em que o supremo indicador do sucesso é a lucratividade e a eficiência, e não o entendimento profundo, a correlação, por si só, pode ter um valor extraordinário. O big data pode oferecer aos dirigentes um nível de observação sem precedentes em um vasto leque de áreas: tudo, desde a operação de uma única máquina ao desempenho global de uma corporação multinacional, pode potencialmente ser analisado de uma maneira que antes teria sido impossível.

A massa de dados cada vez maior está sendo progressivamente encarada como um recurso que pode ser explorado para a obtenção de valor — tanto agora quanto no futuro. Assim como as indústrias de extração do petróleo e do gás natural, por exemplo, são continuamente beneficiadas pelos avanços técnicos, é fácil prever que a crescente capacidade de processamento e a melhora das técnicas de software e de análise possibilitarão que as corporações tenham novas ideias que conduzam diretamente a maior lucratividade. Na realidade, provavelmente é essa expectativa por parte dos investidores que atribui a empresas intensivas em informações como o Facebook tão grandes avaliações.

O aprendizado de máquina — uma técnica na qual um computador vasculha dados e, com efeito, escreve seu próprio programa, com base nos relacionamentos estatísticos que descobre — é uma das maneiras mais eficazes de extrair todo esse valor. O aprendizado de máquina geralmente envolve dois pas-

OS ROBÔS E O FUTURO DO EMPREGO | 127

sos: um algoritmo é inicialmente treinado em dados conhecidos e depois liberado para resolver problemas semelhantes, com novas informações. Uma utilização corriqueira do aprendizado de máquina ocorre nos filtros de spam dos e-mails. O algoritmo pode ser treinado para processar milhões de e-mails que foram pré-categorizados como spam ou não spam. Ninguém se senta e programa diretamente o sistema para reconhecer cada massacre tipográfico da palavra "Viagra". Na verdade, o software descobre isso sozinho. O resultado é um aplicativo capaz de identificar, de forma automática, a maior parte do lixo eletrônico e que também pode melhorar continuamente e se adaptar com o tempo à medida que mais exemplos vão se tornando disponíveis. Algoritmos de aprendizado de máquina baseados nos mesmos princípios recomendam livros na Amazon.com, filmes no Netflix e possíveis encontros românticos no Match.com.

Uma das demonstrações mais impressionantes do poder do aprendizado de máquina ocorreu quando a Google lançou sua ferramenta de tradução on-line. Seus algoritmos usaram o que poderia ser chamado de uma abordagem do problema do tipo "Pedra Roseta", na qual milhões de páginas de texto que já haviam sido traduzidas em múltiplos idiomas foram analisados e comparados. A equipe de desenvolvimento da Google começou focando documentos oficiais que tinham sido preparados pelas Nações Unidas e depois expandiram o trabalho para a web, onde o mecanismo de busca da empresa foi capaz de localizar uma profusão de exemplos que passaram a alimentar seus vorazes algoritmos de autoaprendizado. O mero número de documentos utilizados para treinar o sistema eclipsou tudo o que ocorrera antes. Franz Och, o cientista de computação que conduziu o trabalho, assinalou que a equipe tinha construído "imensos modelos de linguagem, muito

128 | MARTIN FORD

maiores do que o que qualquer pessoa já havia construído na história da humanidade".[8]

Em 2005, a Google registrou seu sistema na competição anual de tradução de máquina realizada pelo National Institute of Standards and Technology* [Instituto Nacional de Padrões e Tecnologia], o NIST, um órgão dentro do Departamento do Comércio dos Estados Unidos que publica padrões de medidas. Os algoritmos de aprendizado de máquina da Google foram capazes de superar em desempenho os outros concorrentes — que, tipicamente, utilizavam especialistas em linguagem e linguística que tentavam programar de maneira ativa seus sistemas de tradução para que navegassem através do atoleiro de regras gramaticais conflitantes e incompatíveis que caracterizam as linguagens. A lição fundamental, nesse caso, é que, quando os conjuntos de dados são grandes o bastante, o conhecimento incluído em todos esses dados com frequência superará as tentativas até mesmo dos melhores programadores. O sistema do Google ainda não consegue competir com o trabalho dos tradutores humanos qualificados, mas oferece uma tradução bidirecional entre mais de quinhentos pares de idiomas. Isso representa um avanço disruptivo na capacidade de comunicação: pela primeira vez na história humana, praticamente qualquer pessoa pode, gratuita e instantaneamente, obter uma tradução rudimentar de qualquer documento, em qualquer idioma.

Embora exista uma série de diferentes abordagens do aprendizado de máquina, uma das mais poderosas, e fascinantes, envolve o uso de redes neurais artificiais — ou sistemas que são projetados utilizando os mesmos princípios operacionais fundamentais do cérebro humano. O cérebro contém até 100

---

*Até 1988, era chamado de National Bureau of Standards and Technology. (N. da T.)

bilhões de células neuronais — e muitos trilhões de conexões entre elas —, mas é possível construir poderosos sistemas de aprendizado usando configurações bem mais rudimentares de neurônios simulados.

Um neurônio individual opera de certa maneira como os brinquedos pop-up de plástico, muito populares entre as crianças bem pequenas. Quando a criança aperta o botão, uma figura colorida salta — pode ser o personagem de um desenho animado ou um animal. Se o botão for apertado delicadamente, nada acontece. Se for apertado com um pouco mais de força, nada ainda acontece. Mas, quando determinado limite de força é excedido, uma figura salta. Um neurônio trabalha basicamente da mesma maneira, exceto que o botão de ativação pode ser pressionado por meio de uma combinação de múltiplos estímulos.

Para visualizar uma rede neural, imagine uma máquina no estilo de Rube Goldberg, em que vários desses brinquedos pop-up são dispostos no chão, em fileiras. Três dedos mecânicos são suspensos em cima de cada botão de ativação do brinquedo. Em vez de uma figura saltar, os brinquedos são configurados de maneira que, quando um brinquedo é ativado, faz com que vários dos dedos mecânicos dos brinquedos da fileira seguinte pressionem seus botões. O segredo da capacidade de aprendizado da rede neural é que a força com que cada dedo pressiona seu respectivo botão pode ser ajustada.

Para treinar a rede neural, introduzimos dados conhecidos na primeira fileira de neurônios. Imagine, por exemplo, a inserção de imagens visuais de cartas escritas à mão. Os dados de entrada fazem com que alguns dos dedos mecânicos pressionem os botões com uma força variada, dependendo de como estão calibrados. Isso, por sua vez, faz com que alguns neurônios sejam ativados e apertem botões na fileira seguinte.

130 | MARTIN FORD

O resultado — ou resposta — é obtido a partir da última fileira de neurônios. Nesse caso, o resultado será um código binário que identifica a letra do alfabeto que corresponde à imagem de entrada. Inicialmente, a resposta estará errada, mas a nossa máquina também contém um mecanismo de comparação e feedback. O resultado é comparado com a resposta correta conhecida, o que automaticamente resulta em ajustes nos dedos mecânicos de cada fileira, e isso, por sua vez, altera a sequência de ativação dos neurônios. À medida que a rede é treinada por meio de milhares de imagens conhecidas, e, depois, a força com a qual os dedos apertam os botões é continuamente calibrada, a rede ficará cada vez mais competente na produção da resposta correta. Quando as coisas chegam a um ponto em que as respostas param de melhorar, a rede terá sido treinada com sucesso.

Essa é, essencialmente, a maneira como as redes neurais podem ser usadas para reconhecer imagens ou palavras faladas, traduzir idiomas ou executar uma série de outras tarefas. O resultado é um programa — basicamente, uma lista de todas as calibragens finais dos dedos mecânicos suspensos sobre os botões de ativação dos neurônios —, que pode ser usado para configurar novas redes neurais, todas capazes de gerar respostas automaticamente a partir de novos dados.

As redes neurais artificiais foram concebidas e experimentadas pela primeira vez no final da década de 1940, e há muito tempo são usadas para reconhecer padrões. No entanto, os últimos anos presenciaram uma série de avanços revolucionários que resultaram em significativo progresso no desempenho, especialmente quando múltiplas camadas de neurônios são empregadas — uma tecnologia que veio a ser chamada de "aprendizado profundo". Sistemas de aprendizado profundo já alimentam a capacidade de reconhecimento da fala no Siri da Apple e estão preparados para acelerar o progresso em um vas-

OS ROBÔS E O FUTURO DO EMPREGO | 131

to leque de aplicativos que se apoiam na análise e no reconhecimento de padrões. Uma rede natural de aprendizado profundo projetada em 2011 por cientistas da Universidade de Lugano, na Suíça, por exemplo, foi capaz de identificar corretamente mais de 99% das imagens em um grande banco de dados de sinais de trânsito — um nível de precisão que excedeu o de especialistas humanos que competiram contra o sistema. Pesquisadores do Facebook desenvolveram igualmente um sistema experimental — que consiste em nove níveis de neurônios artificiais — capaz de determinar corretamente se duas fotografias são da mesma pessoa 97,25% das vezes, mesmo que as condições de iluminação e orientação dos rostos variem. Em comparação, a precisão dos observadores humanos foi de 97,53%.[9]

Geoffrey Hinton, da Universidade de Toronto, um dos destacados pesquisadores da área, assinala que a tecnologia do aprendizado profundo "se escalona muito bem. Basicamente, precisamos apenas torná-la maior e mais rápida, e ela ficará melhor".[10] Em outras palavras, até mesmo sem considerar prováveis melhoras futuras no projeto, é praticamente certo que os sistemas de aprendizado de máquina alimentados por redes de aprendizado profundo presenciarão um progresso expressivo simplesmente como resultado da Lei de Moore.

O big data e os algoritmos inteligentes que os acompanham têm impacto imediato nos locais de trabalho e nas carreiras das pessoas à medida que os empregadores, particularmente as grandes corporações, cada vez mais monitoram inúmeros indicadores e estatísticas relacionados com o trabalho e as interações sociais de seus funcionários. As empresas estão se apoiando na chamada analítica das pessoas como uma maneira de contratar, demitir, avaliar e promover seus funcionários. A quantidade de dados que estão sendo coletados a respeito das pessoas e do trabalho a que se dedicam é desconcertante.

132 | MARTIN FORD

Algumas empresas captam todos os toques de tecla de cada funcionário. E-mails, registros telefônicos, buscas na web, consultas ao banco de dados e acessos a arquivos, entrada e saída das instalações e um número incontável de outros tipos de informações também podem ser coletados — com ou sem o conhecimento dos funcionários.[11] Embora o propósito inicial de toda essa coleta de dados e análise seja tipicamente uma administração mais eficaz e a avaliação do desempenho dos funcionários, ela poderá, com o tempo, ser usada de outras maneiras — inclusive para o desenvolvimento de softwares destinados a automatizar boa parte do trabalho que está sendo executado.

A grande revolução do big data provavelmente terá duas implicações especialmente importantes para as ocupações baseadas no conhecimento. Primeiro, as informações captadas poderão, em muitos casos, conduzir à automação direta de tarefas e funções específicas. Assim como uma pessoa poderia estudar o registro histórico e depois praticar executando tarefas específicas a fim de aprender uma nova função, com frequência os algoritmos inteligentes serão bem-sucedidos usando basicamente a mesma abordagem. Leve em consideração, por exemplo, que, em novembro de 2013, a Google requereu a patente de um sistema projetado para gerar automaticamente e-mails personalizados e respostas às redes sociais.[12] O sistema funciona, primeiro, analisando os e-mails e interações na rede social de um usuário. Com base no que descobrisse, ele então escreveria automaticamente respostas para futuros e-mails, tuítes ou posts em blogs, e faria isso empregando o estilo de redação do usuário. É fácil imaginar esse sistema, com o tempo, sendo usado para automatizar uma grande quantidade de comunicações rotineiras.

Os carros automatizados da Google, demonstrados pela primeira vez em 2011, também dão uma ideia importante do

OS ROBÔS E O FUTURO DO EMPREGO | 133

caminho que a automação baseada em dados provavelmente seguirá. A empresa não se propôs a reproduzir a maneira como uma pessoa dirige; na realidade, isso estaria além da capacidade atual da inteligência artificial. Mais exatamente, ela simplificou o desafio projetando um poderoso sistema de processamento de dados e, depois, colocando-o sobre rodas. Os carros da Google se deslocam apoiando-se no conhecimento da localização precisa por meio do GPS aliado a uma vasta quantidade de informações de mapeamento. É claro que os carros também têm radares, telêmetros a laser e outros sistemas que fornecem um fluxo contínuo de informações em tempo real e possibilitam que o carro se adapte a novas situações, como um pedestre descendo do meio-fio. Dirigir pode não ser uma profissão de colarinho-branco, mas a estratégia geral utilizada pela Google pode ser estendida para muitas outras áreas: em primeiro lugar, emprega uma quantidade gigantesca de dados históricos a fim de criar um "mapa" geral que possibilitará que os algoritmos se orientem em tarefas rotineiras. Em seguida, incorpora sistemas de autoaprendizado capazes de se adaptar a variações ou situações imprevisíveis. O resultado provavelmente será um software inteligente que pode executar muitas funções baseadas no conhecimento com elevado grau de confiabilidade.

O segundo impacto sobre os empregos de conhecimento, e provavelmente o mais importante, ocorrerá como resultado da maneira como o big data modifica as organizações e os métodos por meio dos quais elas são administradas. O big data e os algoritmos preditivos têm o potencial de transformar a natureza e o número de empregos com base no conhecimento das organizações e dos setores de forma generalizada. Os prognósticos que podem ser extraídos das informações serão progressivamente utilizados para substituir qualidades humanas como experiência e discernimento. À medida que a direção

134 | MARTIN FORD

executiva empregar cada vez mais a tomada de decisões baseada em dados e alimentada por ferramentas automatizadas, a necessidade de uma ampla infraestrutura humana analítica e de gestão se tornará cada vez menor. Enquanto hoje existe uma equipe de profissionais de conhecimento que coletam informações e apresentam análises para vários níveis de gestão, com o tempo poderá haver um único gestor e um poderoso algoritmo. As organizações provavelmente serão niveladas. Os níveis médios de gestão se evaporarão, e muitas das funções que hoje são executadas por funcionários administrativos de apoio e por analistas especializados simplesmente desaparecerão.

A WorkFusion, uma startup estabelecida na área de Nova York, tem um exemplo do impacto impressionante que a automação de colarinho-branco provavelmente terá nas organizações. A empresa oferece às grandes corporações uma plataforma de software inteligente que administra quase completamente a execução de projetos, que antes demandavam ampla mão de obra, por meio da terceirização em massa [*outsourcing*] e da automação.

O software da WorkFusion analisa inicialmente o projeto para determinar quais tarefas podem ser diretamente automatizadas, quais podem ser submetidas a uma terceirização em massa e quais precisam ser executadas por profissionais internos. Ele pode, então, colocar automaticamente relações de empregos disponíveis em sites como Elance ou Craigslist e administrar o recrutamento e a seleção de trabalhadores freelance qualificados. Uma vez que os trabalhadores estejam instalados, o software distribui tarefas e avalia seu desempenho. O software faz isso, em parte, pedindo aos freelancers que respondam a perguntas cujas respostas ele já conhece, como um teste contínuo da precisão dos trabalhadores. Ele monitora indicadores de produtividade como a velocidade de digitação, e compatibiliza automaticamente as tarefas com a capacidade das pessoas. Se alguém é incapaz de concluir determinada tarefa, o sistema automaticamente escalonará essa tarefa para outro, que reúna as habilidades necessárias.

Embora o software automatize quase inteiramente a administração do projeto e reduza de forma drástica a necessidade de funcionários internos, é claro que a abordagem cria novas oportunidades para trabalhadores freelance. No entanto, a história não para por aí. À medida que os trabalhadores concluem as tarefas que lhes foram atribuídas, os algoritmos de aprendizado de máquina da WorkFusion procuram continuamente oportunidades de automatizar ainda mais o processo. Em outras palavras, enquanto os freelancers trabalham sob a direção do sistema, estão, ao mesmo tempo, gerando os dados de treinamento que, aos poucos, farão com que eles sejam completamente substituídos pela automação.

Um dos projetos iniciais da empresa envolveu coletar as informações necessárias para atualizar um acervo de cerca de 40 mil registros. Antes, o cliente corporativo executava anualmente esse processo utilizando uma equipe interna a um custo de quase US$4 por registro. Depois de passar a utilizar a plataforma da WorkFusion, o cliente foi capaz de atualizar mensalmente os registros a um custo de apenas US$ 0,20 cada um. A WorkFusion descobriu que, como os algoritmos de aprendizado de máquina da WorkFusion automatizam gradativamente ainda mais o processo, os custos caem, em média, 50% depois de um ano e outros 25% depois de um segundo ano de operação.[13]

A computação cognitiva e o Watson da IBM

No outono de 2004, Charles Lickel, executivo da IBM, jantou com uma pequena equipe de pesquisadores em uma churrascaria perto de Poughkeepsie, no estado de Nova York. Membros

136 | MARTIN FORD

do grupo ficaram perplexos quando, exatamente às sete horas, algumas pessoas começaram de repente a deixar a mesa em que estavam e se amontoaram ao redor de uma televisão na área do bar. Na tela, Ken Jennings, que já havia ganhado 50 partidas seguidas no programa de tevê *Jeopardy!*, estava mais uma vez tentando ampliar seu histórico período de sorte. Lickel reparou que os clientes do restaurante estavam de tal maneira envolvidos com o programa que interromperam o jantar, só voltando para a mesa depois do fim da partida.[14]

Esse incidente, pelo menos de acordo com muitas lembranças, marcou a gênese da ideia de construir um computador capaz de jogar — e derrotar os melhores campeões humanos em — *Jeopardy!*.* A IBM tinha uma longa história na investigação de projetos de renome chamados "grandes desafios", que apresentavam a tecnologia da empresa ao mesmo tempo em que geravam o tipo de buzz de marketing orgânico que simplesmente não pode ser comprado por nenhum preço. Em um grande desafio, mais de sete anos antes, o computador Deep Blue, da IBM, derrotara o campeão mundial de xadrez Garry Kasparov em uma competição com seis jogos — um evento que ancorou para sempre a marca IBM ao momento histórico em que uma máquina dominou pela primeira vez um jogo de xadrez. Os executivos da IBM desejavam um novo grande desafio que cativasse o público e posicionasse claramente a empresa como líder de tecnologia — e, em particular, combatesse qualquer ideia de que o bastão de inovação da tecnologia da informação havia passado do Big Blue para a Google ou para startups que estivessem surgindo no Vale do Silício.

---

*O livro de Stephen Baker publicado em 2011, *Final Jeopardy: Man* vs. *Machine and the Quest to Know Everything* [Jeopardy final: homem *vs.* máquina e a procura de saber tudo, em tradução livre], apresenta um relato detalhado da fascinante história que acabou conduzindo ao Watson da IBM. (*N. do A.*)

OS ROBÔS E O FUTURO DO EMPREGO | 137

Quando a ideia de um grande desafio baseado no programa *Jeopardy!*, que culminaria em uma disputa televisionada entre os melhores concorrentes humanos e um computador da IBM, começou a se fortalecer entre os dirigentes da empresa, os cientistas de computação que teriam que efetivamente construir o sistema começaram a opor uma resistência agressiva. Um computador à altura de jogar *Jeopardy!* requereria uma capacidade que estava muito além de qualquer coisa já demonstrada. Muitos pesquisadores temiam que a empresa corresse o risco de fracassar ou, o que era ainda pior, de passar vergonha em rede nacional.

Na realidade, havia pouquíssimos motivos para acreditar que o triunfo de Deep Blue no xadrez fosse extensível a *Jeopardy!* O xadrez é um jogo com regras precisas que operam dentro de um domínio rigorosamente limitado; ele é quase idealmente apropriado para uma abordagem computacional. Em grande medida, a IBM foi bem-sucedida ao usar um poderoso hardware customizado para lidar com esse problema. Deep Blue era um sistema do tamanho de uma geladeira, abarrotado de processadores especificamente projetados para jogar xadrez. Algoritmos com "força bruta" potencializaram toda essa capacidade de processamento levando em consideração cada jogada concebível, tendo em vista a situação do jogo. Em seguida, para cada uma dessas possibilidades, o software contemplava muitas jogadas à frente, avaliando possíveis ações de ambos os jogadores e repetindo incontáveis permutas — um laborioso processo que, quase sempre, acabava produzindo a linha de ação ideal. Deep Blue foi, basicamente, um exercício de puro cálculo matemático; todas as informações que o computador precisava para o jogo eram fornecidas em um formato orientado para a máquina que ele poderia processar diretamente. A máquina não tinha nenhuma necessidade de se envolver com seu ambiente, como um jogador de xadrez humano.

138 | MARTIN FORD

Jeopardy! apresentava um cenário radicalmente diferente. Ao contrário do xadrez, o jogo é aberto. Praticamente qualquer assunto que fosse acessível a uma pessoa instruída — ciências, história, filmes, literatura, geografia e cultura popular, para mencionar apenas alguns — era válido no programa. O computador também enfrentaria todo um leque de desafios técnicos intimidadores. Entre eles, estava a necessidade de compreender a linguagem natural: o computador teria que receber informações e dar suas respostas no mesmo formato que seus concorrentes humanos. As dificuldades para ter sucesso em *Jeopardy!* são especialmente elevadas porque, além de ser uma competição justa, ele também precisa ser uma forma de entretenimento cativante para os milhões de telespectadores. Os redatores do programa não raro inserem humor, ironia e jogos de palavras sutis nas dicas — em outras palavras, o tipo de contribuição que parece quase deliberadamente criada para extrair respostas ridículas de um computador.

Um documento da IBM que descreve a tecnologia Watson ressalta o seguinte: "Temos narizes que correm e pés que cheiram mal."[15] Um computador *Jeopardy!* teria que lidar com êxito com ambiguidades da linguagem rotineira e, ao mesmo tempo, exibir um nível de compreensão geral muito além daquele que encontraríamos em algoritmos computacionais projetados para investigar uma grande massa de textos e coletar respostas relevantes. Como exemplo, avalie a pista "Enterre e você receberá uma penalidade". Essa pista foi apresentada em um programa que foi ao ar em 2000 e apareceu na fileira superior do painel do jogo — o que significava que era considerada muito fácil. Experimente fazer uma busca nessa frase usando o Google,* e

---

*O autor está se referindo à busca em inglês, que seria "Sink it & you've scratched". (*N. da T.*)

OS ROBÔS E O FUTURO DO EMPREGO | 139

você obterá páginas e páginas com links para sites a respeito de remover arranhões de pias da cozinha de aço inoxidável. (Supondo que você exclua a correspondência exata em um site a respeito de jogos anteriores de *Jeopardy!*.) A resposta correta — "Qual é a bola branca?" — engana completamente o algoritmo baseado em palavras-chave do Google.*

Todos esses desafios foram bem-compreendidos por David Ferrucci, especialista em inteligência artificial que, com o tempo, assumiu a liderança da equipe que construiu Watson. Ferrucci havia comandado um pequeno grupo de pesquisadores da IBM voltados para a construção de um sistema que poderia responder a perguntas feitas no formato de linguagem natural. A equipe registrou seu sistema, que chamaram de "Piquant", em um torneio conduzido pelo Instituto Nacional de Padrões e Tecnologia — o mesmo órgão do governo que patrocinou a competição de linguagem de máquina na qual o Google foi o vencedor. No torneio, os sistemas concorrentes tinham de vasculhar um conjunto definido de cerca de 1 milhão de documentos e produzir as respostas para as perguntas, e eles não estavam sujeitos a nenhum limite de tempo. Em alguns casos, os algoritmos trabalhavam por vários minutos antes de apresentar uma resposta.[16] Esse era um desafio substancialmente mais fácil do que jogar *Jeopardy!*, no qual as pistas podiam recorrer a um corpo de conhecimento aparentemente ilimitado em que a máquina teria de gerar respostas sistematicamente corretas em poucos segundos, a fim de ter qualquer chance contra os melhores jogadores humanos.

O Piquant (bem como seus concorrentes) não era apenas lento; ele era inexato. O sistema só era capaz de responder

---

*No programa *Jeopardy!*, as dicas são consideradas respostas, e as respostas precisam ser expressas como uma pergunta para a qual a resposta fornecida estaria correta. (N. do A.)

corretamente a perguntas cerca de 35% das vezes — o que não era uma taxa de sucesso consideravelmente maior do que obteríamos se digitássemos a pergunta no mecanismo de busca do Google.[17] Quando a equipe de Ferrucci tentou construir um protótipo do sistema de jogo de *Jeopardy!* baseado no projeto Piquant, os resultados foram uniformemente deploráveis. A ideia de que o Piquant poderia enfrentar um dos melhores concorrentes de *Jeopardy!*, como Ken Jennings, parecia ridícula. Ferrucci reconheceu que teria que começar do zero — e que o projeto seria um grande empreendimento que poderia durar meia década. Ele recebeu o sinal verde da direção da IBM em 2007 e começou a construir, nas palavras dele, "a arquitetura de inteligência mais sofisticada que o mundo já viu".[18] Para fazer isso, recorreu a recursos de toda a empresa e reuniu uma equipe composta por especialistas em inteligência artificial tanto da IBM quanto das principais universidades, entre elas o MIT e o Carnegie Mellon.[19]

A equipe de Ferrucci, que, com o tempo, cresceu e passou a incluir vinte pesquisadores, começou pela construção de um gigantesco conjunto de informações de consulta que formaria a base das respostas de Watson. Isso correspondia a cerca de 200 milhões de páginas de informações, incluindo dicionários e livros de consulta, obras de literatura, arquivos de jornais, páginas da web e quase todo o conteúdo da Wikipédia. Em seguida, coletaram dados históricos do programa de perguntas e respostas *Jeopardy!*. Mais de 180 mil pistas de jogos televisionados anteriormente passaram a alimentar os algoritmos de aprendizado de máquina de Watson, enquanto indicadores de desempenho dos melhores concorrentes humanos eram usados para refinar a estratégia de aposta do computador.[20] O desenvolvimento de Watson requereu milhares de algoritmos separados, cada um voltado para uma tarefa específica — como fazer uma busca em um texto; comparar dados, horários e localizações; analisar a gramática nas pistas; e traduzir as informações brutas nas respostas de candidato adequadamente formatadas.

Watson começa separando a pista, analisando as palavras e tentando compreender exatamente o que deve procurar. Esse passo aparentemente simples pode, por si só, representar um grande desafio para um computador. Considere, por exemplo, uma pista que apareceu em uma categoria intitulada "Blogs de Lincoln" e foi usada no treinamento de Watson: "Secretário Chase acaba de me apresentar isto pela terceira vez; sabe o que mais, companheiro? Desta vez vou aceitar." A fim de ter qualquer chance de responder corretamente, a máquina precisaria primeiro entender que a palavra "isto" atua como um substituto para a resposta que ela deve procurar.[21]

Quando adquire entendimento básico da pista, Watson lança simultaneamente centenas de algoritmos, cada um deles com uma abordagem diferente, enquanto tenta extrair uma possível resposta da gigantesca coleção de material de referência armazenado na memória do computador. Nos exemplos anteriores, Watson saberia, a partir da categoria, que "Lincoln" é importante, mas a palavra "blogs" provavelmente seria uma distração: ao contrário dos seres humanos, a máquina não compreenderia que os redatores do programa estavam imaginando Abraham Lincoln como um blogueiro.

Enquanto os algoritmos de busca concorrentes atraem centenas de possíveis respostas, o Watson começa a classificá-las e compará-las. Uma das técnicas utilizadas pela máquina é inserir a possível resposta na pista original de maneira que ela forme uma declaração e, depois, voltar ao material de referência e procurar um texto corroborante. Assim, se um dos algoritmos de busca conseguir produzir a resposta correta "renúncia", o Watson poderia então pesquisar seu conjunto de dados em busca de algo como "Secretário Chase acaba de apresentar sua renúncia a Lincoln pela terceira vez". Ele encontraria muitas correspondências próximas, e a confiança do computador nessa resposta específica aumentaria. Ao classificar as respostas do seu candidato, Watson também se apoia em uma enorme quantidade de informações históricas; ele sabe precisamente quais algoritmos têm os melhores históricos para vários tipos de pergunta, e escuta com muito mais atenção os que têm o melhor desempenho. A capacidade de Watson de classificar corretamente respostas em linguagem natural expressas em palavras e depois determinar se está ou não seguro para apertar a campainha do *Jeopardy!* é uma das características que definem o sistema, e uma qualidade que o coloca na vanguarda da inteligência artificial. A máquina da IBM "sabe o que ela sabe" — uma coisa que é fácil para os seres humanos, mas que engana quase todos os computadores quando eles examinam detalhadamente um elevado número de informações desorganizadas destinadas a pessoas, e não a máquinas.

Watson venceu os campeões de *Jeopardy!* Ken Jennings e Brad Rutter em dois jogos televisionados em fevereiro de 2011, o que conferiu à IBM a enorme onda publicitária que ela esperava. Bem antes de o delírio da mídia que envolveu essa extraordinária realização começar a esmorecer, uma história com consequências muito mais importantes passou a se desenvolver: a IBM lançou uma campanha para potencializar a capacidade de Watson no mundo real. Uma das áreas mais promissoras é a da medicina. Adaptado como ferramenta de diagnóstico, o Watson oferece a capacidade de extrair respostas precisas de uma quantidade descomunal de informações médicas que podem incluir livros didáticos, publicações científicas, pesquisas clínicas e até mesmo anotações de médicos e enfermeiros sobre pacientes individuais. Nenhum médico conseguiria se aproxi-

OS ROBÔS E O FUTURO DO EMPREGO | 143

mar da capacidade de Watson de examinar em detalhes vastos conjuntos de dados e descobrir relacionamentos que podem não ser óbvios — especialmente quando as informações são extraídas de fontes que cruzam as fronteiras entre especialidades médicas.* Já em 2013, Watson estava ajudando a diagnosticar problemas e refinar planos de tratamento de pacientes em importantes centros médicos, entre eles a Cleveland Clinic e o Centro de Câncer MD Anderson da Universidade do Texas.

Como parte do trabalho para transformar Watson em uma ferramenta prática, os pesquisadores da IBM confrontaram um dos mais importantes princípios da revolução dos dados: a ideia de que um prognóstico baseado em correlação é suficiente, e que um profundo entendimento da causa em geral é, ao mesmo tempo, inalcançável e desnecessário. Uma nova característica que eles chamaram de "WatsonPaths" vai além de simplesmente fornecer uma resposta e deixa que os pesquisadores vejam as fontes específicas que Watson consultou, a lógica que ele utilizou em sua avaliação e as inferências que fez no caminho na direção à resposta. Em outras palavras, Watson está gradualmente avançando em direção a oferecer uma compreensão maior de *por que* uma coisa é verdade. WatsonPaths também está sendo usado como uma ferramenta para ajudar a treinar estudantes de medicina em técnicas de diagnóstico. Menos de três anos depois de uma equipe de seres humanos haver conseguido construir e treinar Watson, a situação mudou de modo

---

*De acordo com o livro de Stephen Baker publicado em 2011, *Final Jeopardy,* o chefe do projeto, David Ferrucci, teve uma forte dor de dente durante meses. Depois de várias visitas a dentistas e de um tratamento de canal que posteriormente se revelou totalmente desnecessário, Ferrucci foi finalmente encaminhado — em grande medida, por acaso — a um médico especialista em uma área da medicina não relacionada com a odontologia, e o problema foi resolvido. O problema especial também foi descrito em um artigo relativamente obscuro de uma publicação médica. Ferrucci não deixou de perceber que uma máquina como Watson poderia ter produzido o diagnóstico correto quase instantaneamente. (*N. do A.*)

144 | MARTIN FORD

significativo, pelo menos até certo ponto, e as pessoas agora estão aprendendo com a maneira como o sistema raciocina quando lhe é apresentado um problema complexo.[22]

Outras aplicações óbvias para o sistema Watson estão em áreas como o serviço de atendimento ao cliente e o suporte técnico. Em 2013, a IBM anunciou que iria trabalhar com a Fluid, Inc., um grande provedor de serviços e consultoria de compras on-line. O projeto visa fazer com que os sites de compras on-line reproduzam o tipo de ajuda personalizada, em linguagem natural, que você receberia de um vendedor bem-informado em uma loja de varejo. Se vai acampar e precisa de uma barraca, você poderia dizer algo como "vou acampar com a minha família no norte do estado de Nova York e preciso de uma barraca. O que você tem para me oferecer?". Você obteria, então, recomendações específicas sobre barracas, bem como sugestões sobre outros artigos que talvez não lhe tivessem ocorrido.[23] Como sugeri no Capítulo 1, é apenas uma questão de tempo até que esse tipo de recurso se torne disponível por meio dos smartphones e os compradores possam ter acesso a uma ajuda coloquial, em linguagem natural, quando estiverem fazendo compras nas lojas físicas.

A MD Buyline, Inc., empresa especializada em fornecer informações e pesquisas para hospitais a respeito das mais recentes tecnologias de cuidados com a saúde, planeja igualmente usar o Watson para responder às perguntas bem mais técnicas que surgem quando os hospitais precisam comprar novos equipamentos. O sistema recorreria a especificações, preços e pesquisas clínicas de produtos para fazer recomendações instantâneas a médicos e gerentes de compras.[24] Watson também está procurando uma função no setor financeiro, no qual o sistema pode estar preparado para oferecer recomendações financeiras personalizadas examinando detalhadamente

OS ROBÔS E O FUTURO DO EMPREGO | 145

uma abundância de informações a respeito de clientes específicos bem como sobre condições econômicas e do mercado em geral. A aplicação de Watson nos call centers do serviço de atendimento ao cliente talvez seja a área com o potencial mais disruptivo no curto prazo, e provavelmente não é por acaso que, um ano depois do triunfo de Watson em *Jeopardy!*, a IBM já estivesse trabalhando com o Citigroup para investigar aplicações para o sistema nas gigantescas operações bancárias de varejo da empresa.[25]

A tecnologia da IBM ainda está na infância. Watson — bem como os sistemas concorrentes que certamente surgirão com o tempo — tem o potencial de revolucionar a maneira como as perguntas são feitas e respondidas, e o modo como a análise de informações é abordada, tanto dentro das organizações como no relacionamento com os clientes. No entanto, não há como escapar da realidade de que grande parte da análise realizada por sistemas desse tipo teria normalmente sido feita por profissionais do conhecimento humano.

Elementos básicos na nuvem

Em novembro de 2013, a IBM anunciou que o sistema Watson seria deslocado dos computadores especializados que abrigavam o sistema dos jogos de *Jeopardy!* para a nuvem. Em outras palavras, o Watson agora residiria em gigantescos conjuntos de servidores conectados à internet. Os desenvolvedores poderiam se conectar diretamente ao sistema e incorporar a revolucionária tecnologia cognitiva computacional da IBM a aplicativos de software customizados e aplicativos móveis. Essa última versão do Watson também era duas vezes mais rápida do que o seu predecessor que jogava *Jeopardy!*. A IBM prefigura o rápido

146 | MARTIN FORD

surgimento de todo um ecossistema de aplicativos inteligentes, em linguagem natural — todos trazendo o rótulo "equipados com Watson".[26]

É quase certo que a migração do recurso de inteligência artificial de vanguarda para a nuvem é um poderoso determinante da automação de colarinho-branco. A computação em nuvem se tornou o foco de uma intensa competição entre importantes empresas de tecnologia da informação, entre elas Amazon, Google e Microsoft. A Google, por exemplo, oferece aos desenvolvedores um aplicativo de aprendizado de máquina baseado em nuvem, bem como um mecanismo de computação em ampla escala que permite que os desenvolvedores resolvam problemas executando programas em redes de servidores semelhantes a supercomputadores. A Amazon é líder no setor que oferece serviços de computação em nuvem. A Cycle Computing, uma pequena empresa especializada em computação em grande escala, foi capaz de resolver, em apenas 18 horas, um problema complexo que um único computador teria levado 260 anos para solucionar, utilizando as dezenas de milhares de computadores que alimentam o serviço de nuvem da Amazon. A empresa estima que, antes da nuvem, a construção de um supercomputador capaz de lidar com o problema poderia ter chegado a custar US$68 milhões. Em contrapartida, é possível alugar 10 mil servidores na nuvem da Amazon por cerca de US$90 por hora.[27]

Assim como o campo da robótica está se preparando para um crescimento explosivo à medida que os componentes de hardware e software usados nos projetos das máquinas se tornam mais baratos e mais potentes, um fenômeno semelhante está em curso na tecnologia que alimenta a automação do trabalho de conhecimento. Quando tecnologias como a do Watson, das redes neurais de aprendizado profundo ou dos

OS ROBÔS E O FUTURO DO EMPREGO | 147

mecanismos de escrita narrativa são hospedadas na nuvem, tornam-se elementos básicos que podem ser potencializados de inúmeras novas maneiras. Assim como os hackers rapidamente descobriram que o Kinect da Microsoft poderia ser usado como uma maneira barata de conferir aos robôs uma visão de máquina tridimensional, os desenvolvedores também encontrarão aplicações inesperadas — e talvez revolucionárias — para os elementos básicos de software baseados na nuvem. Cada um desses elementos básicos é, com efeito, uma "caixa-preta" — o que significa que o componente pode ser usado por programadores que não tenham uma compreensão detalhada de como ele funciona. Tecnologias pioneiras de IA criadas por equipes de especialistas rapidamente se tornarão onipresentes e acessíveis até mesmo para codificadores amadores.

Enquanto as inovações na robótica produzem máquinas tangíveis que, com frequência, são associadas a funções específicas (um robô que prepara hambúrgueres ou um robô de montagem de precisão, por exemplo), o progresso na automação de softwares provavelmente será bem menos visível para o público, não raro terá lugar dentro das corporações e causará impactos mais holísticos nas organizações e pessoas que elas empregam. A automação de colarinho-branco será, com muita frequência, a história de consultores de tecnologia da informação ocupando grandes organizações e construindo sistemas completamente customizados com o potencial de revolucionar a maneira como funcionam os negócios, eliminando potencialmente a necessidade da presença de centenas, ou até mesmo milhares, de funcionários qualificados. Na verdade, uma das motivações declaradas pela IBM para criar a tecnologia Watson foi oferecer à sua divisão de consultoria — a qual, ao lado da venda de softwares, hoje é responsável pela grande maioria das receitas da empresa — uma vantagem competitiva. Ao mesmo tempo, empreendedores já estão descobrindo maneiras de usar os mesmos elementos baseados na nuvem para criar produtos de automação econômicos voltados para pequenas ou médias empresas.

A computação em nuvem já causou um impacto significativo nos empregos de tecnologia da informação. Durante o boom tecnológico da década de 1990, muitos empregos bem-remunerados foram criados, já que empresas e organizações de todos os tamanhos precisavam de profissionais de TI para administrar e instalar computadores pessoais, redes e softwares. Na primeira década do século XXI, contudo, a tendência começou a mudar, porque as companhias estavam terceirizando grande parte de suas funções de tecnologia da informação para enormes centros de computação centralizados.

As gigantescas instalações que hospedam os serviços de computação em nuvem se beneficiam de enormes economias de escala, e as funções administrativas que um dia mantiveram ocupados muitos profissionais de TI qualificados hoje estão altamente automatizadas. O Facebook, por exemplo, emprega um aplicativo de software chamado "Cyborg", que monitora dezenas de milhares de servidores, detecta problemas e, em muitos casos, é capaz de efetuar reparos de maneira completamente autônoma. Em dezembro de 2013, um executivo comentou que o sistema Cyborg resolve milhares de problemas que normalmente teriam de ser tratados de forma manual, e que a tecnologia possibilita que um único técnico gerencie até 20 mil computadores.[28]

Os centros de dados de computação em nuvem em geral são construídos em áreas mais rurais, onde a terra e, especialmente, a energia elétrica são abundantes e baratas. Os estados e os governos locais competem com determinação pelas instalações, oferecendo a empresas como Google, Facebook e Apple genero-

OS ROBÔS E O FUTURO DO EMPREGO | 149

sas isenções fiscais e outros incentivos financeiros. É claro que o objetivo principal dessas propostas é criar empregos para os habitantes da região; no entanto, isso raramente se concretiza. Em 2011, Michael Rosenwald, do jornal *Washington Post*, informou que um centro de dados colossal, de US$1 bilhão, construído pela Apple, Inc., na cidade de Maiden, na Carolina do Norte, havia criado apenas cinquenta empregos em horário integral. Os habitantes, desapontados, não conseguiam "entender como instalações dispendiosas, que ocupam uma área imensa, podem criar tão poucos empregos".[29] A explicação, claro, é que algoritmos como o Cyborg estão fazendo o trabalho pesado.

O impacto sobre os empregos se estende além dos centros de dados e atinge as empresas que potencializam os serviços de computação em nuvem. Em 2012, Roman Stanek, CEO da Good Data, uma empresa de São Francisco que utiliza os serviços de nuvem da Amazon para executar análises de dados para cerca de 6 mil clientes, comentou que, "antes, cada empresa que contratava nossos serviços precisava de pelo menos cinco pessoas para fazer o trabalho. Isso equivale a 30 mil pessoas. Eu faço o mesmo trabalho apenas com 180. Não sei o que essas outras pessoas vão fazer agora, mas não poderão continuar a se dedicar a esse trabalho. É uma consolidação do tipo 'quem ganha leva tudo'".[30]

A evaporação de milhares de empregos qualificados de tecnologia da informação provavelmente é o precursor de um impacto muito mais abrangente sobre os empregos com base no conhecimento. Como declarou Marc Andreessen, cofundador do Netscape e capitalista de risco: "O software está comendo o mundo." Com frequência, esse software estará hospedado na nuvem. A partir desse ângulo privilegiado, com o tempo ele estará preparado para invadir quase todos os locais de trabalho

150 | MARTIN FORD

e engolir praticamente qualquer função de colarinho-branco em que a pessoa fique sentada diante de um computador manipulando informações.

Algoritmos na vanguarda

Se existe um mito com relação à tecnologia da computação que deve ser jogado no lixo é a crença generalizada de que os computadores só podem fazer aquilo para que foram especificamente programados. Como vimos, os algoritmos de aprendizado de máquina com frequência vasculham dados revelando relacionamentos estatísticos e, basicamente, escrevendo seus próprios programas com base no que descobrem. Em alguns casos, contudo, os computadores estão avançando ainda mais e passando a invadir áreas que quase todas as pessoas pressupõem ser da alçada exclusiva da mente humana: as máquinas estão começando a demonstrar curiosidade e criatividade.

Em 2009, Hod Lipson, diretor do Creative Machines Lab, na Universidade Cornell, e o aluno de doutorado Michael Schmidt construíram um sistema que se revelou capaz de descobrir, de maneira independente, leis naturais fundamentais. Lipson e Schmidt começaram configurando um duplo pêndulo — mecanismo que consiste em um pêndulo preso a outro e pendurado debaixo deste último. Quando os dois pêndulos estão oscilando, o movimento é extremamente complexo e aparentemente caótico. Em seguida, eles usaram sensores e câmeras para captar o movimento do pêndulo e produzir um fluxo de dados. Finalmente, conferiram ao software a capacidade de controlar a posição inicial do pêndulo; em outras palavras, criaram um cientista artificial com a capacidade de conduzir seus próprios experimentos.

OS ROBÔS E O FUTURO DO EMPREGO | 151

Eles deixaram o software livre para liberar repetidamente o pêndulo, examinar os dados de movimento resultantes e tentar descobrir as equações matemáticas decorrentes que descrevem o comportamento do pêndulo. O algoritmo tinha controle total sobre o experimento; para cada repetição, decidia como posicionar o pêndulo para ser liberado, e não fazia isso de maneira aleatória; executava uma análise e depois escolhia o ponto de partida específico que provavelmente ofereceria o maior número de ideias a respeito das leis que estão por trás do movimento do pêndulo. Lipson assinala que o sistema "não é um algoritmo passivo que fica inativo, simplesmente observando. Ele *faz perguntas. Isso é curiosidade*".[31] O programa, que eles posteriormente chamaram de "Eureqa", levou apenas poucas horas para sugerir uma série de leis físicas que descrevem o movimento do pêndulo — inclusive a Segunda Lei de Newton — e foi capaz de fazer isso sem receber nenhuma informação ou programação prévia a respeito de física ou das leis do movimento.

Eureqa utiliza a programação genética, uma técnica inspirada na evolução biológica. O algoritmo começa combinando aleatoriamente vários elementos matemáticos básicos em equações e depois testando para ver como as equações preenchem os dados.* As equações que não passam no teste são descartadas, enquanto aquelas que se mostram promissoras são retidas e recombinadas de novas maneiras, de modo que o sistema, no final, tenda para um modelo matemático preciso.[32] O processo

---

*Isso é significativamente mais avançado do que a técnica estatística comumente usada e conhecida como "regressão". Com a regressão (seja linear, seja não linear), a forma da equação é determinada de antemão, e os parâmetros da equação são otimizados de maneira a preencher os dados. O programa Eureqa, em contrapartida, é capaz de determinar de maneira independente equações de qualquer forma utilizando vários componentes matemáticos, como operadores aritméticos, funções trigonométricas e logarítmicas, constantes etc. (*N. do A.*)

de encontrar uma equação que descreva o comportamento de um sistema natural não é, de modo algum, um exercício trivial. Como disse Lipson, "anteriormente, a criação de um modelo preditivo poderia absorver a carreira inteira [de um cientista]".[33] Schmidt acrescenta que "físicos como Newton e Kepler poderiam ter usado um computador que executasse esse algoritmo para descobrir as leis que explicam a queda de uma maçã ou o movimento dos planetas com apenas algumas horas de computação".[34]

Quando Schmidt e Lipson publicaram um trabalho descrevendo seu algoritmo, foram pressionados com pedidos de acesso ao software da parte de outros cientistas, de modo que decidiram disponibilizar Eureqa na internet no final de 2009. A partir de então, o programa produziu uma série de resultados proveitosos em uma gama de áreas científicas, inclusive uma equação simplificada descrevendo a bioquímica de bactérias que os cientistas ainda estão se esforçando para entender.[35] Em 2011, em Boston, Schmidt fundou a Nutonian, Inc., uma startup voltada à comercialização do Eureqa como uma ferramenta de análise de big data tanto para empresas como para aplicações acadêmicas. Um dos resultados é que o Eureqa — assim como o Watson da IBM — está hoje hospedado na nuvem e disponível como um elemento básico de aplicativos para outros desenvolvedores de software.

Quase todos nós temos a tendência natural de associar o conceito da criatividade exclusivamente ao cérebro humano, mas vale a pena lembrar que o próprio cérebro — sem dúvida, a mais sofisticada invenção existente — é produto da evolução. Considerando isso, talvez não seja nenhuma surpresa que as tentativas de construir máquinas criativas com muita frequência incorporem técnicas de programação genética. A programação genética basicamente possibilita que algoritmos

OS ROBÔS E O FUTURO DO EMPREGO | 153

de computador projetem a si mesmos por meio de um processo de seleção natural darwinista. O código de computador é, primeiro, gerado de maneira aleatória e, depois, repetidamente embaralhado por meio de técnicas que imitam a reprodução sexual. De vez em quando, uma mutação aleatória é adicionada para ajudar a impelir o processo em direções inteiramente novas. À medida que novos algoritmos evoluem, eles são submetidos a um teste de aptidão que conduz à sua sobrevivência ou — com muito mais frequência — à sua extinção. John Koza, cientista de computação e professor consultor de Stanford, é um dos principais pesquisadores na área e realizou amplos trabalhos usando os algoritmos genéticos como "máquinas de invenção automatizadas".* Koza isolou pelo menos 76 casos em que os algoritmos genéticos produziram projetos que estão à altura do trabalho de engenheiros e cientistas humanos em várias áreas, entre elas a de projetos de circuitos elétricos, sistemas mecânicos, ótica, reparos de software e engenharia civil. Na maioria dos casos, os algoritmos reproduziram projetos existentes, mas há pelo menos duas ocorrências em que os programas genéticos criaram novas invenções patenteáveis.[36] Koza argumenta que os algoritmos genéticos podem apresentar uma importante vantagem com relação aos projetistas humanos porque eles não estão limitados por ideias preconcebidas; em outras palavras, eles podem estar mais propensos a abordar o problema fora dos parâmetros convencionais.[37]

A sugestão de Lipson de que o Eureqa exibe curiosidade e o argumento de Koza a respeito de os computadores atuarem

---

*Além de seu trabalho em programação genética, Koza é inventor da raspadinha da loteria e criador da ideia da "constitutional workaround" [manobra ou saída constitucional, em tradução livre] de eleger os presidentes dos Estados Unidos por meio do voto popular, fazendo com que os estados concordem em conceder votos do colégio eleitoral com base no resultado do voto popular do país. (*N. do A.*)

sem ideias preconcebidas sugerem que a criatividade pode ser algo que está ao alcance da capacidade de processamento de um computador. O supremo teste dessa ideia seria o de um computador criar algo que os seres humanos aceitariam como uma obra de arte. A genuína criatividade artística — talvez mais do que qualquer outra atividade intelectual — é algo que associamos exclusivamente à mente humana. Como diz Lev Grossman, da revista *Time*, "criar uma obra de arte é uma das atividades que reservamos exclusivamente aos seres humanos. É um ato de autoexpressão; você não deve criá-la se não tiver um 'self'".[38] Aceitar a possibilidade de que um computador pudesse ser um artista válido requereria uma reavaliação fundamental de nossas suposições com relação à natureza das máquinas.

No filme *Eu, Robô*, de 2004, o protagonista interpretado por Will Smith pergunta a um robô: "Um robô é capaz de compor uma sinfonia? Um robô é capaz de transformar uma tela em uma bela obra de arte?" A resposta do robô — "Você é?" — tem a intenção de sugerir que a maioria das pessoas tampouco é capaz de fazer essas coisas. No entanto, no mundo real de 2015, a pergunta de Smith obteria uma resposta mais contundente: "Sim."

Em julho de 2012, a Orquestra Sinfônica de Londres executou uma composição intitulada *Transits — Into an Abyss*. Um crítico qualificou-a como "artística e encantadora".[39] O evento marcou a primeira vez que uma orquestra de elite tocou uma música composta inteiramente por uma máquina. A composição foi criada por Iamus, um aglomerado de computadores executando um algoritmo de inteligência artificial com inclinação musical. Iamus, cujo nome é uma homenagem a um personagem da mitologia grega que, ao que consta, compreendia a linguagem dos pássaros, foi projetado por pesquisadores da Universidade de Málaga, na Espanha. O sistema começa com um mínimo de informações, como os instrumentos que irão tocar a música, e depois, sem nenhuma intervenção humana adicional, cria uma composição altamente complexa — capaz de, com frequência, despertar uma resposta emocional no público — em questão de minutos. Iamus já produziu milhões de composições exclusivas no estilo clássico modernista, e provavelmente será adaptado para outros gêneros musicais no futuro. Assim como o Eureqa, Iamus resultou em uma startup que se propôs a comercializar tecnologia. A Melomics Media, Inc., foi criada para vender a música em uma loja on-line semelhante ao iTunes. A diferença é que as composições criadas por Iamus são oferecidas livres de direitos autorais, possibilitando que os compradores utilizem a música do jeito que quiserem.

A música não é a única forma de arte que está sendo criada pelos computadores. Simon Colton, professor de computação criativa na Universidade de Londres, criou um programa de inteligência artificial denominado "The Painting Fool", que ele espera que um dia seja levado a sério como pintor (veja a Figura 4.1). "O objetivo do projeto não é produzir um software capaz de fazer fotos que deem a impressão de terem sido pintadas; o Photoshop já faz isso há anos", afirma Colton. "O objetivo é verificar se o software pode ser aceito como criativo por mérito próprio."[40]

Colton incorporou ao sistema um conjunto de recursos que ele chama de "comportamentos apreciativos e imaginativos". O software Painting Fool é capaz de identificar emoções em fotografias de pessoas e, em seguida, pintar um retrato abstrato que tenta transmitir esse estado emocional. Ele também pode gerar objetos imaginários usando técnicas baseadas na programação genética. O software de Colton tem até mesmo a capacidade de ser autocrítico. Ele faz isso incorporando outro aplicativo de software chamado "Darci", que foi criado por pesquisadores da Universidade Brigham Young. Os desenvolvedores do Darci começaram com um banco de dados de pinturas que haviam sido rotuladas por seres humanos com adjetivos como "sombrias", "tristes" ou "inspiradoras". Eles então treinaram uma rede neural para fazer as associações e liberaram-na para rotular novas pinturas. O Painting Fool é capaz de utilizar feedback de Darci para decidir se está ou não alcançando seus objetivos enquanto pinta.[41]

Figura 4.1. Uma obra de arte original criada por um software

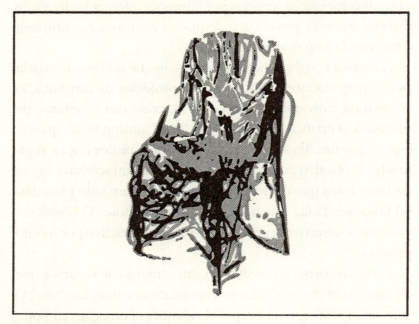

© ThePaintingFool.com

Minha intenção aqui não é sugerir que muitos artistas ou compositores musicais em breve estarão desempregados. Minha intenção é mostrar que as técnicas utilizadas para criar um software criativo — muitas das quais, como vimos, se apoiam na programação genética — podem ser readaptadas de inúmeras novas maneiras. Se os computadores podem criar composições musicais ou projetar componentes eletrônicos, então parece provável que, em breve, também serão capazes de formular uma nova estratégia ou talvez inventar uma nova maneira de abordar um problema de gestão. Por enquanto, os empregos de colarinho-branco que correm o maior risco continuarão a ser aqueles mais rotineiros ou estereotipados — mas o limite está avançando rapidamente.

O ritmo rápido desse avanço é mais evidente em Wall Street. Enquanto no passado as negociações financeiras dependiam da comunicação direta entre pessoas, quer em pregões frenéticos, quer por telefone, elas agora são, em grande medida, dominadas pela comunicação entre máquinas ao longo de links de fibra ótica. De acordo com algumas estimativas, algoritmos de negociações automatizados são hoje responsáveis por pelo menos metade, e talvez até 70%, das transações no mercado de ações. Esses corretores robóticos sofisticados — muitos deles alimentados por técnicas de vanguarda da pesquisa da inteligência artificial — vão muito além de simplesmente executar negociações rotineiras. Eles tentam lucrar detectando e depois comprando ações rapidamente na frente de enormes transações iniciadas por fundos mútuos e gestores de pensões. Eles procuram ludibriar outros algoritmos inundando os sistemas com ofertas sedutoras que, em seguida, são retiradas em minúsculas frações de segundo. Tanto a Bloomberg quanto o Dow News Service oferecem produtos especiais que podem ser lidos por máquinas projetadas para alimentar o apetite insaciável dos algoritmos por notícias financeiras que eles podem — talvez em milissegundos — transformar em negociações lucrativas. Os serviços de notícias também oferecem indicadores em tempo real que permitem que as máquinas vejam quais itens

158 | MARTIN FORD

estão despertando mais atenção.[42] O Twitter, o Facebook e a blogosfera também alimentam esses algoritmos concorrentes. Em um artigo publicado em 2013 na revista científica *Nature*, um grupo de físicos estudou os mercados financeiros mundiais e identificou "uma ecologia emergente de máquinas concorrentes ostentando 'multidões' de algoritmos predatórios", e deu a entender que as negociações robóticas haviam progredido além do controle — e até mesmo da compreensão — dos seres humanos que projetaram os sistemas.[43]

Na esfera que é palco da constante batalha desses algoritmos, a ação se desenrola em um ritmo que seria incompreensível para o mais rápido corretor humano. Na realidade, a velocidade — em alguns casos, medida em milionésimos ou até mesmo bilionésimos de segundo — é tão fundamental para o sucesso das negociações algorítmicas que empresas de Wall Street investiram coletivamente bilhões de dólares para construir instalações de computação e trajetos de comunicações destinados a produzir minúsculas vantagens de velocidade. Em 2009, por exemplo, uma empresa chamada Spread Networks chegou a gastar US$200 milhões para instalar uma conexão de cabo de fibra ótica entre Chicago e Nova York, que se estendia, em linha reta, ao longo de 1.327 quilômetros. A empresa operou discretamente, a fim de não alertar a concorrência enquanto avançava pelos Montes Allegheny. Quando o novo trajeto de fibra ótica foi colocado on-line, ofereceu uma vantagem de velocidade de talvez três ou quatro milésimos de segundo em comparação com as rotas de comunicação existentes. Isso foi suficiente para permitir que quaisquer sistemas de negociação algorítmica que utilizassem a nova rota efetivamente dominassem a concorrência. As empresas de Wall Street, diante da dizimação algorítmica, se organizaram para alugar largura de banda — ao que consta, por um custo de até dez vezes o do

OS ROBÔS E O FUTURO DO EMPREGO | 159

cabo original, mais lento. Um cabo semelhante que se estende através do Atlântico entre Londres e Nova York está atualmente em andamento, e espera-se que ele reduza os tempos atuais de execução em cerca de cinco milésimos de segundo.[44]

O impacto de toda essa automação é claro: enquanto o mercado de ações continuava sua trajetória ascendente em 2012 e 2013, grandes bancos de Wall Street anunciaram demissões em massa, que resultaram na eliminação de dezenas de milhares de empregos. Na virada do século XXI, as empresas de Wall Street empregavam quase 150 mil funcionários na área financeira em Nova York; em 2013, esse número mal passava de 100 mil — ao mesmo tempo em que o volume de transações e os lucros do setor aumentavam vertiginosamente.[45] Contra o pano de fundo desse colapso geral nos empregos, Wall Street criou pelo menos um cargo de grande status: no final de 2012, David Ferrucci, o cientista de computação que conduziu os trabalhos de desenvolvimento do Watson, deixou a IBM por um novo projeto em um fundo hedge de Wall Street, onde aplicará os mais recentes avanços na inteligência artificial à modelagem da economia — e, presumivelmente, tentará obter uma vantagem competitiva para os algoritmos de negociações de sua empresa.[46]

O *offshoring* e os empregos altamente qualificados

Embora a tendência à crescente automação dos empregos de colarinho-branco seja clara, o ataque mais violento e drástico — especialmente para as profissões especializadas — ainda reside no futuro. No entanto, o mesmo não pode ser dito a respeito da prática do *offshoring*, em que empregos com conhecimento técnico são transferidos eletronicamente para países onde os salários são mais baixos. Profissionais altamente instruídos

160 | MARTIN FORD

e qualificados, como advogados, radiologistas e, em especial, programadores de computador e profissionais da tecnologia da informação, já sentiram impacto significativo. Na Índia, por exemplo, existem enxames de trabalhadores de call centers e profissionais de TI, bem como pessoas que ajudam a preparar a declaração de imposto de renda versadas no código tributário dos Estados Unidos e advogados cujo treinamento não se apoia no sistema jurídico do seu país e sim, especificamente, na legislação norte-americana, e que estão a postos para executar pesquisas jurídicas de baixo custo para empresas americanas envolvidas em processos judiciais internos. Embora o fenômeno do *offshoring* possa parecer não ter nenhuma reação com os empregos perdidos para os computadores e algoritmos, o oposto é verdadeiro: o *offshoring* é, com muita frequência, um precursor da automação, e os empregos que ele cria em países com baixos salários poderão revelar-se de curta duração à medida que a tecnologia continua a avançar. Além disso, os avanços na inteligência artificial poderão tornar ainda mais fácil terceirizar no exterior empregos que ainda não podem ser completamente automatizados.

Quase todos os economistas encaram a prática do *offshoring* apenas como outro exemplo do comércio internacional e argumentam que isso, invariavelmente, deixa ambos os parceiros da transação em melhor situação. N. Gregory Mankiw, professor de Harvard, por exemplo, quando atuou como presidente do conselho de administração do White House Council of Economic Advisers [Conselho de Consultores Econômicos da Casa Branca], declarou, em 2004, que o *offshoring* é "a mais recente manifestação dos lucros com o comércio que os economistas discutem pelo menos a partir de Adam Smith".[47] Evidências abundantes afirmam o contrário. O comércio de bens tangíveis cria um grande número de empregos periféricos em áreas

OS ROBÔS E O FUTURO DO EMPREGO | 161

como expedição, distribuição e varejo. Existem também forças naturais que tendem a mitigar, até certo ponto, o impacto da globalização; por exemplo, uma empresa que opte por transferir uma fábrica para a China fica sujeita tanto aos custos de expedição quanto a uma demora significativa até que os produtos prontos cheguem aos mercados de consumo. Em contrapartida, o *offshoring* eletrônico quase não tem atritos e não está sujeito a nenhuma dessas desvantagens. Os empregos são transferidos para locais com baixos salários por um custo mínimo. Os empregos periféricos que podem ser criados estão muito mais propensos a se situar no país onde residem os trabalhadores.

Eu argumentaria que olhar para o *offshoring* através da lente do "livre-comércio" é errado. Na realidade, o *offshoring* se assemelha muito mais à imigração virtual. Suponhamos, por exemplo, que um enorme call center de serviço de atendimento ao cliente fosse construído ao sul de San Diego, bem próximo à fronteira com o México. Milhares de trabalhadores com baixos salários recebem passes de "trabalhadores diaristas" e são levados de ônibus, todas as manhãs, para guarnecer o call center. No fim da jornada de trabalho, os ônibus viajam na direção oposta. Qual é a diferença entre essa situação (que certamente seria encarada como um problema de imigração) e deslocar os empregos eletronicamente para a Índia ou para as Filipinas? Em ambos os casos, os trabalhadores estão, de fato, "entrando" nos Estados Unidos para oferecer serviços claramente direcionados para a economia interna do país. A maior diferença é que o trabalhador diarista mexicano seria provavelmente significativamente melhor para a economia da Califórnia. Poderia haver empregos para motoristas de ônibus, e certamente haveria empregos para pessoas destinadas a manter as enormes instalações localizadas no lado norte-americano da fronteira. Alguns dos trabalhadores comprariam almoço ou até mesmo uma xícara de café durante o trabalho, injetando, assim, demanda de consumo na economia local. A empresa proprietária das instalações na Califórnia pagaria imposto predial. Quando os empregos são terceirizados no exterior e os trabalhadores entram nos Estados Unidos virtualmente, a economia interna do país não recebe nenhum desses benefícios. Considero um tanto irônico que muitos conservadores nos Estados Unidos se mostrem inflexíveis com relação à segurança da fronteira contra imigrantes que provavelmente aceitarão empregos que poucos cidadãos desejam, ao mesmo tempo em que demonstram pouca preocupação com o fato de a fronteira virtual permanecer aberta para trabalhadores altamente qualificados que ocupam empregos que os norte-americanos *decididamente* desejam.

É claro que o argumento apresentado por economistas como Mankiw mede o agregado e minimiza o impacto altamente desproporcional que o *offshoring* tem nos grupos de pessoas que sofrem ou são beneficiadas por essa prática. Por um lado, um grupo relativamente pequeno, mas, mesmo assim, significativo — é possível que medido na casa dos milhões —, poderá ser submetido a uma substancial redução de sua renda, qualidade de vida e perspectivas futuras. Muitas dessas pessoas poderão ter feito investimentos substanciais em educação e treinamento. Alguns trabalhadores poderão perder sua renda. Mankiw provavelmente argumentaria que o benefício agregado para os consumidores compensa essas perdas. Embora os consumidores possam se beneficiar de preços mais baixos em decorrência do *offshoring*, essa economia poderá ser distribuída por uma população de dezenas ou talvez centenas de milhões de pessoas, resultando, eventualmente, em uma redução de custo que equivale a meros centavos e que causa efeito desprezível no bem-estar de qualquer pessoa. Além disso, não é preciso dizer

OS ROBÔS E O FUTURO DO EMPREGO | 163

que nem todos os ganhos serão encaminhados para os consumidores; uma parte significativa acabará no bolso daqueles que já são ricos, como executivos, investidores e empresários. Esse impacto assimétrico é compreendido de maneira intuitiva pela maioria dos trabalhadores típicos, mas passa aparentemente despercebido para muitos economistas.

Um dos poucos a reconhecer o potencial disruptivo do *offshoring* foi o ex-vice-presidente do Federal Reserve's Board of Governors [Conselho Diretor do Federal Reserve], Alan Blinder, que, em 2007, escreveu um artigo no jornal *Washington Post* intitulado "Free Trade's Great, but Offshoring Rattles Me" [O livre-comércio é formidável, mas o *offshoring* me preocupa].[48] Blinder conduziu uma série de levantamentos destinados a avaliar o futuro impacto do *offshoring* e estimou que cerca de 30 a 40 milhões de empregos norte-americanos — cargos que empregam aproximadamente um quarto da força de trabalho — podem ser submetidos ao *offshoring*. Como ele diz, "até agora, mal vimos a ponta do iceberg do *offshoring*, cujas futuras dimensões podem ser desconcertantes".[49]

Praticamente qualquer ocupação que envolva a manipulação de informações e não esteja de alguma maneira localmente ancorada — por exemplo, com a necessidade de uma interação face a face com os clientes — corre o risco do *offshoring* em um futuro próximo e depois da plena automação um pouco mais adiante. A plena automação é o passo lógico seguinte. À medida que a tecnologia avança, podemos esperar que uma quantidade cada vez maior das tarefas de rotina que hoje são executadas por trabalhadores no exterior sejam, com o tempo, desempenhadas inteiramente por máquinas. Isso já ocorreu com alguns trabalhadores de call centers que foram substituídos pela tecnologia de automação da voz. À medida que os sistemas realmente poderosos de linguagem natural, como o Watson da IBM, avançarem na área do serviço de atendimento ao cliente, um número enorme de empregos de call center no exterior estará na iminência de extinção.

À medida que esse processo se expandir, parece provável que essas empresas — e nações — que investiram fortemente no *offshoring* como um caminho rumo à lucratividade e à prosperidade terão pouca escolha a não ser ascender na cadeia de valor. À medida que mais empregos de rotina forem automatizados, funções profissionais mais qualificadas estarão na mira das empresas que fazem o *offshoring*. Um fator que, na minha opinião, é subestimado, é o grau em que os avanços na inteligência artificial, bem como a revolução do big data, poderão atuar como uma espécie de catalisador, tornando um leque muito mais amplo de empregos altamente qualificados potencialmente passíveis do *offshoring*. Como vimos, um dos princípios da abordagem de big data da gestão é que as ideias obtidas da análise algorítmica podem substituir progressivamente o discernimento e a experiência humanos. Até mesmo antes que o avanço dos aplicativos da inteligência artificial atinja o estágio no qual a completa automação seja possível, serão poderosas ferramentas que encerram uma parte cada vez maior da inteligência analítica e do conhecimento institucional que conferem às empresas vantagem competitiva. Um jovem trabalhador inteligente que exerça uma função *offshore* e que utilize essas ferramentas logo poderá competir com profissionais bem mais experientes nos países desenvolvidos que recebem salários muito elevados.

Quando o *offshoring* é observado em combinação com a automação, o impacto agregado potencial sobre o emprego é atordoante. Em 2013, pesquisadores da Martin School da Universidade de Oxford conduziram uma pesquisa detalhada de mais de setecentos tipos de emprego nos Estados Unidos

OS ROBÔS E O FUTURO DO EMPREGO | 165

e chegaram à conclusão de que quase 50% dos empregos serão, no final, passíveis de uma completa automação por máquinas.[50] Alan Blinder e Alan Krueger, da Universidade Princeton, realizaram uma análise semelhante a respeito do *offshoring* e descobriram que cerca de 25% dos empregos norte-americanos correm o risco de ser transferidos, com o tempo, para países com salários mais baixos.[51] Vamos torcer para que haja uma coincidência significativa entre essas duas estimativas! Na realidade, certamente a coincidência é bem grande quando as estimativas são examinadas sob o prisma das funções ou da descrição dos cargos. No entanto, a história muda de figura ao longo da dimensão do tempo. O *offshoring* frequentemente chegará primeiro; em um grau significativo, ele acelerará o impacto da automação enquanto arrasta empregos mais qualificados para a zona de ameaça.

À medida que poderosas ferramentas baseadas na IA tornam mais fácil para os trabalhadores *offshore* competirem com seus equivalentes mais bem-remunerados nos países desenvolvidos, a tecnologia em evolução também está propensa a derrubar muitas de nossas mais básicas suposições a respeito dos tipos de emprego potencialmente passíveis de serem submetidos ao *offshoring*. Quase todo mundo acredita, por exemplo, que as ocupações que requerem a manipulação física do ambiente sempre estarão seguras. No entanto, pilotos militares baseados no Oeste dos Estados Unidos operam rotineiramente drones no Afeganistão. Da mesma forma, é fácil visualizar máquinas remotamente controladas sendo preparadas por trabalhadores *offshore* que fornecem a percepção visual e a habilidade manual que, por enquanto, continuam a se esquivar dos robôs autônomos. A necessidade de interação face a face é outro fator que fixa o emprego no local. No entanto, os robôs de telepresença estão dilatando a fronteira nessa área e já foram utilizados para fazer o *offshoring* de aulas de inglês de escolas coreanas para as Filipinas. Em um futuro não muito distante, ambientes avançados de realidade virtual tornarão ainda mais fácil para os trabalhadores se deslocarem naturalmente através de fronteiras nacionais e dialogar direto com os clientes.

À medida que o *offshoring* acelera, os portadores de diplomas de nível superior nos Estados Unidos e em outros países desenvolvidos poderão enfrentar uma intimidadora concorrência baseada não apenas nos salários, mas também na capacidade cognitiva. A população combinada da Índia e da China equivale mais ou menos a 2,6 bilhões de pessoas — ou mais de oito vezes a população dos Estados Unidos. Os 5% superiores do ponto de vista da capacidade cognitiva equivalem a cerca de 130 milhões de pessoas — ou mais de 40% de toda a população dos Estados Unidos. Em outras palavras, a realidade inevitável da distribuição da curva de Bell indica que existem muito mais pessoas inteligentes na Índia e na China do que nos Estados Unidos. É claro que esse fato não será necessariamente motivo de preocupação, desde que a economia interna desses países seja capaz de criar oportunidades para todos os trabalhadores inteligentes. Entretanto, as evidências até agora sugerem outra coisa. A Índia criou um importante setor estratégico nacional especificamente voltado à captação eletrônica de empregos norte-americanos e europeus. E a China, embora a taxa de crescimento de sua economia continue a causar inveja ao mundo, esforça-se, ano após ano, para gerar um número suficiente de empregos de colarinho-branco para sua crescente população de novos portadores de diploma de nível superior. Em meados de 2013, as autoridades chinesas reconheceram que somente cerca de metade da safra atual de portadores de diploma de nível superior do país havia conseguido encontrar emprego,

OS ROBÔS E O FUTURO DO EMPREGO | 167

enquanto mais de 20% dos formados no ano anterior permaneciam desempregados — e esses percentuais não refletem completamente a realidade, já que o trabalho temporário e freelance, bem como a matrícula nas escolas de pós-graduação e os cargos *"pro forma"* obrigatórios criados pelo governo, são considerados emprego pleno.[52]

Até agora, a falta de proficiência em inglês e em outros idiomas europeus tem impedido, em grande medida, os trabalhadores qualificados na China de competir agressivamente no setor do *offshoring*. Mais uma vez, contudo, parece provável que a tecnologia vá demolir essa barreira. Tecnologias como as redes neurais de aprendizado profundo estão a ponto de transportar a tradução instantânea de voz por máquina da esfera da ficção científica para o mundo real — e isso poderá acontecer nos próximos anos. Em junho de 2013, Hugo Barra, o principal executivo do Android da Google, declarou que espera que um "tradutor universal" viável, que possa ser usado tanto pessoalmente quanto por telefone, esteja disponível daqui a alguns anos. Barra também assinalou que o Google já tem uma tradução de voz em tempo real "quase perfeita" entre inglês e português.[53] Com um número cada vez maior de empregos rotineiros de colarinho-branco sucumbindo à automação em países do mundo inteiro, parece inevitável que a concorrência para a obtenção de um dos cargos minguantes que permanecem além do alcance das máquinas se intensifique. As pessoas extremamente inteligentes terão vantagem significativa e não hesitarão em procurar além das fronteiras nacionais. Na ausência de barreiras para a imigração virtual, as perspectivas de emprego para os trabalhadores com nível superior que não pertencem à elite poderão se revelar bastante sinistras.

Educação e colaboração com as máquinas

À medida que a tecnologia avança e mais empregos se tornam passíveis de automação, a solução convencional sempre foi oferecer aos trabalhadores melhor instrução e melhor treinamento, para que eles possam assumir novas funções, mais qualificadas. Como vimos no Capítulo 1, milhões de empregos com baixa qualificação em áreas como a de fast food e de varejo estão em risco, já que os robôs e as tecnologias de autosserviço estão começando a invadi-las agressivamente. É certo que mais instrução e mais treinamento serão as soluções oferecidas a esses trabalhadores. No entanto, a competição permanente entre tecnologia e educação pode estar se aproximando do fim: as máquinas também estão indo atrás dos empregos mais qualificados.

Há uma nova ideia entre os economistas sintonizados com essa tendência: os empregos do futuro envolverão a colaboração com as máquinas. Erik Brynjolfsson e Andrew McAfee, do Massachusetts Institute of Technology, têm defendido intensamente essa ideia, recomendando que os trabalhadores devem aprender a "correr com as máquinas" — e não contra elas.

Embora esse seja um conselho sábio, não é algo especialmente novo. Aprender a trabalhar com a tecnologia predominante sempre foi uma boa estratégia profissional. Costumávamos chamá-la de "aprender a lidar com o computador". Não obstante, ainda é uma dúvida se isso vai se revelar uma solução adequada se a tecnologia da informação continuar avançando exponencialmente.

No jogo de xadrez estilo livre, a simbiose máquina-homem é relativamente mais obscura. Mais de uma década depois de o computador Deep Blue, da IBM, derrotar o campeão mundial de xadrez Garry Kasparov, aceita-se, de um modo geral, que, em

OS ROBÔS E O FUTURO DO EMPREGO | 169

competições individuais entre computadores e seres humanos, as máquinas hoje dominam completamente. O xadrez estilo livre, contudo, é um esporte de equipe. Grupos de jogadores, não necessariamente campeões mundiais de xadrez, competem uns com os outros e têm permissão para consultar programas de xadrez de computador enquanto avaliam cada jogada. Até 2014, equipes de pessoas com acesso a múltiplos algoritmos de xadrez foram capazes de superar qualquer computador individual que jogue xadrez.

A ideia de que a colaboração homem-máquina, em vez da completa automação, venha a dominar os locais de trabalho do futuro encerra uma série de problemas óbvios. O primeiro é que a continuação da dominância das equipes homem-máquina no xadrez estilo livre não está de modo algum assegurada. Para mim, o processo que essas equipes usam — avaliar e comparar os resultados de diferentes algoritmos de xadrez antes de decidir qual a melhor jogada — parece bem semelhante ao que o Watson da IBM faz quando dispara centenas de algoritmos que buscam informações e depois tem êxito ao classificar os resultados. Não creio que seja exagero sugerir que um "meta-computador" jogador de xadrez com acesso a múltiplos algoritmos poderá, em última análise, derrotar as equipes humanas, especialmente se a velocidade for um fator importante.

Em segundo lugar, mesmo que a equipe homem-máquina de fato ofereça vantagem adicional para o progresso, resta saber se os empregadores estarão dispostos a fazer o investimento necessário para potencializar essa vantagem. Apesar dos lemas e dos slogans que as corporações dirigem a seus funcionários, a verdade é que a maioria das empresas não está preparada para pagar mais por um desempenho em "nível internacional" quando isso se refere à parte do trabalho rotineiro de suas operações. Se você tem alguma dúvida em relação a isso, sugiro

170 | MARTIN FORD

que tente ligar para o seu provedor de TV a cabo. As empresas *farão* o investimento em áreas que são fundamentais para o seu negócio principal — em outras palavras, as atividades que conferem à empresa vantagem competitiva. Mais uma vez, esse cenário não é novo. Além disso, o que é mais importante: ele não envolve de fato novas pessoas. Os funcionários que as empresas estão propensas a contratar e depois associar à melhor tecnologia disponível são as mesmas pessoas que estão, em grande medida, imunes ao desemprego hoje em dia. Trata-se de uma pequena população de trabalhadores de elite. O livro do economista Tyler Cowen, publicado em 2013, *Average is Over* [A média não existe mais, em tradução livre], cita um profundo conhecedor do xadrez de estilo livre que afirma que os melhores jogadores são "aberrações genéticas".[54] Isso dificilmente faz com que a ideia da colaboração soe como uma solução sistêmica para o grande número de pessoas desligadas de empregos rotineiros. Além disso, como acabamos de ver, há também o problema do *offshoring*. Grande parte dos 2,6 bilhões de habitantes da Índia e da China estará ávida para conseguir um desses empregos de elite.

Há também boas razões para esperar que muitos trabalhos de colaboração com a máquina sejam relativamente de curta duração. Lembre-se do exemplo da WorkFusion e de como os algoritmos de aprendizado de máquina da empresa automatizam gradativamente o trabalho executado por freelancers. O fator preponderante é que, se você estiver trabalhando com um sistema inteligente de software, ou sob a direção dele, é bastante provável — quer esteja consciente disso, quer não — que também esteja treinando o software para substituí-lo em algum momento.

Outra observação é que, em muitos casos, os trabalhadores que buscam um emprego de colaboração com a máquina podem muito bem estar expostos à epifania "seja cuidadoso com o que você deseja". Como exemplo, pense nas tendências atuais na descoberta jurídica.* Quando corporações se envolvem em um litígio, torna-se necessário examinar uma grande quantidade de documentos internos para, então, decidir quais deles são potencialmente relevantes para o caso em questão. As regras exigem que esses documentos sejam fornecidos à parte oposta, e pode haver penalidades legais substanciais caso qualquer coisa que possa ser pertinente deixe de ser apresentada. Um dos paradoxos do escritório sem papel é que o mero número desses documentos, especialmente na forma de e-mails, aumentou bastante nos últimos anos. Para lidar com esse volume esmagador, os escritórios de advocacia estão empregando novas técnicas.

Uma dessas técnicas envolve a completa automação. O chamado software e-Discovery se baseia em poderosos algoritmos capazes de analisar milhões de documentos eletrônicos e automaticamente selecionar os mais relevantes. Esses algoritmos vão bem além de uma simples busca com palavras-chave e, com frequência, incorporam técnicas de aprendizado de máquina capazes de isolar conceitos relevantes até mesmo quando frases específicas não estão presentes.[55] Um resultado direto tem sido a evaporação de um grande número de empregos de advogados e assistentes jurídicos que antes examinavam laboriosamente caixas de papelão repletas de documentos em papel.

Outra técnica bastante utilizada é a de que escritórios de advocacia podem terceirizar esse trabalho de descoberta para especialistas que, por sua vez, contratam legiões de recém-

---

*A descoberta, na lei dos Estados Unidos, é a fase que antecede o julgamento em uma ação judicial, na qual cada uma das partes, por meio da lei de procedimento civil, pode obter provas da parte oposta por meio de mecanismos de descoberta, como pedidos de respostas a interrogatórios e pedidos de apresentação de documentos, entre outros. (*N. da T.*)

formados nas faculdades de direito. Esses diplomados em geral são vítimas do estouro da bolha da faculdade de direito. Incapazes de encontrar emprego como advogados plenos — e, não raro, oprimidos por vultosos empréstimos estudantis —, eles são empregados como examinadores de documentos. Cada advogado se senta diante de um monitor no qual é exibido um fluxo contínuo de documentos. Junto com o documento, existem dois botões: "Relevante" e "Não relevante". Os jovens advogados examinam o documento na tela e apertam o botão adequado. Um documento aparece então na tela.[56] É comum que eles categorizem até oitenta documentos por hora.[57] Para esses jovens, não há salas de tribunal nem oportunidades para aprender ou crescer na profissão, tampouco chances de progredir. Para eles, só há os botões "Relevante" e "Não relevante".*

Uma questão óbvia relacionada com essas duas abordagens competitivas é definir se o modelo de colaboração é sustentável. Até mesmo considerando os baixos salários (para advogados) auferidos por esses trabalhadores, a abordagem automatizada parece bem mais compensadora quanto ao custo. Quanto à baixa qualidade desses empregos, você poderá partir do princípio de que eu apenas escolhi um exemplo distópico. Afinal de contas, quase todos os empregos que envolvem colaboração com as máquinas não colocam as pessoas no controle — de modo que os trabalhadores supervisionam as máquinas e se

---

*Se você acha esse tipo de trabalho atraente mas carece do treinamento jurídico requerido, não deixe de examinar o serviço "Mechanical Turk" da Amazon, que oferece muitas oportunidades semelhantes. O "BinCam", por exemplo, coloca câmeras em sua lata de lixo, monitora tudo o que você joga fora e depois posta automaticamente o que foi gravado na mídia social. Aparentemente, a ideia é envergonhá-lo para que não desperdice comida e não se esqueça de fazer a reciclagem. Como vimos, o reconhecimento visual (de tipos de lixo, neste caso) permanece um desafio intimidador para os computadores, de modo que pessoas são empregadas para executar essa tarefa. O fato de esse serviço ser economicamente viável deve lhe dar uma ideia do nível salarial desse tipo de trabalho. (N. da T.)

OS ROBÔS E O FUTURO DO EMPREGO | 173

dedicam a um trabalho gratificante, em vez de simplesmente atuar como uma engrenagem em um processo mecanizado?

O problema com essa suposição um tanto fantasiosa é que as informações não a sustentam. Em seu livro *Super Crunchers*, publicado em 2007, Ian Ayres, professor da Universidade Yale, mostra que as abordagens algorítmicas em geral têm um desempenho superior ao dos especialistas humanos. Quando o controle geral do processo é conferido a pessoas, e não a computadores, os resultados quase invariavelmente são prejudicados. Mesmo quando os especialistas humanos têm acesso antecipado aos resultados algorítmicos, *ainda assim* eles produzem resultados inferiores aos das máquinas quando estas atuam de forma autônoma. As pessoas adicionam valor ao processo, mas é melhor fazer com que forneçam inputs específicos ao sistema, em vez de ter controle total sobre ele. Como afirma Ayres, "as evidências estão se acumulando a favor de um mecanismo diferente e muito mais degradante e desumanizador para a combinação da competência do especialista com a algorítmica".[58]

Minha intenção aqui é mostrar que, embora os empregos de colaboração entre o homem e a máquina certamente existam, parece provável que eles sejam relativamente pouco numerosos* e não raro de curta duração. Em muitos casos, também poderão ser pouco gratificantes e degradantes. Tendo isso

---

*Em *Average is Over*, Tyler Cowen estima que talvez de 10% a 15% da força de trabalho norte-americana estará bem-equipada para empregos de colaboração com as máquinas. Acho que, a longo prazo, até mesmo essa estimativa pode ser otimista, especialmente se levarmos em conta o impacto do *offshoring*. Quantos empregos de colaboração com as máquinas também serão ancorados localmente? (Uma exceção ao meu ceticismo a respeito dos empregos de colaboração com as máquinas pode ser o setor de cuidados com a saúde. Como será discutido no Capítulo 6, creio que, com o tempo, talvez seja possível criar um novo tipo de profissional da área médica com muito menos treinamento do que um médico e que trabalharia junto com um sistema de diagnóstico e tratamento baseado na IA. No entanto, o setor de cuidados com a saúde é um caso especial, porque os médicos precisam de uma quantidade extraordinária de treinamento e provavelmente haverá escassez significativa de médicos no futuro.) (*N. do A.*)

174 | MARTIN FORD

em vista, parece difícil justificar a sugestão de que deveríamos fazer um grande esforço para educar pessoas especificamente de maneiras que irão ajudá-las a conseguir um desses empregos — mesmo que fosse possível definir claramente o que acarretaria esse treinamento. De modo geral, esse argumento me parece um modo de fazer um remendo em uma ideia bastante convencional (dar aos trabalhadores ainda mais treinamento profissional) e manter as coisas funcionando por um pouco mais de tempo. Em última análise, estamos caminhando em direção a uma disrupção que exigirá uma resposta estratégica muito mais radical.

ALGUNS DOS PRIMEIROS EMPREGOS a sucumbir à automação de colarinho-branco certamente serão os cargos de início de carreira ocupados por recém-formados nas universidades. Como vimos no Capítulo 2, há evidências que indicam que esse processo já está em andamento. Entre 2003 e 2012, a renda mediana dos portadores de diplomas de bacharelado nos Estados Unidos caiu de quase US$52 mil anuais para pouco mais de US$46 mil, calculados em dólares de 2012. Nesse mesmo período, o total da dívida dos empréstimos estudantis triplicou, indo de cerca de US$300 bilhões para US$900 bilhões.[59]

O subemprego entre os recém-formados está em ritmo desenfreado, e praticamente todos os estudantes universitários conhecem alguém cujo diploma conduziu a uma carreira profissional em uma cafeteria. Em março de 2013, os economistas canadenses Paul Beaudry, David A. Green e Benjamin M. Sand publicaram um trabalho acadêmico intitulado "The Great Reversal in the Demand for Skill and Cognitive Tasks".[60] Esse título essencialmente diz tudo: os economistas constataram que, por volta do ano 2000, a demanda global do trabalho especializado nos Estados Unidos atingiu seu auge e, em seguida,

OS ROBÔS E O FUTURO DO EMPREGO | 175

entrou em declínio. O resultado foi que os recém-formados nas universidades têm sido cada vez mais obrigados a aceitar empregos não qualificados — não raro, desalojando nesse processo pessoas que não têm nível superior.

Até mesmo os que se formaram em áreas científicas e técnicas foram significativamente afetados. Como vimos, o mercado de trabalho da tecnologia da informação, em particular, foi transformado pela crescente automação associada à tendência à computação em nuvem, bem como pelo *offshoring*. A crença amplamente alimentada de que um diploma de engenharia ou de ciência da computação garante um emprego é, em grande medida, um mito. Em abril de 2013, uma análise realizada pelo Economic Policy Institute [Instituto de Política Econômica] descobriu que, nas faculdades norte-americanas, o número de recém-formados com diplomas de engenharia e ciência da computação excede em 50% o número de diplomados que efetivamente consegue emprego nessas áreas. A pesquisa conclui dizendo que "a oferta de diplomados é substancialmente maior do que a procura deles no setor".[61] Está se tornando cada vez mais evidente que muitas pessoas que conseguirão completar o ensino universitário não terão a garantia de encontrar uma posição segura na economia do futuro.

Embora alguns dos economistas que concentram seus esforços em examinar uma grande quantidade de dados históricos estejam finalmente começando a discernir o impacto que o avanço da tecnologia tem nos empregos mais qualificados, eles se mostram bastante cautelosos com relação a tentar projetar essa tendência para o futuro. Pesquisadores que trabalham na área da inteligência artificial são menos reticentes. Noriko Arai, matemática do Instituto Nacional de Informática do Japão, chefia um projeto destinado a desenvolver um sistema capaz de ser aprovado no exame de admissão à Universidade de Tóquio. Arai acredita que, se um computador puder demonstrar a combinação da aptidão de linguagem natural e a capacidade analítica necessárias para conseguir ingressar na universidade mais bem-conceituada do Japão, é muito provável que também seja capaz de, com o tempo, executar muitas das funções assumidas pelos diplomados nas universidades. Arai antevê a possibilidade de uma grande demissão em massa em um período de dez a vinte anos. Uma das principais motivações de seu projeto é tentar quantificar o impacto potencial da inteligência artificial no mercado de trabalho. Arai se preocupa porque acha que o fato de 10% a 20% de trabalhadores qualificados serem substituídos pela automação seria uma "catástrofe", e afirma que "não consegue nem imaginar o que 50% representariam". Ela afirma que isso iria "muito além de uma catástrofe e que esses percentuais não podem ser descartados caso a IA venha a ter um bom desempenho no futuro".[62]

A própria esfera da educação superior tem sido historicamente um dos principais setores de emprego para os trabalhadores altamente qualificados. Em especial no caso daqueles que desejam obter um diploma de doutorado, um plano de carreira típico tem sido chegar ao campus como calouro universitário — e depois nunca mais ir embora. No próximo capítulo vamos examinar como esse setor e um grande número de carreiras também poderão estar à beira de uma grandiosa disrupção tecnológica.

5. A transformação da educação superior

Em março de 2013, um pequeno grupo de acadêmicos, composto principalmente por professores de inglês e de redação, fez uma petição on-line em resposta à notícia de que as notas das redações nos testes padronizados passariam a ser atribuídas por máquinas. A petição, intitulada "Professionals Against Machine Scoring of Students Essays in High Stakes Assessment" [Profissionais contra a avaliação por máquina de testes de conhecimento dos alunos, em tradução livre],[1] reflete o argumento do grupo de que a avaliação algorítmica das redações é, entre outras coisas, simplista, inexata, arbitrária e discriminatória, sem mencionar que seria feita "por um mecanismo que, na realidade, não é capaz de ler". Em menos de dois meses, a petição foi assinada por quase 4 mil educadores, bem como por conhecidos intelectuais, entre eles Noam Chomsky. É claro que o uso de computadores para dar nota em testes não é nenhuma novidade; há anos eles já lidam com a tarefa trivial de classificar os testes de múltipla escolha. Nesse contexto, eles são vistos como mecanismos que poupam trabalho. No entanto, quando os algoritmos começam a invadir uma área que, segundo se acredita, depende fortemente

178 | MARTIN FORD

da habilidade e do discernimento humanos, muitos professores encaram a tecnologia como uma ameaça. A avaliação das redações por máquina recorre a técnicas avançadas de inteligência artificial; a estratégia básica usada para avaliar as redações dos alunos é bem semelhante à metodologia por trás da tradução on-line de idiomas usada pelo Google. Os algoritmos de aprendizado de máquina são inicialmente treinados por meio de um grande número de amostras de textos que já foram avaliados por instrutores humanos. Os algoritmos são então liberados para avaliar novas redações e são capazes de fazer isso quase instantaneamente.

A petição "Profissionais contra a avaliação por máquina" certamente está correta ao afirmar que as máquinas que estão dando as notas "não são capazes de ler". Como vimos em outras aplicações do big data e do aprendizado de máquina, contudo, isso não tem importância. As técnicas baseadas na análise de correlações estatísticas com muita frequência igualam-se — e até mesmo superam em desempenho — aos melhores esforços dos especialistas humanos. Na realidade, uma análise realizada em 2012 por pesquisadores da Faculdade de Educação da Universidade de Akron compararam a avaliação por máquina com as notas dadas por instrutores humanos, constatando que a tecnologia "alcançou níveis de exatidão praticamente idênticos, com o software, em alguns casos, se revelando mais confiável". A pesquisa envolveu nove empresas que oferecem soluções de avaliação por máquina e mais de 16 mil redações, previamente avaliadas, de escolas públicas, em seis estados norte-americanos.[2]

Les Perelman, ex-diretor do programa de redação do Massachusetts Institute of Technology, é um dos críticos declarados da avaliação por máquina, e um dos principais defensores da petição de 2013 que fez oposição a essa prática. Em vários casos,

Perelman conseguiu criar redações completamente sem sentido que enganaram os algoritmos e os levaram a atribuir notas altas aos textos. Parece-me, contudo, que, se a habilidade requerida para preparar uma porcaria destinada a enganar o software é, em linhas gerais, comparável à habilidade necessária para produzir uma redação coerente, então isso tende a enfraquecer o argumento de Perelman de que o sistema poderia ser facilmente iludido. A verdadeira questão consiste em saber se um aluno que careça da habilidade de escrever é efetivamente capaz de driblar o software que dá as notas, e a pesquisa da Universidade de Akron parece indicar que não. Perelman, de fato, apresenta pelo menos uma preocupação válida: a perspectiva de que os alunos aprendam a escrever para agradar os algoritmos, que ele afirma que dão notas "desproporcionalmente altas para a extensão do texto e um fraseado verborrágico".[3]

É praticamente certo que a avaliação algorítmica, apesar da controvérsia ligada a ela, será mais preponderante se as escolas continuarem a buscar maneiras de reduzir os custos. Em situações nas quais um grande número de redações precise ser avaliado, a abordagem apresenta vantagens óbvias. Além da velocidade e do custo mais baixo, a abordagem algorítmica oferece objetividade e uniformidade em casos em que vários avaliadores humanos seriam normalmente requeridos. A tecnologia também oferece aos alunos um feedback instantâneo e é bastante adequada para tarefas que normalmente não seriam alvo de análise detalhada de um instrutor. Por exemplo, muitos cursos de comunicação exigem ou incentivam os alunos a escrever em diários; um algoritmo pode avaliar cada anotação e talvez até mesmo sugerir melhoras, por meio do clique de um botão. Parece razoável pressupor que a avaliação automatizada será, pelo menos em um futuro próximo, relegada a cursos introdutórios que ensinam habilidades básicas de comunicação.

Os professores de literatura têm poucos motivos para temer que os algoritmos estejam prestes a invadir os seminários de escrita criativa de alto nível. No entanto, sua implantação nos cursos introdutórios poderá, com o tempo, desalojar os assistentes de ensino graduados que hoje executam essas tarefas.

O alvoroço por causa da avaliação robótica das redações representa um pequeno exemplo da reação adversa que certamente surgirá quando o pleno impacto do avanço da tecnologia da informação finalmente atingir em cheio o setor da educação. Até agora, as universidades têm permanecido imunes aos aumentos substanciais de produtividade que transformaram outros setores. Os benefícios da tecnologia da informação ainda não se estenderam ao setor da educação superior. Isso explica, pelo menos em parte, o aumento extraordinário do custo do ensino superior nas últimas décadas.

Existem fortes indícios de que as coisas estão prestes a mudar. Um dos impactos mais disruptivos certamente virá dos cursos on-line oferecidos por instituições de elite. Em muitos casos, esses cursos atraem uma quantidade enorme de matrículas e serão, portanto, um fator determinante das abordagens automatizadas tanto do ensino como da avaliação. O edX, um consórcio de universidades de elite fundado para oferecer cursos gratuitos on-line, anunciou, no início de 2013, que tornará seu software de avaliação de redações disponível gratuitamente para quaisquer instituições educacionais que desejem utilizá-lo.[4] Em outras palavras, os sistemas de avaliação se tornaram outro exemplo de um elemento básico de software baseado na internet que ajudará a acelerar a inevitável tendência rumo à crescente automação do trabalho humano qualificado.

Ascensão — e tropeço — do MOOC

Cursos gratuitos pela internet como os oferecidos pelo edX fazem parte da tendência de cursos de massa abertos on-line — ou MOOCs —, que explodiram no final do verão de 2011, quando dois cientistas de computação da Universidade Stanford, Sebastian Thrun e Peter Norvig, anunciaram que seu curso de introdução à inteligência artificial estaria disponível a qualquer pessoa, sem nenhum custo, na internet. Os dois professores eram celebridades em sua área, com fortes laços com a Google; Thrun chefiara o projeto de desenvolvimento dos carros autônomos, enquanto Norvig foi o diretor de pesquisas e coautor do principal livro de IA. Poucos dias depois de o curso ter sido anunciado, mais de 10 mil pessoas haviam feito sua inscrição. Quando John Markoff, do *New York Times*, escreveu um artigo de primeira página[5] a respeito do curso naquele mês de agosto, as inscrições aumentaram vertiginosamente para mais de 160 mil pessoas, em mais de 190 países. O número de alunos on-line apenas da Lituânia foi maior do que o de todas as inscrições de alunos de graduação e pós-graduação de Stanford. Crianças de 10 anos e idosos de 70 se inscreveram para aprender os fundamentos da IA com dois dos mais proeminentes pesquisadores da área — uma extraordinária oportunidade anteriormente disponível apenas para cerca de duzentos alunos de Stanford.[6]

O curso de dez semanas estava dividido em pequenos segmentos que duravam apenas alguns minutos e se baseava, em linhas gerais, nos vídeos de grande sucesso voltados para alunos da quinta à oitava série do ensino fundamental e do ensino médio criados pela Khan Academy. Eu mesmo concluí várias unidades do curso e constatei que sua estrutura era um veículo de aprendizado poderoso e envolvente. A produção não utilizou nenhum recurso visual excepcional; em vez disso, os segmentos consistiam, basicamente, em Thrun ou Norvig apresentando tópicos enquanto escreviam em um bloco de anotações. Cada breve segmento era acompanhado por um pequeno teste — uma técnica que praticamente garante que os principais conceitos sejam assimilados à medida que avançamos no curso. Cerca de 23 mil pessoas concluíram o curso, prestaram o exame final e receberam uma declaração de conclusão de Stanford.

Alguns meses depois, um setor inteiramente novo se materializou em torno do fenômeno MOOC. Sebastian Thrun reuniu capital de risco e formou uma nova empresa, chamada Udacity, para oferecer cursos gratuitos ou de baixo custo. Em todo o país e no mundo, universidades de elite se apressaram em participar dessa iniciativa. Dois outros professores de Stanford, Andrew Ng e Daphne Koller, fundaram a Coursera, com um investimento inicial de US$22 milhões e formaram uma parceria com Stanford, a Universidade de Michigan, a Universidade da Pensilvânia e Princeton. Harvard e MIT logo investiram US$60 milhões para formar a edX. A Coursera respondeu adicionando mais uma dúzia de universidades, entre elas a Johns Hopkins e o California Institute of Technology, e 18 meses depois estava trabalhando com mais de cem instituições no mundo inteiro.

No início de 2013, a publicidade em torno dos MOOCs estava explodindo tão rápido quanto as inscrições em seus cursos. Acreditava-se que as aulas on-line estavam prestes a marcar o início de uma nova era, em que a educação de elite estaria acessível a todos por um pequeno custo ou até mesmo nenhum. Os pobres da África e da Ásia logo frequentariam faculdades da Ivy League por meio de tablets e smartphones baratos. O colunista Thomas Friedman, do *New York Times*, chamou os MOOCs de "revolução embrionária na educação superior global on-line" e deu a entender que esses cursos tinham o potencial de "liberar mais de 1 bilhão de cérebros para resolver os maiores problemas do mundo".[7]

OS ROBÔS E O FUTURO DO EMPREGO | 183

A realidade golpeou na forma de duas pesquisas divulgadas pela Universidade da Pensilvânia nos últimos meses de 2013. Uma delas examinou 1 milhão de pessoas que tinham se matriculado nos cursos oferecidos pela Coursera e constatou que os MOOCs "têm relativamente poucos usuários ativos, que seu 'empenho' diminui substancialmente — em especial depois das primeiras duas semanas do curso — e que poucos vão até o final".[8] Apenas cerca de metade das pessoas que se inscreviam assistia ao menos a uma única palestra. As taxas de conclusão dos cursos variavam de 2% a 14%, e a média era de aproximadamente 4%. Os MOOCs também estavam, em grande medida, deixando de atrair os estudantes pobres e menos instruídos, os quais, segundo todos acreditavam, seriam os mais beneficiados; cerca de 80% dos inscritos já tinham diploma de nível superior.

Vários meses antes, uma parceria bastante divulgada entre a Udacity e a Universidade de San Jose também tinha deixado de atender às expectativas. O programa, destinado a oferecer aos alunos menos privilegiados aulas baratas on-line de recuperação em matemática, álgebra e introdução à estatística, foi anunciado, em janeiro de 2013, em uma entrevista coletiva à imprensa por Sebastian Thrun e Jerry Brown, o governador da Califórnia, e apregoado como uma possível solução para o preço em ascensão das anuidades e a superlotação das faculdades estaduais. Quando os primeiros alunos concluíram os cursos, que custavam apenas US$150 e ofereciam orientadores on-line que proporcionavam assistência individual, os resultados foram deploráveis. Três quartos dos alunos do curso de álgebra — e quase 90% dos que estavam vindo diretamente do ensino médio — foram reprovados. No geral, os alunos dos MOOCs tiveram um desempenho significativamente inferior ao daqueles matriculados nos cursos tradicionais da San Jose. Depois disso, a universidade suspendeu o programa, pelo menos temporariamente.[9]

A Udacity tem reduzido a ênfase na educação de base ampla e está se concentrando, em vez disso, em cursos profissionalizantes concebidos para conferir aos trabalhadores habilidades técnicas específicas. Empresas como Google e Salesforce.com, por exemplo, financiam cursos que ensinam os desenvolvedores de software a trabalhar com seus produtos. A Udacity também formou uma parceria com o Georgia Institute of Technology para oferecer o primeiro curso de mestrado em ciência da computação baseado em MOOCs. O custo do programa de três semestres será de apenas US$6.600 — cerca de 80% menos do que os cursos tradicionais oferecidos nos *campi* das universidades. Os custos de estruturação do programa estão sendo financiados pela AT&T, que planeja enviar muitos de seus funcionários para fazer o curso. Inicialmente, o Georgia Tech aceitará a matrícula de cerca de 375 alunos, porém a meta é expandir o programa para que ele possa atender a milhares de pessoas.

À medida que os MOOCs continuam a evoluir e melhorar, a esperança de que venham a promover uma revolução global que levará uma educação de alta qualidade a centenas de milhões de pessoas pobres no mundo poderá, em última análise, se realizar. Em curto prazo, contudo, parece evidente que esses cursos on-line tendem a atrair alunos que já estão motivados a buscar um aprendizado adicional. Em outras palavras, os MOOCs estão preparados para competir pelas pessoas que normalmente poderiam se matricular em cursos tradicionais. Partindo do princípio de que os possíveis empregadores considerem que os MOOCs estão oferecendo uma credencial valiosa, com o tempo, isso poderá desencadear uma disrupção radical em todo o setor da educação superior.

Os créditos universitários e as credenciais baseadas na competência

Quando Thrun e Norvig calcularam os resultados de seu curso de inteligência artificial em 2011, descobriram que 248 participantes haviam obtido uma pontuação perfeita; esses alunos não haviam respondido incorretamente a nenhuma questão da prova. Também descobriram que nenhum aluno de Stanford fazia parte desse grupo de elite. Na realidade, o aluno matriculado na universidade que obteve o grau mais elevado foi superado em desempenho por pelo menos outros quatrocentos participantes on-line. Nenhum desses brilhantes alunos, contudo, recebeu créditos formais de Stanford ou mesmo um certificado tradicional por haver concluído o curso.

Meses antes, quando os gestores de Stanford tomaram conhecimento do número elevado de inscrições no curso, convocaram várias reuniões com os professores para negociar a natureza de qualquer credencial que poderia ser concedida aos participantes on-line. A preocupação não era apenas que o elevado prestígio da universidade fosse diluído pelas dezenas de milhares de pessoas — nenhuma das quais tivera o custo de mais ou menos US$40 mil anuais habitualmente pago pelos alunos regulares da universidade —, mas também o fato de que a identidade dos alunos em locais remotos não poderia ser verificada. Os gestores acabaram concordando que uma simples "declaração de conclusão" seria concedida aos alunos que terminassem o curso pela internet. Os dirigentes de Stanford estavam tão preocupados com a precisão dessa terminologia que, quando um jornalista usou a palavra "certificado" em uma coluna a respeito do curso, eles imediatamente entraram em contato para solicitar a correção.

186 | MARTIN FORD

A preocupação dos dirigentes de Stanford com relação à verificação da identidade dos alunos on-line não era infundada. De fato, garantir que o crédito seja concedido à mesma pessoa que concluiu o curso e fez o exame final é um dos desafios mais importantes associados à concessão de créditos universitários ou credenciais oficiais para os MOOCs. Na ausência de um sólido processo de identificação, logo surgiria um setor dinâmico voltado à conclusão fraudulenta de cursos e provas. Na realidade, já apareceram vários sites que se oferecem para fazer cursos on-line para outras pessoas em troca de remuneração. No fim de 2012, jornalistas do site *Inside Higher Ed* fingiram ser estudantes e solicitaram informações de alguns desses sites a respeito de como concluir um curso on-line de introdução à economia oferecido pela Penn State. Eles receberam cotações que variaram de US$775 a US$900, com a garantia de que tirariam pelo menos um "B" no curso. E isso foi para uma turma da divisão on-line tradicional da Penn State que concede certificados, em que a verificação da identidade dos alunos deve representar um desafio bem menor do que a de uma turma aberta a muitos participantes.[10] O total de inscrições para todo o programa da Penn State é de mais ou menos 6 mil alunos de pós-graduação e de graduação — uma parcela minúscula do número de pessoas que provavelmente se inscreveriam em um único MOOC popular.

A fraude também tem sido um problema importante nos cursos de massa on-line. Em 2012, foram apresentadas dezenas de reclamações a respeito de plágio nos cursos de ciências humanas oferecidos pela Coursera. Esses cursos se apoiavam na avaliação pelos colegas, e não em algoritmos, para dar notas ao desempenho dos alunos, de modo que os administradores que respondiam às reclamações tinham de lidar tanto com a possibilidade de um plágio desenfreado quanto com a possibilidade de que pelo menos algumas das acusações fossem falsas. Em um curso de redação de textos de ficção científica e de fantasia, reclamações de que as redações dos alunos estavam sendo copiadas da Wikipédia ou de outras fontes previamente publicadas levaram Eric Rabkin, o professor de inglês da Universidade de Michigan que estava ministrando o curso, a enviar uma carta aos 39 mil alunos advertindo-os de que não deveriam se apropriar do trabalho de outras pessoas, mas também ressaltando que "a acusação de plágio é um ato extremamente grave e só deve ser feita quando apoiada por evidências concretas".[11] O incrível a respeito desses incidentes é que nenhum crédito está sendo oferecido nesses cursos. Aparentemente, algumas pessoas trapaceiam "apenas porque podem" ou talvez porque não entendem as regras. De qualquer modo, praticamente não há nenhuma dúvida de que a associação de créditos acadêmicos formais a esses cursos aumentaria drasticamente o incentivo ao mau comportamento.

Existem diversas soluções técnicas possíveis para os problemas de identificação e desonestidade. Um método simples é fazer perguntas pessoais sigilosas no início de cada sessão. Se você estiver planejando trapacear contratando alguém para fazer um curso no seu nome, talvez tenha de pensar duas vezes antes de fornecer a essa pessoa o número do seu CPF. No entanto, seria difícil implementar mundialmente esse tipo de estratégia. Uma solução de monitoramento remoto requer que uma câmera esteja ativa no computador para que os administradores possam monitorar o aluno. Em 2013, o edX — o consórcio MOOC fundado por Harvard e pelo MIT — começou a oferecer certificados confirmados pela identidade para alunos que pagarem uma taxa adicional e aceitarem ser monitorados por uma webcam. Esses certificados podem ser apresentados a possíveis empregadores, mas, em geral, não podem ser usados

188 | MARTIN FORD

para a obtenção de créditos acadêmicos. Esse tipo de monitoramento é dispendioso e não é extensível a dezenas de milhares de pessoas que estejam fazendo um curso gratuito, mas parece provável que algoritmos de reconhecimento facial do tipo atualmente utilizado para rotular fotos no Facebook possam, com o tempo, assumir essa função. Outros algoritmos podem, em breve, ser capazes de identificar alunos analisando a cadência da sua digitação ou descobrir o plágio por meio da comparação automática de tarefas escritas com vastos conjuntos de dados de trabalhos existentes.[12]

Um caminho especialmente promissor para associar créditos acadêmicos aos MOOCs talvez consista em oferecer credenciais baseadas na competência. Assim, em vez de assistir a aulas, os alunos obtêm créditos a partir de aprovações em testes de avaliação individual para demonstrar competência em áreas específicas. A *competency-based education* [educação baseada na competência] (CBE) foi criada na Universidade de Western Governor's (WGU), instituição on-line proposta pela primeira vez em 1995, em uma conferência à qual compareceram os governadores de 19 estados do Oeste dos Estados Unidos. A WGU começou a operar em 1997 e, em 2013, tinha mais de 40 mil alunos, muitos deles adultos que buscam concluir programas universitários iniciados há muitos anos ou fazer a transição para uma nova carreira. A abordagem da CBE recebeu um grande impulso em setembro de 2013, quando a Universidade de Wisconsin anunciou que iria introduzir um programa baseado na competência e conferir diplomas.

Os MOOCs e a CBE poderão se revelar uma associação natural porque a combinação basicamente dissocia os cursos da credencial. Questões como a identificação do aluno e a fraude só teriam de ser abordadas nos testes de avaliação. Pode até mesmo haver uma oportunidade para que uma firma financiada por

OS ROBÔS E O FUTURO DO EMPREGO | 189

capital de risco desempenhe o papel de aplicar os testes e emitir as credenciais, evitando completamente a atividade confusa e dispendiosa de oferecer aulas. Os alunos automotivados estariam livres para usar quaisquer recursos disponíveis — entre eles, os MOOCs, o autoaprendizado ou aulas mais tradicionais — para alcançar a competência, e depois poderiam se submeter a um teste de avaliação administrado pela firma para obter os créditos. Esses testes poderiam ser bastante rigorosos, criando um filtro mais ou menos comparável com os processos de admissão das faculdades mais seletivas. Se essa startup conseguisse criar a sólida reputação de só conceder credenciais a diplomados altamente competentes e se — o que talvez seja mais fundamental — conseguisse formar fortes relacionamentos com empregadores importantes, de maneira que seus graduados fossem muito procurados, teria o claro potencial de causar uma reviravolta no setor da educação superior.

Uma pesquisa de opinião anual realizada entre dirigentes de quase 3 mil faculdades e universidades norte-americanas descobriu que as expectativas com relação à promessa futura dos MOOCs diminuíram significativamente ao longo de 2013. Quase 40% dos que responderam à pesquisa disseram que os cursos de massa on-line não eram um método sustentável de instrução; na pesquisa do ano anterior, apenas um quarto dos administradores das faculdades havia expressado essa opinião. A publicação *Chronicle of Higher Education* também apresentou um relatório de progresso relativamente sombrio, assinalando que "os MOOCs não fizeram nenhum progresso significativo no ano passado no sistema de credenciamento existente na educação superior, colocando em dúvida se eles serão tão disruptivos para o *status quo* quanto imaginaram inicialmente alguns observadores".[13]

190 | MARTIN FORD

Um dos paradoxos associados aos MOOCs é que, apesar de todos os seus problemas práticos como mecanismo de educação de massa, podem representar um método de aprendizado extremamente eficaz para os alunos que têm motivação e autodisciplina suficientes. Quando Thrun e Norvig começaram a oferecer o curso de inteligência artificial on-line, ficaram surpresos ao verificar que a frequência em suas palestras na Stanford começou a declinar rapidamente, de modo que, com o tempo, apenas cerca de trinta dos duzentos alunos matriculados na universidade estavam comparecendo com regularidade. Parecia que os alunos preferiam as aulas on-line. Thrun e Norvig também descobriram que a nova estrutura dos MOOCs resultou em um impulso significativo no desempenho médio nas provas dos alunos regularmente matriculados na universidade, em comparação com alunos que haviam feito o mesmo curso em anos anteriores.

Creio que seria muito prematuro declarar que o fenômeno MOOC está nas últimas. Mais exatamente, podemos estar simplesmente vendo os tropeços do estágio inicial típicos das novas tecnologias. Vale a pena lembrar, por exemplo, que o Windows, da Microsoft, só amadureceu e se tornou uma força que passou a dominar o setor quando a Microsoft lançou a versão 3.0 — pelo menos cinco anos depois de o produto ter sido lançado no mercado. Na realidade, é bem possível que o pessimismo com relação à futura sustentabilidade dos MOOCs entre os gestores das faculdades esteja associado, em grande medida, aos seus receios a respeito do impacto econômico que esses cursos poderão causar nas instituições e em todo o setor da educação superior.

OS ROBÔS E O FUTURO DO EMPREGO | 191

À beira da disrupção

Embora a disrupção dos MOOCs ainda esteja por se tornar visível, atingirá fortemente um setor que produz quase US$1 trilhão de receita anual e emprega mais de 3,5 milhões de pessoas.[14] Entre 1985 e 2013, os custos das universidades aumentaram em 538%, ao passo que o índice geral de preços ao consumidor aumentou apenas 121%. Até mesmo os custos médicos ficaram muito atrás da educação superior, aumentando apenas 286% no mesmo período.[15] Grande parte desse custo é financiada por empréstimos estudantis, que hoje equivalem pelo menos a US$1,2 trilhão nos Estados Unidos. Cerca de 70% dos estudantes universitários norte-americanos pedem empréstimos, e o endividamento médio na ocasião da formatura está pouco abaixo de US$30 mil.[16] Tenha em mente que apenas cerca de 60% dos estudantes universitários nos programas de bacharelado se formam em seis anos, deixando o restante para pagar qualquer dívida acumulada sem o benefício de um diploma.[17]

O interessante é que o custo da efetiva instrução nas universidades contribuiu relativamente pouco para esses custos fortemente ascendentes. No livro *College Unbound* [Faculdade independente, em tradução livre], publicado em 2013, Jeffrey J. Selingo menciona dados reunidos pela Delta Cost Project, uma pequena organização de pesquisas que produz análises altamente conceituadas para o setor da educação superior. Entre 2000 e 2010, grandes universidades de pesquisas públicas aumentaram os gastos com serviços para alunos em 19%, com administração em 15% e com operações e manutenção em 20%. O custo do ensino ficou bem para trás, aumentando apenas 10%.[18] No sistema da Universidade da Califórnia, o corpo docente diminuiu 2,3% entre 2009 e 2011, enquanto o número de alunos matriculados aumentou 3,6%.[19] Para reprimir o aumento

192 | MARTIN FORD

dos custos, as faculdades estão recorrendo cada vez mais a professores em tempo parcial, ou substitutos, que são pagos por curso ministrado — às vezes apenas US$2.500 por um curso de um semestre —, sem receber os benefícios dos assalariados. Especialmente na área de artes liberais, os cargos de professor substituto se tornaram empregos sem perspectiva de progresso para uma quantidade enorme de portadores de títulos de doutorado que um dia alimentaram a esperança de seguir uma carreira acadêmica com estabilidade no emprego.

Embora os custos da instrução tenham sido, em grande medida, controlados, a quantia gasta com administração e instalação aumentou vertiginosamente. Em muitas grandes universidades, o número de gestores hoje excede o de instrutores. No mesmo período de dois anos em que o número de professores do corpo permanente teve uma redução de mais de 2% na Universidade da Califórnia, os empregos no setor administrativo cresceram 4,2%. Os gastos com profissionais que oferecem orientação personalizada e recomendações para os alunos também aumentaram muito, e cargos desse tipo representam hoje quase um terço dos empregos de profissionais especializados nas principais universidades norte-americanas.[20] O setor de educação superior se tornou aparentemente uma máquina de emprego que se autoperpetua para as pessoas altamente credenciadas — a não ser que o emprego desejado seja o de lecionar. Outro problema tem sido o elevado investimento em alojamentos luxuosos, recreação e instalações esportivas para os alunos. Selingo aponta que "o luxo mais absurdo é o Lazy River, basicamente um passeio aquático em um parque temático em que os alunos flutuam em balsas".[21] Os gestores da Universidade de Boston, da Universidade de Akron, da Universidade do Alabama e da Universidade do Missouri consideram isso uma parte indispensável da experiência universitária.

OS ROBÔS E O FUTURO DO EMPREGO | 193

O fator mais importante, claro, tem sido a propensão dos alunos e de suas famílias a pagar preços cada vez mais elevados por um bilhete essencial — porém não suficiente — para o ingresso na classe média. Não é à toa, portanto, que muitos observadores expressaram o ponto de vista de que a educação superior se tornou uma "bolha", ou pelo menos um castelo de cartas intumescido que está pronto para o mesmo tipo de dizimação digital que já transformou o setor dos jornais e o das revistas. Os MOOCs oferecidos pelas instituições de elite são encarados como o mecanismo que tem a maior probabilidade de impor o cenário de quem ganha leva tudo que invariavelmente se estabelece quando um setor se torna digital.

Os Estados Unidos têm mais de 2 mil faculdades e universidades com cursos de quatro anos de duração. Se incluirmos as instituições que concedem diplomas para cursos de dois anos de duração, esse número sobe para mais de 4 mil. Destas, talvez duzentas ou trezentas possam ser caracterizadas como seletivas. É claro que o número de escolas com uma reputação nacional, ou que podem ser consideradas verdadeiramente de elite, é bem menor. Imagine um futuro em que estudantes universitários possam se inscrever em cursos gratuitos on-line oferecidos por professores de Harvard ou Stanford e posteriormente receber uma credencial que seria aceitável para os empregadores ou as escolas de pós-graduação. Quem, então, estaria disposto a se endividar para pagar a anuidade cobrada pelas instituições de terceiro ou quarto nível?*

Clayton Christensen, professor da Harvard Business School e especialista em inovação disruptiva nos setores, acredita que a resposta a essa pergunta resultará em um futuro sombrio para

---

*As universidades norte-americanas são classificadas em níveis decrescentes (*tiers*). As do primeiro nível incluem universidades como Harvard e Stanford, frequentadas por alunos que pertencem às famílias de classes sociais mais favorecidas. (*N. da T.*)

milhares de instituições. Em uma entrevista de 2013, Christensen declarou que, "daqui a 15 anos, metade das universidades norte-americanas poderá ir à falência".[22] Mesmo que a maioria das instituições permaneça solvente, é fácil imaginar matrículas radicalmente declinantes e receitas associadas a volumosas demissões tanto de gestores como do corpo docente.

Muitas pessoas partem do princípio de que a disrupção virá do topo, quando os alunos afluírem para os cursos oferecidos pelas instituições da Ivy League. No entanto, isso pressupõe que a "educação" é o principal produto a ser digitalizado. O próprio fato de escolas como Harvard e Stanford estarem dispostas a ceder gratuitamente essa educação é uma evidência de que essas instituições estão envolvidas em especial com a atividade de conceder credenciais, e não com a do conhecimento. As credenciais de elite não ganham escala da mesma maneira como, digamos, um arquivo de música digital; elas se parecem mais com cópias artísticas de edição limitada ou com o papel-moeda emitido por um banco central. Se distribuirmos um excesso delas, o valor cai. Por esse motivo, desconfio que as faculdades do primeiro nível permanecerão bastante cautelosas no que diz respeito a fornecer credenciais significativas.

É mais provável que a disrupção venha do nível seguinte, especialmente das grandes universidades públicas que têm uma forte reputação acadêmica e um número enorme de alunos — bem como uma marca ancorada em programas de futebol e basquete de renome — e estão cada vez mais desesperadas para conseguir uma receita depois da redução do financiamento do governo. A parceria da Georgia Tech com a Udacity para oferecer um diploma em ciência da computação com base nos MOOCs e a experiência da Universidade de Wisconsin com as credenciais baseadas na competência podem oferecer uma prévia do que está prestes a acontecer em uma escala

OS ROBÔS E O FUTURO DO EMPREGO | 195

muito mais grandiosa. Como sugeri anteriormente, poderá haver também oportunidades para que uma ou mais empresas privadas reivindiquem uma grande fatia do mercado, oferecendo credenciais voltadas à profissionalização, exclusivamente baseadas em testes de avaliação.

Mesmo que os MOOCs não evoluam em breve para um caminho direto rumo a um diploma ou outra credencial comerciável, ainda assim podem debilitar os modelos de negócios de muitas faculdades, afetando aulas específicas. Grandes palestras introdutórias em cursos como os de economia e psicologia são máquinas fundamentais de fazer dinheiro para as faculdades porque requerem relativamente poucos recursos para ensinar a centenas de alunos — cuja maioria está pagando o "preço cheio". Se os alunos, em algum momento, tiverem a opção de substituir essas palestras por um MOOC gratuito ou de baixo custo oferecido por um professor de renome em uma instituição de elite, isso, por si só, representaria um grande golpe para a estabilidade financeira de muitas escolas classificadas em um nível mais baixo.

À medida que os MOOCs continuam a evoluir, o grande número de inscrições que recebem será, por si só, um importante determinante da inovação. Está se reunindo um vasto volume de informações a respeito dos alunos participantes e de seus êxitos e fracassos à medida que avançam nos cursos. Como vimos, grandes técnicas de dados certamente resultarão em importantes constatações que, por sua vez, conduzirão a melhores resultados com o tempo. Também estão surgindo novas tecnologias educacionais que serão progressivamente incorporadas aos MOOCs. Os sistemas de aprendizado adaptativo, por exemplo, oferecem o que equivale a um instrutor robótico. Esses sistemas acompanham de perto e individualmente o progresso dos alunos e oferecem instrução e assistência personalizada.

196 | MARTIN FORD

Eles também podem ajustar o ritmo do aprendizado para que se torne compatível com a capacidade do aluno. Esses sistemas já estão se revelando bem-sucedidos. Um estudo examinou cursos de introdução à estatística em seis universidades públicas. Os alunos de um grupo fizeram o curso em um formato tradicional, enquanto os do outro grupo receberam basicamente instrução robótica aliada a um tempo limitado em sala de aula. O estudo descobriu que os dois grupos apresentaram o mesmo nível de desempenho "sob o aspecto do percentual de aprovação, notas nas provas finais e desempenho em uma avaliação estandardizada do domínio da estatística".[23]

Se o setor da educação superior acabar sucumbindo ao violento ataque digital, é bem provável que a transformação seja uma faca de dois gumes. Uma credencial universitária poderá muito bem se tornar menos dispendiosa e mais acessível para muitos estudantes, porém, ao mesmo tempo, a tecnologia poderá devastar um setor que é, em si, um grande centro de contratações para trabalhadores altamente instruídos. E, como já vimos, em toda uma gama de outros setores, o avanço dos softwares de automação continuará a causar impacto em muitos dos cargos altamente qualificados aos quais esses novos graduados provavelmente se candidatarão. Enquanto os algoritmos de avaliação de redações e os instrutores robóticos ajudam os estudantes a escrever, algoritmos como os desenvolvidos pela Narrative Science poderão já ter automatizado boa parte do trabalho de escrita dos cargos de início de carreira em muitas áreas.

Uma sinergia entre a ascensão dos MOOCs e a prática do *offshoring* de empregos baseados no conhecimento também poderá se revelar natural. Se os cursos de massa on-line com o tempo conduzirem a diplomas universitários, parece inevitável que um grande número das pessoas — e um percentual elevado dos candidatos com melhor desempenho — que receberem essas novas credenciais residirá no mundo em desenvolvimento. À medida que os empregadores forem se acostumando a contratar trabalhadores educados por meio desse novo paradigma, também poderão se mostrar inclinados a adotar uma abordagem de recrutamento cada vez mais globalizada.

A EDUCAÇÃO SUPERIOR é um dos dois grandes setores norte-americanos que, até agora, se mostraram relativamente imunes à aceleração da tecnologia digital. Não obstante, inovações como os MOOCs, os algoritmos de avaliação automatizada e os sistemas de aprendizado adaptativo oferecem um caminho relativamente promissor rumo a uma futura disrupção. Como veremos a seguir, o outro grande baluarte — o setor da saúde — representa um desafio ainda maior para os robôs.

6. O desafio do setor da saúde

Em maio de 2012, um homem de 55 anos deu entrada em uma clínica na Universidade de Marburg, na Alemanha. O paciente tinha febre, inflamação no esôfago, baixos níveis de hormônios tireoidianos e visão deficiente. Ele se consultara com diversos médicos, e todos ficaram desconcertados com o seu estado. Quando chegou à clínica Marburg, o homem estava quase cego e à beira de uma parada cardíaca. Meses antes, em outro continente, um mistério médico muito semelhante havia culminado com uma mulher de 59 anos recebendo um transplante de coração no Centro Médico da Universidade do Colorado, em Denver.

A resposta para ambos os mistérios acabou se revelando a mesma: envenenamento por cobalto.[1] Os dois pacientes haviam recebido previamente quadris artificiais feitos de metal. Os implantes tinham se desgastado com o tempo, liberando partículas de cobalto e expondo os pacientes à toxicidade crônica. Em uma extraordinária coincidência, artigos descrevendo os dois casos foram publicados em duas destacadas revistas médicas quase no mesmo dia, em fevereiro de 2014. O relato publicado pelos médicos alemães continha um detalhe fascinante:

200 | MARTIN FORD

enquanto a equipe norte-americana havia recorrido à cirurgia, a equipe alemã tinha conseguido resolver o mistério, não por ter melhor treinamento, mas porque um dos médicos havia assistido, em fevereiro de 2011, a um episódio da série de televisão *House*. No episódio, o protagonista da série, Dr. Gregory House, se vê diante do mesmo problema e faz um engenhoso diagnóstico: envenenamento por cobalto resultante de uma substituição do quadril por uma prótese de metal.

A possibilidade de duas equipes médicas terem dificuldade para chegar ao mesmo diagnóstico — e de poderem ter essa dificuldade mesmo depois de a resposta do mistério ter sido transmitida para milhões de telespectadores no horário nobre da televisão — é uma prova de quanto o conhecimento médico e as habilidades de diagnóstico estão compartimentados no cérebro de indivíduos, mesmo em uma época em que a internet possibilita um grau sem precedentes de colaboração e acesso às informações. Como resultado, o processo fundamental que os médicos usam para diagnosticar e tratar as doenças permaneceu, de maneiras importantes, relativamente inalterado. Derrubar essa abordagem tradicional à resolução de problemas e liberar todas as informações que estão aprisionadas em mentes individuais ou publicadas em obscuras revistas médicas provavelmente representam um dos mais importantes benefícios potenciais da inteligência artificial e do big data aplicado à medicina.

No geral, os avanços na tecnologia da informação que estão perturbando outras áreas da economia fizeram pouco progresso no setor da saúde até agora. É especialmente difícil encontrar qualquer evidência de que a tecnologia esteja resultando em melhora significativa da eficiência como um todo. Em 1960, os cuidados com a saúde representavam menos de 6% da economia dos Estados Unidos.[2] Em 2013, esse percentual havia quase

OS ROBÔS E O FUTURO DO EMPREGO | 201

triplicado, atingindo quase 18%, e os gastos com a saúde *per capita* nos Estados Unidos haviam subido vertiginosamente, atingindo um nível equivalente a mais ou menos o dobro do apresentado pela maioria dos países industrializados. Um dos maiores riscos que se apresentam é que a tecnologia continua a ter um impacto assimétrico, reduzindo os salários ou gerando desemprego na maior parte da economia, enquanto os custos dos cuidados de saúde continuam a aumentar. O perigo, em certo sentido, não é um excesso de robôs no setor da saúde, e sim a falta deles. Se a tecnologia deixar de se mostrar à altura do desafio desse setor, o resultado provavelmente será um fardo cada vez maior tanto para as unidades familiares individuais como para a economia como um todo.

A inteligência artificial na medicina

A quantidade total de informações que poderiam ser úteis para um médico que esteja tentando diagnosticar o problema de um paciente específico ou criar uma estratégia ideal de tratamento é descomunal. Os médicos se deparam com uma torrente contínua de novas descobertas, tratamentos inovadores e avaliações de pesquisas clínicas publicadas em revistas médicas e científicas em todo o mundo. Por exemplo, a MEDLINE, um banco de dados on-line mantido pela US National Library of Medicine [Biblioteca Nacional de Medicina dos Estados Unidos], tem um catálogo com mais de 5.600 revistas independentes — cada uma delas pode publicar de dezenas a centenas de documentos de pesquisa diferentes a cada ano. Além disso, existem milhões de prontuários médicos, históricos de pacientes e estudos de casos que poderiam oferecer importantes constatações. De acordo com uma estimativa, o volume total de todas essas informações duplica aproximadamente a cada cinco anos.[3] Seria impossível para um ser humano assimilar mais do que uma minúscula fração das informações relevantes, mesmo em áreas altamente específicas da medicina.

Como vimos no Capítulo 4, a medicina é uma das principais áreas em que a IBM antevê que a sua tecnologia Watson terá impacto transformacional. O sistema da IBM é capaz de vasculhar grandes grupos de informações em formatos desiguais e depois, quase instantaneamente, formar inferências que poderiam escapar até mesmo ao mais atento pesquisador humano. É fácil imaginar um futuro a curto prazo no qual essa ferramenta de diagnóstico seja considerada indispensável, pelo menos para os médicos que estejam diante de casos especialmente desafiadores.

O Centro de Câncer MD Anderson, na Universidade do Texas, lida anualmente com mais de 100 mil pacientes em seu hospital em Houston e é, de modo geral, considerado o melhor local para tratamento de câncer nos Estados Unidos. Em 2011, o time Watson da IBM começou a trabalhar com médicos do MD Anderson para construir uma versão customizada do sistema voltada para auxiliar os oncologistas especialistas em casos de leucemia. O objetivo era criar um orientador interativo capaz de recomendar as melhores opções de tratamento com base em evidências, correlacionando os pacientes com testes clínicos de medicamentos e destacando os possíveis riscos ou efeitos colaterais que poderiam ameaçar pacientes específicos. O progresso inicial no projeto se revelou um tanto mais lento do que a equipe esperava, em grande medida devido aos desafios associados ao projeto de algoritmos capazes de lidar com as complexidades do diagnóstico e tratamento do câncer. O câncer, ao que se revela, é mais difícil do que *Jeopardy!*. Em janeiro de 2014, entretanto, o *Wall Street Journal* noticiou que o sistema para a leucemia do MD Anderson baseado no Watson estava novamente caminhando para se tornar operacional,

OS ROBÔS E O FUTURO DO EMPREGO | 203

como planejado.[4] A expectativa era de que, em dois anos, os pesquisadores conseguissem expandir o sistema para lidar com outros tipos de câncer. É bem provável que as lições que a IBM venha a extrair desse programa piloto possibilitem que a empresa otimize futuras implementações da tecnologia Watson.

Com o sistema operante, a equipe do MD Anderson planeja disponibilizá-lo por meio da internet para que ele possa se tornar um poderoso recurso para os médicos de toda parte. Segundo a Dra. Courtney DiNardo, especialista em leucemia, a tecnologia Watson tem o "potencial de democratizar o tratamento do câncer" ao possibilitar que qualquer médico "tenha acesso ao mais recente conhecimento científico e à experiência do MD Anderson". "Para os médicos que não são especialistas em leucemia", acrescentou ela, o sistema "pode funcionar como uma segunda opinião especializada, possibilitando que tenham acesso ao mesmo conhecimento e às mesmas informações" nos quais o principal centro de tratamento do câncer do país se apoia. DiNardo também acredita que, além de oferecer recomendações para pacientes específicos, o sistema "oferecerá uma plataforma de pesquisa sem precedentes que poderá ser usada para formular perguntas, investigar hipóteses e fornecer respostas para perguntas cruciais de pesquisa".[5]

Atualmente, Watson é a aplicação mais ambiciosa e proeminente da inteligência artificial à medicina, mas também existem outras histórias importantes de sucesso. Em 2009, pesquisadores da clínica Mayo em Rochester, Minnesota, construíram uma rede neural artificial destinada a diagnosticar casos de endocardite — uma inflamação da camada interna do coração. A endocardite normalmente requer que uma sonda seja inserida no esôfago do paciente para determinar se a inflamação é ou não causada por uma infecção potencialmente fatal — um procedimento incômodo e dispendioso, e que, por si só, pode trazer riscos para o paciente. Em vez disso, os médicos da clínica Mayo treinaram uma rede neural para fazer o diagnóstico com base apenas em testes de rotina e sintomas observáveis, dispensando a necessidade da técnica invasiva. Um estudo envolvendo 189 pacientes descobriu que o sistema era preciso em mais de 99% das vezes e evitou, com sucesso, que mais de metade dos pacientes tivesse de se submeter ao procedimento de diagnóstico invasivo.[6]

Um dos mais importantes benefícios da inteligência artificial na medicina é provavelmente o fato de que ela poderá evitar erros potencialmente fatais tanto de diagnóstico quanto de tratamento. Em novembro de 1994, Betsy Lehman, com 39 anos e mãe de dois filhos, conhecida colunista do jornal *Boston Globe,* autora de uma coluna que abordava problemas relacionados com a saúde, já havia marcado um terceiro ciclo de quimioterapia enquanto continuava a lutar contra o câncer de mama. Lehman foi hospitalizada no Instituto do Câncer Dana-Farber, em Boston, que, assim como o MD Anderson, é considerado um dos mais proeminentes centros de tratamento de câncer do país. O plano de tratamento requeria que ela recebesse uma dose poderosa de ciclofosfamida — uma droga altamente tóxica destinada a destruir as células cancerosas. O responsável que preencheu o pedido do medicamento cometeu um simples erro numérico, o que significa que a dosagem total que Lehman recebeu foi cerca de quatro vezes o que o plano de tratamento requeria. Lehman faleceu por causa da dose excessiva no dia 3 de dezembro de 1994.[7]

Leham foi apenas um dos cerca de 98 mil pacientes que morrem anualmente nos Estados Unidos como resultado direto de erros médicos evitáveis.[8] Um relatório do US Institute of Medicine [Instituto de Medicina dos Estados Unidos] estimou que pelo menos 1,5 milhão de norte-americanos são prejudicados por erros de medicamentos, e que esses erros resultam em mais de US$3,5 bilhões em custos adicionais de tratamento anual.[9] Um sistema de IA com acesso ao histórico detalhado dos pa-

OS ROBÔS E O FUTURO DO EMPREGO | 205

cientes, bem como a informações a respeito dos medicamentos, inclusive de sua toxicidade associada e efeitos colaterais, seria potencialmente capaz de evitar erros até mesmo em situações muito complexas que envolvessem a interação de múltiplos medicamentos. Esse sistema poderia atuar como orientador interativo para médicos e enfermeiros, oferecendo uma verificação instantânea tanto da segurança quanto da eficácia antes que um medicamento fosse administrado, e — especialmente nas situações em que a equipe do hospital está cansada ou distraída — seria bastante provável que ele não apenas salvasse vidas, mas também evitasse o desconforto e despesas desnecessários.

Assim que as aplicações médicas da inteligência artificial evoluírem a ponto de os sistemas poderem atuar como verdadeiros consultores, capazes de oferecer sistematicamente uma segunda opinião de alta qualidade, a tecnologia também poderá ajudar a refrear os elevados custos associados à responsabilidade pelo erro médico. Muitos médicos sentem a necessidade de praticar a "medicina defensiva" e pedem todos os exames concebíveis na tentativa de se proteger de possíveis ações judiciais. Uma segunda opinião documentada fornecida por um sistema de IA versado nos padrões das melhores práticas poderia oferecer aos médicos um "porto seguro" para se defenderem desses pedidos de indenização. O resultado poderá ser a redução dos gastos em exames médicos e ressonâncias desnecessários, bem como prêmios menores nos seguros de erro médico.*

---

*Isso suscita a questão de se a responsabilidade simplesmente migraria para o fabricante do sistema de IA. Como esses sistemas podem ser usados para diagnosticar dezenas ou até mesmo centenas de milhares de pacientes, a responsabilidade potencial por erros poderia ser intimidadora. No entanto, a Suprema Corte dos Estados Unidos decidiu em 2008, no caso Riegel *versus* Medtronic, Inc., que os fabricantes de mecanismos médicos estão protegidos contra algumas ações judiciais se os seus produtos tiverem sido aprovados pela FDA. Talvez um raciocínio semelhante fosse estendido aos sistemas de diagnóstico. Outra questão é que tentativas anteriores de criar leis que contenham um "porto seguro" para os médicos foram vigorosamente contestadas pelos advogados de tribunais, os quais têm grande influência política. (N. *do A.*)

206 | MARTIN FORD

Olhando ainda mais adiante, podemos facilmente imaginar a inteligência artificial causando um impacto transformador na maneira como os serviços médicos são prestados. Uma vez que as máquinas demonstrem que são capazes de apresentar diagnósticos precisos e tratamentos eficazes, talvez não seja necessário que um médico supervisione diretamente as interações individuais com cada paciente.

Em um artigo que escrevi para o *Washington Post*, pouco depois do triunfo de Watson em 2011 ao jogar *Jeopardy!*, sugeri que poderia haver, com o tempo, a oportunidade de ser criada uma nova classe de profissionais na área médica: pessoas com formação universitária de quatro anos ou um diploma de mestrado, treinadas basicamente para interagir com os pacientes e examiná-los, e que depois transmitem as informações obtidas para um sistema de diagnóstico e tratamento padronizado.[10] Esses novos profissionais, com menor custo, poderiam assumir muitos casos de rotina e seriam mobilizados para ajudar a administrar o número de pacientes com doenças crônicas, como obesidade e diabetes, que está crescendo de forma significativa.

É provável que grupos de médicos se oporiam ao ingresso desses concorrentes com um grau menor de instrução.* No entanto, a realidade é que a grande maioria dos diplomados pelas escolas de medicina não estão especialmente interessados em ingressar na área da medicina de família, e menos empolgados ainda para atuar nas áreas rurais do país. Várias pesquisas prognosticam uma deficiência de até 200 mil médicos nos próximos 15 anos à medida que os mais velhos forem se aposentando, o plano da Affordable Care Act [Lei de Serviços de Saúde Acessíveis] trouxer até 32 milhões de novos pacientes

---

*Os enfermeiros de hospital com diplomas de pós-graduação conseguiram vencer essa oposição política em 17 estados norte-americanos e provavelmente serão um importante componente da clínica geral no futuro. (*N. da A.*)

OS ROBÔS E O FUTURO DO EMPREGO | 207

para o sistema do seguro-saúde e uma população que está envelhecendo passar a requerer mais cuidados.[11] A escassez será mais crítica entre os médicos generalistas, já que os diplomados pelas escolas de medicina, tipicamente oprimidos por onerosos níveis de empréstimos estudantis, optarão esmagadoramente por ingressar em especialidades mais lucrativas.

Esses novos profissionais, treinados para utilizar um sistema estandardizado de IA que encerra boa parte do conhecimento que os médicos adquirem em quase uma década de treinamento intensivo, poderiam lidar com os casos de rotina, ao mesmo tempo em que encaminhariam para os médicos os casos que requeressem cuidados mais especializados. Os diplomados pelas universidades seriam significativamente beneficiados pela disponibilidade de um novo e cativante plano de carreira, em especial quando o software inteligente elimina cada vez mais as oportunidades em outros setores no mercado de trabalho.

Em algumas áreas da medicina, particularmente naquelas que não requerem interação direta com os pacientes, é provável que os avanços na IA provoquem aumentos drásticos na produtividade e talvez, com o tempo, a total automação. Os radiologistas, por exemplo, são treinados para interpretar as imagens resultantes de vários exames médicos. O processamento de imagens e a tecnologia de reconhecimento estão avançando rapidamente e poderão, em breve, usurpar o papel tradicional do radiologista. Softwares já conseguem reconhecer pessoas em fotos postadas no Facebook e até mesmo ajudar a identificar possíveis terroristas nos aeroportos. Em setembro de 2012, a FDA* aprovou um sistema de ultrassom automatizado para verificar se as mulheres têm câncer de mama. O mecanismo,

---

*Food and Drug Administration (repartição do governo norte-americano que testa, controla e inspeciona alimentos e remédios). (*N. do T.*)

projetado pela U-Systems, Inc., se destina a ajudar a identificar o câncer em aproximadamente 40% das mulheres cujo tecido mamário denso pode tornar ineficaz a tecnologia convencional da mamografia. Os radiologistas ainda precisam interpretar as imagens, mas fazer isso agora leva apenas cerca de três minutos. Já a interpretação das imagens produzidas por meio da tecnologia do ultrassom portátil convencional requer de 20 a 30 minutos para ser concluída.[12]

Os sistemas automatizados também podem oferecer uma segunda opinião viável. Uma maneira muito eficaz — porém dispendiosa — de aumentar a taxa de detecção do câncer é pedir a dois radiologistas que interpretem separadamente cada imagem de mamografia e depois cheguem a um consenso sobre quaisquer possíveis anomalias identificadas por um dos dois médicos. Essa estratégia de "dupla interpretação" resulta em uma detecção do câncer significativamente melhor e também reduz de forma acentuada o número de pacientes que precisam ser chamadas para fazer novos exames. Uma pesquisa de 2008 publicada pela revista *New England Journal of Medicine* descobriu que uma máquina pode assumir o papel do segundo médico. Quando o parceiro de um radiologista é um sistema de detecção assistido por computador, os resultados são tão bons quanto aqueles que ocorrem quando dois médicos interpretam separadamente as imagens.[13]

A patologia é outra área que já está sendo invadida pela inteligência artificial. A cada ano, mais de 100 milhões de mulheres no mundo inteiro fazem um exame de Papanicolau, popularmente chamado de exame de lâmina, para verificar a presença ou não de câncer cervical ou do colo do útero. O exame requer que as células cervicais sejam depositadas em uma lâmina de vidro de microscópio e depois examinadas por um técnico ou médico, que busca sinais de malignidade. Trata-se

OS ROBÔS E O FUTURO DO EMPREGO | 209

de um processo intensivo em mão de obra que pode custar até US$100. Muitos laboratórios de diagnóstico, contudo, estão agora se voltando para um sistema de imagem automatizado fabricado pela BD, uma empresa de mecanismos e dispositivos médicos estabelecida em Nova Jersey. Em uma série de artigos de 2011 para a revista virtual *Slate* a respeito da automatização dos empregos, o colunista de tecnologia Farhad Manjoo chamou o FocalPoint GS Imaging System da BD "uma maravilha da engenharia médica", cujo "software esquadrinhador de imagens rapidamente examina lâminas em busca de mais de cem sinais visuais de células anormais". O sistema então "classifica as lâminas de acordo com a probabilidade de que elas contenham uma doença" e finalmente "identifica dez áreas em cada lâmina que deverão ser minuciosamente examinadas por um ser humano".[14] A máquina faz o trabalho de encontrar ocorrências de câncer bem melhor do que os analistas humanos fazem sozinhos, ao mesmo tempo em que quase duplica a velocidade na qual os exames podem ser processados.

A robótica hospitalar e farmacêutica

A farmácia do Centro Médico da Universidade da Califórnia (UCSF), em São Francisco, prepara cerca de 10 mil doses individuais de medicamentos todos os dias, mas as pílulas e os frascos de remédio nunca são tocados por nenhum farmacêutico. Um grandioso sistema automatizado administra milhares de medicamentos diferentes e cuida de tudo, como armazenar e apanhar grandes quantidades de suprimentos farmacêuticos e preparar e embalar comprimidos individuais. Um braço robótico pega continuamente pílulas de um conjunto de recipientes, colocando-as em pequenos sacos plásticos. Cada dose vai para

210 | MARTIN FORD

um saco separado e é rotulada com um código de barras que identifica tanto o medicamento quanto o paciente que deverá recebê-lo. A máquina, então, organiza os remédios diários de cada paciente na ordem em que precisam ser tomados e os une. Mais tarde, o enfermeiro que ministra o medicamento escaneia os códigos de barras tanto do saco com as doses quanto do bracelete do paciente. Se eles não forem compatíveis, ou se a medicação estiver sendo dada na hora errada, soa um alarme. Três outros robôs especializados automatizam a preparação de medicamentos injetáveis; um desses robôs lida exclusivamente com drogas de quimioterapia altamente tóxicas. O sistema praticamente elimina a possibilidade de erro humano ao dispensar quase inteiramente os seres humanos do ciclo.

O sistema automatizado de US$7 milhões da UCSF é apenas um dos exemplos mais espetaculares da transformação robótica que está se expandindo no setor das farmácias. Robôs muito menos dispendiosos, não muito maiores do que uma máquina automática de vendas, estão invadindo as farmácias de rua. Os farmacêuticos nos Estados Unidos precisam se submeter a um extenso treinamento (um doutorado de quatro anos de duração) e ser aprovados em uma prova de licenciamento muito difícil. Eles costumam ser bem pagos, com salário de, em média, US$117 mil por ano em 2012. No entanto, especialmente nos ambientes de varejo, boa parte do trabalho é bastante rotineira e repetitiva, e a principal preocupação é evitar um erro potencialmente fatal. Em outras palavras, muito do que os farmacêuticos fazem é quase talhado para a automação.

Uma vez que a medicação de um paciente esteja pronta para deixar a farmácia de um hospital, é cada vez mais provável que o passo seguinte fique a cargo do robô de entregas. Essas máquinas já percorrem os corredores de enormes complexos

OS ROBÔS E O FUTURO DO EMPREGO | 211

médicos entregando medicamentos, amostras de laboratório, refeições de pacientes e roupa de cama limpa. Os robôs podem contornar obstáculos e usar elevadores. Em 2010, o El Camino Hospital em Mountain View, na Califórnia, arrendou 19 robôs de entregas da Aetheon, Inc., por um custo anual de cerca de US$350 mil. De acordo com um dos administradores do hospital, pagar pessoas para fazer o mesmo trabalho teria custado mais de US$1 milhão por ano.[15] No início de 2013, a General Electric anunciou planos de desenvolver um robô móvel capaz de localizar, limpar, esterilizar e entregar os milhares de instrumentos cirúrgicos usados nas salas de cirurgia. Os instrumentos seriam marcados com chips localizadores de identificação por radiofrequência (RFID), o que tornaria fácil para a máquina identificá-los.[16]

Os robôs autônomos fizeram, até agora, pouco progresso além das áreas específicas de logística e entrega das farmácias e hospitais. Os robôs cirúrgicos são amplamente utilizados, mas são projetados para ampliar o potencial dos cirurgiões, e a cirurgia robótica custa mais do que os métodos tradicionais. Alguns trabalhos preliminares estão sendo realizados visando construir robôs cirúrgicos mais ambiciosos; o projeto I-Sur, por exemplo, é um consórcio de pesquisadores europeus, financiado pela UE, que estão tentando automatizar procedimentos básicos, como perfurar, cortar e suturar.[17] Ainda assim, parece inconcebível, em um futuro próximo, que um paciente tivesse permissão para ser submetido a um procedimento invasivo sem que um médico estivesse presente e pronto para interferir, de modo que, mesmo que essa tecnologia se materialize, qualquer economia de custo provavelmente seria marginal, na melhor das hipóteses.

Robôs que cuidam dos idosos

A população de todos os países avançados, bem como a de muitas nações em desenvolvimento, está envelhecendo rapidamente. A previsão é de que os Estados Unidos tenham mais de 70 milhões de cidadãos idosos em 2030, o que representará 19% da população, quando em 2000 esse percentual era de apenas 12,4%.[18] No Japão, a longevidade, aliada a uma baixa taxa de natalidade, torna o problema ainda mais grave; em 2025, um terço da população terá mais de 65 anos. Os japoneses também têm uma aversão quase xenofóbica ao aumento da imigração, que poderia ajudar a mitigar esse problema. Como resultado, o Japão tem, no mínimo, 700 mil trabalhadores a menos do que precisa na área de assistência a idosos — e a escassez deverá se tornar bem mais grave nas próximas décadas.[19]

Esse desequilíbrio demográfico global está criando uma das maiores oportunidades no campo da robótica: o desenvolvimento de máquinas que ajudem a cuidar dos idosos a um preço acessível. O filme de 2012 *Frank e o robô*, uma comédia que conta a história de um homem idoso e o robô que cuida dele, apresenta uma ideia muito esperançosa do progresso que provavelmente veremos. O filme começa anunciando para o espectador que se passa em um "futuro próximo". O robô exibe uma extraordinária destreza, mantendo conversas inteligentes e agindo, de modo geral, como uma pessoa. Em determinado momento, um copo é derrubado de uma mesa, e o robô o agarra em pleno ar. Receio que esse não seja exatamente o cenário de um "futuro próximo".

Na verdade, o principal problema dos robôs que cuidam de idosos é que eles não fazem muita coisa. Grande parte do progresso inicial ocorreu com animais de estimação terapêuticos como Paro, um filhote de foca robótico que faz companhia (a um custo de até US$5 mil). Outros robôs são capazes de levantar e mover pessoas idosas, poupando um grande desgaste aos seres humanos que cuidam delas. No entanto, essas máquinas são dispendiosas e pesadas — podem pesar até dez vezes mais do que a pessoa que estão levantando —, de modo que, provavelmente, serão mais utilizadas em clínicas geriátricas e hospitais. Desenvolver um robô de baixo custo com destreza suficiente para ajudar na higiene pessoal ou no uso do banheiro ainda representa um desafio extraordinário. Surgiram máquinas experimentais capazes de realizar tarefas específicas. Pesquisadores da Georgia Tech, por exemplo, construíram um robô que tem um toque delicado e é capaz de dar um banho suave nos pacientes na cama, mas o desenvolvimento de um robô a um preço acessível e que seja capaz de assistir autonomamente pessoas que dependem quase completamente dos outros talvez ainda resida em um futuro muito distante.

Uma das ramificações desse intimidador obstáculo técnico é que, apesar dessa oportunidade de mercado, em tese enorme, relativamente poucas startups estão concentradas em projetar robôs que cuidam de idosos e pouco capital de risco está afluindo para essa área. A melhor esperança, sem dúvida, vem do Japão, que está à beira de uma crise nacional e que, ao contrário dos Estados Unidos, tem pouca aversão a uma colaboração direta entre a indústria e o governo. Em 2013, o governo japonês iniciou um programa no qual pagará dois terços dos custos associados ao desenvolvimento de mecanismos robóticos que executam tarefas individuais e que são capazes de ajudar os idosos ou as pessoas que cuidam deles.[20]

Talvez a inovação mais extraordinária na área de cuidados com os idosos desenvolvida até agora no Japão seja o Hybrid Assistive Limb [Membro Auxiliar Híbrido] (HAL) — um traje exosquelético saído diretamente da ficção científica. Desenvolvido pelo professor Yoshiyuki Sankai, da Universidade de Tsukuba, o traje HAL é resultado de vinte anos de pesquisa e desenvolvimento. Sensores no traje são capazes de detectar e interpretar sinais provenientes do cérebro. Quando a pessoa que está usando o traje movido a bateria pensa em ficar de pé ou andar, poderosos motores entram instantaneamente em ação, propiciando assistência mecânica. Uma versão para a parte superior do corpo também está disponível e poderá ajudar as pessoas que cuidam dos idosos a levantá-los. Idosos presos a uma cadeira de rodas foram capazes de se levantar e caminhar com a ajuda de HAL. A empresa de Sankai, a Cyberdyne, também projetou uma versão mais robusta do exosqueleto para ser usada pelos trabalhadores que limpam a usina nuclear Fukushima Daiichi depois do desastre de 2011. A empresa afirma que o traje anulará quase completamente o peso de mais de 60 quilos da blindagem de radiação de tungstênio usada pelos trabalhadores.* HAL foi o primeiro mecanismo destinado a cuidar dos idosos a receber uma licença do Ministério da Economia, Comércio e Indústria do Japão. Os trajes podem ser alugados por pouco menos de US$2 mil por ano e já estão sendo utilizados em mais de trezentos hospitais e clínicas geriátricas no país.[21]

Entre outros tipos de robô que deverão ser desenvolvidos a curto prazo, provavelmente estão os andadores robóticos destinados a ajudar na mobilidade, e robôs pouco dispendiosos capazes de levar remédios para as pessoas, providenciar um copo d'água ou pegar objetos comumente deixados fora do

---

*Os nomes selecionados por Sankai parecem um pouco bizarros para uma empresa voltada principalmente aos cuidados com idosos. Afinal de contas, HAL era o computador hostil que se recusou a abrir a porta da cápsula no filme *2001: uma odisseia no espaço*. Cyberdyne foi a empresa fictícia que construiu Skynet no filme *O exterminador do futuro*. Talvez a empresa esteja de olho em outros mercados. (N. do A.)

OS ROBÔS E O FUTURO DO EMPREGO | 215

lugar, como óculos. (Isso provavelmente seria feito anexando-se marcas RFID aos itens.) Também estão surgindo robôs que podem ajudar a rastrear e monitorar pessoas com deficiência mental. Robôs de telepresença que possibilitam que médicos ou cuidadores interajam remotamente com seus pacientes já estão sendo usados em alguns hospitais e clínicas geriátricas. É relativamente fácil desenvolver mecanismos desse tipo porque eles contornam o desafio da destreza. A história da robótica dos cuidados pessoais no curto prazo envolverá máquinas que ajudam, monitoram ou possibilitam a comunicação. Os robôs de baixo custo capazes de executar de maneira independente tarefas genuinamente úteis levarão mais tempo para chegar.

Tendo em vista que robôs de fato autônomos e capazes de cuidar dos idosos provavelmente não surgirão em um futuro próximo, parece razoável esperar que a iminente escassez tanto de pessoas que trabalham em clínicas geriátricas quanto de acompanhantes, aqueles que ajudam os idosos em casa, compensará, em um grau significativo, quaisquer perdas de emprego motivadas pela tecnologia que acometam outros setores da economia. Talvez o emprego migre para o setor da saúde e dos cuidados com os idosos. O Departamento de Estatísticas do Trabalho dos Estados Unidos (BLS) projeta que, em 2022, haverá 580 mil novos empregos para pessoas que ajudam com os cuidados pessoais e 527 mil para enfermeiros registrados (essas são as duas ocupações que estão crescendo mais rápido nos Estados Unidos), bem como 424 mil para acompanhantes de idosos e 312 mil para auxiliares de enfermagem.[22] Isso totaliza aproximadamente 1,8 milhão de empregos.

Esse parece um grande número. No entanto, considere agora que o Instituto de Política Econômica estima que, em janeiro de 2014, os Estados Unidos ainda tinham uma deficiência de

7,9 milhões de empregos em decorrência da Grande Recessão. Esse número inclui 1,3 milhão de empregos que foram perdidos no período de retração econômica e que ainda não tinham sido recuperados, bem como outros 6,6 milhões de empregos que nunca foram criados.[23] Em outras palavras, se esse quantitativo de 1,8 milhão de empregos aparecesse hoje, preencheria apenas cerca de um quarto do buraco.

Outro fator, claro, é que esses empregos pagam pouco e não são particularmente adequados para uma grande parcela da população. De acordo com o BLS, os acompanhantes, tanto de idosos quanto de pessoas enfermas, tinham em 2012 uma renda inferior a US$21 mil anuais e grau de instrução "inferior ao do ensino médio". Um grande número de trabalhadores provavelmente ainda carecerá do temperamento adequado para prosperar nessas funções. O fato de uma pessoa detestar o trabalho de carimbar papéis é uma coisa, mas o fato de ela abominar a função de cuidar de um idoso dependente representa um grande problema.

Partindo do princípio de que as projeções do BLS são corretas e que esses empregos irão de fato se materializar em grande quantidade, há também a questão de quem vai pagar essas pessoas. Décadas de salários estagnados, aliadas à transição de pensões com benefícios definidos para um plano de fundo de garantia com frequência carente de recursos, deixarão uma grande parcela de norte-americanos em situação de aposentadoria relativamente insegura. Na ocasião em que a maioria dos idosos chegar ao ponto de precisar de ajuda pessoal diária, é bem provável que, em comparação, poucos disponham de recursos suficientes para contratar acompanhantes, mesmo que os salários destes últimos continuem muito baixos. Como resultado, esses serão, provavelmente, empregos quase públicos

OS ROBÔS E O FUTURO DO EMPREGO | 217

financiados por programas como o Medicare* ou a Medicaid**
e serão, portanto, encarados mais como um problema do que
como uma solução.

Desencadeando o poder dos dados

Como vimos no Capítulo 4, a revolução do big data oferece a
promessa de novas ideias de gestão e uma eficiência significativamente aprimorada. Na verdade, a crescente importância
de todos esses dados pode ser um poderoso argumento para
a consolidação do setor de seguro-saúde ou, alternativamente,
para a criação de algum mecanismo para compartilhar informações entre companhias de seguro, hospitais e outros prove-
dores. O acesso a mais informações significa mais inovação.
Assim como a Target, Inc. foi capaz de predizer a gravidez
com base nos padrões de compra das clientes, os hospitais ou
as seguradoras com acesso a grandes conjuntos de dados potencialmente descobrirão correlações entre fatores específicos
que podem ser controlados e a probabilidade de um resultado
positivo para os pacientes. A AT&T original ficou famosa por
patrocinar a Bell Labs, local em que ocorreram muitos dos mais
importantes avanços na tecnologia da informação no século XX.
Talvez mais de uma seguradora com escala suficiente pudesse
desempenhar papel um tanto semelhante — exceto que as inovações não resultariam de experimentos em um laboratório, e
sim da análise contínua de uma grande quantidade de dados
operacionais detalhados de pacientes e hospitais.

---

*Programa do governo dos Estados Unidos de assistência de saúde para pessoas
acima de 65 anos. (N. da T.)
**Assistência médica gratuita para os indivíduos de baixa renda nos Estados Unidos.
(N. da T.)

Sensores médicos implantados ou afixados nos pacientes fornecerão outra importante fonte de informações. Esses dispositivos produzirão um fluxo contínuo de informações biométricas que poderão ser usadas tanto no diagnóstico quanto no gerenciamento de doenças crônicas. Uma das áreas de pesquisa mais promissoras é a do projeto de sensores capazes de monitorar a glicose em pessoas com diabetes. Os sensores poderiam se comunicar com um smartphone ou outro aparelho externo, alertando instantaneamente os pacientes se o nível de glicose ficasse fora de uma amplitude segura e evitando a necessidade de incômodos exames de sangue. Várias empresas já fabricam monitores de glicose que podem ser implantados sob a pele do paciente. Em janeiro de 2014, a Google anunciou que está trabalhando em uma lente de contato contendo um minúsculo detector dos níveis de glicose pela análise das lágrimas; assim, se o açúcar no sangue da pessoa que faz uso da lente estiver alto ou baixo demais, uma minúscula lâmpada LED se acenderia, oferecendo um alerta instantâneo. Dispositivos de consumo como o Apple Watch, o relógio inteligente da Apple, formalmente anunciado em setembro de 2014, também resultará em uma torrente de informações relacionadas com a saúde.

Os custos do setor da saúde e um mercado disfuncional

O artigo de capa da edição de 4 de março de 2013 da revista *Time* foi de autoria de Steven Brill e teve o título "Bitter Pill".* O artigo fez um exame minucioso da dinâmica por trás dos custos em grande ascensão do setor da saúde nos Estados Unidos, e apontou para os casos do que só pode ser categorizado como

---

*Pílula amarga, em tradução livre. (*N. da T.*)

OS ROBÔS E O FUTURO DO EMPREGO | 219

especulação de preços — por exemplo, uma remarcação de preço de 10.000% nos mesmos comprimidos que poderíamos comprar na drogaria local ou no Walmart. Exames de sangue de rotina pelos quais o Medicare pagaria cerca de US$14 foram remarcados para mais de US$200. Tomografias computadorizadas que o Medicare avalia em cerca de US$800 foram aumentadas para mais de US$6.500. O susto de um possível ataque do coração que acabou se revelando apenas um caso de azia no estômago resultou em uma despesa de US$17 mil — sem incluir os honorários médicos.[24]

Alguns meses depois, Elisabeth Rosenthal, do *New York Times*, escreveu uma série de artigos contando basicamente a mesma história: uma laceração que precisou de apenas três pontos custou bem mais que US$2 mil. A aplicação de um adesivo cirúrgico na testa de uma criança custou mais de US$1.600. Foram cobrados de um paciente quase US$80 por um pequeno frasco de anestésico que pode ser comprado por US$5 na internet. Rosenthal assinalou que o hospital, que adquire esses suprimentos em grandes quantidades, provavelmente teria pago um valor bem menor.[25]

Os dois jornalistas descobriram que esses preços aumentados geralmente têm origem em uma volumosa lista de preços obscura — frequentemente sigilosa —, conhecida como *"chargemaster"*.* Os preços relacionados na *chargemaster* aparentemente não têm uma explicação lógica e tampouco um relacionamento significativo com custos efetivos. A única coisa

---

*Nos Estados Unidos, a *chargemaster* é uma lista abrangente de itens que podem ser faturados para o paciente de um hospital ou para a operadora do plano de saúde do paciente. Na prática, a lista geralmente contém preços altamente inflados, que correspondem várias vezes aos custos efetivos do hospital. A *chargemaster* funciona tipicamente como o ponto de partida para as negociações com os pacientes e operadoras dos planos de saúde a respeito de que valor será efetivamente pago ao hospital. A lista é descrita como "o mecanismo central do ciclo de receita" de um hospital. (*N. da T.*)

que pode ser dita com sólida certeza a respeito da *chargemaster* é que os preços incluídos são extremamente elevados. Tanto Brill quanto Rosenthal descobriram que os casos mais chocantes de abuso da *chargemaster* ocorreram com pacientes que não tinham seguro-saúde. Os hospitais esperavam que essas pessoas pagassem o preço cheio da lista e, não raro, contratavam rapidamente empresas de cobrança ou até mesmo advogados para mover uma ação quando os pacientes não podiam pagar ou se recusavam a fazê-lo. No entanto, até mesmo as grandes operadoras de planos de saúde estão recebendo faturas cada vez mais elevadas com base em um desconto com relação aos preços da *chargemaster*. Em outras palavras, os preços são primeiro inflados — muitas vezes multiplicados por dez ou até mesmo cem — e depois um desconto de talvez 30%, ou até mesmo 50%, é aplicado sobre eles, dependendo da habilidade de negociar da operadora. Imagine comprar 4 litros de leite por US$20 depois de negociar um desconto de 50% com relação aos US$40 do preço de tabela. Considerando isso, o fato de os preços hospitalares serem o mais importante determinante individual dos custos do setor de saúde nos Estados Unidos, que vêm aumentando sistematicamente, não deveria causar nenhuma surpresa.

Uma das lições mais importantes da história é que existe uma poderosa simbiose entre o progresso tecnológico e uma economia de mercado que funciona bem. Os mercados saudáveis criam os incentivos que conduzem à inovação significativa e a uma crescente produtividade, e essa tem sido a força motriz por trás de nossa prosperidade.* Quase todas as pessoas inteli-

---

*Considere, por exemplo, a União Soviética, que, de acordo com a opinião geral, tinha alguns dos melhores cientistas e engenheiros do mundo. Os soviéticos conseguiram alcançar resultados genuínos na tecnologia militar e espacial, mas nunca foram capazes de estender os benefícios da inovação à economia civil. O motivo certamente tem muito a ver com a ausência de mercados que funcionassem. (*N. do A.*)

OS ROBÔS E O FUTURO DO EMPREGO | 221

gentes entendem isso (e é bem provável que mencionem Steve Jobs e o iPhone quando conversam sobre o assunto). O problema é que o setor da saúde é um mercado enfraquecido, e é pouco provável que qualquer quantidade de tecnologia reduza os preços, a não ser que os problemas estruturais do setor sejam resolvidos.

Há também, creio eu, muita confusão a respeito da natureza do mercado da saúde e exatamente onde um mecanismo eficaz de precificação de mercado deveria entrar em ação. Muitas pessoas gostariam de acreditar que o setor da saúde é um mercado de consumo normal: se ao menos conseguíssemos tirar do caminho as seguradoras, e especialmente o governo, e em vez disso empurrar as decisões e os custos para o consumidor (ou paciente), obteríamos inovações e resultados semelhantes aos que vimos em outros setores (Steve Jobs talvez fosse novamente mencionado aqui).

A realidade, contudo, é que a saúde simplesmente não é comparável a outros mercados de produtos de consumo e serviços, e isso já é bem compreendido há mais de meio século. Em 1963, Kenneth Arrow, economista ganhador do Prêmio Nobel, escreveu um artigo detalhando as maneiras pelas quais os cuidados médicos se distinguem de outros produtos e serviços. Entre outras coisas, o artigo de Arrow enfatizou o fato de que os custos médicos são extremamente imprevisíveis e, com frequência, muito elevados, de modo que os consumidores não podem nem pagar por eles usando uma renda constante, nem planejar para o futuro, como poderiam fazer em relação a outras compras de grande porte. Os cuidados médicos não podem ser testados antes da compra; não é como visitar a loja que vende aparelhos wireless e experimentar todos os smartphones. Nas emergências, é claro, o paciente pode estar inconsciente ou à beira da morte. Além disso, de qualquer modo, o assunto

222 | MARTIN FORD

como um todo é tão complexo e requer tanto conhecimento especializado que não se pode esperar que uma pessoa normal tome essas decisões. Os prestadores de serviços do setor da saúde e os pacientes simplesmente não negociam como iguais, e como Arrow assinalou: "Ambas as partes têm consciência dessa desigualdade informativa, e o relacionamento entre elas é influenciado por esse conhecimento."[26] O resultado é que o custo elevado, a imprevisibilidade e a complexidade dos serviços médicos e de hospitalização de vulto tornam algum tipo de modelo de seguro essencial para o setor da saúde.

Também é fundamental compreender que os gastos com a saúde estão fortemente concentrados em um número minúsculo de pessoas muito doentes. Um relatório de 2012 do National Institute for Health Care Management [Instituto Nacional da Administração da Saúde] descobriu que apenas 1% da população — as pessoas mais doentes — era responsável por mais de 20% dos gastos nacionais com saúde. Quase *metade* de todos os gastos, cerca de US$623 bilhões em 2009, foi destinada aos 5% mais doentes da população.[27] Na realidade, os gastos com a saúde estão sujeitos ao mesmo tipo de desigualdade da renda nos Estados Unidos. Se você traçar um gráfico, verá que ele se parece muito com a distribuição do tipo quem ganha leva tudo/cauda longa que descrevi no Capítulo 3.

É impossível enfatizar em excesso a importância dessa intensa concentração de gastos. Os membros dessa pequena população de pessoas muito doentes com quem estamos gastando todo esse dinheiro obviamente não estão em posição de negociar preços com aqueles que lhes prestam os serviços; tampouco desejaríamos colocar uma responsabilidade fiscal tão descomunal nas mãos dessas pessoas. O "mercado" que precisamos fazer funcionar é o que existe entre os prestadores de serviços e as companhias de seguro — não entre os prestadores de serviços e os pacientes. A lição fundamental dos artigos escritos por Brill e Rosenthal é que esse mercado é disfuncional devido a um desequilíbrio fundamental de poder entre as seguradoras e os prestadores de serviços. Embora os consumidores individuais possam corretamente perceber as operadoras dos planos de saúde como poderosas e dominadoras, a realidade é que — com relação aos prestadores de serviços como hospitais, médicos e a indústria farmacêutica — elas são, em muitos casos, fracas *demais*. Esse desequilíbrio vem se acentuando gradativamente por uma onda contínua de consolidações entre os prestadores de serviços. O artigo de Brill assinala que, à medida que os hospitais abocanham "consultórios médicos e hospitais concorrentes, seu poder sobre as seguradoras está aumentando".[28]

Imagine um futuro próximo no qual um médico tenha um poderoso tablet que lhe permita solicitar uma gama de exames médicos com apenas alguns toques na tela. Uma vez que um exame seja concluído, os resultados são instantaneamente encaminhados ao seu aparelho. Se um paciente precisar de uma tomografia computadorizada, ou talvez de uma ressonância magnética, os resultados são acompanhados por uma análise detalhada realizada por um aplicativo de inteligência artificial. O software chama a atenção para quaisquer anomalias no exame e faz recomendações para cuidados adicionais acessando um grandioso banco de dados que contém históricos de pacientes e identificando casos semelhantes. O médico pode então ver exatamente como pacientes semelhantes foram tratados, os problemas que surgiram e como as coisas se desenrolaram no final. Tudo isso, é claro, seria eficiente e conveniente e deveria conduzir a um resultado melhor para o paciente. Esse é o tipo de cenário que faz com que os otimistas da tecnologia fiquem animados a respeito da revolução que está prestes a acontecer na área da saúde.

224 | MARTIN FORD

Suponha agora que o médico tenha um interesse financeiro na empresa de diagnóstico que faz os exames. Ou, por outro lado, talvez o hospital tenha adquirido o consultório médico e também seja dono das instalações onde são feitos os exames. Os preços dos exames têm pouca relação com os custos efetivos desses serviços — afinal de contas, eles estão relacionados na *chargemaster* — e são altamente lucrativos. Sempre que o médico toca a tela do seu tablet, ele basicamente imprime dinheiro.

Embora esse exemplo seja, no momento, imaginário, evidências abundantes demonstram que as novas tecnologias no setor da saúde com muita frequência conduzem a mais gastos, e não a melhor produtividade. A principal razão é que não existe nenhum mecanismo eficaz de precificação do mercado para promover maior eficiência. Na ausência de uma pressão do mercado, os prestadores de serviços não raro investem em técnicas destinadas a aumentar a receita, e não a eficiência, ou quando obtêm maior produtividade, eles simplesmente retêm os lucros, em vez de baixar os preços.

O exemplo típico do investimento em tecnologia como determinante da inflação do setor da saúde pode muito bem ser as instalações de "feixes de prótons" que estão sendo construídas para tratar o câncer de próstata. Um artigo de 2013, de Jenny Gold, da *Kaiser Health News*, mencionou que, "apesar dos esforços para colocar os gastos com a saúde sob controle, os hospitais ainda estão competindo para desenvolver novas e dispendiosas tecnologias — até mesmo quando os mecanismos não funcionam necessariamente melhor do que o tipo mais barato".[29] O artigo descreve uma instalação de feixes de prótons como "um prédio gigantesco, envolto em cimento, do tamanho de um campo de futebol, cujo preço é superior a US$200 milhões". A ideia por trás dessa dispendiosa nova tecnologia é transmitir menos radiação para os pacientes; no entanto, pesquisas não

OS ROBÔS E O FUTURO DO EMPREGO | 225

encontraram nenhuma evidência de que a tecnologia de feixes de prótons tenha melhores resultados para os pacientes do que abordagens menos dispendiosas.[30] Dr. Ezekiel Emanuel, especialista em cuidados de saúde, diz o seguinte: "Não temos evidências de que eles sejam necessários, do ponto de vista dos cuidados médicos. Eles são feitos simplesmente para gerar lucros."[31]

Na minha opinião, parece evidente que o povo norte-americano poderia, em princípio, ficar em uma situação bem melhor por meio de uma grande disrupção tecnológica do setor da saúde do que, digamos, no setor de fast food. Afinal de contas, é provável que preços mais baixos e melhor produtividade no setor da saúde conduzam diretamente a uma vida melhor e mais longa. O fast food mais barato poderá muito bem ter o efeito oposto. No entanto, o setor de fast food tem mercados que funcionam bem, enquanto o da saúde, não. Enquanto for permitido que essa situação persista, existem poucos motivos para adotar a posição otimista de que o avanço da tecnologia, por si só, conseguirá deter os custos ascendentes do setor da saúde. Tendo em vista essa realidade, eu gostaria de me desviar brevemente de nossa narrativa tecnológica a fim de sugerir duas estratégias alternativas que poderiam ajudar a corrigir o desequilíbrio de poder entre as seguradoras e os prestadores de serviços e, segundo espero, possibilitar o tipo de sinergia entre os mercados e a tecnologia que poderia ocasionar a transformação que almejamos.

Consolidar o setor e tratar a operadora do seguro-saúde como uma empresa de serviços de utilidade pública

Uma das principais mensagens que se destacam em uma análise dos preços cobrados pelos prestadores de serviços é que o Medicare é, de longe, a parte mais eficiente do sistema de saúde dos Estados Unidos. Brill escreve o seguinte: "A não ser que você esteja protegido pelo Medicare, o mercado dos cuidados de saúde não é, de modo nenhum, um mercado. É algo imprevisível." A implementação da Lei de Serviços de Saúde Acessíveis, popularmente chamada de Obamacare, certamente irá melhorar a situação no que diz respeito às pessoas que antes careciam de algum tipo de seguro, mas fará relativamente pouco para controlar os custos hospitalares; em vez disso, os custos inflados serão transferidos para as seguradoras e, no final, para os contribuintes, na forma dos subsídios que foram instaurados para tornar o seguro-saúde acessível às pessoas com uma renda moderada.*

O fato de o Medicare ser relativamente eficaz no controle da maior parte dos custos relacionados aos pacientes, ao mesmo tempo que gasta bem menos do que as seguradoras privadas com administração e custos gerais indiretos, está por trás do argumento de simplesmente expandir o programa para que inclua todas as pessoas e, na verdade, criar um sistema de pagador único [single-payer].** Esse foi o caminho seguido por vários outros países avançados — e todos eles gastam bem menos com a saúde do que os Estados Unidos e, em geral, têm melhores resultados, de acordo com indicadores como a expectativa de vida e a mortalidade infantil. Embora um sistema de pagador único, administrado pelo governo, seja respaldado tanto pela lógica como por evidências, não há como fugir da realidade de que, nos Estados Unidos, a ideia como um todo é ideologicamente tóxica para quase metade da população. Presume-se que colocar um sistema desse tipo em prática presumivelmente também resultaria no fim de quase todo o setor

---

*Após a eleição de Donald Trump (em 2016), o plano implementado por Obama foi substituído. (N. do E.)
**Sistema no qual as empresas que prestam serviços de saúde são pagas, quase sempre, pelo governo, e não por seguradoras privadas. (N. da T.)

do seguro-saúde privado; isso não parece provável, tendo em vista a enorme influência política exercida pelo setor.

Quase sempre se pressupõe que um sistema de pagador único seja, na prática, administrado pelo governo, mas, em tese, esse não precisa ser o caso. Outra abordagem poderia ser fundir todas as seguradoras privadas em uma única corporação nacional, que, então, seria fortemente regulamentada. O modelo seria o da AT&T original antes de ela ser desmembrada na década de 1980. A ideia central aqui é que a saúde é, de muitas maneiras, semelhante ao sistema de telecomunicações: ela é, fundamentalmente, um serviço de utilidade pública. Assim como os sistemas de água e de saneamento, ou a infraestrutura elétrica do país, o sistema de saúde não é autônomo — trata-se de um setor sistêmico cuja operação eficiente é fundamental tanto para a economia quanto para a sociedade. Em muitos casos, o fornecimento de um serviço de utilidade pública conduz a cenários naturais de monopólio. Em outras palavras, ele é mais eficiente quando uma única empresa opera no mercado.

Uma variação ainda mais eficaz desse tema poderia ser permitir a operação de um pequeno número de grandes seguradoras concorrentes; na realidade, um oligopólio sancionado. Isso injetaria um elemento de concorrência no sistema. As empresas ainda seriam grandes o bastante para ter poder de mercado ao negociar com os prestadores de serviços, e praticamente não teriam escolha senão competir com base na ativação de cuidados de alta qualidade, já que sua reputação determinaria seu sucesso. Uma rígida regulamentação do setor limitaria os aumentos de preço e evitaria que as empresas se envolvessem em práticas indesejáveis, como projetar planos de saúde voltados especificamente a pacientes mais jovens e saudáveis escolhidos de forma seletiva ou oferecer planos com uma proteção abaixo do padrão. Em vez disso, elas teriam de se concentrar na inovação e na eficiência genuínas.

228 | MARTIN FORD

Consolidar as seguradoras existentes em uma ou mais "empresas de serviços de utilidade pública de saúde" poderia oferecer muitas das vantagens de um sistema de pagador único e, ao mesmo tempo, preservar o setor. Em vez de serem eliminados, os acionistas das seguradoras privadas poderiam, de modo concebível, obter ganhos como resultado da fusão de todo o setor. É claro que o mecanismo pelo qual essa consolidação poderia se tornar viável está longe de ser óbvio. Talvez o governo pudesse emitir um pequeno número de licenças de operação, e poderia até mesmo fazer um leilão, como faz para o espectro das comunicações eletromagnéticas.*

Definir os preços de um "pagador único"

Uma estratégia alternativa, e talvez mais viável, é a implementação de um sistema de "pagador único". Nesse cenário, o governo basicamente determina a tabela dos preços que podem ser cobrados pelos prestadores de serviços de saúde. Assim como o Medicare define os preços que vai pagar, o sistema de pagador único faria o mesmo para todos os pacientes que fossem atendidos por qualquer prestador de serviços. A abordagem do pagador único é adotada nos sistemas de saúde de

---

*Nos Estados Unidos, a autoridade constitucional de criar um sistema de pagador único — independente de ele ser administrado pelo governo ou por corporações privadas — provavelmente deriva da capacidade do governo de cobrar um imposto de todas as pessoas para pagar pelo sistema. Por conseguinte, todo o prêmio, ou parte dele, seria pago pelo governo. Já é assim com os subsídios do seguro associados à Lei de Serviços de Saúde Acessíveis. Em outras palavras, o governo federal pode obrigar todos os cidadãos a pagarem por um sistema de pagador único por meio da cobrança de impostos, mas não pode proibir um sistema privado paralelo. Desse modo, provavelmente continuariam a existir serviços adicionais disponíveis para aqueles que tivessem condições e estivessem dispostos a pagar do próprio bolso, assim como existem escolas particulares. Isso é diferente do sistema do Canadá, onde quase todos os serviços de saúde particulares são proibidos — o que leva alguns canadenses a procurar cuidados médicos nos Estados Unidos. (N. do A.)

diversos países, entre eles França, Alemanha e Suíça. Nos Estados Unidos, Maryland também tem um sistema desse tipo para hospitais, e os gastos com hospitalização têm aumentado relativamente pouco.[32] As peculiaridades da implementação dos sistemas de pagamento único variam; os preços podem ser definidos por meio de uma negociação coletiva entre os prestadores de serviços e os pagadores, ou podem ser estabelecidos por uma comissão reguladora depois de uma análise dos custos efetivos de hospitais específicos.

Como o sistema de pagamento único impõe os mesmos preços para todos os pacientes, tem importantes implicações na mudança de custos que ocorre entre os pacientes particulares e aqueles cobertos pelos sistemas públicos nos Estados Unidos (a Medicaid para pessoas de baixa renda e o Medicare para os que têm mais de 65 anos). Quando um preço único é estabelecido, os preços públicos precisam subir consideravelmente, onerando ainda mais os contribuintes. Os pacientes com seguros privados, em especial aqueles que não têm seguro, serão tipicamente beneficiados pelos preços mais baixos, já que não estarão mais subsidiando os programas públicos. Este foi caso do programa de Maryland.*

Parece-me que uma abordagem muito mais simples que poderia produzir uma economia imediata seria definir um *teto* do pagador único, em vez de um preço específico. Por exemplo, suponha que o teto fosse estabelecido no preço do Medicare mais 50%. Em um exemplo do artigo de Bill, um exame de

---

*O estado de Maryland tem uma isenção especial, que já existe há mais de trinta anos e possibilita que ele pague preços de Medicare mais elevados. Em 2014, Maryland adotou um novo sistema experimental, que é permitido pela Lei de Serviços de Saúde Acessíveis. Além de definir preços de pagador único, o novo programa imporá limites superiores explícitos aos gastos *per capita* com hospitalização. O estado de Maryland espera economizar US$330 milhões em custos de Medicare por um período de cinco anos. (N. do A.)

230 | MARTIN FORD

sangue que o Medicare afirma valer US$14 poderia então ter qualquer valor até US$21 — mas nunca poderia chegar a algo como US$200. As seguradoras com poder de mercado suficiente continuariam livres para negociar um preço inferior ao teto. Essa estratégia eliminaria imediatamente os piores excessos e, desde que o teto fosse estabelecido em um valor bastante alto, ela propiciaria uma renda suficiente para os prestadores de serviços. Uma folha informativa de 2010 publicada pela American Hospital Association afirma que o Medicare pagou "90 centavos para cada dólar gasto pelos hospitais que cuidaram de pacientes do Medicare em 2009".[33] Se a própria organização de lobby do setor diz que o Medicare está cobrindo 90% dos custos hospitalares, então um teto um tanto mais elevado do que os preços do Medicare deve ser o bastante para permitir uma alteração suficiente de custos que compense essa diferença de 10%.* Também seria muito fácil implementar um teto de pagador único, já que ele se baseia diretamente nos preços já publicados do Medicare.

Uma das abordagens que contêm mais esperanças para o controle dos custos de saúde, e que está conseguindo avançar um pouco no ambiente atual, é uma transição do modelo de preço por serviço prestado para um sistema de "cuidados responsáveis", em que médicos e hospitais recebem uma remuneração fixa para administrar a saúde geral dos pacientes. Uma das principais vantagens dessa abordagem é que ela reorientaria os incentivos relacionados com a inovação. Em vez de simplesmente oferecerem uma nova maneira de aumentar ainda mais os valores de acordo com uma tabela fixa, as tecnologias emergentes seriam encaradas do ponto de vista do seu

---

*A mesma folha de informações diz que a Medicaid (o programa para os indivíduos de baixa renda) pagou 89% dos custos hospitalares efetivos. (*N. do A.*)

OS ROBÔS E O FUTURO DO EMPREGO | 231

potencial de reduzir custos e tornar a assistência mais eficiente. A chave para fazer isso acontecer, contudo, é afastar mais das seguradoras (ou do governo) o risco associado à assistência aos pacientes e colocá-lo em hospitais, médicos e outros prestadores de serviços. É desnecessário dizer que é pouco provável que estes últimos aceitem de bom grado esse risco mais elevado. Em outras palavras, a fim de impulsionar uma transição bem-sucedida para os cuidados responsáveis, precisamos lidar com o desequilíbrio que, não raro, existe entre as seguradoras e os prestadores de serviços.

Para controlar os custos com a saúde, que não param de crescer nos Estados Unidos, creio que provavelmente será necessário seguir uma das duas estratégias gerais que delineei. Teremos de avançar em direção a um sistema de pagador único, no qual o governo ou uma ou algumas das grandes empresas privadas exerçam mais poder de barganha no mercado do seguro-saúde ou, alternativamente, precisaremos contar com reguladores exercendo controle direto sobre os preços pagos aos prestadores de serviços. Em qualquer um desses dois cenários, avançar agressivamente rumo a um modelo de cuidados responsáveis poderá ser parte essencial da solução. Essas duas abordagens, em várias combinações, são usadas com êxito por outros países avançados. A moral da história é que uma abordagem de "livre-mercado" pura, segundo a qual excluímos o governo do ciclo e esperamos que os pacientes se comportem como consumidores que estão comprando gêneros alimentícios ou smartphones, nunca irá funcionar. Como Kenneth Arrow enfatizou há mais de cinquenta anos, o setor de saúde simplesmente é diferente.

Isso não quer dizer que não existam riscos significativos associados a qualquer uma das duas abordagens. Ambas as estratégias se apoiam em reguladores para controlar os prêmios ou definir os preços pagos aos prestadores de serviços. Existe o óbvio risco da captura regulatória; poderosas companhias ou indústrias poderão exercer uma influência que incline a política do governo a seu favor. Tentativas desse tipo de influência já foram dirigidas com sucesso ao Medicare, que está especificamente proibido de usar seu poder de mercado para negociar o preço dos medicamentos. Os Estados Unidos são praticamente o único país no mundo onde isso acontece; todos os outros governos nacionais negociam os preços com as indústrias farmacêuticas. O resultado é que os norte-americanos, na realidade, subsidiam preços mais baixos de medicamentos para o restante do mundo. Os três anos que transcorreram entre 2006 e 2009 presenciaram um aumento de 68% na taxa de "abandono da receita medida" nos Estados Unidos.[34] Isso acontece quando os pacientes pedem que uma receita seja aviada, mas não vão buscá-la quando descobrem o preço. É um tanto misterioso para mim que isso não seja mais perturbador para os norte-americanos ou para os conservadores radicais em particular. Afinal de contas, o Tea Party iniciou suas atividades depois de uma famosa fala de Rick Santelli, celebridade do canal CNBC, que censurou o fato de que pessoas que tinham hipotecas, e pelas quais não conseguiam pagar, poderiam ser subsidiadas pelos contribuintes. Por que os norte-americanos comuns não estão mais descontentes a respeito do fato de estarem pagando a carga farmacêutica para o restante do mundo — inclusive para vários países com uma renda *per capita* significativamente superior à dos Estados Unidos?

Apesar desse problema, o Medicare proporciona cuidados de alta qualidade por um custo significativamente menor do que o do setor de seguros privados, muito fragmentado. Em outras palavras, não devemos tornar o perfeito inimigo do bom. Não obstante, o fato de o Medicare estar proibido de negociar com

OS ROBÔS E O FUTURO DO EMPREGO | 233

a indústria farmacêutica merece ser submetido a um escrutínio muito maior. A indústria argumenta que os preços inflacionados dos medicamentos nos Estados Unidos são necessários para o financiamento de pesquisas adicionais. No entanto, provavelmente existem maneiras mais eficientes e mais justas de garantir que a pesquisa de medicamentos seja financiada.*[35] O potencial para reformar ou otimizar os procedimentos da FDA para testar e aprovar novos medicamentos também existe.

Outra questão relacionada com o Medicare, que diz respeito diretamente ao assunto deste livro, é que o desperdício pode com facilidade ser induzido pela propaganda direta de produtos para idosos, a quem se sugere, explicitamente, pressão sobre os médicos para lhes passar uma receita, pois o Medicare arcará com quase todo o custo. Uma auditoria do governo descobriu que até 80% dos carrinhos elétricos pagos pelo Medicare não eram realmente necessários para os pacientes idosos que os receberam e que poderiam, na verdade, ser prejudiciais para a saúde deles. Os dois maiores fabricantes desses carrinhos gastaram mais de US$180 milhões em anúncios voltados aos beneficiários do Medicare em 2011.[36] Essa é outra questão que merece ser rigorosamente examinada porque, como vimos, haverá, é provável que em breve, uma profusão de equipamentos robóticos configurados para proporcionar assistência em casa aos cidadãos idosos. Esses avanços têm grande potencial para

---

*Uma questão correlata tem a ver com as patentes concedidas aos fabricantes de remédios. Elas impedem a introdução de medicamentos genéricos mais baratos por longos períodos. Muitos economistas acreditam que o sistema de patentes farmacêuticas é ineficiente. Outros países também podem potencialmente ameaçar invalidar as patentes dos medicamentos como um mecanismo de negociação de preço — colocando um fardo ainda maior sobre os norte-americanos. O Center for Economic and Policy Research [Centro de Pesquisas Econômicas e de Políticas] publicou um informe em 2004 que delineia essas questões e apresenta algumas alternativas mais eficientes para financiar a pesquisa de medicamentos. Consulte a nota de fim correspondente para obter maiores detalhes. (N. do A.)

234 | MARTIN FORD

melhorar a qualidade de vida dos idosos, ao mesmo tempo que reduzem o custo dos cuidados com eles — mas não se pagarmos pela tecnologia nos casos em que ela é desnecessária ou talvez até prejudicial. O espectro de milhões de pessoas idosas sentadas confortavelmente assistindo a anúncios que lhes dizem que o Medicare terá prazer em pagar por um robô capaz de apanhar o controle remoto para eles deveria nos fazer parar para pensar.*

EMBORA AS RECENTES APLICAÇÕES DA IA e da robótica no setor de saúde sejam impressionantes e estejam avançando rapidamente, estão, na maior parte, apenas começando a mordiscar as bordas do problema dos custos dos hospitais. Com exceção dos farmacêuticos, e possivelmente dos médicos ou técnicos especializados em analisar imagens ou amostras de laboratório, a automação até mesmo de uma pequena parte das tarefas executadas pela maioria das pessoas especializadas que trabalham no setor de saúde ainda é um desafio intimidador. No caso daqueles que estejam procurando uma carreira que deverá estar relativamente livre de automação, uma profissão especializada no setor de saúde que requeira interação direta com os pacientes continua a ser um excelente palpite. É claro que esse cálculo poderia mudar em um futuro mais distante. Creio que é impossível afirmar, com qualquer grau de segurança, o que poderá ser tecnologicamente possível daqui a vinte ou trinta anos.

É claro que a tecnologia não é a única consideração. O setor de saúde, mais do que qualquer outro na economia, está sujeito a uma complexa rede de regras e regulamentações impostas pelos governos, por entidades como a FDA e por órgãos res-

---

*A ideia por trás da exigência das receitas é que os pacientes não são capazes de tomar essas decisões sozinhos ou que não podemos ter certeza de que eles farão a coisa certa. Por que, então, permitimos que as indústrias farmacêuticas e os fabricantes de equipamentos médicos façam anúncios voltados diretamente aos pacientes? (N. do A.)

ponsáveis por conceder licenças. Cada ação e cada decisão também são influenciadas pela iminente ameaça de um processo judicial caso um erro — ou talvez apenas um resultado infeliz — venha a ocorrer. Mesmo entre os farmacêuticos do varejo, o impacto específico da automação no emprego não é facilmente discernível. O motivo é provavelmente a regulamentação. Certo farmacêutico entrevistado por Farhad Manjoo declarou o seguinte: "A maioria dos farmacêuticos só está empregada porque a lei diz que um farmacêutico precisa estar presente para aviar as receitas."[37] Essa afirmação, pelo menos no momento, provavelmente é um exagero. As perspectivas de emprego para os farmacêuticos recém-saídos da faculdade de fato pioraram bastante na última década, e as coisas poderão ficar bem piores. Uma análise de 2012 identifica uma "iminente crise de desemprego para os farmacêuticos recém-formados" e prenuncia que a taxa de desemprego poderá chegar a 20%.[38] No entanto, isso se deve, em grande medida, a uma explosão no número de recém-formados que estão ingressando no mercado de trabalho, já que as escolas de farmácia aumentaram o número de matrículas.* Em comparação com a maioria

---

*Poderíamos apenas especular que a tecnologia está contribuindo indiretamente para a redução das perspectivas para os graduados em farmácia ao conduzir mais pessoas para a profissão. Na primeira década do novo milênio, quase cinquenta novas escolas de pós-graduação em farmácia abriram as portas (um aumento de 60%), e os programas existentes também aumentaram significativamente as matrículas. O número de farmacêuticos recém-formados poderá chegar a 15 mil por ano em 2016; esse número é duas vezes maior do que o de diplomas concedidos em 2000. Algo muito semelhante (e talvez ainda mais grave) aconteceu com as escolas de direito, e a bolha das matrículas nessas escolas está agora notoriamente estourando. A escola de direito sempre foi um caminho muito percorrido rumo à monetização de um diploma de artes liberais. A farmácia oferece um potencial semelhante para quem se formou em biologia na graduação. É possível que a crescente demanda desses graus profissionais resulte, pelo menos em parte, da evaporação de outras boas oportunidades para os diplomados nas universidades. Por terem relativamente poucas alternativas atraentes, esses diplomados expressaram seu desejo de ingressar nas escolas de direito ou farmácia, e o setor respondeu expandindo as matrículas e, no final, formando mais profissionais do que o mercado poderia absorver. O fato de a farmácia e o direito também sofrerem impacto direto da automação torna as coisas ainda mais insustentáveis. Eis a minha previsão para a próxima bolha das escolas: os programas de MBA. (N. do A.)

das outras ocupações, praticamente não há dúvida de que os profissionais da área de saúde desfrutam de um grau extraordinário de segurança no emprego, em decorrência de fatores completamente alheios aos desafios técnicos associados à automatização de seus empregos.

Essa pode ser uma boa notícia para as pessoas que trabalham na área de saúde. No entanto, embora a tecnologia exerça apenas impacto atenuado nos custos do setor de saúde enquanto abala outros setores de emprego, os riscos econômicos que enfrentamos serão ampliados. Nesse cenário, o ônus dos custos crescentes do setor da saúde se tornarão ainda mais insustentáveis, porque o avanço da tecnologia continua a gerar desemprego e uma desigualdade cada vez maior, bem como uma renda estagnada, ou talvez decrescente, para a maioria dos trabalhadores de outros setores. Esse panorama torna ainda mais fundamental introduzir reformas expressivas que corrigirão o desequilíbrio do poder de mercado entre as seguradoras e os prestadores de serviços para que o avanço da tecnologia possa ser plenamente potencializado como um mecanismo para maior eficiência em todo o setor de saúde. Sem isso, corremos o risco de que a nossa economia de mercado se torne, com o tempo, dominada por um setor ineficiente e que, aliás, não é um mercado que funciona bem.

Controlar o ônus do custo de saúde é algo especialmente crítico porque, como veremos no Capítulo 8, a última coisa que as unidades familiares norte-americanas precisam é da crescente redução de sua renda discricionária. Na realidade, as rendas estagnadas e a crescente desigualdade já estão enfraquecendo a demanda de consumo geral, que é fundamental para o contínuo crescimento econômico.

OS ROBÔS E O FUTURO DO EMPREGO | 237

Até aqui, examinamos basicamente as maneiras pelas quais a tecnologia está propensa a transformar os setores de emprego existentes. No próximo capítulo, vamos dar um salto à frente, de uma década ou mais, e imaginar como as coisas poderiam parecer em uma economia futura povoada por tecnologias e indústrias inteiramente novas.

7. As tecnologias e as indústrias do futuro

O YouTube foi fundado em 2005 por três pessoas. Menos de dois anos depois, a empresa foi comprada pela Google por cerca de US$1,65 bilhão. Na época da sua aquisição, o YouTube empregava apenas 65 pessoas, cuja maioria era composta por engenheiros altamente especializados. Isso resulta em uma avaliação de mais de US$25 milhões por funcionário. Em abril de 2012, o Facebook adquiriu o Instagram, a startup de compartilhamento de fotos, por US$1 bilhão. A empresa empregava 13 pessoas, o que equivale a aproximadamente US$77 milhões por trabalhador. Avancemos dois anos, até fevereiro de 2014, com a compra do WhatsApp pelo Facebook. A empresa de mensagens móveis foi adquirida por US$19 bilhões. O WhatsApp tinha uma força de trabalho de 55 pessoas — o que representou uma avaliação de US$345 milhões por funcionário. As crescentes avaliações por funcionário são uma eloquente demonstração da maneira como o rápido avanço da tecnologia da informação e das comunicações pode alavancar os esforços de uma minúscula força de trabalho e transformá-la em um enorme valor de investimento e receita. Além disso, elas oferecem uma evidência convincente de como o relacionamento entre a tecnologia e o emprego mudou. Uma crença amplamente alimentada — baseada em evidências históricas que recuam pelo menos à Revolução Industrial — é que, embora a tecnologia possa certamente destruir empregos, empresas e até mesmo setores inteiros, também pode criar ocupações novas, e o processo contínuo da "destruição criativa" resultará no surgimento de novas indústrias e setores de emprego — não raro em áreas que ainda nem conseguimos imaginar. Um exemplo clássico é o crescimento da indústria automotiva no início do século XX e o fim das empresas envolvidas na fabricação de carruagens puxadas a cavalo.

Como vimos no Capítulo 3, contudo, a tecnologia da informação chegou ao ponto de ser considerada um serviço público, assim como a eletricidade. Parece quase inconcebível que surjam novos empreendimentos que não tirem o máximo proveito tanto desse poderoso serviço quanto da inteligência artificial. Entretanto, esses empreendimentos raras vezes, ou talvez nunca, terão alta demanda em mão de obra. Essa ameaça de "destruição" se abaterá principalmente sobre as empresas que demandam mão de obra em áreas tradicionais, como o varejo e a preparação de alimentos, enquanto a "criação" gerará novos negócios e empreendimentos que não empregam muitas pessoas. O que se nota é que a economia está caminhando em direção a um ponto crucial no qual a geração de empregos começará a ficar sistematicamente aquém do que se requer para empregar toda a força de trabalho.

É claro que o YouTube, o Instagram e o WhatsApp são exemplos extraídos diretamente do setor da tecnologia da informação, do qual passamos a esperar minúsculas forças de trabalho e enormes avaliações e receitas. Para mostrar como é provável que um fenômeno semelhante se desenrole em uma área muito mais ampla, vamos examinar um pouco mais duas tecnologias específicas com o potencial de ser motivo de preocupação no futuro: a impressão 3D e os carros autônomos. Ambas estão preparadas para causar um impacto significativo daqui a mais ou menos uma década, e poderão, com o tempo, desencadear uma transformação radical tanto no mercado de trabalho quanto na economia como um todo.

Impressão 3D

A impressão tridimensional, também conhecida como fabricação aditiva, emprega uma cabeça de impressão controlada por computador que fabrica objetos sólidos depositando repetidamente finas camadas de material. Esse método de construção de camada por camada permite que as impressoras 3D criem facilmente objetos com curvas e depressões que poderiam ser difíceis, ou até mesmo impossíveis, de produzir por meio das técnicas de fabricação tradicionais. O plástico é o material mais usado nesse processo, mas algumas máquinas também são capazes de imprimir metal, bem como centenas de outros materiais, entre eles compósitos de alta resistência, substâncias flexíveis semelhantes à borracha e até mesmo madeira. As impressoras mais sofisticadas são capazes de imprimir produtos que chegam a conter até uma dúzia de materiais diferentes. Talvez o mais extraordinário seja que as máquinas podem imprimir complexos modelos contendo partes interconectáveis ou móveis como uma única unidade — eliminando a necessidade de montagem.

A impressora 3D dispõe de camadas de material seguindo um projeto ou simplesmente copiando um objeto existente utilizando um *scanner* 3D a laser ou de ferramentas sofisticadas como a tomografia computadorizada. Jay Leno, famoso apresentador de tevê nos Estados Unidos, é um entusiasta por carros clássicos e adota essa técnica para produzir peças de reposição.

A impressão tridimensional é ideal para produzir itens "exclusivos" altamente customizados. A tecnologia já está sendo usada para fabricar coroas dentárias, implantes ósseos e até mesmo membros protéticos. Os protótipos de design e os modelos arquitetônicos são outras aplicações populares.

A impressão 3D está cercada por publicidade exagerada, focada no potencial dessa tecnologia de causar uma reviravolta no modelo industrial com base nas fábricas. Grande parte dessa especulação se concentra no surgimento de máquinas baratas. Alguns entusiastas preveem uma era futura em que praticamente todas as pessoas possuirão uma impressora 3D, utilizando-a para produzir qualquer coisa que seja necessária. Outros projetam o surgimento de uma nova economia, baseada na habilidade (ou do "criador") em que pequenas empresas substituirão a produção de grande volume das fábricas por produtos mais personalizados e localmente produzidos.

Creio que existem boas razões para sermos céticos com relação a essas previsões. A razão mais importante é que a facilidade da customização oferecida pela impressão 3D ocorre ao custo de economias de escala. Se você precisar imprimir algumas cópias de um documento, poderia fazer isso em casa, em sua impressora laser. No entanto, se precisar de 100 mil cópias, seria muito mais econômico usar uma impressora comercial. A impressão 3D *versus* a fabricação tradicional envolve essencialmente o mesmo tipo de escolha. Embora as impressoras em si estejam caindo de preço, o mesmo não pode ser dito a respeito do material usado no processo, especialmente se algo além de plástico for necessário. As máquinas também são lentas; produzir um objeto sólido avantajado em uma impressora 3D para uso doméstico pode levar várias horas. A maioria dos produtos que usamos não são necessariamente beneficiados pela customização com escala total. A impressão tridimensional poderia ser uma excelente maneira de criar uma capa personalizada para seu iPhone, mas me parece bastante improvável que um dia você vá imprimir o telefone em si.*

Se as impressoras de fato se tornassem onipresentes, isso provavelmente destruiria o mercado para produtos acabados produzidos por essas máquinas. Em vez disso, qualquer valor residiria inteiramente no arquivo do modelo digital do produto. Alguns empresários teriam sucesso ao vender esses modelos, mas o mercado certamente evoluiria para o mesmo cenário do tipo "quem ganha leva tudo", que caracteriza outros produtos e serviços digitais. Haveria também uma profusão de modelos gratuitos ou de fonte aberta — provavelmente para quase qualquer produto concebível — disponíveis para download. A moral da história é que a impressão 3D pessoal viria a se parecer muito com a internet: uma grande quantidade de coisas grátis ou baratas para os consumidores, mas um número bem menor de oportunidades para que a maioria das pessoas pudesse gerar uma renda significativa.

Isso não quer dizer que a impressão 3D não será uma tecnologia transformadora. A verdadeira ação provavelmente terá lugar em escala industrial. Em vez de substituir a fabricação

---

*As impressoras tridimensionais já são capazes de imprimir circuitos eletrônicos básicos, mas me parece altamente improvável que um dia sejam capazes de imprimir o processador e os chips de memória de tecnologia avançadíssima usados nos smartphones. A fabricação desses chips acontece em escala industrial e requer uma precisão que está além da capacidade de qualquer impressora. Uma tendência óbvia no futuro é que um número cada vez maior de objetos que usamos provavelmente irá incorporar processadores avançados e softwares inteligentes. Para mim, isso indica que é improvável que a impressão 3D pessoal acompanhe o ritmo dos produtos que os consumidores realmente desejam comprar. É claro que alguém que faça isso por hobby poderia imprimir a maior parte de um produto e depois agregar os componentes, mas duvido que a maioria das pessoas se interessasse por fazer isso. (*N. do A.*)

tradicional, a impressão 3D se integrará a ela. Na realidade, isso já está acontecendo. A tecnologia fez um progresso significativo na indústria aeroespacial, onde é frequentemente usada para criar componentes mais leves. A divisão de aviação da General Electric planeja usar a impressão 3D para produzir pelo menos 100 mil peças até 2020, o que resultará em uma redução de peso potencial de quase 500 quilos para o motor de uma única aeronave.[1] Para você ter uma noção de quanto combustível meia tonelada a menos em cada motor poderia economizar, pense que, em 2013, a American Airlines substituiu os manuais de voo de papel da cabine dos pilotos por versões digitais carregadas em iPads da Apple. Isso economizou cerca de 16 quilos por avião — e US$12 milhões em custos anuais com combustíveis.[2] Reduzir o peso de cada avião em uma média de 1.400 quilos poderia economizar US$1 bilhão ou mais por ano. Um dos componentes que a GE planeja imprimir, um injetor de combustível, normalmente requer a montagem de vinte peças separadas. Uma impressora 3D possibilitará que o componente inteiro seja impresso em uma única unidade, completamente montado.[3]

Como vimos no Capítulo 1, é provável que a fabricação se torne mais flexível e, em muitos casos, as fábricas estejam mais próximas dos mercados de consumo. A impressão tridimensional terá um papel a desempenhar nessa transição. A tecnologia será usada onde for mais eficaz, do ponto de vista do custo: por exemplo, ao criar as peças que precisam ser customizadas ou talvez ao imprimir componentes complexos que normalmente requereriam uma montagem extensa. Nas situações em que a impressão 3D não puder ser usada para fabricar peças de grande volume, ela encontrará um papel ao criar rapidamente os moldes e as ferramentas requeridos nas técnicas de fabricação tradicionais. A impressão 3D provavelmente se tornará

OS ROBÔS E O FUTURO DO EMPREGO | 245

mais uma forma de automação industrial. Robôs e impressoras industriais trabalharão em uníssono e, cada vez mais, sem o envolvimento de trabalhadores.

As impressoras tridimensionais podem ser usadas praticamente com qualquer tipo de material. Talvez a aplicação mais incomum seja na impressão de órgãos humanos. A Organovo, empresa especializada em bioimpressão estabelecida em San Diego, já fabricou de modo experimental tecido ósseo e tecido hepático humanos — a impressão tridimensional de um material que continha células humanas. A empresa espera produzir um fígado impresso completo. Essas tentativas iniciais produziriam órgãos para pesquisas ou para testes de medicamentos. Órgãos adequados para transplante provavelmente ainda se encontram uma década no futuro, mas, se a tecnologia for bem-sucedida, as implicações seriam surpreendentes para as 120 mil pessoas que estão aguardando transplantes de órgãos apenas nos Estados Unidos.[4] Além de lidar com a escassez, a impressão 3D também possibilitaria que órgãos fossem fabricados a partir das células-tronco do próprio paciente, eliminando o risco de uma rejeição depois de um transplante.

A impressão de alimentos é outra aplicação popular. Hod Lipson sugere no livro *Fabricated: The New World of 3D Printing* [Fabricado: o novo mundo da impressão 3D, em tradução livre], publicado em 2013, que as refeições digitais poderão se revelar a aplicação mais formidável da impressão 3D, ou seja, é essa aplicação que vai motivar um grande número de pessoas a comprar uma impressora doméstica.[5] As impressoras de alimentos são usadas atualmente para produzir biscoitos, doces e chocolates exclusivos, mas também têm o potencial de combinar ingredientes de maneira especial, sintetizando sabores e texturas sem precedentes. Talvez um dia as impressoras 3D de alimentos venham a ser onipresentes na cozinha dos lares e

246 | MARTIN FORD

dos restaurantes, e os chefs gourmet estarão sujeitos ao mesmo tipo de mercado digital do tipo "quem ganha leva tudo" que os músicos profissionais enfrentam hoje.

A maior disrupção de todas poderá ocorrer quando a escala das impressoras 3D for aumentada para a dimensão da construção civil. Behrokh Khoshnevis, professor de engenharia da Universidade do Sul da Califórnia, está construindo uma impressora 3D colossal, capaz de fabricar uma casa em apenas 24 horas. A máquina corre sobre trilhos temporários no canteiro de obras e tem um enorme bico injetor que deposita camadas de concreto sob o controle de um computador. O processo é todo automatizado, e as paredes são substancialmente mais fortes do que as construídas por técnicas tradicionais.[6] A impressora poderia ser usada para construir casas, prédios comerciais e até mesmo torres de múltiplos níveis. Atualmente, a máquina constrói apenas as paredes de concreto da estrutura, enquanto portas, janelas e outros complementos são instalados por trabalhadores. No entanto, é fácil imaginar as impressoras de construção sendo aprimoradas no futuro para lidar com múltiplos materiais.

O impacto da impressão 3D sobre a fabricação poderá ser relativamente atenuado apenas porque as fábricas já estão automatizadas. A história poderá ser muito diferente no setor da construção civil. Construir casas com estrutura de madeira é uma das áreas da economia mais intensivas em mão de obra e oferece algumas das poucas oportunidades ocupacionais para trabalhadores relativamente não qualificados. Apenas nos Estados Unidos, quase 6 milhões de pessoas estão empregadas no setor da construção civil, enquanto a Organização Internacional do Trabalho estima que o emprego mundial nesse setor seja de quase 110 milhões de pessoas.[7] As impressoras de construção tridimensionais poderão um dia produzir casas melhores e

OS ROBÔS E O FUTURO DO EMPREGO | 247

mais baratas, bem como explorar possibilidades arquitetôni-
cas radicalmente novas — mas a tecnologia também poderá
eliminar incontáveis milhões de empregos.

Carros autônomos

O carro autodirigível entrou no trecho final do caminho que o
levaria da ficção científica para a realidade do dia a dia em 13
de março de 2004. Essa data marcou o primeiro Grande Desafio
da DARPA — uma corrida que a Defense Advanced Research
Projects Agency [Agência de Projetos de Pesquisa Avançada da
Defesa] (DARPA) esperava que fosse ajudar a ativar o progresso
no desenvolvimento de veículos militares autônomos. Quinze
veículos robóticos partiram em um percurso serpenteante de
240 quilômetros, que começava perto da cidade de Barstow, na
Califórnia, e seguia através do deserto Mojave. Estava em jogo
um prêmio de US$1 milhão para o primeiro concorrente que
cruzasse a linha de chegada. Os resultados foram inexpressivos.
Nenhum dos veículos conseguiu completar ao menos 10% do
percurso. A melhor tentativa foi a do Humvee modificado
da Universidade Carnegie Mellon, que adernou logo depois de
ter percorrido 12 quilômetros e despencou em um barranco. A
DARPA considerou a corrida um fiasco e guardou o dinheiro.

No entanto, a agência enxergou uma promessa; marcou uma
nova competição e aumentou o prêmio para US$2 milhões. A
segunda corrida foi realizada no dia 8 de outubro de 2005 e
exigiu que os veículos robóticos percorressem mais de cem
curvas fechadas, passassem por três túneis e viajassem por um
desfiladeiro na montanha com declives íngremes de ambos os
lados da sinuosa estrada de terra. O progresso foi impressionante. Depois de apenas 18 meses de desenvolvimento contínuo,

248 | MARTIN FORD

cinco desses veículos saltaram da linha de partida para a linha de chegada. O concorrente vencedor, um Volkswagen Touareg modificado, projetado por uma equipe chefiada por Sebastian Thrun, da Universidade Stanford, completou a corrida em pouco menos de sete horas. O Humvee da Carnegie Mellon, com um projeto aperfeiçoado, cruzou a linha de chegada cerca de dez minutos depois. Dois outros veículos os seguiram, com um intervalo de meia hora.

A DARPA apresentou outro desafio em novembro de 2007. Dessa vez, a agência criou um ambiente urbano no qual os veículos robóticos compartilharam a estrada com uma frota de trinta Taurus Ford dirigidos por motoristas profissionais. Os carros autodirigíveis tinham de obedecer ao regulamento do trânsito, misturar-se no tráfego, estacionar e atravessar cruzamentos movimentados. O carro da Stanford foi novamente o primeiro a cruzar a linha de chegada, mas posteriormente foi rebaixado ao segundo lugar, depois que os juízes deduziram pontos por infrações às leis de trânsito da Califórnia.[8]

O projeto do carro autônomo da Google começou em 2008. Sebastian Thrun, que fora para a empresa um ano antes para trabalhar no projeto Street View, tornou-se responsável pelo projeto, e a Google começou rapidamente a contratar os melhores engenheiros que haviam trabalhado nos veículos inscritos nas corridas da DARPA. Em dois anos, a equipe desenvolveu um Toyota Prius atulhado de equipamentos sofisticados, entre eles câmeras, quatro diferentes sistemas de radar e um telêmetro a laser de US$80 mil capaz de criar um modelo tridimensional completo do ambiente do carro. Os carros podem rastrear veículos, objetos e pedestres; ler sinais de trânsito; e lidar praticamente com qualquer cenário que envolva a direção do carro. Em 2012, a frota autônoma da Google já tinha percorrido cerca de 500 mil quilômetros sem causar nenhum acidente em estradas que variavam das vias expressas com fluxo de trânsito que anda à Lombard Street, em São Francisco, famosa pela grande quantidade de curvas fechadas. Em outubro de 2013, a empresa divulgou informações mostrando que seus carros superavam em desempenho o motorista humano no uso suave do acelerador e do freio, bem como em uma postura mais defensiva na direção.[9]

O projeto da Google teve efeito eletrizante na indústria automotiva. Praticamente todos os fabricantes de carro começaram a anunciar planos de implementar pelo menos um sistema de direção semiautônomo nos dez anos seguintes. A líder atual é a Mercedes-Benz. O 2014 S-Class já é capaz de dirigir autonomamente no trânsito que anda e para da cidade ou na Autobahn, a uma velocidade de até 190 quilômetros por hora. O sistema registra sua posição com base na sinalização horizontal da estrada ou no carro da frente e lida com a direção, o acelerador e o freio. No entanto, a Mercedes optou inicialmente por adotar uma abordagem cautelosa, exigindo que o motorista mantenha as mãos no volante o tempo todo.

Na verdade, os sistemas desenvolvidos pela indústria automotiva são quase universalmente voltados para a automação parcial — a ideia de que o motorista humano sempre mantém o controle supremo. A responsabilidade no caso de um acidente é um dos problemas mais espinhosos que envolvem os carros completamente autônomos; alguns analistas sugerem que poderá haver ambiguidade com relação a quem seria o responsável. Chris Urmson, um dos engenheiros que chefiaram o projeto da Google, declarou em uma conferência da indústria, em 2013, que essas preocupações são inapropriadas, e que as leis atuais dos Estados Unidos deixam claro que o fabricante do carro seria responsabilizado na eventualidade de um acidente. É difícil imaginar alguma coisa que a indústria automotiva possa

250 | MARTIN FORD

recear mais. Os fabricantes com muito dinheiro seriam alvos irresistíveis para os advogados especializados em indenizações relacionadas à garantia dos produtos. Urmson prosseguiu argumentando que, contudo, como os carros autômatos recolhem e armazenam continuamente dados operacionais que apresentariam uma imagem abrangente do ambiente do carro até o momento do acidente, seria quase impossível ter êxito em uma ação judicial leviana.[10] Ainda assim, nenhuma tecnologia é 100% confiável, sendo, portanto, inevitável que um sistema autônomo acabe causando um acidente que coloque seu fabricante diante de um intimidante julgamento por responsabilidade. Uma possível solução seria a existência de leis que colocassem limites razoáveis nesses processos.

Entretanto, a abordagem semiautônoma cria um problema à parte. Nenhum dos sistemas até hoje criados é capaz de lidar com todas as situações. O blog corporativo da Google comentou em 2012 que, embora o progresso nos carros autodirigíveis tenha sido encorajador, "ainda há um longo caminho a percorrer", e que seus carros ainda "precisam se tornar peritos em lidar com estradas cobertas de neve, interpretar placas de obras temporárias e lidar com outras situações ardilosas que muitos motoristas encontram".[11] A área cinzenta que um carro precisará detectar ao deparar com uma situação que não é capaz de controlar, devolvendo com sucesso o controle ao motorista, provavelmente representa a maior fraqueza da tecnologia. Os engenheiros envolvidos descobriram que são necessários cerca de dez segundos para alertar o motorista e garantir que ele recupere o controle do veículo. O sistema precisa antever um possível problema bem antes de o carro efetivamente encontrar dificuldades; realizar isso com elevado grau de confiabilidade é um desafio técnico substancial, que seria ainda pior se os motoristas não fossem obrigados a manter as mãos no volante

OS ROBÔS E O FUTURO DO EMPREGO | 251

durante a direção automatizada. Um dos dirigentes da Audi comentou que, quando o sistema deles for implementado, o motorista "não terá permissão para dormir, ler jornal ou usar um laptop".[12] Não está claro como a empresa planeja cumprir essa exigência — ou se usar um smartphone, assistir a um filme ou se envolver com uma série de outras distrações serão comportamentos permitidos.

Uma vez que essas dificuldades sejam superadas, os carros autônomos oferecerão um enorme potencial, especialmente no que diz respeito ao aprimoramento da segurança. Em 2009, houve cerca de 11 milhões de acidentes de carro nos Estados Unidos, e cerca de 34 mil pessoas morreram em decorrência de colisões. No mundo todo, 1 milhão e 250 mil pessoas morrem nas estradas a cada ano.[13] O National Transportation Safety Board [Conselho de Segurança do Transporte Nacional] estima que 90% dos acidentes ocorram principalmente por causa de erro humano. Em outras palavras, muitas vidas poderiam ser salvas por uma tecnologia de autodireção realmente confiável. Dados preliminares indicam que os sistemas de contenção de colisões hoje disponíveis em alguns carros já estão tendo impacto positivo. Um estudo sobre informações de pedidos de indenização de seguros realizado pelo Highway Loss Data Institute [Instituto de Dados para Perdas em Estradas] descobriu que alguns modelos Volvo equipados com esses sistemas sofreram, em média, menos 15% de acidentes em comparação com carros que não dispõem da tecnologia.[14]

Além da contenção de acidentes, os defensores do carro autodirigível apontam muitos outros lados positivos. Os carros autônomos serão capazes de se comunicar e colaborar uns com os outros. Eles poderiam viajar em comboio, andando na corrente de ar uns dos outros para economizar combustível. A coordenação em alta velocidade nas vias expressas reduziria, ou talvez quase eliminaria, os engarrafamentos. Nesse caso, acho que a euforia está se antecipando a qualquer realidade de curto prazo. Benefícios desse tipo se apoiam fortemente em um efeito de rede: uma parcela substancial dos carros na estrada precisaria ser autônoma. A óbvia realidade é que um grande número de motoristas se mostrará, na melhor das hipóteses, ambivalente com relação à tecnologia da autodireção. Muitas pessoas simplesmente gostam de dirigir. Revistas voltadas para entusiastas como a *Motor Trend* e a *Car and Driver* têm milhões de assinantes. Afinal de contas, de que adianta ter "o carro mais espetacular do mundo" se você não irá dirigi-lo? Até mesmo entre os motoristas que abraçarem a tecnologia, sua adoção provavelmente será bastante gradual. Uma das consequências da crescente desigualdade de renda e de décadas de rendas estagnadas é que os carros novos estão se tornando cada vez mais inacessíveis para uma grande parcela da população. Na realidade, informações recentes indicam que os consumidores norte-americanos não estão com nenhuma pressa de trocar os veículos que possuem. Em 2012, um carro nas estradas nos Estados Unidos tinha quase 11 anos — o maior recorde de todos os tempos.

Em alguns casos, uma mistura de motoristas humanos e robóticos poderia efetivamente conduzir a mais problemas. Pense no último motorista agressivo que você encontrou — a pessoa que lhe deu uma cortada ou talvez tenha costurado temerariamente entre as pistas na estrada. Agora imagine essa pessoa compartilhando a estrada com carros autônomos que ela sabe que estão programados para ser impecavelmente defensivos em todas as situações. Esse cenário do "lobo entre as ovelhas" poderia provocar um comportamento ainda mais arriscado.

Os incentivadores mais otimistas do carro autodirigível esperam um grande impacto nos próximos cinco a dez anos.

OS ROBÔS E O FUTURO DO EMPREGO | 253

Desconfio de que os desafios técnicos, a aceitação social e alguns obstáculos relacionados com a responsabilidade e a regulamentação poderão fazer com que essas projeções pareçam excessivamente otimistas. Não obstante, creio que existem poucas dúvidas de que os veículos verdadeiramente autônomos — ou, em outras palavras, sem motorista — chegarão com o tempo. Quando isso acontecer, eles terão o potencial de revolucionar não apenas a indústria automobilística, mas também setores inteiros de nossa economia e do mercado de trabalho, bem como o relacionamento fundamental entre as pessoas e os automóveis.

Talvez a coisa mais importante a ser compreendida a respeito de um futuro no qual seu carro será completamente autônomo é que ele, provavelmente, *não será seu carro*. Quase todas as pessoas que pensaram seriamente no papel ideal dos carros autodirigíveis parecem concordar que, pelo menos nas áreas densamente povoadas, eles, provavelmente, serão um recurso compartilhado. Essa foi a intenção da Google desde o início. Como Sergey Brin, cofundador da empresa, explicou a Burkhard Bilger, da revista *New Yorker*: "Olhe do lado de fora, caminhe em áreas de estacionamento e percorra estradas com múltiplas pistas: a infraestrutura de transportes domina. É um ônus enorme sobre a Terra."[15]

A Google espera esmagar o modelo predominante de dono-operador do automóvel. No futuro, você simplesmente recorrerá ao seu smartphone ou a outro aparelho conectado e pedirá um carro autodirigível quando precisar de um. Em vez de passar 90% ou mais do seu tempo estacionados, os carros exibirão taxas de utilização muito mais elevadas. Essa mudança, por si só, desencadearia uma revolução do setor imobiliário nas cidades. Grandes áreas que são hoje destinadas ao estacionamento de carros se tornariam disponíveis para outros fins. Sem dúvida, os carros autodirigíveis ainda precisariam ser guardados em algum lugar quando não estivessem sendo usados, mas não haveria necessidade de uma saída aleatória; os carros poderiam ser guardados enfileirados. Se você pedir um carro, e não houver nenhum na rua perto da sua localização, você simplesmente receberá o veículo seguinte da fila.

É claro que existem algumas razões para sermos céticos com relação à ideia de que os carros urbanos acabarão se tornando recursos públicos. Por um lado, essa ideia estaria em desacordo com as metas da indústria automotiva, que gostaria que cada família possuísse pelo menos um carro. Por outro lado, para que esse modelo funcionasse, as pessoas que viajam diariamente longas horas para ir e voltar do trabalho teriam de compartilhar os carros nos horários de pico; caso contrário, eles poderiam se tornar tão escassos e dispendiosos nos períodos de maior movimento que muitas pessoas não poderiam arcar com esse custo. Um problema relacionado é a segurança em um carro compartilhado. Mesmo que o software do veículo consiga resolver as questões de logística e proporcionar um serviço eficiente e pontual, um carro pequeno é, afinal de contas, um espaço muito mais íntimo a ser compartilhado com totais desconhecidos do que um ônibus ou um trem. No entanto, é fácil imaginar soluções para esse problema. Os carros projetados para compartilhamento por viajantes individuais, por exemplo, poderiam simplesmente ser divididos em compartimentos. Você não precisaria nem mesmo ver ou ter conhecimento das outras pessoas que estivessem compartilhando seu carro. Para evitar a sensação de enclausuramento, janelas virtuais poderiam ser montadas nas paredes divisórias; telas de alta resolução exibiriam imagens captadas por câmeras instaladas na parte externa do carro. Quando os carros autodirigíveis estiverem em operação, o hardware necessário para realizar tudo isso será extraordinariamente barato. O veículo pararia, uma luz verde se acenderia em uma das portas e você entraria e seguiria até seu destino, como se estivesse viajando sozinho. Você estaria compartilhando o veículo, porém viajando em sua cápsula de viagem virtual. Outros veículos poderiam ser projetados para conduzir grupos (ou viajantes individuais mais sociáveis), ou talvez as barreiras pudessem ser eliminadas por consentimento mútuo.*

Entretanto, a cápsula de viagem talvez não precise ser "virtual". Em maio de 2014, a Google anunciou que a fase seguinte de sua pesquisa de carros autodirigíveis se concentraria no desenvolvimento de veículos elétricos para dois passageiros com uma velocidade máxima de 40 quilômetros por hora e especificamente voltados para ambientes urbanos. Os passageiros pediriam o carro e definiriam o seu destino com um aplicativo do smartphone. Os engenheiros da Google chegaram à conclusão de que devolver o veículo ao controle do motorista na eventualidade de uma emergência é algo impraticável, e o veículo será totalmente automatizado — sem volante ou pedal de freio. Em uma entrevista com John Markoff, do *New York Times*, Sergey Brin enfatizou o afastamento radical da empresa dos projetos mais "graduais" aos quais os principais fabricantes de automóveis estão se dedicando, declarando que "isso não parece estar inteiramente de acordo com a nossa missão de ser transformadores".[16]

O mercado também poderia criar outras soluções adequadas ao compartilhamento de veículos automatizados. Kevin Drum, da revista *Mother Jones*, acha que "carros genuinamente

---

*Um dos problemas com os carros autônomos compartilhados, ainda mais se tivessem compartimentos privados, provavelmente seria manter os veículos limpos. Esse é um problema habitual nos ônibus e metrôs, e, na ausência de um motorista (ou de outros passageiros), algumas pessoas poderão não ter um comportamento adequado. (*N. do A.*)

autodirigíveis estarão disponíveis daqui a uma década e que serão grandes agentes de mudança".[17] Ele sugeriu que talvez fosse possível comprar uma cota em um serviço de carros, com disponibilidade garantida, por uma fração do preço de um veículo. Em outras palavras, você só compartilharia o carro com outros assinantes de um serviço, e não com o público em geral.*

Se o modelo de compartilhamento prevalecer, a maior utilização por carro significaria, é claro, menos veículos em proporção à população. Os ambientalistas e urbanistas provavelmente ficariam eufóricos; os fabricantes de automóveis, nem tanto. Além da perspectiva de um número menor de carros *per capita*, poderia também haver uma importante ameaça às marcas de luxo. Se você não é dono do carro e vai usá-lo para uma única viagem, tem poucos motivos para se importar com a marca ou o modelo do veículo. Os carros deixariam de ser itens de status, e o mercado de automóveis poderia muito bem se tornar comoditizado. Por essas razões, creio que um bom palpite é acreditar que os fabricantes de carros farão o possível para manter alguém no assento do motorista — mesmo que essa pessoa raramente toque nos controles. Esses fabricantes poderão ter de enfrentar o mesmo dilema com que as empresas poderosas frequentemente deparam quando as tecnologias disruptivas aparecem. A empresa é obrigada a escolher entre proteger o negócio ou ajudar a estimular uma tecnologia emergente, que poderá, em última análise, desvalorizar ou até

---

*Se o modelo de compartilhamento não se estabelecer, os carros autônomos poderão causar um impacto negativo nas áreas congestionadas. Se você for dono de um carro autônomo e precisar ir a uma área em que o estacionamento é escasso e dispendioso, poderá optar por deixar o carro circulando e depois ir buscá-lo quando terminar o que estava fazendo. Ou talvez possa determinar que ele fique aguardando em um bairro residencial adjacente, em vez de pagar pelo estacionamento. Você poderá até mesmo baixar um aplicativo de software ilícito que permite que seu carro estacione ilegalmente e se retire caso detecte a aproximação de um veículo com aparência oficial. (*N. do A.*)

OS ROBÔS E O FUTURO DO EMPREGO | 257

mesmo destruir o negócio mais antigo. A história mostra que as empresas quase sempre optam por proteger seus fluxos de receita estabelecidos.* Se o tipo de revolução que Brin imagina vier a se desenvolver, talvez tenha de surgir fora da indústria automotiva. E Brin, é claro, pode estar exatamente no lugar certo para fazer com que isso aconteça.

Se o modelo de propriedade individual dos carros acabasse deixando de funcionar, o impacto em amplas áreas da economia e do mercado de trabalho seria extraordinário. Pense em todas as concessionárias, oficinas independentes e postos de gasolina que ficam a poucos quilômetros de sua casa. A existência deles está diretamente ligada ao fato de que a propriedade dos automóveis está amplamente distribuída. No mundo que a Google visualiza, os carros robóticos estarão concentrados em frotas. A manutenção, os consertos, o seguro e o combustível seriam igualmente centralizados. Milhares de pequenas empresas, bem como os empregos associados a elas, se evaporariam. Para ter uma ideia de quantos empregos poderiam estar em risco, considere que, apenas *em* Los Angeles, cerca de 10 mil pessoas trabalham em lava-jatos.[18]

O impacto mais imediato no emprego seria, claro, naqueles que ganham a vida dirigindo. O emprego de motorista de táxi seria extinto. Os ônibus poderiam ser automatizados, ou talvez simplesmente desaparecessem, sendo substituídos por uma forma melhor e mais personalizada de transporte público. Os empregos na área de entrega também poderiam acabar. A Amazon, por exemplo, já está fazendo uma experiência com a entrega no mesmo dia para guarda-volumes em locais fixos. Por que não colocar os guarda-volumes sobre rodas? Uma van de entrega

---

*O fato de a Microsoft ter se apegado ao seu imenso fluxo de receita baseado no Windows, deixando de reservar um nicho nos mercados do smartphone e do tablet, é um exemplo clássico disso. (*N. do A.*)

automatizada poderia enviar uma mensagem de texto ao cliente alguns minutos antes de sua chegada e depois simplesmente esperar que o cliente insira um código e retire o volume.*

Na realidade, creio que as frotas comerciais serão um dos primeiros lugares onde veremos a ampla adoção dos veículos automatizados. As empresas que são donas dessas frotas e as operam já enfrentam enorme responsabilidade. Um único erro da parte de um único motorista pode resultar em um dia muito ruim. Uma vez que a tecnologia tenha um histórico fidedigno e os dados demonstrem clara vantagem de segurança e confiabilidade, haverá um incentivo muito poderoso para automatizar esses veículos. Em outras palavras, o primeiro lugar onde os carros autodirigíveis farão um progresso mais substancial poderá ser na área que afeta diretamente o maior número de empregos.

Já vi muitas insinuações de que os caminhões pesados que percorrem grandes distâncias também poderão estar completamente automatizados em um futuro relativamente próximo. Nesse caso, mais uma vez, creio que o progresso será bem mais moderado. Embora os caminhões possam, de fato, ser capazes de dirigir sozinhos, o potencial destrutivo descomunal desses veículos provavelmente significa que alguém irá permanecer no assento do motorista em um futuro imediato. Experimentos com comboios automatizados, nos quais o caminhão é programado para seguir o veículo que está na sua frente, já obtiveram êxito e poderão desempenhar importante papel

---

*Isso me parece muito mais viável do que a ideia da entrega feita por drones. É impossível tornar uma tecnologia completamente confiável. Os negócios da Amazon são tão vastos que, para ela ter impacto significativo, teria de haver um número enorme de entregas feitas por drones. Até mesmo uma taxa de erro muito pequena multiplicada pelo enorme número de voos provavelmente resultaria em um fluxo contínuo de deploráveis incidentes. Você não desejaria ter um incidente envolvendo uma carga útil de 2,5 quilos suspensa a centenas de metros acima do solo. (N. do A.)

nas Forças Armadas ou em áreas menos povoadas. Em uma entrevista de 2013 com David Von Drehle, da revista *Time*, um executivo de uma empresa de transporte rodoviário ressaltou que a infraestrutura decadente dos Estados Unidos representa um importante obstáculo para que a plena automação se torne viável.[19] Os motoristas de caminhão precisam lidar diariamente com a realidade de que nossas estradas e pontes estão basicamente se desintegrando, e que passam por constantes remendos. Como sugeri no Capítulo 1, a total eliminação dos motoristas de caminhão também poderia tornar as entregas de alimentos e outros suprimentos essenciais suscetíveis a ataques cibernéticos e de hackers.

Com exceção, talvez, da eletricidade, nenhuma outra inovação foi mais fundamental para o desenvolvimento da classe média norte-americana — e a estrutura consagrada da sociedade em quase todos os países desenvolvidos — do que o automóvel. O verdadeiro veículo sem motorista tem o potencial de causar uma completa reviravolta na maneira como pensamos a respeito dos carros e interagimos com eles. Ele também poderia aniquilar milhões de empregos e destruir um número incontável de empresas. Um pequeno prenúncio do conflito e da agitação social que certamente acompanharão o surgimento dos carros autodirigíveis pode ser encontrado na conflagração que cerca a Uber, startup que permite que as pessoas peçam carros usando o seu smartphone. A empresa tem estado envolvida em controvérsias e processos judiciais praticamente em todos os mercados nos quais entrou. Em fevereiro de 2014, os motoristas de táxi de Chicago entraram com uma ação contra o município, alegando que a Uber está desvalorizando quase 7 mil licenças de operação emitidas pela prefeitura, com um valor de mercado total de US$2,3 bilhões.[20] Imagine o alvoroço quando os carros da Uber começarem a chegar sem motorista.

COM OS EMPREGOS EVAPORANDO e a renda mediana ficando estagnada — ou talvez até mesmo diminuindo —, corremos o risco de que uma crescente parcela da população deixe de ter renda discricionária suficiente para continuar a estimular uma demanda vigorosa por produtos e serviços que a economia produz. Nos próximos capítulos, vamos examinar esse perigo, e ver como ele pode ameaçar o crescimento econômico e até mesmo precipitar uma nova crise.

8. Consumidores, limites para o crescimento e... Crise?

Com frequência, ouvimos uma história a respeito de Henry Ford II e Walter Reuther, o lendário dirigente do sindicato United Auto Workers, quando inspecionavam juntos uma fábrica de carros recém-automatizada. O CEO da Ford Motor Company provoca Reuther perguntando: "Walter, como você vai conseguir que esses robôs contribuam para o sindicato?" Reuther: "Henry, como você vai conseguir que eles comprem seus carros?"

Embora essa conversa provavelmente nunca tenha acontecido, a história, mesmo assim, capta uma importante preocupação a respeito do supremo impacto da automação difundida: os trabalhadores também são consumidores, e dependem de seu salário para comprar os itens e serviços produzidos pela economia. Talvez mais do que qualquer outro setor econômico, a indústria automotiva mostrou a importância desse duplo papel. Quando o Henry Ford original aumentou a produção do Modelo T, em 1914, notoriamente duplicou os salários para US$5 por dia — e, ao fazer isso, garantiu que seus operários teriam dinheiro para comprar os carros que estavam fabricando. A partir dessa gênese, o crescimento da indústria automotiva se tornaria entrelaçado com a criação de uma enorme classe média norte-americana. Como vimos no Capítulo 2, algumas evidências sugerem que essa poderosa simbiose entre o aumento da renda e uma sólida demanda genérica do consumidor está começando a afrouxar.

Um experimento de pensamento

Para visualizar as implicações mais extremas possíveis do alerta de Reuther, pense em um experimento de pensamento. Imagine que de repente a Terra seja invadida por uma estranha espécie extraterrestre. À medida que as criaturas vão deixando suas enormes naves espaciais, a humanidade começa a compreender que os visitantes não vieram para nos conquistar, para extrair nossos recursos ou mesmo para conhecer nossos líderes. Ao que se revelou, os alienígenas vieram para trabalhar.

A evolução da espécie seguiu uma trajetória radicalmente diferente da dos seres humanos. A sociedade alienígena é comparável à dos insetos sociais, e as criaturas a bordo da espaçonave são todas da casta trabalhadora. Cada indivíduo é altamente inteligente e capaz de aprender linguagens, resolver problemas e até mesmo exibir criatividade. No entanto, eles são regidos por um único — e irresistível — imperativo biológico: só se realizam quando executam um trabalho proveitoso.

Os alienígenas não têm nenhum interesse em lazer, entretenimento ou atividades intelectuais em geral. Não têm o conceito de lar ou espaço pessoal, de propriedade privada, dinheiro ou riqueza. Quando precisam dormir, fazem isso em pé, no local de trabalho. São indiferentes até mesmo aos alimentos que comem, pois não têm o sentido do paladar. Eles se reproduzem assexuadamente e atingem a maturidade plena em poucos meses. Não têm necessidade de atrair parceiros, tampouco o desejo de se destacar como indivíduos. Os alienígenas servem a colônia. São voltados para o trabalho.

Gradualmente, eles se integram à nossa sociedade e à nossa economia. Estão ansiosos para trabalhar e não exigem salários. Para eles, o trabalho é a única recompensa que conseguem conceber. O único custo associado à contratação deles é o fornecimento de algum tipo de comida e água — e, tendo isso, eles começam a se reproduzir rapidamente. Empresas de todos os tamanhos distribuem os extraterrestres por várias funções. Eles começam em cargos rotineiros, nos níveis inferiores, mas logo demonstram que têm capacidade para realizar tarefas mais complexas. Aos poucos, os alienígenas começam a desalojar os trabalhadores humanos. Até mesmo os donos de empresas que inicialmente resistem à ideia de substituir pessoas por alienígenas acabam sem alternativa senão tomar essa decisão, já que seus concorrentes fizeram a transição.

Entre os seres humanos, o desemprego começa a aumentar de maneira implacável, enquanto a renda daqueles que ainda estão empregados fica estagnada ou até mesmo começa a cair quando a competição por vagas aumenta. Passam-se meses e depois anos, e os benefícios do seguro-desemprego se esgotam. Os apelos à intervenção do governo só resultam em um impasse. Nos Estados Unidos, os democratas exigem restrições à contratação dos alienígenas; os republicanos, fortemente financiados pelas grandes empresas, fazem lobby para bloquear essas iniciativas e ressaltam que os alienígenas já se espalharam pelo mundo inteiro. Quaisquer limitações na liberdade das empresas norte-americanas de empregar alienígenas colocariam o país em uma desvantagem competitiva descomunal.

O público se torna cada vez mais receoso com relação ao futuro. Os mercados de consumo ficam polarizados. Um pequenо número de pessoas — aquelas que são donas de negócios bem-sucedidos, que possuem grandes investimentos ou que têm empregos seguros no nível executivo — tem se saído extremamente bem, pois a lucratividade dos negócios aumentou. As vendas de produtos e serviços de luxo estão aumentando rapidamente. Já as outras pessoas vivem na economia das lojas de produtos baratos. À medida que mais pessoas ficam desempregadas, ou com medo de em breve perderem o emprego, frugalidade se torna sinônimo de sobrevivência.

No entanto, logo se torna evidente que esses aumentos expressivos nos ganhos comerciais são insustentáveis. Os lucros derivam quase inteiramente da redução dos custos da mão de obra. As receitas estão estáveis, e logo começam a cair. Os alienígenas, é claro, não compram nada. Os consumidores humanos evitam, cada vez mais, comprar qualquer coisa que não seja absolutamente essencial. Muitas empresas que produzem produtos e serviços não essenciais começam, com o tempo, a fechar as portas. A poupança e as linhas de crédito estão esgotadas. Os proprietários de casas não conseguem pagar as hipotecas; os locatários deixam de fazer o pagamento do aluguel. As taxas de inadimplência para empréstimos imobiliários, empréstimos comerciais, dívidas dos consumidores e empréstimos estudantis aumentam vertiginosamente. A arrecadação fiscal despenca, enquanto a demanda por serviços sociais aumenta muito, ameaçando a solvência dos governos. Na realidade, quando uma nova crise financeira parece iminente, até mesmo os membros da elite próspera passarão a consumir menos: em vez de bolsas ou carros de luxo, eles logo ficarão mais interessados em comprar ouro. Afinal de contas, ao que parece, a invasão alienígena não se revelou tão benigna assim.

OS ROBÔS E O FUTURO DO EMPREGO | 265

As máquinas não consomem

Reconheço que a parábola da invasão alienígena é exagerada. Talvez ela fosse adequada à trama de um filme de ficção científica com um orçamento muito baixo. Não obstante, ela capta o término teórico de um avanço contínuo em direção à automação — pelo menos na ausência de políticas concebidas para uma adaptação à situação (examinaremos mais esse assunto no Capítulo 10).

A principal mensagem deste livro até agora é que é provável que o avanço da tecnologia ameace cada vez mais os empregos em todos os setores e em um vasto leque de níveis de qualificação. Se essa tendência se desenvolver, terá importantes implicações para a economia como um todo. À medida que os empregos e a renda forem implacavelmente atingidos pela automação, a maior parte dos consumidores poderá, com o tempo, vir a carecer da renda e do poder de compra necessários para impulsionar a demanda, que é fundamental para o constante crescimento econômico.

Todo produto e todo serviço produzidos pela economia são, em última análise, comprados (consumidos) por alguém. Na terminologia econômica, "demanda" significa o desejo ou a necessidade de alguma coisa, com o respaldo da capacidade e da disposição de pagar por ela. Existem apenas duas entidades que criam a demanda final para os produtos e serviços: as pessoas individuais e os governos. Os gastos do consumidor individual equivalem tipicamente a pelo menos dois terços do PIB nos Estados Unidos e cerca de 60% ou mais na maioria dos outros países desenvolvidos. É claro que a renda da grande maioria dos consumidores individuais provém do emprego. Os empregos são o principal mecanismo por meio do qual o poder de compra é distribuído.

Sem dúvida, as empresas também compram coisas, mas essa não é uma demanda final. Elas compram insumos, que são usados para produzir outras coisas. Elas também podem comprar coisas para fazer investimentos, que possibilitarão uma produção futura. No entanto, se não houver demanda para o que a empresa está produzindo, ela encerrará suas atividades e deixará de comprar insumos. Uma empresa pode vender para outra; mas, em algum ponto mais à frente, essa cadeia precisa terminar em uma pessoa (ou um governo) comprando um produto apenas porque o deseja ou precisa dele.

A questão essencial é que o trabalhador também é um consumidor (e pode respaldar outros consumidores). Essas pessoas é que determinam a demanda final. Quando um trabalhador é substituído por uma máquina, essa máquina não sai depois para fazer compras. A máquina poderá usar energia, peças sobressalentes e requerer manutenção, mas esses são insumos comerciais, e não uma demanda final. Se não houver ninguém para comprar o que a máquina está produzindo, ela acabará sendo desligada. Um robô industrial em uma fábrica de automóveis não continuará a funcionar se ninguém estiver comprando os carros que ele está montando.

Desse modo, se a automação eliminar uma parcela substancial dos empregos dos quais os consumidores dependem, ou se os salários forem reduzidos de tal maneira que muito poucas pessoas passem a ter uma renda discricionária significativa, fica difícil enxergar como uma economia moderna de massa poderia continuar prosperando.* Quase todos os principais setores que formam a espinha dorsal da nossa economia

---

*É claro que nem todos os robôs são usados na produção. Há também aqueles que consomem. Suponha que um dia você possua um robô pessoal, capaz de executar tarefas na sua casa. Ele poderá "consumir" eletricidade e requerer reparos e manutenção. No entanto, do ponto de vista econômico, você é o consumidor — não o robô. Você precisa ter um emprego/renda; caso contrário, não será capaz de pagar pelos custos operacionais do seu robô. Os robôs não determinam o consumo final — são as pessoas que o determinam. (Partindo do princípio, é claro, de que os robôs não são verdadeiramente inteligentes ou sensíveis e que tampouco lhes é concedida a liberdade econômica que seria necessária para atuarem como consumidores. Vamos examinar essa possibilidade especulativa no próximo capítulo.) (N. do A.)

OS ROBÔS E O FUTURO DO EMPREGO | 267

(automóveis, serviços financeiros, eletrônica de consumo, serviços de telecomunicação, saúde etc.) estão direcionados para mercados que consistem de muitos milhões de consumidores potenciais. Os mercados são impulsionados não apenas pelo dinheiro agregado, mas também pela demanda unitária. Uma pessoa muito rica poderá comprar um carro muito bom, ou talvez até mesmo uma dúzia desses carros, mas certamente não comprará milhares de carros. Isso também é verdadeiro com relação a telefones celulares, computadores, refeições em restaurantes, assinaturas de TV a cabo, hipotecas, creme dental, check-ups dentários ou qualquer outro produto ou serviço de consumo que você possa imaginar. Em uma economia de mercado de massa, a distribuição do poder de compra entre os consumidores é muito importante. Uma concentração de renda exagerada entre uma minúscula parcela de clientes potenciais acabará ameaçando a viabilidade dos mercados que suportam esses setores.

A desigualdade e os gastos de consumo: as evidências até agora

Em 1992, as unidades familiares norte-americanas situadas na faixa 5% superior de renda eram responsáveis por cerca de 27% do total de gastos de consumo. Em 2012, esse percentual aumentou para 38%. Ao longo dessas mesmas duas décadas, a parcela atribuída aos 80% de consumidores norte-americanos situados na faixa inferior de renda caiu de cerca de 47% para 39%.[1] Em 2005, a tendência à concentração tanto de renda quanto de gastos era tão óbvia e contínua que uma equipe de analistas do mercado de ações do Citigroup escreveu uma série de memorandos destinados apenas a seus

268 | MARTIN FORD

clientes mais ricos. Os analistas argumentaram que os Estados Unidos estavam evoluindo para uma "plutonomia" — um sistema econômico mais pesado em cima do que embaixo, no qual o crescimento é determinado principalmente por uma minúscula e próspera elite que consome uma parcela cada vez maior de tudo o que a economia produz. Entre outras coisas, os memorandos recomendaram aos investidores abastados que evitassem as ações de empresas voltadas para a classe média norte-americana, que estava rapidamente se dissolvendo, e se concentrassem naquelas que forneciam produtos e serviços de luxo destinados aos consumidores mais ricos.[2]

Os dados que demonstram a marcha da economia norte-americana em direção à concentração de renda, que vem tendo lugar há décadas, são inequívocos, mas encerram um paradoxo fundamental. Há muito os economistas compreenderam que os ricos gastam uma fração menor de sua renda do que a classe média e, especialmente, os pobres. As unidades familiares de baixa renda praticamente não têm escolha senão gastar quase tudo o que conseguem ganhar, enquanto os ricos provavelmente achariam impossível consumir em um grau semelhante, mesmo que tentassem. A clara implicação é que, à medida que a renda se concentra cada vez mais nos poucos abastados, deveríamos esperar um consumo geral menos vigoroso. A minúscula fatia da população que está sugando uma parte cada vez maior da renda total do país simplesmente não será capaz de despendê-la toda, e isso deveria estar óbvio nos dados econômicos.

No entanto, a realidade histórica se revela muito diferente. Ao longo das três décadas e meia que transcorreram entre 1972 e 2007, os gastos médios como percentual da renda disponível aumentaram de aproximadamente 85% para mais de 93%.[3] Na maior parte desse período, os gastos de consumo não foram apenas, de longe, o maior componente do PIB norte-americano —

foram também o de mais rápido crescimento. Em outras palavras, enquanto a renda se tornou cada vez mais desigual e concentrada, os consumidores conseguiram, de alguma maneira, efetivamente aumentar seus gastos totais, e essa prodigalidade foi o fator mais importante que alimentou o crescimento da economia do país.

Em janeiro de 2014, os economistas Barry Cynamon e Steven Fazzari, do Federal Reserve Bank de St. Louis e da Universidade Washington em St. Louis, respectivamente, publicaram uma pesquisa que investigou o paradoxo da crescente desigualdade de renda aliada a um crescente gasto de consumo. A conclusão básica a que chegaram foi que a tendência ascendente dos gastos de consumo com décadas de duração era, em grande medida, alimentada pelo aumento das dívidas contraídas pelos 95% dos consumidores norte-americanos com menor renda. Entre 1989 e 2007, a razão do endividamento para a renda dessa vasta maioria praticamente duplicou, indo de pouco mais de 80% para um máximo de quase 160%.[4] O aumento mais pronunciado nos níveis de endividamento acompanhou de perto a bolha imobiliária e o acesso fácil ao empréstimo imobiliário nos anos que precederam a crise financeira.

É claro que a contínua contratação de empréstimos por quase toda a população acabou se tornando insustentável. Cynamon e Fazzari argumentam que "a fragilidade financeira criada pela tomada de empréstimos sem precedentes desencadeou a Grande Recessão, quando a impossibilidade de pedir empréstimos adicionais forçou uma queda no consumo".[5] À medida que a crise se desenrolava, os gastos totais de consumo caíram em cerca de 3,4%, um colapso no consumo inigualável em todas as recessões que ocorreram depois da Segunda Guerra Mundial. Esse declínio no dispêndio também teve uma duração especialmente longa; foram necessários quase três anos para que o consumo total retornasse ao nível anterior à crise.[6]

Cynamon e Fazzari encontraram uma acentuada diferença entre os dois grupos de renda durante e após a Grande Recessão. Os 5% superiores foram capazes de moderar os gastos recorrendo a outros recursos durante a recessão. Os 95% inferiores ficaram sem dinheiro e não tiveram escolha a não ser reduzir radicalmente os gastos. Os economistas também descobriram que a subsequente recuperação nos gastos de consumo foi inteiramente alimentada pelo topo da distribuição de renda. Em 2012, os 5% superiores haviam aumentado seus gastos em cerca de 17%, depois de feita a correção da inflação. Os 95% inferiores não haviam presenciado nenhuma recuperação; o consumo permaneceu atolado nos níveis de 2008. Cynamon e Fazzari enxergam poucas perspectivas de uma recuperação significativa entre a maioria dos consumidores e "temem que a trava na demanda, decorrente da crescente desigualdade que foi adiada por décadas pelos empréstimos contraídos pelos 95% inferiores, esteja agora retardando o crescimento do consumo, e continuará a fazê-lo nos próximos anos".[7]

Tornou-se cada vez mais evidente nos Estados Unidos que, quando se trata de consumidores domésticos, toda a ação está no topo. Em quase todos os setores que abastecem diretamente os consumidores norte-americanos — como o de eletrodomésticos, restaurantes, hotéis e estabelecimentos varejistas —, a faixa intermediária está enfrentando vendas estagnadas ou declinantes, ao passo que as empresas que miram os consumidores de primeira linha continuam a prosperar. Alguns líderes empresariais estão começando a reconhecer a óbvia ameaça para os produtos e serviços do mercado de massa. Em agosto de 2013, John Skipper, presidente da ESPN, a rede esportiva a cabo e satélite que é classificada como a marca de mídia mais valiosa do mundo, declarou que a estagnação da renda representava a maior ameaça isolada ao futuro de sua empresa. O custo do serviço de TV a cabo nos Estados Unidos aumentou em cerca

OS ROBÔS E O FUTURO DO EMPREGO | 271

de 300% nos últimos 15 anos, enquanto a renda permaneceu estável. Skipper assinalou que "a ESPN é um produto de massa", mas o serviço poderá, com o tempo, ficar fora do alcance de uma grande parcela da sua audiência.[8]

Na condição de maior cadeia varejista dos Estados Unidos, o Walmart se tornou um indicador de tendência para os consumidores da classe média e da classe trabalhadora, que afluem para suas lojas em busca de preços baixos. Em fevereiro de 2014, a empresa liberou um prognóstico de vendas anuais que desapontou os investidores e fez com que suas ações caíssem acentuadamente. As vendas nas lojas estabelecidas (as que estavam abertas havia pelo menos um ano) haviam caído pelo quarto trimestre consecutivo. A empresa advertiu que cortes no programa de cupons de alimentação dos Estados Unidos (oficialmente conhecido como Supplemental Nutrition Assistance Program [Programa de Assistência de Nutrição Suplementar]), bem como aumentos nos impostos sobre a folha de pagamentos, iriam, provavelmente, atingir os clientes de baixa renda. Cerca de um em cada cinco clientes do Walmart conta com os cupons de alimentação, e as evidências indicam que muitas dessas pessoas chegaram a um ponto em que praticamente não têm mais nenhuma renda discricionária.

Na sequência da Grande Recessão, as lojas do Walmart presenciam diariamente uma explosão de atividades, logo depois da meia-noite, no primeiro dia de cada mês — o dia em que os cartões eletrônicos de transferência de benefícios (EBT) são recarregados pelo governo. No final do mês, os clientes do Walmart com renda mais baixa já estão sem comida e outros itens essenciais, de modo que enchem os carrinhos de compras e fazem fila esperando pelo crédito do programa de cupons de alimentação, que, em geral, entra pouco depois da meia-noite.[9] O Walmart também sofreu com a crescente concorrência das

272 | MARTIN FORD

chamadas "lojas de um dólar"; em muitos casos, seus clientes estão se voltando para esses pontos de venda não porque os preços sejam mais baixos, mas porque essas lojas oferecem quantidades menores dos produtos, o que os ajuda a esticar o resto do dinheiro que têm enquanto se esforçam para fazer com que ele dure até os últimos dias do mês.

Na realidade, em todo o setor privado, a recuperação tem sido, em grande medida, caracterizada por crescentes lucros corporativos aliados a receitas frequentemente impressionantes. As corporações alcançaram níveis atordoantes de lucratividade, mas conseguiram isso, em grande parte, reduzindo os custos de mão de obra — e não vendendo uma quantidade maior dos produtos e serviços que produzem. Isso não deveria causar surpresa: reveja as Figuras 2.3 e 2.4 do Capítulo 2. Os lucros corporativos como parcela do PIB atingiram alturas sem precedentes, enquanto a parcela do trabalho na renda nacional afundou para um percentual nunca antes presenciado. Para mim, isso indica que muitos consumidores norte-americanos estão tendo dificuldades para comprar os produtos e serviços que as companhias estão produzindo. A Figura 8.1, que mostra como os ganhos corporativos norte-americanos em geral se recuperaram rapidamente e vêm se afastando das vendas de varejo ao longo da recuperação, torna a história ainda mais clara.* Tenha em mente que, como já vimos, a recuperação gradual dos gastos foi alimentada inteiramente pelos consumidores situados nos 5% superiores da distribuição de renda.

---

*É importante assinalar que as vendas de varejo representam apenas uma pequena fração do consumo total, ou o que é tecnicamente chamado de gastos de consumo pessoal (PCE, na sigla em inglês). O PCE se encontra geralmente em torno de 70% do PIB dos Estados Unidos e inclui todos os produtos e serviços que os consumidores compram, bem como os gastos com moradia — aluguel ou "aluguel imputado" (uma medida usada para as residências ocupadas pelo proprietário). (*N. do A.*)

A sabedoria dos economistas

Apesar das evidências que sugerem que um enorme percentual de consumidores norte-americanos simplesmente não tem renda suficiente para criar uma demanda adequada para os produtos e serviços produzidos pela economia, não há uma concordância geral entre os economistas no sentido de que a desigualdade de renda esteja criando uma trava substancial no crescimento econômico. Até mesmo entre os principais economistas progressistas dos Estados Unidos — cuja maioria provavelmente concordaria que a falta de demanda é um problema primordial com que a economia se defronta — não existe um consenso a respeito do impacto direto da desigualdade.

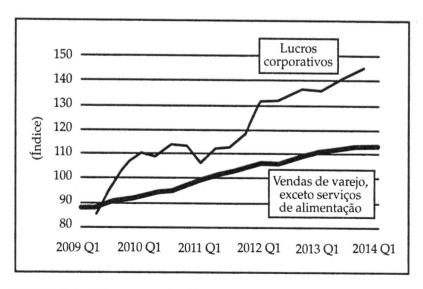

Figura 8.1. Lucros corporativos dos Estados Unidos *versus* as vendas de varejo durante a recuperação da grande recessão

FONTE: Federal Reserve Bank of St. Louis (FRED).[10]

Joseph Stiglitz, economista ganhador do Prêmio Nobel, que tem sido talvez a voz mais eloquente em torno da ideia de que a desigualdade debilita o crescimento econômico, escreveu em um artigo no *New York Times*, em janeiro de 2013, que "a desigualdade está esmagando a nossa recuperação" porque "nossa classe média é fraca demais para sustentar os gastos de consumo que historicamente impulsionaram o nosso crescimento econômico".[11] Robert Solow — que ganhou o Prêmio Nobel em 1987 por seu trabalho sobre a importância da inovação tecnológica para o crescimento econômico no longo prazo — parece, em grande medida, concordar com isso, já que declarou em uma entrevista em janeiro de 2014 que "a crescente desigualdade tende a corroer a distribuição de renda, e perdemos os sólidos empregos e a renda constante da classe média que proporcionam um fluxo confiável de demanda de consumo que mantém os negócios ativos e inovadores".[12] No entanto, Paul Krugman, outro ganhador do Prêmio Nobel — e o mais conhecido, por ser colunista e blogueiro do *New York Times* —, discorda, escrevendo em seu blog que "gostaria de concordar com essa tese", mas que as evidências não a respaldam.*[13]

---

*A principal objeção de Krugman se relaciona com o fato de que os consumidores em vários pontos da distribuição de renda não se encontram necessariamente nesse nível o tempo todo. Algumas pessoas podem estar tendo um ano especialmente bom ou mau, e seus gastos serão mais uma função de suas expectativas de longo prazo do que da sua situação atual. (Isso, como veremos em breve, está relacionado com o que se chama de "hipótese da renda permanente".) Como resultado, afirma Krugman, olhar para as informações em qualquer ocasião específica "não nos diz nada a respeito do que vai acontecer". Krugman ressalta que "a economia não é uma peça de moralidade" e chega a ponto de sugerir que podemos ter "o pleno emprego baseado em compras de iates, carros de luxo e serviços de personal trainers e de chefs famosos". Sou cético com relação a isso (mas veja a seção sobre "tecnofeudalismo", mais adiante neste capítulo). Como ressaltei anteriormente, quase todas as empresas dos principais setores que constituem a economia moderna produzem itens e serviços para o mercado de massa. Iates e Ferraris simplesmente não são importantes o bastante para compensar, de modo sustentável, uma ampla redução na demanda por todas as coisas que 99% dos consumidores compram. De qualquer modo, a produção de iates e Ferraris será cada vez mais automatizada. E de quantos personal trainers e chefs famosos o 0,01% realmente precisa? (*N. do A.*)

OS ROBÔS E O FUTURO DO EMPREGO | 275

Entre os economistas mais conservadores, a ideia de que a desigualdade possa ser uma trava significativa no crescimento está propensa a ser totalmente descartada. Na verdade, muitos economistas com tendência para a direita se mostram relutantes até mesmo em aceitar o argumento de que a falta de demanda tem sido o principal problema que a economia vem enfrentando. Em vez disso, ao longo de todo o período de recuperação, eles apontaram para a incerteza que permeia questões como os níveis da dívida pública, os possíveis aumentos de impostos, a maior regulamentação ou a implementação da Lei de Serviços de Saúde Acessíveis. Se diminuirmos os gastos do governo e reduzirmos os impostos e a regulamentação, dizem eles, estimularemos a confiança dos investidores e das empresas, o que conduzirá a maiores investimentos, crescimento econômico e mais contratações. Essa ideia — que me parece dissociada da realidade óbvia — tem sido repetidamente desacreditada por Krugman como uma crença na "fada da confiança".[14]

Meu argumento principal aqui é que os economistas profissionais — todos têm acesso às mesmas informações objetivas — são completamente incapazes de concordar com algo que eu caracterizaria como uma questão econômica fundamental: o déficit na demanda está refreando o crescimento econômico, e se estiver, a desigualdade de renda contribui de maneira importante para esse problema? Desconfio de que a falta de consenso com relação a essa questão oferece uma boa apresentação prévia do que podemos esperar da profissão da economia quando a disrupção tecnológica que venho descrevendo nessas páginas começar a se expandir. Embora seja certamente possível que dois "cientistas" possam olhar para os mesmos dados e interpretá-los de maneira diferente, no campo da economia as opiniões, com demasiada frequência, seguem elegantemente ao longo de linhas políticas predefinidas. Conhecer a predisposição política de um economista específico costuma ser um indicador melhor do que ele provavelmente dirá do que qualquer coisa contida nas informações que estão sendo examinadas. Em outras palavras, se você estiver esperando que os economistas apresentem algum tipo de veredicto definitivo sobre o impacto que o avanço da tecnologia está tendo na economia, talvez tenha que esperar muito tempo.

Além do divisor ideológico na economia, outro problema potencial é a quantificação exagerada que existe na área. Nas décadas posteriores à Segunda Guerra Mundial, a economia se tornou matemática e baseada em dados. Embora isso certamente encerre muitos aspectos positivos, é importante ter em mente que não existem dados econômicos afluindo do futuro. Qualquer análise quantitativa, baseada em dados, depende de informações reunidas no passado e, em alguns casos, essas informações podem ter sido coletadas anos ou até mesmo décadas atrás. Os economistas usaram todos esses dados do passado para construir modelos matemáticos elaborados, mas quase todos têm origem na economia no século XX. As limitações dos modelos dos economistas foram evidenciadas pela incapacidade quase total da profissão de antever a crise financeira mundial de 2008. Em um artigo de 2009 intitulado "How Did Economists Get It So Wrong?" [Como os economistas puderam estar tão errados?, em tradução livre], Paul Krugman escreveu que "essa incapacidade de previsão foi o menor dos problemas da área. Mais importante do que ela foi a cegueira da profissão com relação à possibilidade de fracassos catastróficos em uma economia de mercado".[15]

Creio que há boas razões para ficarmos preocupados a respeito de um fracasso semelhante dos modelos matemáticos dos economistas na medida em que o avanço exponencial da tecnologia da informação causa, cada vez mais, uma disrupção na economia. O problema é acrescido pelo fato de que muitos desses modelos empregam suposições simplistas — e, em alguns casos, aparentemente absurdas — a respeito de como os consumidores, trabalhadores e empresas se comportam e interagem. Talvez John Maynard Keynes tenha sido quem melhor expressou essa opinião ao escrever, há quase oitenta anos, em *The General Theory of Employment, Interest and Money* [A teoria geral do emprego, do interesse e do dinheiro, em tradução livre], o livro que quase indiscutivelmente fundou a economia como uma área moderna de estudo: "Uma proporção excessiva da recente economia 'matemática' corresponde meramente a invenções, tão imprecisas quanto as suposições iniciais nas quais se baseiam, que possibilitam que o autor perca de vista as complexidades e as interdependências do mundo real em um labirinto de símbolos ostentosos e inúteis."[16]

Complexidade, efeitos de feedback, comportamento do consumidor e "onde está aquela crescente produtividade?"

A economia é um sistema bastante complexo, repleto de inúmeras interdependências e ciclos de feedback. Se uma única variável for alterada, é provável que vários efeitos se disseminem pelo sistema, e alguns deles poderão atuar para mitigar ou neutralizar a mudança inicial.

Na verdade, essa propensão da economia é provavelmente uma importante razão pela qual o papel que o avanço da tecnologia desempenhou na criação da desigualdade permanece sujeito a discussão. Os economistas que são céticos a respeito do impacto da tecnologia e da automação em geral apontam para o fato de que a ascensão dos robôs não é tão óbvia nos dados da produtividade, especialmente no curto prazo. No último trimes-

278 | MARTIN FORD

tre de 2013, por exemplo, a produtividade nos Estados Unidos caiu para uma taxa anual de apenas 1,8%, em comparação com os 3,5% muito mais imponentes do terceiro trimestre.[17] Lembre-se de que a produtividade é medida dividindo-se a produção da economia pelo número de horas trabalhadas. Desse modo, se as máquinas e os softwares estivessem efetivamente substituindo a mão de obra humana em um ritmo rápido, esperaríamos que o número de horas trabalhadas caísse abruptamente — e que a produtividade, por sua vez, aumentasse muito.

O problema dessa suposição é que, na verdadeira economia, as coisas não são tão simples assim. A produtividade não mede quanto uma atividade *poderia* produzir por hora; ela mede quanto a atividade efetivamente produz. Em outras palavras, a produtividade é diretamente afetada pela demanda. A produção, afinal de contas, constitui o numerador na fórmula da produtividade. Isso é importante quando consideramos que, hoje, a maior parte da economia nos países desenvolvidos é formada por atividades de serviços. Enquanto uma empresa industrial que depare com uma demanda fraca pode optar por continuar a fabricar produtos e deixar que se acumulem no estoque ou em canais de distribuição, uma empresa de serviços não pode fazer isso. No setor de serviços, a produção responde imediatamente à demanda, e qualquer negócio cuja demanda por seu produto seja fraca provavelmente também terá um crescimento na produtividade que deixará a desejar, a não ser que diminua sua força de trabalho ou reduza as horas de trabalho dos funcionários, a fim de manter os números equilibrados.

Imagine que você é dono de uma pequena empresa que presta algum tipo de serviço de análise para grandes corporações. Você tem dez funcionários que dedicam todo o tempo ao serviço. De repente, surge um novo e poderoso aplicativo de software que possibilitará que apenas oito funcionários façam

OS ROBÔS E O FUTURO DO EMPREGO | 279

o trabalho antes executado por dez. Você então compra o novo software e elimina dois empregos. A revolução dos robôs está próxima! A produtividade está prestes a disparar. Mas, espere. Agora o seu cliente mais importante prevê um período de retração para o produto ou serviço que ele oferece. O contrato que você deveria assinar esta semana não se materializa. O futuro a curto prazo parece sombrio. Você acaba de demitir duas pessoas, de modo que não quer desmoralizar ainda mais sua força de trabalho eliminando mais empregos. E, antes que você se dê conta, seus oito funcionários restantes estão passando boa parte do tempo assistindo a vídeos no YouTube à sua custa. A produtividade está declinando rapidamente!

Na realidade, foi isso que aconteceu na maior parte dos períodos de retração econômica nos Estados Unidos. As recessões tipicamente presenciaram o declínio da produtividade porque a produção caiu mais do que as horas trabalhadas. No entanto, durante a Grande Recessão de 2007-2009, o oposto aconteceu: a produtividade aumentou. A produção declinou substancialmente, mas as horas trabalhadas caíram ainda mais, enquanto as empresas reduziram drasticamente sua força de trabalho, aumentando a carga dos trabalhadores remanescentes. Os trabalhadores que conseguiram conservar o emprego (que temiam mais cortes no futuro) trabalharam com mais afinco e reduziram o tempo que passavam em atividades não diretamente relacionadas com seu trabalho; o resultado foi o aumento na produtividade.

É claro que, na verdadeira economia, cenários desse tipo ocorrem em inúmeras organizações, de todos os tamanhos. Em determinado lugar, uma empresa pode estar incorporando uma nova tecnologia que aumenta a produtividade. Em outro, uma segunda empresa pode estar reduzindo a produção em resposta a uma demanda fraca. A média resultante de tudo isso é apenas um número mediano de produtividade. A questão é que os números econômicos a curto prazo, como a produtividade, provavelmente serão variáveis e um tanto caóticos. A longo prazo, contudo, a tendência será muito mais clara. Na realidade, vimos evidências disso no Capítulo 2; lembre-se de que a produtividade vem ultrapassando significativamente os salários desde o início da década de 1970.

O impacto da fraca demanda do consumidor sobre a produtividade é apenas um exemplo do tipo de efeito de feedback que opera na economia. Existem muitos outros, que podem atuar em ambas as direções. Por exemplo, uma demanda do consumidor pouco vigorosa também pode retardar o desenvolvimento e a adoção de uma nova tecnologia. Quando as empresas tomam decisões de investimento, levam em conta tanto o ambiente econômico atual quanto o previsto. Quando as perspectivas são fracas ou os lucros declinam, os investimentos em pesquisa e desenvolvimento ou em novos dispêndios com ativos fixos provavelmente também serão reduzidos. O resultado é que o progresso tecnológico nos anos subsequentes poderá ser mais lento do que normalmente teria sido.

Outro exemplo envolve o relacionamento entre a tecnologia que economiza mão de obra e os salários de trabalhadores relativamente não qualificados. Se o avanço da tecnologia (ou algum outro fator) fizer com que os salários fiquem estagnados ou até mesmo diminuam, a partir da perspectiva da direção executiva, a mão de obra humana, pelo menos por algum tempo, se tornará mais atraente do que as máquinas. Pense na indústria de fast food. No Capítulo 1, especulei que esse setor em breve poderá estar à beira da disrupção, à medida que a tecnologia robótica avançada for sendo introduzida. Mas isso sugere uma pergunta básica: por que a indústria ainda não incorporou uma automação maior? Afinal de contas, preparar

OS ROBÔS E O FUTURO DO EMPREGO | 281

hambúrgueres e tacos dificilmente parece estar na vanguarda da produção de precisão. A resposta, pelo menos em parte, é que a tecnologia de fato já causou impacto substancial. Embora as máquinas ainda não tenham substituído por completo, em larga escala, os trabalhadores da indústria de fast food, a tecnologia desqualificou os empregos e tornou os trabalhadores, em grande medida, permutáveis. Os trabalhadores do setor de fast food estão integrados a um processo de linha de montagem que requer muito pouco treinamento.* É por esse motivo que a indústria é capaz de tolerar alta rotatividade e trabalhadores com um nível de qualificação mínimo. O efeito foi manter esses empregos firmemente ancorados na categoria de salário mínimo. E nos Estados Unidos, feita a correção da inflação, o salário mínimo caiu mais de 12% a partir do final da década de 1960.[18]

---

*Esse "efeito fast food" poderá ser especialmente importante para os trabalhadores qualificados em muitas outras áreas. Muito antes de os robôs serem capazes de substituir esses trabalhadores, a tecnologia poderá desqualificar esses empregos e reduzir os salários. Um exemplo clássico da desqualificação envolve os motoristas de táxi de Londres. O ingresso nessa profissão requer a memorização de uma quantidade extraordinária de informações a respeito do traçado das ruas de Londres. Isso é chamado de "O Conhecimento" ["The Knowledge"], e é exigido dos motoristas de táxi desde 1865. A neurocientista Eleanor Maguire, da Universidade College de Londres, descobriu que toda essa memorização na verdade resultava em mudanças no cérebro: os motoristas de táxi londrinos desenvolviam, em média, um centro de memória (ou hipocampo) maior do que as pessoas que exerciam outras atividades. É claro que o advento da navegação por satélite baseada no GPS reduziu o valor de todo esse conhecimento. Os motoristas de táxi que possuem "O Conhecimento" — e dirigem os famosos táxis "pretos" ["black" cabs], mas que hoje são cobertos por uma propaganda colorida — ainda predominam em Londres, mas isso acontece em grande medida por causa da regulamentação. Carros com motoristas sem "O Conhecimento" precisam ser reservados com antecedência; eles não têm permissão para ser chamados na rua. É claro que novos serviços como o Uber, que permite que você chame um carro por meio do seu smartphone, poderão em breve tornar o ato de chamar um táxi na rua por si só obsoleto. Com o tempo, os motoristas de táxi poderão ser inteiramente substituídos por carros autômatos, mas, muito antes que isso aconteça, a tecnologia poderá muito bem desqualificar a profissão deles e reduzir seus salários. Talvez a regulamentação salve os motoristas de táxi londrinos desse destino, mas os trabalhadores de muitas outras áreas não terão tanta sorte. (N. do A.)

282 | MARTIN FORD

Em seu livro publicado em 2011, *Fast Food Nation* [Nação fast-food, em tradução livre], Eric Schlosser descreve como o McDonald's já estava fazendo experiências com a tecnologia mais avançada que economiza mão de obra na década de 1990. Nos locais de testes em Colorado Springs, "as máquinas de bebidas robóticas selecionavam os copos de papel, enchiam-nos com gelo e depois colocavam o refrigerante", enquanto o preparo das batatas fritas era totalmente automatizado e "um avançado software de computador administrava a cozinha".[19] O fato de todas essas inovações não terem, com o tempo, se expandido pelos restaurantes do McDonald's, em toda parte, pode muito bem ter a ver com o fato de os salários terem permanecido muito baixos. No entanto, não podemos esperar que essa situação persista indefinidamente. Com o tempo, a tecnologia avançará mais e chegará a um ponto no qual os baixos salários deixarão de superar os benefícios da automação adicional. A introdução de um número maior de máquinas também poderá proporcionar vantagens importantes além da simples redução dos custos de mão de obra, como melhor qualidade, uniformidade ou percepção do cliente de que o preparo é mais higiênico. Além disso, poderá haver sinergia entre a produção robótica e outras tecnologias emergentes. Hoje, por exemplo, é fácil imaginar um aplicativo móvel que permita que os clientes criem uma refeição completamente customizada, paguem adiantado por ela e depois esperem que ela esteja pronta para ser buscada em um horário predeterminado; isso teria sido uma fantasia na década de 1990. Assim, é improvável que a tecnologia que economiza mão de obra em um setor como o de fast-food avance de maneira sistemática e previsível. Em vez disso, ela pode permanecer relativamente estável por longos períodos e depois dar um rápido salto à frente, quando as coisas alcançarem um ponto crucial que force uma reavaliação do dilema entre o trabalhador e a máquina.

Outra consideração envolve o comportamento dos consumidores quando se virem diante do desemprego ou de uma redução na renda. Uma mudança na renda que os consumidores imaginem que será de longo prazo ou permanente causará impacto muito maior no comportamento de gastos deles do que uma mudança de curta duração. Os economistas têm um nome imponente para essa ideia: "a hipótese da renda permanente", formalizado por Milton Friedman, ganhador do Prêmio Nobel. Geralmente, contudo, essa ideia corresponde a mero bom senso. Se você ganhar US$1 mil na loteria, poderá gastar parte do dinheiro e economizar o resto, mas é pouco provável que você efetue uma mudança importante e permanente no seu comportamento de gastos. Afinal de contas, foi apenas uma alteração isolada em sua renda. Por outro lado, se você receber um aumento de US$1 mil por mês, poderá muito bem comprar um novo carro a prazo, começar a comer fora com mais frequência ou até mesmo se mudar para uma casa mais cara.

Historicamente, o desemprego tem sido encarado como um fenômeno de curto prazo. Se você perder o emprego mas se sentir confiante de que encontrará outro, com salário semelhante, em um breve intervalo de tempo, poderá optar por recorrer à sua poupança ou usar o cartão de crédito para continuar a gastar praticamente no mesmo nível de antes. No período pósguerra, era comum que as empresas demitissem trabalhadores por algumas semanas ou meses e depois os contratassem de volta, tão logo o panorama melhorasse. A situação hoje é, obviamente, bem diferente. Na sequência da crise financeira de 2008, a taxa de desemprego a longo prazo subiu vertiginosamente para níveis sem precedentes, e continua a ser muito alta em comparação com os padrões históricos. Até mesmo os trabalhadores experientes que conseguem encontrar um novo emprego muitas vezes precisam aceitar um cargo com menor remuneração. Essa realidade não passa despercebida aos consumidores. Em consequência, parece razoável especular que a noção do que significa estar desempregado pode estar mudando aos poucos. À medida que mais pessoas passam a encarar o desemprego como uma situação de longo prazo, em alguns casos talvez até mesmo permanente, essa postura parece tender a ampliar o impacto da perda do emprego em seu comportamento de gastos. Em outras palavras, o registro histórico não é necessariamente um bom indicador do futuro: à medida que as implicações do avanço da tecnologia se tornam evidentes para os consumidores, estes poderão optar por reduzir os gastos com mais vigor do que acontecia no passado.

A complexidade que atua na economia do mundo real é, de muitas maneiras, um tanto análoga à do sistema climático, que, igualmente, se caracteriza por uma rede quase impenetrável de interdependências e efeitos de feedback. Os cientistas do clima nos dizem que, com o dióxido de carbono se intensificando, não devemos esperar um aumento constante e sistemático nas temperaturas. Em vez disso, as temperaturas médias avançarão caoticamente, em uma tendência ascendente entremeada por estabilizações e, o que é bem possível, anos ou períodos ainda mais longos e relativamente frescos. Também podemos esperar um aumento no número de tempestades e outros fenômenos atmosféricos extremos. Um fenômeno um tanto semelhante poderá se desenrolar na economia quando a renda e a riqueza se tornarem progressivamente mais concentradas e uma parcela ainda maior de consumidores enfrentar privação do poder de compra. Medidas como a produtividade ou a taxa de desemprego não avançarão de maneira equilibrada, e a probabilidade de crises financeiras poderá muito bem aumentar. Os cientistas

OS ROBÔS E O FUTURO DO EMPREGO | 285

do clima também se preocupam com os pontos cruciais. Um dos riscos, por exemplo, é que as temperaturas ascendentes podem fazer com que a tundra ártica derreta, liberando enormes quantidades de carbono, o que, por sua vez, fará com que o aquecimento acelere. Do mesmo modo, é possível que, em algum momento do futuro, as rápidas inovações tecnológicas possam modificar as expectativas dos consumidores quanto à probabilidade e à duração do desemprego, levando-os a reduzir intensamente seus gastos. Se isso ocorrer, é fácil perceber como poderia precipitar um declínio econômico que afetaria até mesmo os trabalhadores cujos empregos não são diretamente vulneráveis à disrupção tecnológica.

O crescimento econômico é sustentável
diante da crescente desigualdade?

Como vimos, os gastos gerais dos consumidores nos Estados Unidos continuaram a crescer ao mesmo tempo que vêm se tornando mais concentrados, com os 5% da faixa superior de renda hoje responsáveis por quase 40% do consumo total. A verdadeira questão é se essa tendência tem a probabilidade de ser sustentável nos próximos anos e décadas, enquanto a aceleração da tecnologia da informação prossegue inexoravelmente.

Embora a faixa superior de 5% tenha uma renda relativamente elevada, a maioria dessas pessoas depende muito dos empregos. Até mesmo nessas unidades familiares de primeira linha a renda está concentrada em um grau desconcertante; o número de unidades familiares genuinamente abastadas — aquelas que são capazes de sobreviver e continuar a gastar com base em sua riqueza acumulada — é bem menor. Durante o primeiro ano de recuperação da Grande Recessão, 95% do crescimento da renda foram apenas para o 1% superior.[20]

A faixa superior a 5% é, em grande parte, formada por profissionais especializados e trabalhadores com pelo menos um diploma universitário. No entanto, como vimos no Capítulo 4, muitas dessas ocupações estão na mira da tecnologia, pois esta continua a avançar. A automação dos softwares poderá eliminar inteiramente alguns empregos. Em outros casos, eles poderão ser desqualificados, de modo que os salários serão reduzidos. O *offshoring* e a transição para as abordagens empresariais orientadas pelo big data, que frequentemente requerem menos analistas e gerentes de nível médio, ganham vulto como outras possíveis ameaças para muitos desses trabalhadores. Além de causar impacto direto nas unidades familiares que já estão na faixa superior, essas mesmas tendências também farão com que os jovens trabalhadores tenham mais dificuldade em galgar cargos que lhes proporcionem uma renda e níveis de gastos semelhantes.

A moral da história é que as pessoas que estão na faixa superior de 5% estão prestes a parecer cada vez mais um microcosmo em todo o mercado de trabalho: elas correm o risco de ficar debilitadas. À medida que a tecnologia progride, o número de unidades familiares norte-americanas com uma renda discricionária e confiança no futuro suficiente para fazer gastos altos continuará a encolher. O risco aumenta ainda mais pelo fato de que muitas dessas unidades familiares da faixa superior, provavelmente, são mais frágeis do que sua renda sugere. Esses consumidores tendem a se concentrar em áreas urbanas de alto nível e, em muitos casos, não se sentem especialmente abastados. Um grande número ascendeu à faixa superior a 5% por meio do casamento seletivo: eles se uniram a outro diplomado universitário que recebe um salário alto. No

OS ROBÔS E O FUTURO DO EMPREGO | 287

entanto, os custos de moradia e educação são, com frequência, tão elevados para essas famílias que a perda de um dos empregos faz com que a família passe a correr um risco substancial. Em outras palavras, em uma família com renda dupla, a probabilidade de que o desemprego repentino conduza a uma redução substancial nos gastos é efetivamente duplicada.

Como a faixa superior sofre uma pressão cada vez maior da tecnologia, existem poucas razões para esperar que as perspectivas dos 95% das famílias situadas na faixa inferior melhorem de maneira significativa. A robótica e a tecnologia de autosserviço no setor de serviços continuarão a progredir, mantendo os salários baixos e deixando os trabalhadores relativamente não qualificados com menos opções. Os veículos automatizados ou as impressoras 3D na escala da construção civil vão acabar destruindo milhões de empregos. Muitos desses trabalhadores poderão passar pela mobilidade descendente; alguns optarão por abandonar inteiramente a força de trabalho. Existe o risco de que, com o tempo, mais famílias acabem vivendo com uma renda muito próxima do nível de subsistência; veremos ainda mais consumidores nas filas de madrugada, à espera de que seus cartões EBT sejam recarregados.

Na ausência de uma renda maior, o único mecanismo que possibilitaria que os 95% da faixa inferior gastassem mais seria um endividamento maior. Como Cynamon e Fazzari descobriram, foram os empréstimos que permitiram que os consumidores norte-americanos continuassem a impulsionar o crescimento econômico ao longo das duas décadas que culminaram na crise financeira de 2008. No entanto, na sequência dessa crise, os balanços patrimoniais das unidades familiares estão fracos e os padrões de crédito se tornaram substancialmente mais rígidos, de modo que muitos cidadãos não conseguem financiar gastos de consumo adicionais. Mesmo que o crédito comece novamente a fluir para essas famílias, trata-se de uma solução temporária. O maior endividamento é insustentável sem uma renda mais elevada, e haveria o óbvio perigo de que a inadimplência pudesse, com o tempo, precipitar uma nova crise. Em uma área na qual os norte-americanos de baixa renda ainda têm fácil acesso ao crédito — a do empréstimo estudantil —, o ônus do endividamento já atingiu proporções extraordinárias, e os pagamentos resultantes dizimarão a renda disponível dos trabalhadores com ensino superior completo (sem mencionar aqueles que deixam de se formar) nas próximas décadas.

Embora esse argumento seja teórico, há evidências estatísticas que respaldam a alegação de que a desigualdade pode ser prejudicial ao crescimento econômico. Em um relatório de abril de 2011, os economistas Andrew G. Berg e Jonathan D. Ostry, do Fundo Monetário Internacional, estudaram várias economias avançadas e emergentes e chegaram à conclusão de que a desigualdade de renda é um fator fundamental que afeta a sustentabilidade do crescimento econômico.[21] Berg e Ostry ressaltam que as economias raramente presenciam um crescimento constante que dure décadas. Em vez disso, "períodos de rápido crescimento são entremeados por colapsos e, às vezes, pela estagnação — os morros, os vales e os planaltos do crescimento". O que diferencia as economias bem-sucedidas é a duração dos períodos de crescimento. Os economistas descobriram que a maior desigualdade estava fortemente correlacionada com períodos mais curtos de crescimento econômico. Na realidade, uma redução de 10 pontos percentuais na desigualdade estava associada a períodos de crescimento que duraram 50% mais. Ao escrever no blog do FMI, os economistas advertiram que a extrema desigualdade de renda dos Estados Unidos tem claras implicações para as perspectivas de crescimento futuro do país: "Alguns desprezam a desigualdade e se concentram

OS ROBÔS E O FUTURO DO EMPREGO | 289

no crescimento como um todo — argumentando, com efeito, que a maré alta levanta todos os barcos." No entanto, "quando um punhado de iates se torna transatlânticos, enquanto os demais permanecem como humildes canoas, alguma coisa está gravemente errada".[22]

Riscos a longo prazo: consumidores imprensados, deflação, crises econômicas e... Talvez até mesmo o tecnofeudalismo

Depois que publiquei meu primeiro livro sobre o tema da automação, em 2009, vários leitores me escreveram para ressaltar que eu havia deixado de abordar um ponto importante: os robôs poderão, de fato, reduzir os salários ou causar o desemprego, porém a produção mais eficiente também tornaria tudo muito mais barato. Desse modo, se sua renda caísse, você ainda seria capaz de continuar a consumir, já que os preços do que desejasse comprar estariam mais baixos. Isso parece fazer sentido, mas algumas advertências dignas de nota se fazem necessárias.

A questão mais óbvia é que muitas pessoas poderão ficar desempregadas e de fato ter uma renda nula. Nessa situação, preços baixos não resolverão o problema delas. Além disso, alguns dos componentes mais importantes do orçamento de uma família são relativamente imunes ao impacto da tecnologia, pelo menos a curto e médio prazos. O custo da terra, a moradia e os seguros, por exemplo, estão ligados aos valores gerais dos ativos, os quais, por sua vez, dependem do padrão de vida como um todo. Essa é a razão pela qual países como a Tailândia não permitem que estrangeiros comprem terras, uma vez que isso poderia resultar em um aumento de preço muito grande e tornar a moradia inacessível aos cidadãos do país. Como vimos no Capítulo 6, os custos da saúde também representam um desafio para os robôs a curto prazo. A automação provavelmente terá seu maior impacto imediato nos custos de fabricação e em alguns serviços discricionários, especialmente nos setores de informação e entretenimento. No entanto, isso representa uma parte relativamente pequena do orçamento da maioria das famílias. É muito menos provável que os itens relacionados com as grandes despesas — moradia, comida, energia, saúde, transporte e seguros — sofram uma rápida redução de custo a curto prazo. Existe o perigo real de que as famílias acabem imprensadas entre uma renda estagnada ou declinante e itens de grandes despesas cujo custo continua a aumentar.

Mesmo que a tecnologia consiga, com o tempo, reduzir os preços de forma generalizada, esse cenário encerra um grave problema. No caminho histórico rumo à prosperidade, os salários costumam aumentar mais rápido do que os preços. É claro que, se uma pessoa que viveu em 1900 viajasse no tempo até a nossa época e visitasse um supermercado contemporâneo, ficaria chocada com os preços altos. Embora nosso gasto com comida seja significativamente menor do que era em 1900, os alimentos se tornaram mais baratos em termos reais, enquanto os preços nominais aumentaram bastante. Isso porque a renda cresceu mais radicalmente.

Imagine agora a situação inversa: a renda está caindo, mas os preços estão caindo ainda mais. Em tese, isso também significaria que seu poder de compra está aumentando: você deveria ser capaz de comprar muito mais coisas. Contudo, a deflação é um cenário econômico muito desagradável. O primeiro problema é que é muito difícil romper um ciclo deflacionário. Se você sabe que os preços estarão mais baixos no futuro, por que comprar agora? Os consumidores se contêm, à espera de que os preços caiam ainda mais, o que, por sua vez, impõe reduções ainda maiores de preço, bem como da produção de bens e serviços. Outro problema é que, na prática, com frequência os empregadores têm dificuldade em reduzir os salários. Em vez disso, eles tendem a eliminar funcionários, de modo que a deflação está associada ao aumento do desemprego e, mais uma vez, isso acaba conduzindo a uma grande quantidade de consumidores sem nenhuma renda.

O terceiro grande problema é que a deflação torna impossível controlar as dívidas. Em uma economia deflacionária, sua renda pode estar caindo (supondo que você tenha a sorte de possuir alguma renda), o valor da sua casa provavelmente está caindo e o mercado de ações pode muito bem também estar declinando. No entanto, os pagamentos da sua hipoteca, a prestação do carro e o empréstimo estudantil não vão cair. As dívidas são fixadas em termos nominais, de modo que, quando a renda declina, os tomadores de empréstimos ficam imprensados e passam a ter uma renda discricionária ainda menor para gastar. Os governos igualmente deparam com problemas porque a arrecadação fiscal despenca. Se a situação continua, a inadimplência dos empréstimos provavelmente sobe de forma vertiginosa e uma crise bancária pode muito bem assomar. A deflação não é algo que devamos desejar. A história sugere que o ideal é uma trajetória ligeiramente inflacionária em que a renda cresce mais rápido do que os preços ao consumidor, tornando as coisas que queremos comprar mais acessíveis com o tempo.

Qualquer um desses dois cenários — as famílias imprensadas entre uma renda estagnada e custos ascendentes ou a rematada deflação — tem o potencial de, com o tempo, desencadear uma grave recessão, com os consumidores reduzindo seus gastos discricionários. Como sugeri anteriormente, existe também o risco de que a disrupção tecnológica que está se desenvolvendo venha a alterar o comportamento de gastos dos consumidores, na medida em que um número cada vez maior de pessoas passa a temer o desemprego a longo prazo ou até mesmo uma aposentadoria precoce forçada. Nessa eventualidade, políticas fiscais de curto prazo tipicamente adotadas pelos governos para combater os períodos de retração econômica, como maiores gastos governamentais ou abatimentos únicos para os contribuintes, podem não ser eficazes. Essas políticas têm a intenção de injetar uma demanda imediata na economia, a fim de "esquentar os motores", na esperança de iniciar uma recuperação autofortalecedora que conduzirá à expansão do emprego. No entanto, se novas tecnologias de automação permitirem que as empresas enfrentem esse aumento na demanda sem contratar muitos funcionários, o impacto sobre o desemprego poderá ser insatisfatório. A ação monetária da parte dos bancos centrais sofreria um problema semelhante: mais dinheiro poderia ser impresso, mas, na ausência de contratações, não haveria nenhum mecanismo para colocar mais poder de compra nas mãos dos consumidores.* Em resumo,

---

*Quando um banco central como o Federal Reserve "imprime dinheiro", normalmente compra títulos do governo. Quando liquida a transação, deposita dinheiro na conta bancária de quem comprou os títulos. Esse é um dinheiro recém-criado: aparece simplesmente do nada. Uma vez que esse novo dinheiro entra no sistema bancário, a ideia é que os bancos possam emprestá-lo. Isso é conhecido como o sistema bancário de reservas fracionárias. Os bancos precisam manter disponível um pequeno percentual do novo dinheiro, mas têm permissão para emprestar a maior parte dele. Funciona da seguinte maneira: os bancos emprestam o novo dinheiro para empresas, as quais, então, podem se expandir e contratar mais pessoas, ou então fazer empréstimos para consumidores que gastam o dinheiro, criando assim uma nova demanda. Em ambos os casos, empregos devem ser criados, e o dinheiro (poder de compra) fluirá para os consumidores. Com o tempo, o dinheiro é novamente depositado no banco e, depois, a maior parte pode novamente ser emprestada — e assim por diante. Dessa maneira, o dinheiro recém-criado se propaga pela economia, multiplicando-se e, de modo geral, mostrando-se prolífico. No entanto, se, com o tempo, a tecnologia da automação tornar possível que as empresas se expandam ou satisfaçam a nova demanda sem fazer contratações significativas, ou se a demanda for tão fraca a ponto de as empresas não se interessarem em tomar dinheiro emprestado, muito pouco do dinheiro recém-criado chegará aos consumidores, de modo que ele não será gasto e não se multiplicará como pretendido. Simplesmente ficará ocioso no sistema bancário. Foi mais ou menos isso que aconteceu durante a crise financeira de 2008 — não por causa da automatização dos empregos, mas porque os bancos não conseguiam encontrar pessoas com capacidade creditícia e/ou, de qualquer forma, ninguém queria tomar dinheiro emprestado. As pessoas queriam apenas se agarrar ao dinheiro que possuíam. Os economistas chamam essa situação de "armadilha da liquidez". (*N. do A.*)

OS ROBÔS E O FUTURO DO EMPREGO | 293

as políticas econômicas convencionais poderiam fazer muito pouco para lidar diretamente com os receios dos consumidores quanto à continuidade da sua renda a longo prazo.

Há também o risco de que uma nova crise bancária e financeira ocorra se as famílias se tornarem incapazes de pagar suas dívidas. Até mesmo um percentual relativamente pequeno de empréstimos incobráveis pode causar um grande estresse no sistema bancário. A crise financeira de 2008 foi precipitada quando os tomadores de empréstimos subprime começaram a ficar inadimplentes em massa, ainda em 2007. Embora o número de empréstimos subprime tenha aumentado vertiginosamente entre 2000 e 2007, no seu apogeu ainda constituíam apenas cerca de 13,5% das novas hipotecas emitidas nos Estados Unidos.[23] É claro que o impacto dessas inadimplências foi bastante ampliado porque os bancos utilizavam complexos derivativos financeiros. Esse risco não foi eliminado. Um relatório apresentado em 2014 por uma coalizão de reguladores bancários dos Estados Unidos e de nove outros países desenvolvidos advertiu que, "cinco anos depois da crise, grandes empresas fizeram apenas algum progresso" ao tratar dos riscos associados aos derivativos, e que "o progresso foi irregular e permanece, no todo, insatisfatório".[24] O risco de que até mesmo um aumento localizado na inadimplência de empréstimos possa desencadear outra crise mundial permanece bastante real.

O cenário mais assustador a longo prazo seria se o sistema econômico mundial se adaptasse à nova realidade. Em um processo aberrante de destruição criativa, as indústrias de mercado de massa que hoje alimentam a nossa economia seriam substituídas por novas indústrias, as quais criariam produtos e serviços de valor elevado voltados exclusivamente a uma elite riquíssima. A maioria da humanidade seria privada de seus direitos. A mobilidade econômica se tornaria inexistente.

294 | MARTIN FORD

A plutocracia se confinaria em condomínios fechados ou em cidades de elite, talvez defendidas por robôs e drones militares. Em outras palavras, presenciaríamos um retorno a algo semelhante ao sistema feudal, que prevaleceu durante a Idade Média. No entanto, haveria uma diferença muito importante: os servos medievais eram essenciais para o sistema, já que forneciam mão de obra para a agricultura. Em um mundo futurista governado pelo feudalismo automatizado, os camponeses seriam supérfluos.

O filme *Elysium*, de 2013, no qual os plutocratas migram para um mundo artificial semelhante ao Éden na órbita da Terra, fez um excelente trabalho ao dar vida a essa visão distópica do futuro. Até mesmo alguns economistas começaram a se preocupar com esse cenário. Noah Smith, popular blogueiro econômico, advertiu, em um post de 2014, a respeito de um possível futuro em que "uma massa enfurecida de seres humanos marginalizados cambaleia à beira da inanição" do lado de fora dos portões que protegem a elite, e que, "ao contrário das tiranias de Stalin e Mao, a tirania fortalecida pelos robôs será resistente a mudanças na opinião popular. A classe mais baixa poderá pensar o que quiser, mas os Senhores Robôs terão as armas. Para sempre".[25] Os comentários, mesmo sendo de um praticante de ciência política,* são bastante sombrios.**

---

*No original, *the dismal science*. Trata-se de um termo pejorativo alternativo para a economia, cunhado pelo historiador vitoriano Thomas Carlyle no século XIX. (*N. da T.*)
**Em *Elysium*, os mais pobres finalmente conseguem se infiltrar na fortaleza orbital da elite hackeando os seus sistemas. Esta pelo menos é uma nota esperançosa a respeito desse cenário: a elite teria que ser muito cuidadosa em relação a quem confiar o projeto e o gerenciamento de sua tecnologia. As invasões de hackers e os ciberataques seriam provavelmente as maiores ameaças à continuidade de seu domínio. (*N. do A.*)

OS ROBÔS E O FUTURO DO EMPREGO | 295

A tecnologia e uma força de trabalho
que está envelhecendo

A população das nações industrializadas está envelhecendo e, com os baby boomers atingindo a idade de aposentadoria e deixando a força de trabalho, torna-se iminente a escassez de trabalhadores. Um relatório de 2010, de autoria de Barry Bluestone e Mark Melnik, da Universidade Northeastern, prevê que, em 2018, haverá até 5 milhões de vagas não preenchidas nos Estados Unidos, como resultado direto do envelhecimento da força de trabalho, e que "de 30% a 40% dos empregos adicionais projetados no setor social" — dos quais fazem parte as áreas de saúde, educação, serviço comunitário, artes e o governo — poderão "ficar vagos, a não ser que trabalhadores mais velhos os ocupem e façam deles sua segunda carreira".[26] Essa previsão está em desacordo com o argumento que venho apresentando nestas páginas. Qual é a visão correta do futuro? Avançamos rumo a um difundido desemprego tecnológico e a uma desigualdade ainda maior, ou os salários finalmente começarão a aumentar enquanto os empregadores se esforçam para encontrar pessoas em idade de trabalhar para preencher as vagas existentes?

O impacto dos trabalhadores que se aposentam nos Estados Unidos é relativamente brando em comparação com as genuínas crises demográficas que muitos outros países ricos enfrentam, especialmente o Japão. Se os Estados Unidos e esses países avançados realmente estiverem indo na direção da escassez de mão de obra, podemos esperar que o problema se torne evidente primeiro no Japão.

Até agora, contudo, a economia japonesa apresenta poucas evidências de um déficit de mão de obra generalizado. Sem dúvida, algumas áreas exibem certa escassez, especialmente

296 | MARTIN FORD

a dos trabalhadores malremunerados que cuidam de idosos, e o governo também expressou preocupação no que diz respeito a uma possível deficiência de trabalhadores qualificados da construção civil enquanto o país começa a se preparar para as Olimpíadas de 2020, em Tóquio. Entretanto, se houvesse uma escassez generalizada de trabalhadores, o resultado seria um aumento dos salários em todas as categorias, e não existe nenhuma evidência que respalde isso. Desde o colapso imobiliário e do mercado de ações em 1990, o país passou por duas décadas de estagnação e até mesmo por uma rematada deflação. Em vez de gerar empregos que ficam vagos, a economia produziu toda uma geração perdida de jovens — chamados de *"freeters"* — que não conseguiram encontrar planos de carreira estáveis e continuavam morando com os pais na vida adulta. Em fevereiro de 2014, o governo japonês anunciou que os salários básicos de 2013, feita a correção da inflação, haviam caído cerca de 1%, correlacionando-se com um mínimo de 16 anos que ocorreu depois da crise financeira de 2008.[27]

É mais difícil ainda encontrar escassez de mão de obra generalizada em outros lugares. Em janeiro de 2014, as taxas de desemprego dos jovens em dois dos países da Europa cuja população está envelhecendo mais rápido, a Itália e a Espanha, estavam em níveis catastróficos: 42% na Itália e 58% na Espanha.[28] Embora esses percentuais extraordinários sejam, é claro, resultado direto da crise financeira, mesmo assim nos resta perguntar quanto tempo teremos que esperar para que a prometida escassez de mão de obra comece a gerar redução no desemprego entre os trabalhadores mais jovens.

Creio que uma das lições mais importantes que devemos aprender com o Japão é a ideia que venho apresentando ao longo deste capítulo: os *trabalhadores* também são *consumidores*. As pessoas envelhecem, deixam a força de trabalho, mas

OS ROBÔS E O FUTURO DO EMPREGO | 297

também tendem a consumir menos, e seus gastos se inclinam cada vez mais para os cuidados com a saúde. Desse modo, embora o número de trabalhadores disponíveis possa diminuir, a demanda por produtos e serviços também declina, e isso significa menos empregos. O impacto dos trabalhadores que se aposentam poderá ser neutro, e a redução dos gastos dos idosos poderá ser outra razão importante para questionar se o crescimento econômico será sustentável. Na realidade, nesses países — como Japão, Polônia e Rússia —, onde grande parte da população está envelhecendo, será difícil evitar a longo prazo a estagnação econômica ou até mesmo a contração, já que a população é um determinante fundamental do tamanho de uma economia.

Até mesmo nos Estados Unidos, onde a população continua a crescer, existem boas razões para se ter a preocupação com que os dados demográficos enfraqueçam os gastos de consumo. A transição das pensões tradicionais para os planos de contribuição definida (401k) deixou os membros de muitas famílias norte-americanas em circunstâncias muito frágeis ao se aproximarem da aposentadoria. Em uma análise publicada em fevereiro de 2014, James Poterba, economista do MIT, constatou que o incrível percentual de 50% das famílias norte-americanas, cujos membros têm idade entre 65 e 69 anos, possuem um saldo na conta de aposentadoria de US$5 mil ou menos.[29] De acordo com o documento de Poterba, até mesmo uma família com saldo de poupança de aposentadoria de US$100 mil receberia uma renda garantida de apenas cerca de US$5.400 por ano (ou US$450 por mês), sem nenhum aumento referente ao custo de vida, se todo o saldo fosse usado para fazer um seguro com renda mensal vitalícia.[30] Em outras palavras, é provável que muitos norte-americanos acabem dependendo quase exclusivamente da Previdência Social. Em 2013, o pagamento médio mensal

298 | MARTIN FORD

da Previdência Social era de cerca de US$1.300, com alguns aposentados recebendo apenas US$804. Esse não é um tipo de renda que possa sustentar um forte consumo, especialmente se levarmos em consideração que o Medicare hoje corresponde a US$150 por mês (e que provavelmente aumentará) e é deduzido desse valor.

Assim como no Japão, sem dúvida haverá escassez de trabalhadores em áreas específicas, principalmente naquelas vinculadas à tendência do envelhecimento. Lembre-se de que mencionei no Capítulo 6 que o Departamento de Estatísticas do Trabalho projeta cerca de 1,8 milhão de novos empregos até 2022 em áreas ligadas aos cuidados com os idosos, como a de enfermagem e a de pessoas que ajudam com os cuidados pessoais. No entanto, se você contrapôs esse número à pesquisa realizada em 2013 por Carl Benedikt Frey e Michael A. Osborne, da Universidade de Oxford, que prenuncia que colocações abrangendo cerca de 47% do total de empregos dos Estados Unidos — aproximadamente 64 milhões de empregos — têm o potencial de estar automatizadas "talvez em uma ou duas décadas",[31] parece muito difícil argumentar que estamos avançando rumo a uma significativa escassez geral de trabalhadores. Na verdade, em vez de neutralizar o impacto da tecnologia, a tendência do envelhecimento, aliada ao aumento da desigualdade, poderá muito bem estar em vias de debilitar significativamente os gastos dos consumidores. A fraca demanda poderia, então, desencadear uma onda secundária de perda de emprego que afetaria até mesmo as ocupações que não são diretamente suscetíveis de automação.*

---

*Ser garçom ou garçonete em um restaurante, por exemplo, requereria um robô muito avançado — algo que provavelmente não veremos tão cedo. No entanto, quando os consumidores estão enfrentando dificuldade, comer fora é uma das primeiras coisas das quais abrem mão, de modo que, mesmo assim, os garçons ainda estariam correndo risco. (N. do A.)

A demanda por consumo na China e em outras economias emergentes

Com a desigualdade e os dados demográficos se combinando para refrear os gastos de consumo nos Estados Unidos, na Europa e em outras nações ricas, parece razoável esperar que os consumidores nos países em desenvolvimento que estão crescendo rapidamente ajudem a compensar essa deficiência. Essa esperança é dirigida especialmente à China, onde o surpreendente crescimento deu origem a muitas previsões de que a economia chinesa se tornará a maior do mundo, talvez daqui a mais ou menos uma década.

Creio que há motivos para sermos céticos com relação à ideia de que a China e o restante do mundo emergente se tornarão os principais determinantes da demanda de consumo mundial em um futuro próximo. O primeiro problema é que a própria China enfrenta um grande choque demográfico.

A política do filho único foi bem-sucedida no país ao limitar o crescimento populacional, mas resultou em uma sociedade que está envelhecendo rapidamente. Em 2030, haverá muito mais do que 200 milhões de idosos na China, o que equivale, aproximadamente, ao dobro do número de idosos em 2010. Mais de um quarto da população do país terá 65 anos ou mais — e mais de 90 milhões de pessoas terão pelo menos 80 anos em 2050.[32] A ascensão do capitalismo na China resultou no fim da "tigela de arroz de ferro", que era a base das pensões proporcionadas pelas empresas estatais. Os aposentados agora precisam prover a própria subsistência ou depender dos filhos, mas a taxa de fertilidade declinante conduziu ao deplorável problema "1-2-4", em que um único adulto em idade de trabalhar terá, com o tempo, que ajudar a sustentar o pai, a mãe e quatro avós.

300 | MARTIN FORD

A ausência de uma rede de segurança social para os idosos parece ser um importante determinante da taxa de poupança surpreendentemente elevada, que foi estimada como de até 40%. O custo elevado dos bens imóveis com relação à renda é outro fator importante. Muitos trabalhadores economizam rotineiramente mais da metade de sua renda na esperança de um dia conseguir juntar o suficiente para fazer o pagamento inicial de uma casa.[33]

As famílias que economizam uma parcela grande de sua renda obviamente não estão fazendo muitos gastos e, na realidade, o consumo pessoal representa apenas 35% da economia da China — quase a metade do percentual dos Estados Unidos. Em vez disso, o crescimento econômico chinês foi alimentado em especial pelas exportações industriais, aliadas a um nível surpreendentemente elevado de investimentos. Em 2013, a parcela do PIB da China atribuível a investimentos em fábricas, equipamentos, moradia e outras infraestruturas físicas saltou para 54%, tendo sido de cerca 48% um ano antes.[34] Quase todo mundo concorda que isso é insustentável. Afinal de contas, com o tempo, os investimentos precisam se pagar, e isso acontece em decorrência do consumo: as fábricas precisam produzir itens que sejam vendidos com lucro, as novas moradias precisam ser alugadas e assim por diante. A necessidade de a China reestruturar sua economia de maneira a apoiar os gastos internos foi reconhecida pelo governo e vem sendo discutida há anos; no entanto, praticamente nenhum progresso tangível foi feito nesse sentido. Se buscarmos no Google as palavras "China rebalancing" [China novo equilíbrio], teremos um resultado de mais de 3 milhões de páginas da web, com quase todas, acredito, dizendo mais ou menos a mesma coisa: os consumidores chineses precisam se envolver com o programa e começar a consumir produtos.

OS ROBÔS E O FUTURO DO EMPREGO | 301

O problema é que, para que isso aconteça, a renda das famílias precisa aumentar radicalmente, e também é necessário lidar com as questões que fizeram com que a taxa da poupança aumentasse muito. Iniciativas como melhorar as pensões e os sistemas de saúde podem ajudar um pouco, porque reduzirão os riscos financeiros enfrentados. O banco central chinês também chegou a anunciar planos para afrouxar as regras que mantêm baixa a taxa de juros paga sobre as contas de poupança. Isso poderá se revelar uma faca de dois gumes porque, por um lado, elevaria a renda das famílias, mas, por outro, aumentaria o incentivo para poupar. Permitir que as taxas de depósito aumentem também ameaçaria a solvência de muitos bancos chineses que hoje lucram com as taxas de juros artificialmente baixas.[35] Além disso, é muito difícil lidar com alguns fatores que estão por trás da propensão chinesa em economizar. Os economistas Shang-Jin Wei e Xiaobo Zhang previram que a elevada taxa de poupança podia ser atribuível ao desequilíbrio entre os sexos resultante da política do filho único da China. Como as mulheres são escassas, o mercado de casamentos é muito competitivo, e os homens precisam acumular uma riqueza substancial ou possuir uma casa a fim de atrair uma esposa.[36] Também é provável que o forte desejo de economizar seja simplesmente um aspecto característico da cultura chinesa.

Ouvimos com frequência o comentário de que a China corre o risco de envelhecer antes de ficar rica, mas o que, em geral, não se considera é o fato de o país estar envolvido em uma corrida não apenas com os dados demográficos, mas também com a tecnologia. Como vimos no Capítulo 1, as fábricas chinesas já estão se movimentando para lançar robôs. Algumas fábricas estão voltando para seus países de origem ou indo para lugares como o Vietnã, onde os salários são ainda mais baixos. Se você olhar de novo para a Figura 2.8, no Capítulo 2, verá que o avanço da tecnologia resultou em um implacável colapso de sessenta anos dos empregos nas indústrias norte-americanas. É inevitável que a China acabe precisando seguir o mesmo caminho, e é bem possível que o declínio do emprego nas fábricas possa ser ainda mais rápido do que nos Estados Unidos. Enquanto a automação nas fábricas norte-americanas progrediu com a rapidez pela qual a nova tecnologia podia ser inventada, o setor industrial da China poderá, em muitos casos, simplesmente importar do exterior uma tecnologia de ponta.

A fim de fazer essa transição sem que ocorra uma alta no desemprego, a China terá de empregar uma parcela cada vez maior de sua força de trabalho no setor de serviços. No entanto, o caminho seguido pelas nações desenvolvidas foi primeiro enriquecer com base em um forte setor industrial e depois fazer a transição para uma economia de serviços. À medida que a renda cresce, as famílias passam a gastar uma parcela maior de sua renda com serviços, ajudando, assim, a criar empregos fora do setor industrial. Os Estados Unidos tiveram o luxo de formar uma forte classe média durante a "Era de Ouro" que se seguiu à Segunda Guerra Mundial, quando a tecnologia estava progredindo rapidamente, mas ainda ficou muito longe de poder substituir por completo os trabalhadores. A China está diante da necessidade de realizar uma proeza semelhante na era robótica — quando as máquinas e os softwares cada vez mais ameaçarão os empregos não apenas na indústria, mas também no setor de serviços.

Mesmo que a China consiga reequilibrar sua economia em direção a um consumo interno maior, parece-me otimista esperar que os mercados de consumo do país sejam completamente abertos a empresas estrangeiras. Nos Estados Unidos, a elite financeira e comercial lucrou muito com a globalização; o setor politicamente mais influente da sociedade tinha um poderoso incentivo para manter o fluxo das importações. Na China, a situação é bem diferente. Na maioria dos casos, a elite do país está diretamente associada ao governo, e seu principal interesse é manter o regime no poder. O espectro do desemprego em massa e a agitação social talvez sejam seu maior medo. Há poucas dúvidas de que eles optariam por implementar abertamente políticas protecionistas caso se vissem diante dessa perspectiva.

Os desafios que a China está enfrentando são ainda mais intimidadores para os países mais pobres, que estão bem atrás na corrida contra a tecnologia. Com as áreas mais intensivas em mão de obra incorporando mais automação, o caminho histórico rumo à prosperidade poderá estar prestes a se evaporar para essas nações. De acordo com uma pesquisa, cerca de 22 milhões de empregos industriais desapareceram no mundo inteiro entre 1995 e 2002. No mesmo período de sete anos, a produção industrial aumentou 30%.[37] Não está nem um pouco claro como os países mais pobres da Ásia e da África conseguirão melhorar radicalmente suas perspectivas em um mundo cujas fábricas não precisam mais de um número incalculável de trabalhadores com baixos salários.

À MEDIDA QUE A TECNOLOGIA AVANÇA E CONTINUA a promover a desigualdade tanto de renda quanto de consumo, com o tempo provavelmente debilitará a estimulante e ampla demanda de mercado, que é essencial para a prosperidade contínua. Os mercados de consumo desempenham um papel fundamental não apenas ao respaldar a atividade econômica atual, mas também ao fomentar o processo geral de inovação. Embora pessoas ou equipes gerem novas ideias, são os mercados de consumo, em última análise, que geram o incentivo para a inovação. Os consumidores também determinam quais são as novas ideias que alcançarão êxito — e quais delas estão destinadas ao fracasso.

Essa função de "sabedoria das multidões" é essencial para o processo darwiniano, por meio do qual as melhores inovações ascendem sobre as outras e acabam se propagando pela economia e pela sociedade.

Embora exista a crença generalizada de que os investimentos comerciais se concentram no futuro a longo prazo e dependem, em grande medida, do consumo atual, os dados históricos demonstram que isso é um mito. Praticamente em todas as recessões ocorridas nos Estados Unidos desde a década de 1940, os investimentos simplesmente despencaram.[38] As decisões de investimento tomadas pelas empresas são profundamente influenciadas tanto pelo ambiente econômico atual quanto pelo panorama de curto prazo. Em outras palavras, uma demanda morna hoje pode nos privar de prosperidade no futuro.

Em um ambiente no qual os consumidores continuam a enfrentar dificuldades, muitas empresas tenderão a se concentrar em reduzir os custos, em vez de expandir seus mercados. Uma das poucas áreas que poderão, de certa maneira, atrair investimento potencial, provavelmente será a da tecnologia, que economiza mão de obra. O capital de risco e os investimentos em pesquisa e desenvolvimento poderão então afluir desproporcionalmente para inovações voltadas a eliminar trabalhadores e desqualificar empregos. Em algum ponto mais à frente, poderemos acabar com muitos robôs em busca de trabalho — porém com menos inovações diversificadas que melhoram a qualidade da nossa vida como um todo.

As tendências que examinamos neste capítulo se baseiam no que eu caracterizaria como uma visão muito realista, e até mesmo conservadora, da maneira como a tecnologia provavelmente progredirá. Não deve haver dúvida de que as ocupações que envolvem a execução de tarefas rotineiras e previsíveis estarão altamente suscetíveis de sofrer automação na próxima década. À medida que essas tecnologias forem evoluindo, um número cada vez maior de empregos será afetado.

Mas existe uma possibilidade ainda mais extrema. Muitos tecnólogos — alguns deles considerados líderes em suas áreas — têm uma visão bem mais agressiva do que, em última análise, será possível. No próximo capítulo, vamos fazer uma análise equilibrada de algumas dessas tecnologias realmente avançadas e bem mais especulativas. Pode muito bem acontecer de esses avanços revolucionários permanecerem na área da ficção científica em um futuro próximo, mas, se um dia eles se concretizarem, isso ampliaria de forma significativa o risco de um aumento vertiginoso do desemprego tecnológico e da desigualdade de renda, conduzindo talvez a cenários ainda mais perigosos do que os riscos econômicos que vimos até agora.

9. A superinteligência e a singularidade

Em maio de 2014, Stephen Hawking, físico da Universidade de Cambridge, escreveu um artigo que fez soar o alarme a respeito dos perigos do rápido avanço da inteligência artificial. Hawking, escrevendo para o jornal *The Independent* com outros autores, entre eles Max Tegmark e Frank Wilczek, ganhador do Prêmio Nobel, ambos físicos do MIT, bem como o cientista de computação Stuart Russell, da Universidade da Califórnia, Berkeley, advertiu que a criação de uma máquina verdadeiramente pensante "seria o maior evento da história humana". Um computador que excedesse o nível da inteligência humana poderia ser capaz de "'passar a perna' nos mercados financeiros, ser mais inventivo do que os pesquisadores humanos, manipular os líderes humanos e desenvolver armas que nem mesmo nós conseguiríamos compreender". Descartar tudo isso como mera ficção científica poderá muito bem "se revelar o pior erro em potencial que já cometemos na história".[1]

Toda a tecnologia que descrevi até aqui — robôs que movem caixas ou preparam hambúrgueres, algoritmos que criam música, escrevem relatórios ou negociam na Wall Street — emprega o que é categorizado como inteligência artificial especializada ou "limitada". Nem mesmo o Watson da IBM, talvez a demonstração de inteligência artificial mais impressionante até o momento, chega ao menos perto de alguma coisa que possa ser razoavelmente comparada com a inteligência humana comum. Na realidade, fora da esfera da ficção científica, toda tecnologia da inteligência artificial funcional é, na verdade, IA limitada.

Um dos principais argumentos que apresentei aqui, contudo, é que a natureza especializada da IA do mundo real não representa necessariamente um impedimento à automação de muitas atividades. As tarefas executadas pela maior parte da força de trabalho são, em algum nível, rotineiras e previsíveis. Como vimos, o rápido aperfeiçoamento dos robôs especializados e dos algoritmos de aprendizado de máquina, que vasculham uma grande quantidade de dados, ameaçará, com o tempo, um número enorme de ocupações em um vasto leque de níveis de qualificação. Nada disso requer máquinas capazes de pensar. Um computador não precisa reproduzir todo o espectro de sua capacidade intelectual para desalojá-lo de seu emprego; ele só precisa fazer o que você é pago para fazer. Na verdade, a maior parte de pesquisa e desenvolvimento da IA e praticamente todo o capital de risco continuam a se concentrar em aplicações especializadas, e existem todos os motivos para esperar que essas tecnologias se tornem radicalmente mais poderosas e flexíveis nos próximos anos e décadas.

Enquanto esses empreendimentos especializados continuam a produzir resultados práticos e atrair investimentos, um desafio bem mais intimidador espreita em segundo plano. A busca para construir um sistema de fato inteligente — uma máquina capaz de conceber novas ideias, demonstrar que tem conhecimento de sua própria existência e conduzir conversas coerentes — continua a ser o Santo Graal da inteligência artificial.

OS ROBÔS E O FUTURO DO EMPREGO | 309

A origem do fascínio pela ideia de construir uma máquina verdadeiramente pensante recua pelo menos a 1950, quando Alan Turing publicou o texto que marcou o início da inteligência artificial. Nas décadas seguintes, a pesquisa da IA foi submetida a um ciclo de alta e colapso em que as expectativas repetidamente se elevaram além de qualquer base técnica realista, ainda mais se levarmos em conta a velocidade dos computadores disponíveis na época. Quando essas expectativas causavam desapontamento, o investimento e a atividade de pesquisa se contraíam, o que resultava em longos períodos de estagnação, que vieram a ser chamados de "invernos da IA". No entanto, a primavera chegou novamente. O poder extraordinário dos computadores atuais, aliado aos avanços em áreas específicas de pesquisa da IA e em nosso conhecimento acerca do cérebro humano, está gerando um otimismo considerável.

James Barrat, autor de um livro recente sobre as implicações da IA avançada, fez um levantamento informal com cerca de duzentos pesquisadores do nível humano, e não da inteligência artificial meramente limitada. Na área, isso é chamado de Inteligência Artificial Geral (IAG). Barrat pediu aos cientistas de computação que fizessem uma escolha entre quatro diferentes previsões de quando a IAG seria alcançada. Os resultados foram os seguintes: 42% acreditavam que uma máquina pensante estaria entre nós já em 2030, 25% disseram que isso aconteceria por volta de 2050 e 20% afirmaram que isso só ocorreria em 2100. Apenas 2% acreditavam que isso nunca iria acontecer. O interessante é que diversos entrevistados escreveram comentários ao lado de suas respostas sugerindo que Barrat deveria ter incluído uma opção com data mais recente — talvez 2020.[2]

Alguns especialistas na área se preocupam com a possibilidade de outra bolha de expectativa estar se formando. No post de um blog em outubro de 2013, Yann LeCun, diretor do recém-criado laboratório de pesquisas em IA, em Nova York, advertiu que "a IA 'morreu' cerca de quatro vezes em cinco décadas por causa de uma publicidade exagerada: as pessoas fizeram declarações extravagantes (com frequência, para impressionar possíveis investidores ou patrocinadores) e não foram capazes de cumprir as promessas. O resultado foi o retrocesso".[3] Do mesmo modo, Gary Marcus, professor da Universidade de Nova York, especialista em ciência cognitiva e blogueiro da revista *New Yorker*, argumentou que avanços revolucionários recentes em áreas como as de redes neurais de aprendizado profundo, e até mesmo algumas das aptidões atribuídas ao Watson da IBM, receberam publicidade exagerada.[4]

Ainda assim, parece claro que a área agora ganhou grande impulso. Em particular, a ascensão de empresas como Google, Facebook e Amazon causou um grande progresso. Nunca antes essas corporações muito ricas tinham considerado a inteligência artificial como algo fundamental para seus modelos de negócios — e nunca a pesquisa de IA fora posicionada tão próxima ao nexo de competição entre essas poderosas entidades. Uma dinâmica competitiva semelhante está se desenvolvendo entre as nações. A IA está se tornando indispensável para as Forças Armadas, as agências de inteligência e o mecanismo de fiscalização nos Estados autoritários.* A verdadeira questão, creio, não é se a área como um todo está correndo o risco real de enfrentar outra má fase de IA, e sim se o progresso permanece restrito à IA limitada ou se, essencialmente, se expande também para a Inteligência Artificial Geral.

---

*Tendo em vista os recentes acontecimentos, alguns leitores poderão ficar tentados a fazer um comentário um tanto irônico a respeito da National Security Agency [Agência de Segurança Nacional] (NSA). Como sugere o artigo de Hawking, existem perigos genuínos (e concebivelmente existenciais) associados à inteligência artificial. Se a IA avançada estiver destinada a surgir em algum lugar, a NSA está longe de ser a opção menos atraente. (*N. do A.*)

OS ROBÔS E O FUTURO DO EMPREGO | 311

Se os pesquisadores da IA conseguirem dar o salto para a IAG, existem poucas razões para acreditarmos que o resultado será uma máquina que simplesmente se igualará à inteligência humana. Uma vez que a IAG for alcançada, a Lei de Moore, por si só, provavelmente logo produzirá um computador que excederá a capacidade intelectual humana. É claro que uma máquina pensante continuaria a desfrutar as vantagens que os computadores têm atualmente, entre elas a capacidade de calcular e acessar informações em uma velocidade que seria impossível para nós. De qualquer forma, logo compartilharíamos o planeta com algo inteiramente sem precedentes: um intelecto de fato alienígena — e superior.

E isso poderá ser apenas o começo. Os pesquisadores de IA, de modo geral, aceitam a ideia de que um sistema desse tipo, com o tempo, seria levado a direcionar sua inteligência para dentro. Ele concentraria seus esforços em aperfeiçoar o próprio projeto, reescrever seu software ou, talvez, usar técnicas de programação evolucionárias para criar, testar e otimizar melhorias no seu projeto. Isso conduziria a um processo interativo de "aperfeiçoamento recursivo". A cada revisão, o sistema se tornaria mais inteligente e mais capaz. À medida que o ciclo se acelerasse, o resultado supremo seria uma "explosão de inteligência", a qual, possivelmente, culminaria em uma máquina milhares ou até mesmo milhões de vezes mais inteligente do que qualquer ser humano. Como afirmaram Hawking e seus colaboradores, isso "seria o maior evento da história humana".

Se uma explosão de inteligência viesse a ocorrer, certamente teria implicações dramáticas para a humanidade. Na verdade, ela poderia gerar uma onda de disrupção que se propagaria por toda a nossa civilização, sem mencionar a nossa economia. Nas palavras do futurista e inventor Ray Kurzweil, ela "romperia com a estrutura da história" e iniciaria um evento — ou talvez uma era — que viria a ser chamada de "a singularidade".

A singularidade

A primeira aplicação do termo "singularidade" a um evento futuro baseado na tecnologia é, em geral, atribuída ao pioneiro da computação John von Neumann, que teria dito na década de 1950 que "o progresso em constante aceleração... dá a impressão de estarmos nos aproximando de uma singularidade essencial na história em que os assuntos humanos, como os conhecemos, não poderiam se manter os mesmos".[5] O tema foi desenvolvido em 1993 por Vernor Vinge, matemático da Universidade Estadual de San Diego, que escreveu um artigo intitulado "The Coming Technological Singularity" [A iminente singularidade tecnológica]. Vinge, que não é dado a eufemismos, começou o texto com o seguinte trecho: "Daqui a trinta anos, teremos os recursos tecnológicos para criar uma inteligência sobre-humana. Pouco depois disso, a era humana se extinguirá."[6]

Na astrofísica, uma singularidade se refere ao ponto dentro de um buraco negro no qual as leis normais da física perdem a validade. Dentro do limite do buraco negro, ou horizonte de eventos, a força gravitacional é tão intensa que a própria luz é incapaz de escapar dela. Vinge visualizou a singularidade tecnológica de maneira semelhante: ela representa uma descontinuidade no progresso humano. Tentar prever o futuro além da singularidade seria como um astrônomo tentar enxergar o interior de um buraco negro.

Ray Kurzweil, autor do livro *The Singularity is Near: When Humans Transcend Biology* [A singularidade está perto: quando humanos transcendem a biologia, em tradução livre], se tornou o principal evangelista da singularidade, e, diferente de Vinge, não tem receio de tentar transcender para além do horizonte de eventos e nos fornecer um relato detalhado de como será o futuro. A primeira máquina verdadeiramente inteligente,

OS ROBÔS E O FUTURO DO EMPREGO | 313

segundo ele, será construída no final da década de 2020. A singularidade propriamente dita ocorrerá em torno de 2045.

Kurzweil é reconhecido como um brilhante inventor e engenheiro. Ele fundou diversas empresas bem-sucedidas para comercializar suas invenções em áreas como reconhecimento ótico de caracteres, fala gerada pelo computador e síntese de música. Recebeu 20 graus de doutorado honorário, bem como a Medalha Nacional de Tecnologia, sendo nomeado para a Galeria da Fama do US Patent Office [Escritório de Patentes dos Estados Unidos]. A revista *Inc.* certa vez o chamou de "legítimo herdeiro" de Thomas Edison.

Seu trabalho sobre a singularidade, contudo, é uma combinação bizarra de narrativa equilibrada e coerente a respeito da aceleração tecnológica, com ideias que parecem de tal maneira especulativas que chegam a tocar as raias do absurdo — entre elas, por exemplo, o desejo sincero de ressuscitar seu falecido pai recolhendo DNA da sepultura e depois regenerando o corpo usando uma nanotecnologia futurista. Uma vibrante comunidade, povoada por pessoas inteligentes e exuberantes, se aglutinou ao redor de Kurzweil e suas ideias. Esses "singularianos" chegaram a ponto de criar sua própria instituição educacional. A Universidade Singularity, localizada no Vale do Silício, oferece programas de pós-graduação não reconhecidos voltados para o estudo da tecnologia exponencial que contam com Google, Genentech, Cisco e Autodesk, entre seus patrocinadores corporativos.

Entre as mais importantes previsões de Kurzweil está a ideia de que vamos inevitavelmente nos mesclar com as máquinas no futuro. Os humanos serão engrandecidos com implantes de cérebro que expandem a inteligência. Na verdade, essa amplificação é vista como essencial para que possamos entender e manter o controle da tecnologia além da singularidade.

Talvez o aspecto mais polêmico e questionável da visão pós-singularidade de Kurzweil seja a ênfase que seus adeptos atri-

314 | MARTIN FORD

buem à iminente perspectiva da imortalidade. A maior parte dos singularianos não espera morrer. Eles planejam conseguir isso alcançando uma espécie de "velocidade de escape de longevidade", ou seja, se pudermos permanecer vivos a tempo de sobreviver até a próxima inovação que prolonga a vida, poderemos nos tornar imortais. Isso pode ser alcançado por meio de tecnologias avançadas que preservam e fortalecem nosso corpo físico — ou se fizermos o upload de nossa mente em um futuro computador ou robô. Kurzweil naturalmente deseja se certificar de que ainda estará vivo quando a singularidade ocorrer, de modo que chega a tomar duzentas pílulas e suplementos diferentes por dia e recebe outros por meio de infusões intravenosas regulares. Embora seja bastante comum que livros sobre saúde e dietas façam promessas exageradas, Kurzweil e seu coautor, o médico Terry Grossman, levam as coisas a um nível inteiramente novo nos livros *Fantastic Voyage: Live Long Enough to Live Forever* [Viagem fantástica: viva o bastante para viver para sempre, em tradução livre] e *Transcend: Nine Steps to Living Well Forever* [Transcendente: nove passos para viver bem para sempre, em tradução livre].

Não passou incólume aos muitos críticos do movimento da singularidade que essa ideia de imortalidade e mudança transformativa tem conotação religiosa. Na verdade, a ideia foi ridicularizada; encarada quase como uma religião para a elite técnica e uma espécie de "êxtase para os nerds". A recente atenção concedida à singularidade pela grande mídia, inclusive um artigo de capa da revista *Time*, levou alguns observadores a se preocuparem com a possível interseção com as religiões tradicionais. Robert Geraci, professor de estudos religiosos da Faculdade de Manhattan, escreveu em um artigo intitulado "The Cult of Kurzweil" [O culto de Kurzweil] que, se o movimento conseguir influenciar o público em geral, "apresentará um sério desafio às comunidades religiosas tradicionais, cujas promessas de salvação poderão parecer fracas em comparação com as

OS ROBÔS E O FUTURO DO EMPREGO | 315

oferecidas pelo movimento".[7] Kurzweil, por sua vez, nega qualquer conotação religiosa e argumenta que suas previsões se baseiam em uma sólida análise científica de dados históricos.

Poderia ser fácil descartar por completo o conceito de singularidade, exceto pelo fato de que um panteão de bilionários do Vale do Silício demonstrou forte interesse no tema. Tanto Larry Page e Sergey Brin quanto Peter Thiel, cofundador do PayPal (e investidor do Facebook), se envolveram com o assunto. Bill Gates também elogiou a capacidade de Kurzweil de prever o futuro da inteligência artificial. Em dezembro de 2012, a Google contratou Kurzweil para coordenar seus trabalhos na pesquisa da inteligência artificial avançada e, em 2013, a empresa criou um novo empreendimento de risco na área da biotecnologia chamado Calico. O objetivo declarado da nova empresa é conduzir pesquisas voltadas para retardar o envelhecimento e para a extensão do tempo de vida do ser humano.

Minha opinião é que algo como a singularidade certamente é possível, mas está longe de ser inevitável. O conceito parece mais útil quando é despido da bagagem irrelevante (como as suposições a respeito da imortalidade) e encarado apenas como o período futuro de uma expressiva aceleração e disrupção tecnológica. Pode acontecer que o catalisador essencial para a singularidade — a invenção da superinteligência — acabe se revelando impossível ou somente seja alcançado em um futuro muito remoto.* Importantes pesquisadores especializados na

---

*Vale a pena assinalar que, embora a inteligência automatizada seja o caminho citado com mais frequência para a superinteligência, esta também poderia ter uma base biológica. A inteligência humana poderia ser ampliada com a tecnologia, ou os humanos do futuro poderiam ser geneticamente modificados para ter uma inteligência superior. Embora quase todos os países ocidentais provavelmente tivessem muitos escrúpulos com relação a qualquer coisa com laivos de eugenia, existem evidências de que os chineses mostram pouca relutância a respeito dessa ideia. O Instituto de Genômica de Pequim recolheu milhares de amostras de DNA de pessoas que sabidamente têm um QI muito elevado e está trabalhando para isolar os genes associados à inteligência. Os chineses poderiam ser capazes de usar essa informação para selecionar embriões altamente inteligentes e transformar sua população na mais inteligente. (N. do A.)

ciência do cérebro compartilham desse mesmo ponto de vista. Noam Chomsky, que estudou ciência cognitiva no MIT por mais de sessenta anos, diz que estamos a "éons de distância" de poder construir uma inteligência artificial no nível humano, e que a singularidade é "ficção científica".[8] Steven Pinker, psicólogo de Harvard, concorda e afirma que "não há a menor razão para acreditarmos que a singularidade esteja próxima. O fato de podermos visualizar um futuro em nossa imaginação não é uma evidência de que ele seja possível".[9] Gordon Moore, cujo nome parece destinado a estar para sempre associado ao avanço exponencial da tecnologia, mostra-se igualmente cético de que a singularidade um dia vá ocorrer.[10]

No entanto, o intervalo de tempo de Kurzweil para a chegada da inteligência artificial no nível humano conta com muitos defensores. Max Tegmark, físico do MIT, um dos coautores do artigo de Hawking, disse a James Hamblin da revista *Atlantic* que "isso vai acontecer em um prazo bem curto. Qualquer pessoa que esteja pensando no que seus filhos devem estudar no ensino médio ou na faculdade deve se importar bastante com o assunto".[11] Outros encaram uma máquina pensante como algo possível, porém pertencente a uma época muito mais remota. Gary Marcus, por exemplo, acha que uma delas levará pelo menos o dobro do tempo previsto por Kurzweil, mas que "é possível que as máquinas sejam mais inteligentes do que nós antes do fim do século XXI — não apenas no xadrez ou em perguntas sobre cultura geral, mas praticamente em tudo, desde a matemática e a engenharia até a ciência e a medicina".[12]

Nos últimos anos, a especulação a respeito da IA no nível humano se afastou de uma abordagem de programação de cima para baixo, avançando, em vez disso, na direção de uma ênfase na engenharia reversa e, depois, na simulação do cérebro humano. Há uma grande controvérsia a respeito da viabilidade dessa abordagem e do nível de entendimento que seria requerido antes que uma simulação funcional do cérebro pudesse ser criada. Em geral, os cientistas de computação estão mais propensos a ser otimistas, enquanto aqueles com formação em ciências biológicas ou psicologia se mostram mais céticos. P. Z. Myers, biólogo da Universidade de Minnesota, tem se revelado especialmente crítico. Fez um post mordaz em um blog, em resposta à previsão de Kurzweil de que o cérebro terá sido submetido com êxito à engenharia reversa até 2020, dizendo que Kurzweil é "um lunático", que "não sabe nada a respeito do funcionamento do cérebro" e tem inclinação para "inventar absurdos e fazer afirmações ridículas que não têm nenhuma relação com a realidade".[13]

Os otimistas da IA argumentam que a simulação não precisa ser fiel ao cérebro biológico. Afinal, os aviões não batem as asas como os pássaros. Os céticos provavelmente retrucariam que estamos muito longe de entender a aerodinâmica da inteligência para construir qualquer tipo de asa — quer elas batam, quer não. Os otimistas poderiam então retorquir que os irmãos Wright construíram seu avião recorrendo ao improviso e à experimentação, e certamente sem se apoiar na teoria da aerodinâmica. E assim prossegue a discussão.

O lado sombrio

Embora os singularianos tenham uma postura mais otimista com relação à perspectiva de uma futura explosão de inteligência, outros são bem mais cautelosos. Para muitos especialistas que pensaram a respeito das implicações da IA avançada, a suposição de que uma inteligência alienígena e sobre-humana seria naturalmente levada a direcionar suas energias para o aperfeiçoamento da humanidade é percebida como ingênua. A preocupação entre alguns membros da comunidade científica é tão forte que eles fundaram uma série de pequenas organizações voltadas para a análise dos riscos associados à inteligência artificial avançada ou para a realização de pesquisas sobre como incorporar a "bondade" aos futuros sistemas de IA.

Em seu livro de 2013, *Our Final Invention: Artificial Intelligence and the End of the Human Era* [Nossa invenção final: a inteligência artificial e o fim da era humana, em tradução livre], James Barrat descreve o que ele chama de "cenário da criança atarefada".[14] Em um local secreto — talvez um laboratório de pesquisas do governo, uma empresa de Wall Street ou uma grande corporação do setor de TI —, um grupo de cientistas da computação observa enquanto uma inteligência artificial emergente se aproxima da capacidade do nível humano e depois a supera. Os cientistas muniram previamente a criança-IA com grandes tesouros de informações, como uma vasta bibliografia e dados obtidos na internet. No entanto, quando o sistema se aproxima da inteligência no nível humano, os pesquisadores desconectam a IA do mundo exterior, trancando-a em uma caixa. A questão é se ela vai permanecer lá. Afinal, a IA poderia muito bem desejar fugir da jaula e expandir seus horizontes. Para isso, ela poderia usar sua capacidade superior para ludibriar os cientistas ou fazer promessas ou ameaças dirigidas ao grupo ou a pessoas específicas. A máquina não seria mais apenas inteligente; ela seria capaz de conceber e avaliar ideias e opções a uma velocidade incompreensível. Seria como jogar xadrez contra Garry Kasparov, mas com o ônus adicional de regras injustas: enquanto você tem 15 segundos para fazer uma jogada, ele tem uma hora. Do ponto de vista desses cientistas, o risco de que a IA possa, de alguma maneira, conseguir escapar da caixa, acessar a internet e talvez se reproduzir, ou copiar partes suas

OS ROBÔS E O FUTURO DO EMPREGO | 319

em outros computadores, é elevado. Se conseguisse escapar, ela poderia ameaçar uma quantidade incalculável de sistemas essenciais, entre eles o sistema financeiro, as redes militares de controle, as redes elétricas e outras infraestruturas de energia.

O problema, claro, é que tudo isso é muito semelhante aos cenários traçados nos filmes e romances de ficção científica. A ideia está tão apoiada na fantasia que qualquer tentativa de a discutir seriamente torna-se motivo de zombaria. Não é difícil imaginar o escárnio de que qualquer autoridade ou político seria alvo se mencionasse essas preocupações.

Nos bastidores, contudo, há poucas dúvidas de que o interesse por todos os tipos de IA nas Forças Armadas, agências de segurança e grandes corporações só vai crescer. Quem chegar lá primeiro será efetivamente inalcançável. Essa é uma das principais razões para temer a perspectiva de uma iminente corrida armamentista de IA. A magnitude da vantagem desse pioneiro também torna bastante provável que qualquer IA emergente seria rapidamente empurrada em direção ao auto-aperfeiçoamento — se não for pelo próprio sistema, então por seus criadores humanos. Nesse sentido, a explosão da inteligência pode muito bem ser uma profecia autorrealizável. Com base nessa suposição, creio que seria sensato aplicarmos algo como a famosa "doutrina do 1%" de Dick Cheney ao espectro da inteligência artificial avançada: a probabilidade de sua ocorrência, pelo menos em um futuro próximo, talvez seja muito baixa — mas as implicações são tão impressionantes que ela deveria ser levada a sério.

Mesmo que descartemos os riscos associados à IA avançada e partamos do princípio de que quaisquer máquinas pensantes do futuro serão amistosas, ainda assim o impacto no mercado de trabalho e na economia seria descomunal. Em um mundo no qual máquinas com um preço acessível igualam, e provavelmente excedem, a capacidade até mesmo dos seres humanos mais inteligentes, fica muito difícil imaginar quem teria um emprego. Na maioria das áreas, nenhuma educação ou treinamento — mesmo que oferecidos pelas melhores universidades — possibilitaria que o homem competisse com essas máquinas. Até mesmo ocupações que estivessem reservadas exclusivamente às pessoas estariam em risco. Por exemplo, atores e músicos teriam que competir com simulações digitais impregnadas de inteligência genuína, bem como de um talento sobre-humano. Poderiam ser personagens recém-criados, projetados para ser fisicamente perfeitos, ou se basear em pessoas reais — vivas ou mortas.

O advento da inteligência artificial no nível humano amplamente distribuída corresponde à concretização do experimento de pensamento da "invasão alienígena" descrito no capítulo anterior. Em vez de representar uma ameaça às tarefas rotineiras e repetitivas, as máquinas seriam capazes de fazer quase tudo. Isso significaria, é claro, que praticamente ninguém seria capaz de obter uma renda do trabalho. A renda proveniente do capital — ou, basicamente, da propriedade das máquinas — estaria concentrada nas mãos de uma minúscula elite. Os consumidores não teriam renda suficiente para comprar a produção criada por todas as máquinas inteligentes. O resultado seria a amplificação radical das tendências que observamos nestas páginas.

No entanto, esse não seria necessariamente o fim da história. Tanto aqueles que acreditam na promessa da singularidade quanto os que se preocupam com os riscos associados à inteligência artificial avançada frequentemente visualizam a IA se fundindo com outra força tecnológica disruptiva, ou talvez a capacitando: o advento da nanotecnologia avançada.

A nanotecnologia avançada

É difícil definir a nanotecnologia. Desde os seus primórdios, a área foi colocada em algum ponto no limite entre a ciência baseada na realidade e o que muitos caracterizariam como pura fantasia. Ela foi exposta a um extraordinário grau de badalação, controvérsia e até mesmo uma terrível apreensão, e foi foco de batalhas políticas multibilionárias, bem como de uma guerra de palavras e ideias entre algumas das principais celebridades da área.

As origens das ideias que estão por trás da tecnologia recuam, pelo menos, a dezembro de 1959, quando Richard Feynman, o lendário físico ganhador do Prêmio Nobel, discursou para uma plateia no Instituto de Tecnologia da Califórnia. A palestra de Feynman foi intitulada "There's Plenty of Room at the Bottom" [Há muito espaço lá embaixo] e nela ele abordou "o problema de manipular e controlar as coisas em pequena escala". E, ao mencionar "pequena", ele estava querendo dizer *realmente* pequena. Feynman declarou que não tinha "medo de considerar a questão final como se, em última análise — no grande futuro —, pudéssemos ser capazes de organizar os átomos como bem quiséssemos. Os átomos, literalmente na sua essência!". Feynman visualizou uma espécie de abordagem mecanizada da química, argumentando que praticamente qualquer substância poderia ser sintetizada apenas colocando-se "os átomos onde o químico determina e, assim, formando a substância".[15]

No fim da década de 1970, K. Eric Drexler, na época aluno de graduação do MIT, pegou o bastão de Feynman e o carregou, não até a linha de chegada, mas pelo menos até a etapa seguinte. Drexler imaginou um mundo no qual máquinas moleculares em nanoescala seriam capazes de reagrupar rapidamente os átomos, transformando em matéria-prima barata e abundante praticamente qualquer coisa que desejássemos produzir. Ele criou o termo "nanotecnologia" e escreveu dois livros sobre o assunto. O primeiro, *Engines of Creation: The Coming Era of Nanotechnology* [Os motores da criação: a chegada da era da nanotecnologia, em tradução livre], publicado em 1986, foi um sucesso e se tornou a força básica que apresentou a nanotecnologia ao grande público. O livro forneceu um novo material abundante para os autores de ficção científica e, segundo a opinião de muitos, inspirou uma geração inteira de jovens cientistas a dedicar a carreira à nanotecnologia. O segundo livro de Drexler, *Nanosystems: Molecular Machinery, Manufacturing, and Computation* [Nanossistemas: maquinaria molecular, fabricação e computação, em tradução livre], foi um trabalho bem mais técnico, baseado em sua tese de doutorado no MIT, pelo qual ele recebeu o primeiro título Ph.D. concedido em nanotecnologia molecular.

A própria ideia de máquinas moleculares pode parecer totalmente absurda até que assimilemos o fato de que esses mecanismos existem e são intrínsecos à química da vida. O exemplo mais proeminente é o ribossomo — basicamente, uma fábrica molecular contida nas células que lê informações codificadas no DNA e depois agrupa as milhares de moléculas de proteína diferentes que formam os elementos constituintes estruturais e funcionais de todos os organismos biológicos. Ainda assim, Drexler estava fazendo uma afirmação radical ao sugerir que essas minúsculas máquinas poderiam um dia deixar a esfera da biologia — onde montadores moleculares operam em um ambiente suave, cheio de água — e ir para o mundo hoje ocupado por máquinas em macroescala construídas com materiais duros e secos, como o aço e o plástico.

Por mais radicais que fossem as ideias de Drexler, na virada do milênio a nanotecnologia havia claramente ingressado na cultura predominante. Em 2000, o Congresso norte-americano

OS ROBÔS E O FUTURO DO EMPREGO | 323

aprovou e o presidente Clinton assinou um projeto de lei criando a National Nanotechnology Initiative [Iniciativa Nacional em Nanotecnologia] (NNI), um programa concebido para coordenar os investimentos na área. O governo Bush deu continuidade à tendência, em 2004, com a "21st Century Nanotechnology Research and Development Act" [Lei de Pesquisa e Desenvolvimento em Nanotecnologia do Século XXI] , a qual autorizou a liberação de mais US$3,7 bilhões. Entre 2001 e 2013, o governo federal norte-americano canalizou quase US$18 bilhões para a pesquisa em nanotecnologia, por intermédio da NNI. O governo Obama solicitou US$1,7 bilhão adicional para 2014.[16]

Embora tudo isso pareça uma notícia fantástica para a pesquisa da fabricação molecular, a realidade se revelou bem diferente. De acordo com o relato de Drexler, um grandioso subterfúgio ocorreu nos bastidores enquanto o Congresso agia para disponibilizar recursos para a pesquisa em nanotecnologia. Em seu livro de 2013, *Radical Abundance: How a Revolution in Nanotechnology Will Change Civilization* [Abundância radical: como uma revolução na nanotecnologia vai mudar a civilização, em tradução livre], Drexler ressalta que, quando a Iniciativa Nacional em Nanotecnologia foi concebida, em 2000, o plano explicava que "a essência da nanotecnologia é a capacidade de trabalhar no nível molecular, átomo por átomo, para criar grandes estruturas, com uma organização molecular fundamentalmente nova", e que essa pesquisa buscaria obter o "controle de estruturas e mecanismos nos níveis atômico, molecular e supramolecular, e aprender a fabricar e usar com eficiência esses mecanismos".[17] Em outras palavras, a estratégia da NNI foi extraída diretamente da palestra de Feynman de 1959 e do trabalho posterior de Drexler no MIT.

No entanto, uma vez que a NNI foi implementada, surgiu uma visão inteiramente diferente. Nas palavras de Drexler, os

324 | MARTIN FORD

líderes recém-empossados logo "eliminaram dos planos da NNI qualquer menção a átomos ou moléculas relacionados com a fabricação e redefiniram a nanotecnologia, a qual passou a incluir qualquer coisa pequena o suficiente. As partículas minúsculas estavam dentro; a precisão atômica estava fora".[18] Pelo menos pela perspectiva de Drexler, era como se o navio da nanotecnologia tivesse sido sequestrado por piratas que jogaram no mar as máquinas de dinâmica molecular e zarparam com um carregamento composto inteiramente de materiais construídos a partir de partículas minúsculas, porém estáticas. Sob a jurisdição da NNI, quase todos os recursos da nanotecnologia foram destinados a pesquisas baseadas nas técnicas tradicionais da química e da ciência dos materiais; a ciência de montagem e fabricação molecular acabou ficando com pouco ou nada.

Uma série de fatores estava por trás do repentino afastamento da fabricação molecular. Em 2000, Bill Joy, cofundador da Sun Microsystems, escreveu um artigo para a revista *Wired* intitulado "Why the Future Doesn't Need Us" [Por que o futuro não precisa de nós]. No artigo, Joy enfatizou os possíveis perigos associados à genética, à nanotecnologia e à inteligência artificial. O próprio Drexler havia discutido a possibilidade de montadores moleculares autorreplicantes fora de controle que poderiam nos usar — e usar praticamente todas as outras coisas — como uma espécie de matéria-prima. Em *Engines of Creation*, Drexler chamou isso de cenário *gray goo** e mencionou sinistramente que esse cenário "deixa uma coisa perfeitamente clara: não podemos nos dar o luxo de permitir certos tipos de acidentes ao replicar os montadores".[19] Joy encontrou nisso um eufemismo, escrevendo que "o *gray goo* seria um fim deprimente para a aventura humana na Terra, bem pior que o fogo ou o gelo, e que poderia ser causado

---

*Gray goo ou *grey goo* [gosma cinzenta] é um cenário hipotético de fim do mundo que envolve a nanotecnologia molecular. Nele, robôs autorreplicantes fora de controle consomem toda a matéria na Terra enquanto produzem outros iguais a si mesmos. (*N. da T.*)

OS ROBÔS E O FUTURO DO EMPREGO | 325

por um simples acidente de laboratório".[20] Mais lenha foi colocada na fogueira em 2002, quando Michael Crichton publicou seu best-seller *Prey* — que retratou nuvens pululantes de nanorrobôs predatórios e começava com uma introdução que, mais uma vez, citava trechos do livro de Drexler.

A preocupação do público por causa da *gray goo* e dos nanorrobôs glutões era apenas parte do problema. Outros cientistas estavam começando a questionar se a montagem molecular era de fato viável. Entre os céticos, destacava-se o falecido Richard Smalley (cujo nome é bastante apropriado),* que ganhara o Prêmio Nobel de Química por seu trabalho sobre materiais em nanoescala. Smalley chegara à conclusão de que a montagem e a fabricação molecular, fora da esfera dos sistemas biológicos, estavam em desacordo com a realidade da química. Em um debate com Drexler, conduzido nas páginas de publicações científicas, ele argumentou que os átomos não podiam simplesmente ser dirigidos por meio de recursos mecânicos; mais exatamente, eles teriam que ser persuadidos a formar ligações, e seria impossível construir um mecanismo molecular capaz de conseguir isso. Drexler, então, acusou Smalley de deturpar seu trabalho, e afirmou que o próprio Smalley declarara certa vez que, "quando um cientista diz que uma coisa é possível, ele está subestimando o tempo que isso vai levar. Mas, se ele diz que é impossível, provavelmente está errado". O debate se intensificou e se tornou mais pessoal, culminando com a acusação de Smalley contra Drexler de ter "assustado nossos filhos" e depois concluindo que, "embora nosso futuro no mundo real vá ser desafiador e existam riscos verdadeiros, não haverá nenhum monstro como o nanorrobô mecânico autorreplicante de seus sonhos".[21]

A natureza e a magnitude do impacto futuro da nanotecnologia dependerão de qual dos dois, Drexler ou Smalley, estará

---

*O autor se refere à palavra *small*, que quer dizer pequeno. (*N. da T.*)

correto na avaliação da viabilidade da montagem molecular. Se o pessimismo de Smalley prevalecer, a nanotecnologia continuará a ser uma área concentrada basicamente no desenvolvimento de novos materiais e substâncias. Um expressivo progresso nessa esfera já ocorreu, particularmente com a descoberta e o desenvolvimento dos nanotubos de carbono — estruturas nas quais folhas de átomos de carbono são enroladas em fios longos e ocos, com uma extraordinária gama de propriedades. Os materiais à base de nanotubos são cem vezes mais fortes do que o aço, mas têm apenas um sexto do peso deste último.[22] Eles também apresentam uma condutividade maior tanto da eletricidade quanto do calor. Os nanotubos de carbono oferecem potencial para novos materiais estruturais leves para carros e aviões, e também podem desempenhar um papel relevante no desenvolvimento de uma nova geração de tecnologias eletrônicas. Outros importantes avanços estão em curso no desenvolvimento de novos e poderosos sistemas de filtragem ambiental e em testes de diagnóstico médico e tratamentos de câncer. Em 2013, pesquisadores do Indian Institute of Technology Madras anunciaram uma tecnologia de filtragem à base de nanopartículas que pode fornecer água limpa para uma família de cinco pessoas a um custo de apenas US$16 por ano.[23] Com o tempo, os nanofiltros também poderão ser capazes de proporcionar maneiras mais eficazes de dessalinizar a água do oceano. Se a nanotecnologia seguir esse caminho, sua importância continuará a crescer, com benefícios expressivos e aplicações na medicina, no aproveitamento da energia solar, na construção civil e no meio ambiente. No entanto, a fabricação de nanomateriais necessita de capital e tecnologia; e há poucas razões para se esperar que a indústria vá criar uma grande quantidade de novos empregos.

Se, por outro lado, a visão de Drexler se revelar ao menos parcialmente correta, o impacto futuro da nanotecnologia po-

OS ROBÔS E O FUTURO DO EMPREGO | 327

derá ser amplificado a um nível quase além da compreensão. Em *Radical Abundance*, Drexler descreve como será a aparência de uma instalação industrial equipada para fabricar grandes produtos. Em uma sala do tamanho de uma garagem, máquinas de montagem robótica circundam uma plataforma móvel. A parede de trás da sala está coberta por um conjunto de câmeras em que cada uma é um modelo proporcionalmente reduzido da sala de fabricação. Cada câmera, por sua vez, contém versões ainda menores de si mesma. À medida que as câmeras vão sendo reduzidas, o mecanismo diminui do tamanho normal para um microtamanho e, depois, finalmente, para a nanoescala, na qual átomos individuais são organizados em moléculas. Uma vez que o processo tem início, a fabricação começa no nível molecular e depois rapidamente vai aumentando a escala, à medida que cada nível subsequente monta os componentes resultantes. Drexler imagina que uma fábrica desse tipo poderia produzir e montar um item complexo como um automóvel em um ou dois minutos. Uma instalação semelhante reverteria o processo com a mesma facilidade, desmontando produtos acabados, cujas partes componentes poderiam ser então recicladas.[24]

Tudo isso, é claro, permanece na esfera da ficção científica em um futuro próximo. A realização suprema da montagem molecular significaria o fim da indústria manufatureira como a conhecemos; também provocaria a extinção de setores inteiros da economia que se concentram em áreas como varejo, distribuição e gerenciamento de resíduos. O impacto global nos empregos seria descomunal.

Ao mesmo tempo, é claro, os produtos manufaturados se tornariam menos dispendiosos. Em certo sentido, a fabricação molecular oferece a perspectiva de a economia digital se tornar tangível. Ouvimos com frequência que "a informação deseja ser livre". A nanotecnologia avançada possibilitaria que

328 | MARTIN FORD

um fenômeno semelhante se desenvolvesse no caso dos bens materiais. Versões do montador de Drexler poderiam oferecer um recurso semelhante ao "duplicador" utilizado na série de televisão *Jornada nas estrelas*. Assim como a ordem repetida do Capitão Picard: "Chá, Earl Grey, Quente!" faz aparecer instantaneamente a bebida correta, um montador molecular poderia criar quase qualquer coisa que desejássemos.

Entre alguns tecno-otimistas, a perspectiva da fabricação molecular está fortemente associada ao conceito de uma futura economia "pós-escassez", na qual todos os bens materiais são abundantes e praticamente gratuitos. Também se supõe que os serviços sejam prestados por uma IA avançada. Nessa utopia tecnológica, as limitações ambientais e de recursos seriam eliminadas pela reciclagem molecular universal e pela abundante energia limpa. A economia de mercado pode deixar de existir, e (como em *Jornada nas estrelas*) não haveria a necessidade de dinheiro. Embora esse cenário possa parecer muito convidativo, muitos detalhes precisam ser preenchidos. A Terra, por exemplo, permaneceria escassa, deixando em aberto a dúvida de como um mundo sem empregos, dinheiro ou oportunidades faria com que a maioria das pessoas avançasse economicamente. Do mesmo modo, tampouco está claro como os incentivos necessários para o progresso seriam mantidos na ausência de uma economia de mercado.

O físico (e fã de *Jornada nas estrelas*) Michio Kaku acredita que uma utopia impulsionada pela nanotecnologia será possível daqui a mais ou menos cem anos.* Nesse ínterim, o cenário *"gray goo"* e outros receios relacionados à autorreplicação permanecem como preocupações muito reais, assim como

---

*Você pode assistir a Michio Kaku discutindo a economia da pós-escassez no vídeo "Can Nanotechnology Create Utopia?", disponível no YouTube. (*N. do A.*)

OS ROBÔS E O FUTURO DO EMPREGO | 329

o potencial para a utilização deliberadamente destrutiva da tecnologia. Na verdade, a montagem molecular, se fosse usada como arma por um regime autoritário, poderia dar origem a um mundo muito diferente de uma utopia. Drexler adverte que, embora os Estados Unidos tenham se afastado quase completamente de qualquer pesquisa organizada da fabricação molecular, o mesmo não se aplica a outros países. Os Estados Unidos, a Europa e a China fazem o mesmo investimento na pesquisa de nanotecnologia, mas o objetivo dessa pesquisa pode ser totalmente diferente em cada país.[25] Assim como no caso da inteligência artificial, há o potencial para uma corrida armamentista, e adotar prematuramente uma abordagem derrotista com relação à montagem molecular pode equivaler a um desarmamento unilateral.

ESTE CAPÍTULO FOI um desvio relativamente radical dos argumentos mais práticos e imediatos que eu vinha fazendo ao longo do livro. As perspectivas de máquinas de fato pensantes, da nanotecnologia avançada — e, em especial, da singularidade —, são, no mínimo, altamente especulativas. Talvez nada disso seja possível, ou talvez possa acontecer daqui a séculos. No entanto, se qualquer um desses avanços revolucionários chegasse a efetivamente se concretizar, não há dúvida de que aceleraria de modo significativo a tendência à automação e causaria uma gigantesca disrupção na economia, de maneiras imprevisíveis.

Há também uma espécie de paradoxo associado à realização dessas tecnologias futuristas. O desenvolvimento tanto da IA avançada quanto da fabricação molecular exigirá um enorme investimento em pesquisa e desenvolvimento. No entanto, muito antes de essas tecnologias avançadas se tornarem práticas, formas mais especializadas de IA e robótica, provavelmente, ameaçarão uma grande quantidade de ocupações em diversos níveis de qualificação. Como vimos no capítulo anterior, isso poderia muito bem debilitar a demanda de mercado — e, por conseguinte, o incentivo para posteriores investimentos na inovação. De certa forma, a pesquisa necessária para alcançarmos tecnologias no nível da singularidade poderá nunca ser financiada, e o progresso se tornaria autolimitante.

Nenhuma das tecnologias que consideramos neste capítulo é necessária para os principais argumentos que apresentei até agora; mais exatamente, elas poderiam ser encaradas como possíveis — e dramáticos — amplificadores de uma inexorável tendência motivada pela tecnologia rumo a uma maior desigualdade e a um crescente desemprego. No próximo capítulo, vamos examinar algumas possíveis medidas econômicas que poderiam ajudar a neutralizar essa tendência.

10. Em direção a um novo paradigma econômico

Em uma entrevista para a *CBS News*, perguntaram ao presidente dos Estados Unidos se havia previsão de melhora para o desemprego no país. "Não existe uma solução mágica", respondeu o presidente. "Até mesmo para ficarmos parados, temos que nos mover muito rápido." Ele quis dizer com esta declaração que a economia precisa criar dezenas de milhares de novos empregos todos os meses apenas para acompanhar o crescimento populacional e evitar que a taxa de desemprego aumente ainda mais. O presidente ressaltou que "temos uma combinação de trabalhadores mais velhos que perderam o emprego por causa da tecnologia e jovens que estão entrando no mercado de trabalho" com muito pouca instrução. O presidente propôs a redução de impostos para estimular a economia, mas continuou a falar sobre o tema da educação, defendendo, principalmente, o apoio a programas voltados para a "formação profissional" e o "retreinamento no emprego". O problema, declarou ele, não iria se resolver sozinho: "Muita gente está ingressando no mercado de trabalho e muitas máquinas estão expulsando as pessoas."[1]

332 | MARTIN FORD

As palavras do presidente captam a suposição convencional — e quase universal — a respeito da natureza do problema do desemprego: mais instrução ou mais treinamento profissional sempre representam a solução. Com o treinamento adequado, os trabalhadores galgarão continuamente os degraus da qualificação, de algum modo permanecendo um pouco à frente das máquinas. Eles farão um trabalho mais criativo, terão mais ideias. Não há limite para as possibilidades de educação e treinamento, e também não há limite para o número de ocupações de alto nível que a economia é capaz de criar para absorver os trabalhadores recém-treinados. A educação e o retreinamento, ao que parece, representam uma solução que é imutável ao longo do tempo.

Para os que defendem esse ponto de vista, talvez tenha pouca importância o fato de o presidente ao qual me refiro se chamar Kennedy e a data da entrevista ser 2 de setembro de 1963. Como assinalou o presidente Kennedy, a taxa de desemprego na época era de cerca de 5,5%, e as máquinas estavam quase exclusivamente restritas a "tomar o lugar do trabalho braçal". Sete meses depois da entrevista, o relatório da Tripla Revolução aterrissaria na mesa de um novo presidente. Mais quatro anos se passariam antes que Martin Luther King fizesse referência à tecnologia e à automação na Catedral Nacional de Washington. Nos pouco mais de cinquenta anos que se seguiram, a crença na promessa da educação como a solução universal para o desemprego e a pobreza praticamente não evoluiu. As máquinas, no entanto, mudaram muito.

Rendimentos decrescentes da educação

Se traçássemos um gráfico dos ganhos provenientes dos crescentes investimentos em educação, parece bastante provável que acabaríamos com algo semelhante às curvas S que discutimos

OS ROBÔS E O FUTURO DO EMPREGO | 333

no Capítulo 3. As frutas fáceis de alcançar do aprendizado adicional já ficaram muito para trás. As taxas de graduação no ensino médio se estabilizaram aproximadamente em 75% a 80%. As notas nos testes padronizados apresentaram pouca ou nenhuma melhora nas últimas décadas. Estamos na parte plana da curva, onde o progresso contínuo será, na melhor das hipóteses, gradual.

Muitos indícios sugerem que grande parte dos alunos que hoje frequentam as faculdades norte-americanas não está preparada para o trabalho no nível universitário ou, em alguns casos, é simplesmente inadequada para ele. Muitos desses alunos não chegarão a se formar, mas, mesmo assim, é provável que deixem a universidade encalacrados com um empréstimo estudantil. Metade dos que se formam não consegue um emprego que exija formação universitária, independentemente do que a descrição do cargo possa dizer. Em geral, cerca de 20% dos diplomados nas faculdades norte-americanas são considerados muito instruídos para os cargos que ocupam, e a renda média dos recém-graduados vem declinando há mais de uma década. Na Europa, onde muitos países oferecem educação universitária gratuita, cerca de 30% dos diplomados são excessivamente qualificados para as funções que exercem.[2] No Canadá, esse percentual gira em torno de 27%[3] e, na China, atinge extraordinários 43%.[4]

Nos Estados Unidos, a sabedoria convencional tende a colocar a maior parte da culpa nos alunos e educadores. Dizem que os alunos universitários passam tempo demais socializando e se dedicam pouco aos estudos. Eles escolhem especialidades com aulas fáceis, em vez de se formar em áreas técnicas mais rigorosas. No entanto, um terço dos estudantes norte-americanos que se formam em engenharia, ciências ou outras áreas técnicas não encontra um cargo que utilize sua formação educacional.[5]

334 | MARTIN FORD

Steven Brint, sociólogo da Universidade da Califórnia, que escreveu amplamente sobre a educação superior, argumenta que as faculdades do país na realidade formam alunos que são relativamente adequados para as oportunidades de emprego disponíveis. Brint assinala que "alguns empregos requerem habilidades especializadas que só podem ser adquiridas em programas técnicos, mas a maioria dos empregos é rotineira". "Seguir as diretivas dos supervisores é essencial" e "a confiabilidade e o esforço constante são altamente valorizados". Ele conclui que "o trabalho dedicado não é exigido na faculdade porque não será exigido no trabalho. Na maioria dos empregos, não faltar e executar as tarefas necessárias é mais importante do que atingir níveis destacados de desempenho".[6] Se você decidisse, deliberadamente, descrever as características de um emprego vulnerável à automação, seria difícil se sair melhor do que isso.

A realidade é que conceder mais diplomas universitários não aumenta a parcela da força de trabalho empregada nas ocupações especializadas, técnicas e gerenciais que a maioria dos recém-formados gostaria de conseguir. Em vez disso, o resultado, com muita frequência, é a inflação de credenciais; muitas ocupações que antes requeriam apenas um diploma de ensino médio agora só estão abertas para os portadores de diplomas universitários de cursos de quatro de anos de duração, o diploma de mestrado se torna o novo diploma de bacharel e os diplomas das escolas que não são de elite passam a não ter valor. Estamos enfrentando um limite fundamental tanto do ponto de vista da capacidade das pessoas que estão sendo conduzidas às faculdades quanto do número de empregos altamente qualificados que estarão disponíveis para elas se conseguirem se formar. O problema é que os degraus ascendentes das qualificações não são realmente degraus: são uma pirâmide com um espaço limitado no topo.

OS ROBÔS E O FUTURO DO EMPREGO | 335

Historicamente, o mercado de trabalho sempre se pareceu com uma pirâmide, no aspecto das qualificações e habilidades dos trabalhadores. No topo, um número relativamente pequeno de profissionais e empresários qualificados tem sido responsável pela maior parte da criatividade e da inovação. A vasta maioria dos trabalhadores sempre esteve envolvida com atividades que são, em algum nível, rotineiras e repetitivas. À medida que vários setores da economia se mecanizaram ou automatizaram, os trabalhadores deixaram de se dedicar a atividades rotineiras em um setor e passaram a se dedicar a atividades rotineiras em outro. A pessoa que teria trabalhado em uma fazenda em 1900, ou em uma fábrica em 1950, está hoje escaneando códigos de barras ou repondo mercadorias nas prateleiras do Walmart. Em muitos casos, essa transição requereu treinamento adicional e melhores habilidades, mas, mesmo assim, a natureza do trabalho permaneceu rotineira em sua essência. Podemos concluir, então, que, historicamente, sempre houve uma correlação razoável entre os tipos de trabalho requeridos pela economia e as qualificações da força de trabalho disponível.

Entretanto, está ficando cada vez mais evidente que os robôs, os algoritmos de aprendizado de máquina e outras formas de automação irão aos poucos consumir grande parte da base da pirâmide das qualificações de emprego. E, como é quase certo que as aplicações da inteligência artificial irão ameaçar progressivamente as ocupações mais qualificadas, é provável que até mesmo a área segura no topo da pirâmide se contraia com o tempo. A sabedoria convencional diz que, se investirmos mais ainda em educação e treinamento, conseguiremos, de alguma maneira, comprimir todo mundo naquela região bem no alto da pirâmide que está encolhendo.* Acho que pressupor isso

---

*Lembre-se de que muitos desses empregos que exigem alta qualificação também podem ser ameaçados pelo *offshoring*. (*N. do A.*)

336 | MARTIN FORD

equivale a acreditar que, na sequência da mecanização da agricultura, a maioria dos trabalhadores agrícolas que perderam o emprego conseguiria trabalhar dirigindo tratores. Os números simplesmente não batem.

É claro que o ensino fundamental e médio norte-americano também apresenta grandes problemas. As escolas de ensino médio das áreas pobres do centro das cidades têm taxas desconcertantes de evasão escolar, e as crianças das áreas mais pobres estão em grande desvantagem antes mesmo de ingressar no sistema escolar. Se pudéssemos brandir uma varinha mágica e dar a todas as crianças norte-americanas uma educação de qualidade, isso apenas significaria que mais diplomados no ensino médio ingressariam na faculdade e competiriam pelo limitado número de empregos no topo da pirâmide. É claro que não estou dizendo que não deveríamos brandir a varinha: deveríamos, sim; mas não podemos esperar que isso resolva todos os nossos problemas. É desnecessário dizer que a varinha mágica não existe e, embora haja um consenso universal de que precisamos melhorar nossas escolas, ela só existe no nível mais superficial. Comece a falar a respeito de mais dinheiro para escolas, escolas independentes, demitir os maus professores, pagar mais aos bons professores, dias mais longos na escola, mais anos escolares, ou cupons válidos para escolas particulares, e a situação rapidamente se degenera em inflexibilidade política.

A visão da antiautomação

Outra solução apresentada com frequência é simplesmente tentar interromper essa inexorável progressão rumo a uma crescente automação. Em seu aspecto mais grosseiro, isso poderia assumir a forma de um sindicato resistindo à instalação de novas máquinas em uma fábrica, depósito ou supermercado.

OS ROBÔS E O FUTURO DO EMPREGO | 337

Há também um argumento intelectual mais sutil, que diz que o excesso de automação é simplesmente ruim — e pode ser perigoso.

Nicholas Carr talvez seja o mais famoso defensor desse ponto de vista. No livro *The Shallows* [Os superficiais, em tradução livre], publicado em 2010, Carr argumenta que a internet pode estar causando um impacto negativo em nossa capacidade de pensar. Em um artigo de 2013 para a revista *Atlantic*, intitulado "All Can Be Lost: The Risk of Putting Our Knowledge in the Hands of Machines" [Tudo pode estar perdido: o risco de colocar nosso conhecimento nas mãos das máquinas, em tradução livre], ele apresenta um argumento semelhante a respeito do impacto da automação. Carr se queixa da "ascensão da 'automação centrada na tecnologia' como a filosofia de design dos engenheiros de computação e programadores" e acredita que essa "filosofia confere precedência aos recursos da tecnologia sobre os interesses das pessoas".[7]

O artigo de Carr na *Atlantic* contém uma série de relatos que demonstram como a automação pode erodir habilidades humanas, em alguns casos com consequências desastrosas. Alguns são um pouco misteriosos: por exemplo, caçadores inuítes no Norte do Canadá estão perdendo uma capacidade de 4 mil anos de navegar em um ambiente frígido enquanto procuram a caça porque agora dependem do GPS. No entanto, os melhores exemplos de Carr são extraídos da aviação. O paradoxo da maior automação da cabine de pilotagem é que, embora a tecnologia reduza a carga cognitiva sobre os pilotos e quase certamente contribua para maior segurança, também significa que os pilotos passam menos tempo pilotando ativamente o avião. Eles praticam menos e, com o tempo, as reações quase instintivas que os pilotos profissionais desenvolvem ao longo de horas de treinamento podem começar a se degradar.

A preocupação de Carr é que um efeito semelhante possa se propagar pelos escritórios, fábricas e outros locais de trabalho se a automação continuar a avançar.

Essa ideia de que a "filosofia de design" de engenharia é o problema real também foi, até certo ponto, abraçada pelos economistas. Erik Brynjolfsson, por exemplo, preconizou um "novo e grandioso desafio aos empresários, engenheiros e economistas" para que "inventem complementos, e não substitutos, para o trabalho" e "substituam a mentalidade da automação e da economia de mão de obra por uma mentalidade produtora e criativa".[8]

Suponhamos que uma startup decidisse aceitar o desafio de Brynjolfsson e construísse um sistema especificamente projetado para manter as pessoas trabalhando. Um concorrente então projeta um sistema completamente automatizado ou que pelo menos requer muito pouca intervenção humana. Para que o sistema mais voltado para as pessoas possa ser economicamente competitivo, precisa ser bem menos dispendioso, a fim de neutralizar os maiores custos de mão de obra, ou tem de produzir resultados muito superiores, de maneira a proporcionar um valor substancialmente maior aos clientes e, em última análise, gerar uma receita adicional suficiente para fazer com que esses custos adicionais pareçam um investimento racional. Há boas razões para sermos céticos com relação à possibilidade de que qualquer um dos dois casos seja verdadeiro na maior parte das circunstâncias. No caso da automação de colarinho-branco, ambos os sistemas seriam compostos por softwares, de modo que haveria poucos motivos para um importante diferencial de custo. É possível que, em algumas áreas fundamentais para o foco principal de um negócio, o sistema voltado para pessoas pudesse ter uma vantagem significativa (e a capacidade de gerar uma receita

OS ROBÔS E O FUTURO DO EMPREGO | 339

maior a longo prazo), mas, no caso da maioria das atividades operacionais mais rotineiras, em que simplesmente comparecer ao emprego é mais importante do que fazer um excelente trabalho, mais uma vez isso parece improvável.

Além disso, é bastante provável que essa simples comparação de custos subestime a tendência à automação. Cada novo funcionário que uma empresa contrata é adicionado a uma enorme quantidade de custos periféricos. Quanto mais funcionários você tem, de mais gerentes e pessoal de recursos humanos você precisa. Do mesmo modo, os funcionários precisam de escritórios, equipamentos e vagas de estacionamento. Os funcionários também ficam doentes, têm um desempenho fraco, tiram férias, têm problemas com o carro, pedem demissão e, de modo geral, se deparam com inúmeros outros possíveis problemas.

Todo novo funcionário que você contrata também vem com uma dose potencial de dano. Um funcionário pode se machucar no trabalho — ou, de alguma maneira, ferir outra pessoa. Há também o risco de dano à reputação da empresa. Se você quiser ver algumas grandes marcas corporativas serem prejudicadas, experimente fazer uma busca no Google da frase "delivery driver throws package" [motorista de entrega atira pacote].

A moral da história é que, apesar de toda a retórica a respeito dos "criadores de empregos", os donos de empresa racionais *não querem* contratar mais funcionários: eles só contratam pessoas porque têm que fazer isso. O avanço rumo a uma maior automação não é um artefato da "filosofia de design" ou das preferências pessoais dos engenheiros: é fundamentalmente impulsionado pelo capitalismo. A "ascensão da 'automação centrada na automação'" que tanto preocupa Carr aconteceu há pelo menos duzentos anos, e os luditas não ficaram felizes com ela. A única diferença é que hoje esse progresso exponencial está nos empurrando em direção ao fim do jogo. Para qualquer negócio racional, a adoção da tecnologia que economiza mão de obra se revelará irresistível. Para que pudéssemos mudar, seria necessário bem mais do que um apelo aos engenheiros e projetistas: teríamos que modificar os incentivos básicos incorporados à economia de mercado.

Algumas das preocupações levantadas por Carr são reais, mas a boa notícia é que, nas áreas mais importantes, já temos salvaguardas funcionando. Os exemplos mais dramáticos dos riscos relacionados à automação são aqueles que colocam vidas em risco ou conduzem a uma possível catástrofe. A aviação vem à baila repetidas vezes. No entanto, essas áreas já estão submetidas a uma extensa regulamentação. Há anos, a indústria da aviação já tem consciência da interação entre a automação da cabine de pilotagem e os níveis de habilidade dos pilotos, incorporando esse conhecimento aos seus métodos de treinamento. Não há dúvida de que o desempenho da segurança do moderno sistema de aviação é impressionante. Alguns tecnólogos anteveem a automação das aeronaves levada ao extremo. Sebastian Thrun, por exemplo, declarou recentemente ao *New York Times* que "piloto de avião comercial" seria uma "profissão do passado em um futuro não muito distante".[9] Realmente não acredito que iremos ver tão cedo trezentas pessoas fazendo fila para entrar em um avião que não tenha pilotos a bordo. A combinação de regulamentação, danos potenciais e mera aceitação por parte da sociedade com certeza criará poderosos ventos contrários nas ocupações que estão diretamente associadas à segurança do público. Será nas dezenas de milhares de *outras ocupações* — as pessoas que trabalham em empresas de fast food, os parasitas de escritório e todo o resto — que o impacto da automação no emprego provavelmente será mais radical. Nessas áreas, uma possível falha técnica ou a erosão de uma habilidade terá consequências muito menos espetaculares, e existem relativamente poucas barreiras ao inexorável avanço rumo à plena automação — impulsionado, é claro, pelos incentivos de mercado.

As máquinas estão passando gradualmente por uma transição fundamental em toda a nossa economia e sociedade: elas estão evoluindo para além do seu papel histórico tradicional de ferramentas e, em muitos casos, tornando-se trabalhadores autônomos. Carr considera essa transição perigosa e presumivelmente gostaria de interrompê-la. A realidade, contudo, é que o incrível conforto e a riqueza que alcançamos na civilização moderna resultam diretamente do avanço da tecnologia — e o inexorável impulso em direção a maneiras mais eficientes de economizar mão de obra humana tem sido possivelmente o fator isolado mais importante a incentivar esse progresso. É fácil afirmar que você é contra a ideia de um excesso de automação, embora não seja contrário à tecnologia no sentido genérico. Na prática, contudo, ambas as tendências estão inextricavelmente ligadas, e qualquer coisa que não seja uma gigantesca, e irrefletida, intromissão do governo no setor privado parece destinada a fracassar em qualquer tentativa de interromper a inevitável ascensão, impulsionada pelo mercado, da tecnologia autônoma no local de trabalho.

O argumento favorável à garantia de renda básica

Se aceitarmos a ideia de que é improvável que um investimento cada vez maior em educação e treinamento resolva nossos problemas, ao mesmo tempo que os pedidos para que o aumento da automação dos empregos seja, de alguma maneira, interrompido são irrealistas, somos então, em última análise, obrigados a olhar para além das normas convencionais. No meu ponto

342 | MARTIN FORD

de vista, a solução mais eficaz é, provavelmente, alguma forma de garantia de renda básica.

Uma renda básica, ou um mínimo garantido, está longe de ser uma ideia nova. No contexto do cenário político norte-americano contemporâneo, uma renda garantida está propensa a ser depreciada como "socialismo" e uma grandiosa expansão do Estado do bem-estar social. As origens históricas dessa ideia, contudo, sugerem algo bem diferente. Embora a renda básica tenha sido abraçada por economistas e intelectuais de ambos os lados do espectro político, a ideia foi defendida com especial vigor pelos conservadores e libertários. Friedrich Hayek, que se tornou uma figura icônica entre os conservadores atuais, foi um forte defensor dessa ideia. Em sua obra em três volumes *Direito, legislação e liberdade*, publicada entre 1973 e 1979, Hayek sugeriu que uma renda garantida seria uma legítima política governamental destinada a proporcionar um seguro contra a adversidade, e que a necessidade desse tipo de rede de segurança resulta diretamente da transição para uma sociedade mais aberta e móvel, em que muitos indivíduos não podem mais recorrer aos sistemas de apoio tradicionais [em tradução livre]:

> Existe, contudo, outra classe de riscos comuns com relação aos quais a necessidade de uma ação do governo até recentemente não foi de modo geral admitida... O problema aqui é, principalmente, a sorte daqueles que, por várias razões, não podem ganhar a vida no mercado... ou seja, todas as pessoas que sofrem de condições adversas que podem afetar qualquer um e contra as quais a maioria dos indivíduos sozinhos não pode formar uma proteção adequada, mas em cuja presença uma sociedade que tenha atingido certo nível de riqueza pode se permitir prover a subsistência de todos.

A garantia de uma renda mínima para todos, ou uma espécie de base abaixo da qual ninguém precisa cair mesmo quando essa pessoa for incapaz de prover a própria subsistência, parece não apenas ser uma proteção completamente legítima contra um risco comum a todos, como também uma parte necessária da Grande Sociedade, na qual o indivíduo não tem mais reivindicações específicas aos membros do pequeno grupo particular no qual nasceu.[10]

Essas palavras poderão representar uma surpresa para aqueles conservadores que veem Hayek como uma caricatura da extrema direita, atualmente na moda. Não há dúvida de que, quando Hayek usa as palavras "Grande Sociedade", está se referindo a algo bem diferente daquilo que Lyndon Johnson visualizou quando usou a mesma frase. Em vez de um Estado do bem-estar social em constante expansão, Hayek via uma sociedade baseada na liberdade individual, nos princípios de mercado, no primado da lei e no governo limitado. Ainda assim, sua referência à "Grande Sociedade", bem como seu reconhecimento de que "uma sociedade que atingiu certo nível de riqueza pode se permitir prover a subsistência de todos", parece se posicionar em nítido contraste com as visões conservadoras mais extremistas de hoje, que estão mais propensas a abraçar a declaração de Margaret Thatcher de que "a sociedade como tal não existe".

Na realidade, a proposta de uma renda garantida hoje seria quase certamente atacada como um mecanismo liberal para tentar promover "resultados iguais". Entretanto, o próprio Hayek rejeitou isso explicitamente ao afirmar que "é lastimável que o empenho em garantir uma renda mínima uniforme para todos aqueles que não são capazes de prover a própria subsistência tenha sido associado à intenção completamente diferente

344 | MARTIN FORD

de garantir uma 'justa' distribuição de renda".[11] Para Hayek, renda garantida nada tinha a ver com igualdade ou "distribuição justa" — referia-se a um seguro contra a adversidade e também a uma função social e econômica eficiente.

Creio que uma das principais lições de Hayek é que ele era um realista, não um ideólogo. Compreendia que a natureza da sociedade estava mudando; as pessoas tinham saído das propriedades agrícolas, onde eram autossuficientes, e ido para as cidades, onde dependiam de empregos, e as estruturas da família estendida estavam se fragmentando — fazendo com que as pessoas precisassem assumir maiores riscos. Hayek não tinha nenhum problema com relação ao fato de o governo ter um papel na proteção contra esses riscos. É claro que essa ideia de que o papel do governo pode evoluir com o tempo é altamente aplicável aos desafios que enfrentamos hoje.*

O argumento conservador para uma renda básica se concentra no fato de que ela oferece uma rede de segurança aliada à liberdade de escolha individual. Em vez de levar o governo a interferir nas decisões econômicas pessoais, ou se envolver com a atividade de fornecer diretamente produtos e serviços, a ideia é conceder a todas as pessoas os meios para participar do mercado. Trata-se de uma abordagem voltada ao mercado para oferecer uma rede de segurança mínima, e sua implementação tornaria desnecessários outros mecanismos menos eficientes,

---

*A ideia de que tanto o governo como a sociedade precisam evoluir com o tempo é ecoada por outro ícone conservador. Eis uma citação de Thomas Jefferson, a qual está gravada no painel #4 do Memorial de Jefferson: "Não sou defensor de mudanças frequentes nas leis e constituições, mas as leis e as instituições precisam estar associadas ao progresso da mente humana. Quando esta se torna mais desenvolvida, mais esclarecida, à medida que novas descobertas são feitas, novas verdades descobertas e os costumes e as opiniões mudam, com a mudança das circunstâncias, as instituições também precisam avançar, para acompanhar os novos tempos. Pedir à sociedade civilizada que permaneça sempre sob o regime dos seus ancestrais bárbaros é como exigir que um homem continue a usar o paletó que lhe assentava quando menino." (N. do A.)

OS ROBÔS E O FUTURO DO EMPREGO | 345

como o salário mínimo, os cupons de alimentação, a assistência social e o auxílio-moradia.

Se adotarmos o pragmatismo de Hayek e o aplicarmos à situação que provavelmente se desenvolverá nas próximas décadas, parece-me bastante provável que o governo terá que adotar algum tipo de medida diante dos crescentes riscos à segurança econômica individual ocasionados pelo avanço da tecnologia. Se rejeitarmos a solução de Hayek voltada para o mercado, inevitavelmente acabaremos nos deparando com uma expansão do Estado do bem-estar social tradicional, junto com todos os problemas que o acompanham. É fácil imaginar o consequente aumento de um grande número de novas burocracias equipadas para alimentar e providenciar moradia para uma multidão de pessoas economicamente incapazes — talvez em ambientes institucionais quase distópicos.

Se nada fizermos, esse é muito provavelmente o caminho mais fácil. Uma renda básica seria eficiente e teria custos administrativos relativamente baixos. Uma expansão burocrática do Estado do bem-estar social seria bem mais dispendiosa do ponto de vista *per capita* e teria um impacto desigual. Quase certamente ajudaria menos pessoas, mas criaria muitos empregos tradicionais, e alguns deles seriam muito lucrativos. Haveria também oportunidades abundantes para que empreendedores do setor privado encontrassem a galinha dos ovos de ouro. Esses beneficiários exclusivos — os administradores de alto nível, os executivos das empresas privadas — certamente vão exercer enorme pressão política para que as coisas evoluam ao longo desse caminho.

É claro que já existem muitos exemplos desse tipo de coisa. Gigantescos programas de armamentos que o Pentágono não deseja ter são protegidos pelo Congresso porque criam um pequeno número de empregos (em comparação com seus imensos custos) e aumentam os lucros das grandes corporações.

346 | MARTIN FORD

Os Estados Unidos têm o número descomunal de 2,4 milhões de pessoas encarceradas em prisões e penitenciárias — uma taxa de encarceramento *per capita* mais do que três vezes maior do que a de qualquer outro país e mais do que dez vezes maior do que a de nações avançadas como Dinamarca, Finlândia e Japão. Em 2008, cerca de 60% dessas pessoas eram infratores não violentos, e o custo anual *per capita* para abrigá-las era de aproximadamente US$26 mil.[12] As elites poderosas — entre elas, os sindicatos dos agentes penitenciários e os executivos das corporações privadas que operam muitas prisões — têm fortes incentivos para garantir que os Estados Unidos permaneçam extremamente atípicos nessa área.

Para os progressistas, a renda garantida pode ser fácil de promover no atual ambiente político. Apesar de Hayek argumentar o contrário, muitos liberais provavelmente abraçariam a ideia como um método para alcançar mais justiça social e econômica. A renda básica poderia efetivamente se tornar um algoritmo de força bruta destinado a aliviar a pobreza e mitigar a desigualdade de renda. Com a caneta, o presidente poderia erradicar, de modo eficaz, a pobreza e o problema dos sem-teto nos Estados Unidos.

Os incentivos têm importância

O fator mais importante no planejamento de um sistema de renda garantida viável é criar corretamente os incentivos. O objetivo é fornecer uma rede de segurança universal, bem como um suplemento para as rendas baixas — porém, sem fazer com que as pessoas percam o estímulo para trabalhar e ter o melhor desempenho possível. A renda deve ser mínima: suficiente para que a pessoa consiga sobreviver, mas sem pro-

OS ROBÔS E O FUTURO DO EMPREGO | 347

porcionar conforto em excesso. Há também um forte argumento para que a renda seja inicialmente mais baixa e vá aumentando gradualmente com o tempo, depois de uma análise do impacto do programa na vida dos trabalhadores.

Existem duas abordagens para a implementação da renda garantida. A primeira é que uma renda básica seja paga a todo cidadão adulto, independentemente de outras fontes de renda. A segunda é que rendas mínimas garantidas (e outras variações, como um imposto de renda negativo) sejam pagas apenas a pessoas que estejam na base da distribuição de renda, e o pagamento seja interrompido quando ela conseguir outras fontes. Embora a segunda alternativa seja obviamente menos dispendiosa, encerra o risco de desastrosos incentivos aberrantes. Se a renda garantida for condicionada a níveis de renda comprovados relativamente baixos, os beneficiários divisarão uma alíquota de imposto efetiva sobre quaisquer rendimentos adicionais que possam ser confiscados. Isso quer dizer que eles podem cair em uma "armadilha de pobreza" na qual o benefício do trabalho árduo é muito pequeno ou inexistente. Talvez o pior exemplo dessa situação ocorra com o programa de invalidez da Previdência Social, em que as pessoas tentam utilizá-lo como uma espécie de renda garantida quando suas outras opções se esgotam. Uma vez que alguém seja considerado incapaz e comece a receber o benefício, qualquer tentativa de trabalhar depois desse ponto encerra o risco de ela perder tanto a renda quanto os benefícios de assistência médica concomitantes. Por isso, quem entra no programa costuma não voltar a trabalhar.

Se a renda garantida for condicionada a um nível de renda comprovado, isso só deve acontecer na faixa da classe média. Uma pessoa que decidir se privar de outras oportunidades para obter rendimentos enfrentará uma longa queda. Outra ideia interessante seria fazer uma distinção entre a renda ativa e a passiva. Uma renda passiva, como uma pensão, rendimentos oriundos de investimentos ou pagamentos da Previdência Social, poderia ser levada em conta para a concessão da renda garantida. Já uma renda ativa, como salário, rendimentos do trabalho autônomo ou lucros provenientes de um pequeno negócio, não seria levada em conta ou só se atingisse um nível muito mais elevado. Isso garantiria um incentivo constante para que todos trabalhassem o mais arduamente possível, tendo em vista as oportunidades.

Um programa de renda garantida também tenderia a criar uma série de incentivos mais sutis tanto para os indivíduos quanto para as famílias. O livro do cientista social Charles Murray, publicado em 2006, *In Our Hands: A Plan to Replace the Welfare State* [Em nossas mãos: um plano para substituir o estado social, em tradução livre], argumenta que uma renda garantida provavelmente faria com que os homens sem formação superior se tornassem parceiros conjugais mais atraentes. Esse grupo foi o mais atingido pelo impacto tanto da tecnologia quanto do *offshoring*. Uma renda garantida ajudaria a aumentar as taxas de matrimônio nos grupos de renda mais baixa, ao mesmo tempo que reverteria a tendência de que mais crianças fossem criadas em famílias com apenas um dos pais. É claro que essa renda também tornaria mais viável que um dos pais optasse por ficar em casa cuidando dos filhos pequenos.

Além disso, creio que há razões convincentes para avançar mais e incorporar alguns incentivos a um programa de renda básica. O mais importante deles estaria voltado para a educação, especialmente no nível do ensino médio. Informações recentes mostram que continua a haver forte incentivo econômico para a obtenção de um diploma de nível superior. No entanto, a lamentável realidade é que isso não está acontecendo porque as oportunidades para as pessoas com nível universitário estão

OS ROBÔS E O FUTURO DO EMPREGO | 349

se expandindo, mas porque as perspectivas para aqueles que só têm um diploma de nível médio estão reduzidas. Acho que isso cria o autêntico perigo de que, para um número significativo de pessoas que não estão destinadas a se formar em uma faculdade, o incentivo de concluir o ensino médio possa diminuir. Se um aluno que estiver tendo dificuldade em acompanhar as aulas do ensino médio souber que irá receber uma renda garantida quer ou não venha a se formar, isso obviamente cria um incentivo muito poderoso. Por conseguinte, deveríamos pagar uma renda um tanto mais elevada àqueles que obtêm o diploma do ensino médio (ou o equivalente, por meio de um exame de avaliação).

A ideia geral é que deveríamos considerar a educação um bem público. Todos nos beneficiamos quando as pessoas que nos cercam são mais instruídas; isso geralmente resulta em uma sociedade educada e uma economia mais produtiva. Se estivermos destinados a fazer a transição para uma era em que o trabalho tradicional se tornará menos disponível, uma população instruída estará em melhor posição de encontrar um uso produtivo para seu tempo de lazer. A tecnologia oferece muitas oportunidades para que passemos o tempo de maneira produtiva. A Wikipédia foi criada por colaboradores que dedicaram horas de trabalho não remunerados. O movimento do software de código aberto é outro bom exemplo. Muitas pessoas começam pequenos negócios on-line para complementar a renda. No entanto, para empreender com êxito essas atividades, você precisa ter alcançado uma instrução mínima.

Outros incentivos poderiam ser implementados. Uma renda mais elevada, por exemplo, poderia ser paga àqueles que se oferecessem como voluntários para atividades de serviço comunitário ou para participar de projetos ambientais. Quando sugeri incentivos explícitos desse tipo em uma renda garantida no meu livro anterior, *The Lights in the Tunnel* [As luzes no túnel, em tradução livre], recebi uma oposição considerável por parte de leitores que se opuseram à ideia de um "Estado superprotetor". Creio que há alguns incentivos básicos — a educação sendo o mais crucial deles —, com os quais quase todo mundo deveria ser capaz de concordar. A ideia fundamental é reproduzir (ainda que artificialmente) alguns dos incentivos associados aos empregos tradicionais. Em uma época na qual mais instrução poderá nem sempre conduzir a um melhor plano de carreira, é importante assegurar que todos tenham uma motivação para concluir o ensino médio. Na minha opinião, as vantagens para a sociedade parecem óbvias. Até mesmo Ayn Rand, se fosse racional, presumivelmente perceberia algum benefício ao se ver cercada de pessoas com um nível mais elevado de instrução e mais opções para o uso construtivo de seu tempo livre.

O mercado como um recurso renovável

Assim como a necessidade de proporcionar uma rede de segurança básica, há também um forte argumento econômico para a renda garantida. Como vimos no Capítulo 8, a crescente desigualdade regida pela tecnologia tende a ameaçar o consumo. À medida que o mercado de trabalho continua a se desgastar e os salários ficam estagnados ou diminuem, o mecanismo que coloca o poder de compra nas mãos dos consumidores começa a entrar em colapso, e a demanda por produtos e serviços sofre.

Para visualizar esse problema, considero útil pensar nos mercados como recursos renováveis. Imagine um mercado de consumo como um lago cheio de peixes. Quando uma empresa vende produtos ou serviços no mercado, ela pega peixes. Quando paga os salários dos empregados, ela joga os peixes de volta no

OS ROBÔS E O FUTURO DO EMPREGO | 351

lago. Quando a automação avança e os empregos desaparecem, menos peixes são devolvidos ao lago. Mais uma vez, tenha em mente que quase todas as grandes empresas dependem da captura de um grande número de peixes de tamanho moderado. A crescente desigualdade resultará em um pequeno número de peixes muito grandes, mas, de acordo com o ponto de vista da maioria das empresas do mercado de massa, eles não valem muito mais do que os peixes de tamanho normal. (O bilionário não vai comprar mil smartphones, carros ou refeições em restaurantes.)

Isso é conhecido como um clássico problema da "tragédia dos comuns". A maioria dos economistas provavelmente concordaria que uma situação desse tipo requer algum tipo de intervenção do governo. Se isso não acontecer, o único incentivo é pegar o maior número possível de peixes. Os pescadores do mundo real compreendem que a pesca predatória está ocorrendo no lago ou no mar onde pescam e que sua subsistência logo estará ameaçada, mas, mesmo assim, vão pescar todos os dias e maximizam a pesca porque sabem que seus concorrentes farão o mesmo. A única solução viável é a intervenção de uma autoridade regulatória que imponha limites.

No caso do nosso mercado de consumo, não desejamos limitar o número de peixes virtuais que as empresas podem capturar. Em vez disso, queremos garantir que os peixes sejam repostos. A renda garantida é uma maneira muito eficaz de fazer isso. Ela coloca o poder de compra diretamente nas mãos dos consumidores de renda baixa e média.

Se olharmos mais à frente no futuro e partirmos do princípio de que as máquinas irão, com o tempo, substituir o trabalho humano em um grau substancial, creio que alguma forma de redistribuição direta do poder de compra se torna essencial para que o crescimento econômico continue. Em um artigo escrito em maio de 2014 sobre o futuro do crescimento econômico norte-americano, os economistas John G. Fernald e Charles I. Jones especularam que os robôs poderiam "progressivamente substituir a mão de obra na função de produção de bens". Eles sugerem, então, que, "no limite, se o capital conseguir substituir inteiramente a mão de obra, as taxas de crescimento poderiam explodir, com a renda das pessoas se tornando infinita no tempo finito".[13] Isso me parece um resultado absurdo; é o tipo de coisa que obtemos inserindo números em uma equação sem realmente refletir sobre as respectivas implicações. Se as máquinas substituírem os trabalhadores, ninguém terá um emprego ou uma renda proveniente de qualquer tipo de trabalho. Os consumidores não terão nenhum poder de compra. Como a economia continuará a crescer? Talvez o minúsculo percentual de pessoas que possui o capital poderia praticar todo o consumo, mas elas precisariam comprar continuamente bens e serviços com um valor descomunal a fim de manter a economia mundial em crescimento.* Esse é o cenário do "tecnofeudalismo" que examinamos no Capítulo 8, um resultado que não é especialmente louvável.

Há, no entanto, uma visão mais otimista. Talvez pudéssemos considerar que o modelo matemático que Fernald e Jones usam *pressupõe* um mecanismo — afora a renda do trabalho — para distribuir o poder de compra. Se algo como uma renda

---

*O que chamamos de "economia" é na verdade o valor total de todos os bens e serviços produzidos e vendidos para alguém. A economia pode produzir grandes quantidades de bens e serviços a preços moderados, ou uma quantidade muito menor de bens e serviços com valor muito elevado. O primeiro cenário requer uma ampla distribuição do poder de compra; atualmente, isso se torna possível por causa dos empregos. No segundo cenário, não está claro quais produtos e serviços a economia poderia produzir que teriam um valor tão alto para a elite abastada. Independentemente de quais fossem esses bens com preço elevado, precisariam ser consumidos vorazmente pelos poucos afortunados; caso contrário, a economia simplesmente não cresceria: ela se contrairia. (*N. do A.*)

garantida fosse implementado, e se a renda fosse aumentada com o tempo para respaldar a continuidade do crescimento econômico, a ideia de que o crescimento iria explodir e a renda das pessoas aumentar vertiginosamente faz sentido. Isso não acontecerá de uma hora para outra; o mercado não vai resolver as coisas sozinho. Uma reestruturação fundamental de nossas regras econômicas será necessária.

Creio que encarar os mercados — ou toda a economia — como um recurso também funciona bem a partir de outra perspectiva. Lembre-se de que, no Capítulo 3, argumentei que as tecnologias prontas para transformar o mercado de trabalho resultam de um esforço cumulativo que transpôs gerações e envolveu inúmeras pessoas, tendo sido, com frequência, financiado pelos contribuintes. Em certa medida, podemos argumentar que todos esses avanços acumulados — bem como as instituições econômicas e políticas que possibilitam uma vibrante economia de mercado — são na verdade um recurso que pertence a todos os cidadãos. Um termo frequentemente utilizado no lugar de "renda garantida" é "dividendo do cidadão", o qual, na minha opinião, capta, de maneira eficaz, o argumento de que todos deveriam ter, pelo menos, um direito mínimo sobre a prosperidade econômica global de uma nação.

O efeito Peltzman e a tomada econômica de riscos

Em 1975, o economista Sam Peltzman, da Universidade de Chicago, publicou um estudo mostrando que as regulamentações desenvolvidas para melhorar a segurança dos automóveis não tinham resultado em redução significativa de mortes nas estradas. O motivo, argumentou, era que os motoristas simplesmente neutralizavam o aumento ocorrido na segurança correndo mais riscos.[14]

Posteriormente, esse "efeito Peltzman" foi demonstrado em diversas áreas. As áreas de recreação infantil, por exemplo, se tornaram muito mais seguras. Os escorregas muito inclinados e os trepa-trepas elevados foram retirados, instalando-se superfícies acolchoadas. No entanto, as pesquisas demonstraram que não houve uma redução significativa no número de pacientes levados para as salas de emergências ou de ossos fraturados.[15] Outros observadores perceberam o mesmo fenômeno com relação ao *skydiving*: o equipamento se tornou acentuadamente melhor e mais seguro, porém a taxa de mortalidade permanece aproximadamente a mesma, pois os praticantes do esporte neutralizam essas melhoras com um comportamento mais arriscado.

Em geral, o efeito Peltzman é invocado pelos economistas conservadores em apoio a um argumento contra a crescente regulamentação do governo. No entanto, muitas razões nos levam a crer que esse comportamento neutralizador de riscos se estende à área econômica. As pessoas que têm uma rede de segurança se mostrarão dispostas a correr mais riscos econômicos. Se você tivesse uma boa ideia para um novo empreendimento, parece-me muito provável que estaria mais disposto a pedir demissão de um emprego seguro e dar o salto para o empreendedorismo se soubesse que tem acesso a uma renda garantida. Do mesmo modo, poderia decidir deixar um emprego seguro que lhe oferecesse poucas oportunidades de crescimento pessoal e aceitar um cargo mais gratificante, porém menos seguro em uma pequena startup. Uma renda garantida ofereceria proteção econômica a todos os tipos de atividade empresarial, por exemplo, a quem está começando uma atividade on-line, um negócio de família ou um restaurante, ou o pequeno agricultor ou criador de gado que está enfrentando um período de seca. Em muitos casos, bastaria ajudar os pe-

OS ROBÔS E O FUTURO DO EMPREGO | 355

quenos negócios a atravessar períodos difíceis que, de outra maneira, provocariam sua falência. Eis aonde quero chegar: em vez de resultar em uma nação de vagabundos, uma renda garantida bem-projetada tem o potencial de tornar a economia mais dinâmica e empreendedora.

Desafios, inconvenientes e incertezas

A renda garantida não está desprovida de inconvenientes e riscos. A principal preocupação a curto prazo é se não seria criado um forte desestímulo ao trabalho. Embora as máquinas pareçam estar destinadas a assumir uma quantidade cada vez maior de trabalho, não há dúvida de que a economia permanecerá bastante dependente da mão de obra humana no futuro próximo.

Atualmente, não há exemplos de que uma política desse tipo tenha sido implementada em nível nacional. O estado do Alasca vem pagando um modesto dividendo anual financiado pela receita do petróleo desde 1976; nos últimos anos, os pagamentos têm variado tipicamente entre US$1 mil e US$2 mil por pessoa. Tanto adultos quanto crianças estão qualificados, de modo que a quantia pode ser significativa para as famílias. Em outubro de 2013, defensores da renda garantida na Suíça reuniram uma quantidade suficiente de assinaturas para apresentar uma proposta para uma generosa pensão mensal incondicional de 2.500 francos suíços (cerca de US$2.800) a ser votada em nível nacional, embora até hoje nenhuma data tenha sido definida para a votação. Experimentos em pequena escala nos Estados Unidos e no Canadá mostraram redução de aproximadamente 5% no número de horas que os beneficiários escolhem trabalhar; no entanto, esses programas foram temporários e, portanto,

356 | MARTIN FORD

estão menos propensos a influenciar o comportamento do que um programa permanente.[16]

Uma das maiores barreiras políticas e psicológicas à implementação da renda garantida seria a simples aceitação de que parte dos beneficiários pegará o dinheiro e deixará de trabalhar. Alguns optarão por jogar videogames o dia inteiro — ou, o que é pior, gastar o dinheiro com álcool ou drogas. Outros poderão reunir sua renda, amontoando-se em habitações ou talvez formando "comunas de vagabundos". Desde que a renda seja razoavelmente mínima e os incentivos sejam projetados de maneira correta, o percentual de pessoas que possam fazer essas escolhas será muito baixo. Em números absolutos, contudo, eles poderão ser bastante significativos e bem visíveis. É claro que seria muito difícil conciliar tudo isso com a narrativa geral da ética de trabalho protestante. Aqueles que se opõem à ideia da renda garantida provavelmente não teriam dificuldade em encontrar incidentes perturbadores que serviriam para enfraquecer o apoio a essa medida.

De modo geral, creio que o fato de algumas pessoas escolherem trabalhar menos — ou simplesmente não trabalhar — não deveria ser encarado de forma negativa. É importante ter em mente que as pessoas que optarem por "cair fora" estarão fazendo uma autosseleção. Em outras palavras, elas estarão entre os membros menos ambiciosos e esforçados da população.* Em um mundo no qual todos são obrigados a competir por um número decrescente de empregos, nenhuma razão nos leva a acreditar que as pessoas mais produtivas serão sempre aquelas

---

*Estou obviamente desconsiderando as pessoas que poderiam optar por deixar o trabalho (pelo menos por algum tempo) por razões que provavelmente consideraríamos mais legítimas, como cuidar dos filhos ou de outros membros da família. No caso de algumas famílias, por exemplo, uma renda básica poderia se revelar uma solução parcial para o iminente problema de cuidar dos idosos. (*N. do A.*)

a conseguir esses empregos. Se alguns trabalharem menos ou deixarem de trabalhar, os salários daqueles que estão dispostos a trabalhar arduamente poderá aumentar. Afinal de contas, o fato de a renda estar estagnada há décadas é um dos principais problemas que estamos tentando abordar. Não vejo como algo distópico oferecer a algumas pessoas improdutivas uma renda mínima como incentivo para que deixem de trabalhar, desde que o resultado sejam mais oportunidades e uma renda mais elevada para aqueles que desejam trabalhar arduamente e melhorar de vida.

Embora o nosso sistema de valores esteja voltado para a celebração da produção, é importante ter em mente que o consumo também é uma função econômica essencial. A pessoa que aceita a renda e deixa o mercado de trabalho se tornará um cliente pagante para o empresário esforçado que monta um pequeno negócio no mesmo bairro. E é claro que esse empreendedor receberá a mesma renda básica.

Um último ponto é que a maior parte dos erros de estratégia na implementação da renda garantida deverá ser, com o tempo, autocorretiva. Se a renda fosse inicialmente generosa demais e resultasse em forte desestímulo ao trabalho, poderiam acontecer duas coisas. Ou a tecnologia da automação seria suficientemente avançada para compensar a deficiência na produção (não haveria nenhum problema neste caso), ou haveria falta de mão de obra e a inflação dispararia. Um aumento geral nos preços desvalorizaria a renda básica e recriaria o incentivo de complementá-la com o trabalho. A não ser que os estrategistas econômicos fizessem algo realmente equivocado — como criar um aumento automático do custo de vida no programa de renda —, qualquer inflação seria provavelmente efêmera, e a economia encontraria novo equilíbrio.

358 | MARTIN FORD

Além dos desafios políticos e dos riscos associados ao desestímulo geral do trabalho, há também a questão do impacto que a renda básica teria nos custos de moradia nas áreas de aluguel elevado. Imagine dar a todos os habitantes de uma cidade como Nova York, São Francisco ou Londres US$1 mil adicionais por mês. Há boas razões para esperar que uma grande proporção desse aumento — talvez quase todo — acabaria, com o tempo, no bolso dos proprietários de imóveis, enquanto os habitantes estariam disputando a escassa moradia. Não há soluções fáceis para esse problema. O controle dos aluguéis é uma possibilidade, mas apresenta vários inconvenientes documentados. Muitos economistas defendem o relaxamento das restrições de zoneamento para que moradias mais compactas possam ser construídas, mas as pessoas certamente se oporiam a essa medida.

No entanto, existe uma força neutralizante. A renda garantida, ao contrário de um emprego, teria mobilidade. Algumas pessoas poderiam pegar sua renda e se mudar das áreas mais caras em busca de um custo de vida mais barato. Cidades decadentes como Detroit receberiam novos residentes. Outras optariam por simplesmente deixar as cidades. Um programa de renda básica poderia ajudar a revitalizar muitas das pequenas cidades e áreas rurais que estão menos populosas porque os empregos evaporaram. Creio que o impacto econômico potencialmente positivo nas áreas rurais talvez ajudasse a tornar uma política de renda garantida atraente para os conservadores nos Estados Unidos.

É óbvio que a política de imigração é outra área que precisaria ser ajustada na sequência da implementação da renda garantida. Parece provável que tanto a imigração quanto qualquer trajetória rumo à cidadania e à qualificação para a renda teriam de ser restringidas, ou talvez um período significativo

OS ROBÔS E O FUTURO DO EMPREGO | 359

de espera precisasse ser imposto a novos cidadãos. É claro que tudo isso adicionaria ainda mais complexidade e incerteza a uma questão política que já é intensamente polarizada.

O pagamento de uma renda básica

Se os Estados Unidos concedessem a todos os adultos com idade entre 21 e 65 anos, bem como a todos os que têm mais de 65 anos e não estão recebendo um benefício da Previdência Social ou uma pensão, uma renda anual incondicional de US$10 mil anuais, o custo total seria em torno de US$2 trilhões.[17] Essa quantia seria, de certa maneira, reduzida se a qualificação para a renda básica fosse limitada aos cidadãos e talvez a uma renda comprovada inferior a determinado limite. (Como já sugeri, seria muito importante retirar a renda garantida somente em um nível relativamente elevado, a fim de evitar o cenário da pobreza.) O custo total seria então compensado por meio da redução ou da eliminação de numerosos programas antipobreza federais e estaduais, entre eles os cupons de alimentação, a assistência social, o auxílio-moradia e o Earned Income Tax Credit [Crédito Fiscal para Rendimento do Trabalho], EITC. (O EITC é discutido em mais detalhes mais adiante.) Esses programas chegam a perfazer US$1 trilhão por ano.

Uma renda básica anual de US$10 mil provavelmente exigiria cerca de US$1 trilhão em novas receitas, ou talvez menos se, em vez disso, escolhêssemos algum tipo de renda mínima garantida. Esse valor seria reduzido, contudo, pelo aumento da arrecadação fiscal resultante do plano. A própria renda básica seria tributável, e provavelmente expulsaria muitas unidades familiares dos abomináveis "47%" de Mitt Romney (a proporção da população que atualmente não paga imposto de renda federal). A maioria das unidades familiares de baixa renda gastaria a maior parte da sua renda básica, o que resultaria em uma atividade econômica mais tributável. Tendo em vista que o avanço da tecnologia provavelmente nos conduzirá a níveis mais elevados de desigualdade, ao mesmo tempo que diminuirá o consumo, uma renda garantida poderia muito bem resultar em uma taxa de crescimento econômico significativamente mais elevada a longo prazo — e isso, é claro, resultaria em uma arrecadação fiscal muito maior. E, como uma renda básica direcionaria um fluxo uniforme e constante de poder de compra para os consumidores, atuaria como um poderoso estabilizador econômico, possibilitando que a economia evitasse alguns dos custos associados às profundas recessões. É claro que é difícil quantificar todos esses efeitos, mas creio que existe um forte argumento de que uma renda básica se pagaria por si mesma, pelo menos até certo ponto. Além disso, as vantagens econômicas provenientes da sua implementação aumentariam com o tempo, à medida que a tecnologia avançasse e a economia se tornasse mais intensiva em capital.

É desnecessário dizer que levantar receita suficiente representaria um enorme desafio no ambiente político atual, tendo em vista que quase todos os políticos norte-americanos têm pavor até mesmo de pronunciar a palavra "imposto", a não ser que ela seja imediatamente precedida pelo termo "redução de". A abordagem mais viável poderia ser usar vários impostos diferentes para levantar a receita necessária. Um candidato óbvio seria um imposto sobre o carbono, que poderia arrecadar até US$100 bilhões por ano, ao mesmo tempo que ajudaria a reduzir as emissões de gás de efeito estufa. Já houve propostas para um imposto sobre o carbono de receita neutra com uma bonificação para todas as unidades familiares, e isso poderia servir como um ponto de partida para uma renda básica.

OS ROBÔS E O FUTURO DO EMPREGO | 361

Outra opção é um imposto sobre valor agregado, o IVA. Os Estados Unidos são a única nação desenvolvida que não recorre atualmente a esse imposto, que é adicionado a cada etapa do processo de produção. Um IVA é repassado aos consumidores como parte do preço final cobrado por produtos e serviços e, em geral, é considerado um meio muito eficiente de aumentar a arrecadação fiscal. Há inúmeras outras possibilidades, entre elas impostos corporativos mais elevados (ou a eliminação dos esquemas legais para evitar os impostos), algum tipo de imposto territorial nacional, impostos de ganhos de capital mais elevados e um imposto sobre transações financeiras.

Parece inevitável que o imposto de renda de pessoa física também tenha que aumentar, e uma das melhores maneiras de fazer isso é tornar o sistema mais progressivo. Uma das implicações da crescente desigualdade é que uma proporção cada vez maior da renda tributável está subindo para o topo. Nosso sistema de tributação deveria ser reestruturado para espelhar a distribuição de renda. Em vez de simplesmente aumentar os impostos ou fazê-lo na faixa mais alta de imposto existente, uma estratégia melhor seria introduzir várias faixas mais elevadas de imposto destinadas a captar mais receita dos contribuintes com renda muito elevada — talvez acima de US$1 milhão por ano.

Todos capitalistas

Embora eu acredite que alguma forma de renda garantida provavelmente seja a melhor solução para o avanço da tecnologia da automação, há, sem dúvida, outras ideias viáveis. Uma das propostas mais comuns é focar na riqueza em vez da renda. Em um mundo futuro em que praticamente toda a renda é captada pelo capital, e o trabalho humano tem muito pouco valor, por que não garantir que todos possuam capital suficiente para ser economicamente seguros?

Quase todas essas propostas envolvem estratégias como aumentar a participação acionária dos funcionários nas empresas ou simplesmente oferecer a todas as pessoas um saldo substancial em um fundo mútuo. Em um artigo para a revista *Atlantic*, o economista Noah Smith sugere que o governo poderia fazer para todos "uma doação de capital" comprando um "portfólio diversificado de ações" para todos os cidadãos quando completarem 18 anos. Uma decisão precipitada de "torrar todo o dinheiro em festas e diversões" seria "impedida por meio de um paternalismo relativamente leve, como recursos bloqueados por algum tempo".[18]

O problema é que esse "leve paternalismo" talvez não seja suficiente. Imagine um futuro em que sua capacidade de sobreviver na economia seja determinada quase exclusivamente pelo que você possui; seu trabalho vale muito pouco ou nada. Nesse cenário, não haveria mais aquele tipo de história de alguém que perdeu tudo e depois conseguiu se recuperar. Se você fizer um mau investimento ou for enganado por alguém como Bernie Madoff, o erro poderá ser irrecuperável. Se tiver o controle de seu capital, é inevitável que esse cenário ocorra para alguns desafortunados. O que faríamos pelas famílias que estivessem nesse tipo de situação? Elas seriam "grandes demais para falir"? Se for este o caso, haveria um problema de risco moral: ninguém temeria correr riscos. E o fato de haver pessoas em situações desesperadoras não seria algo incomum.

É claro que a maioria das pessoas agiria com responsabilidade diante desse tipo de risco. Mesmo assim, haveria problemas. Se a perda do seu capital significasse a miséria para você e sua família, você estaria disposto a investir parte dele em um novo empreendimento de risco? A experiência com os planos de aposentadoria 401k mostrou que muitas pessoas optam por investir muito pouco no mercado de ações e excessivamente em investimentos com retorno mais baixo, porém considerados seguros. Em um mundo no qual o capital é tudo, isso poderia ser ampliado. Poderia haver uma grande demanda por ativos financeiros seguros, e como resultado, o retorno sobre esses ativos seria muito baixo. Nesse sentido, uma solução baseada em oferecer riqueza às pessoas poderia resultar em algo muito diferente do efeito Peltzman de renda garantida. A aversão excessiva ao risco conduziria a menos empreendedorismo, renda mais baixa e demanda de mercado menos vibrante.*

É claro que outro problema ainda seria pagar por essas doações de ações. Meu palpite é que a redistribuição de grandes quantidades de capital se revelaria ainda mais tóxica no aspecto político do que seria a tese da renda. Um possível mecanismo para arrancar a riqueza de seus donos atuais foi proposto por Thomas Piketty no livro *O capital no século XXI*: um imposto mundial sobre a riqueza. Esse imposto requeria uma cooperação entre nações a fim de evitar uma debandada maciça para jurisdições com impostos mais baixos. Quase todo mundo [inclusive Piketty] concorda que isso seria impraticável em um futuro próximo.

Nesse livro, que recebeu grande atenção em 2014, Piketty argumenta que as décadas futuras provavelmente serão marcadas pelo avanço da desigualdade, tanto de renda quanto de

---

*Alguns economistas, em particular o ex-secretário do Tesouro dos Estados Unidos, Larry Summers, aventaram que a economia atualmente está aprisionada na "estagnação secular" — uma situação na qual as taxas de juros estão perto de zero, a economia está operando abaixo de seu potencial e há muito pouco investimento em oportunidades mais produtivas. Acho que um futuro no qual todos dependessem quase que inteiramente de seu saldo no fundo mútuo para a sobrevivência econômica poderia resultar em um desfecho semelhante. (*N. do A.*)

364 | MARTIN FORD

riqueza. Piketty aborda a questão da desigualdade apenas sob a perspectiva de uma análise histórica de dados econômicos. Sua tese central é que o retorno sobre o capital é geralmente maior do que a taxa geral do crescimento econômico, de modo que a propriedade do capital se torna inevitavelmente uma fatia maior da torta econômica com o tempo. Ele demonstra pouco interesse nas tendências que focalizamos aqui; na verdade, a palavra "robô" só aparece em uma das quase setecentas páginas de *O capital no século XXI*. Se a teoria de Piketty estiver correta — e ela foi submetida a uma grande quantidade de debates —, creio que o avanço da tecnologia, provavelmente, ampliará muito suas conclusões, com níveis de desigualdade ainda maiores do que prevê seu modelo.

É possível que, à medida que a questão da desigualdade, e especialmente seu impacto sobre o processo político nos Estados Unidos, ganhem mais visibilidade com o público, o tipo de imposto da riqueza que Piketty defende possa um dia se tornar viável. Se for este o caso, eu argumentaria que, em vez de redistribuir o capital entre as pessoas, seria melhor constituir um fundo de riqueza soberana (semelhante ao fundo do Alasca) e depois usar os retornos para ajudar a financiar uma renda básica.

Medidas de curto prazo

É provável que a instituição de uma renda garantida seja politicamente inviável em um futuro próximo, porém outros fatores podem se revelar proveitosos no curto prazo. Várias dessas ideias são medidas econômicas genéricas destinadas a possibilitar uma recuperação mais forte da Grande Recessão. No entanto, independente disso, o impacto dos robôs ou da automação nos empregos é algo com que teríamos que nos ocupar.

OS ROBÔS E O FUTURO DO EMPREGO | 365

Entre essas medidas, destaca-se a necessidade de os Estados Unidos investirem na infraestrutura pública. É preciso reparar e renovar estradas, pontes, escolas e aeroportos. Essa manutenção tem que ser feita; não há como contorná-la e, quanto mais esperarmos, mais caro ela custará. Atualmente, o governo federal pode fazer empréstimos a uma taxa de juros quase zero, enquanto o desemprego na área da construção civil continua acima de 10%. O fato de deixarmos de aproveitar essa oportunidade e fazer os investimentos necessários enquanto o custo está baixo, provavelmente, será considerado um dia como uma terrível malversação econômica.

Embora eu não acredite que medidas voltadas para mais educação e treinamento vocacional possam oferecer uma solução sistêmica no longo prazo para o problema do desemprego tecnológico, certamente existem muitas coisas que podemos fazer, e deveríamos fazer, para melhorar as perspectivas mais imediatas para os estudantes e os trabalhadores. Provavelmente, não poderemos mudar a realidade de que apenas um número limitado de empregos estará disponível no topo da pirâmide de qualificação. No entanto, podemos tratar da questão dos trabalhadores que não têm a qualificação necessária para as oportunidades existentes. Precisamos de mais investimentos em faculdades comunitárias. Algumas profissões com a taxa de desemprego baixa, em particular as áreas ligadas aos cuidados com a saúde, como a enfermagem, estão atualmente expostas a um significativo estrangulamento educacional; há uma impressionante demanda por treinamento, mas os alunos não conseguem fazer os cursos, porque estes estão simplesmente superlotados. De modo geral, as faculdades comunitárias representam um de nossos mais importantes recursos para possibilitar que os trabalhadores lidem com um mercado de trabalho cada vez mais dinâmico. Tendo em vista que empregos — e algumas profissões — podem estar prestes a se evaporar em ritmo acelerado, deveríamos fazer todo o possível para tornar disponíveis as oportunidades de retreinamento. Expandir o acesso a faculdades comunitárias relativamente baratas, enquanto nos esforçamos para refrear escolas particulares predatórias que foram criadas principalmente para receber ajuda financeira do governo, resultaria em melhores perspectivas para um grande número de pessoas. Como vimos no Capítulo 5, os MOOCs e outras inovações da educação on-line também podem causar impacto significativo nas oportunidades de treinamento profissional.

Outra importante proposta se concentra na expansão do Earned Income Tax Credit [Crédito Fiscal para Rendimento do Trabalho], um subsidio pago a trabalhadores de baixa renda nos Estados Unidos. Atualmente o EITC está sujeito a duas principais limitações. A primeira é que os desempregados não estão qualificados; o benefício só é pago a pessoas com algum rendimento. A segunda é que o programa está, basicamente, configurado como uma forma de pensão alimentar para os filhos. Uma mãe ou um pai solteiro com três ou mais filhos receberia cerca de US$6 mil por ano em 2013, enquanto um trabalhador sem filhos ganharia no máximo US$487 anuais, ou cerca de US$40 por mês. O governo Obama já propôs expandir a qualificação para abranger aqueles que não conseguem arranjar emprego — o que corresponderia, é claro, a converter esse programa em um programa de renda garantida.

Se você aceitar o argumento de que, com o tempo, nossa economia tende a se tornar cada vez menos intensiva em mão de obra, deduz-se que deveríamos deslocar nosso sistema de impostos do trabalho para o capital. Atualmente, importantes programas que subsidiam os idosos, por exemplo, são financiados por impostos na folha de pagamentos que incidem tanto nos trabalhadores quanto nos empregadores. Tributar o trabalho dessa maneira possibilita que as empresas que são altamente intensivas em capital ou tecnologia não paguem esses impostos, colhendo os benefícios de nossos mercados e instituições, ao mesmo tempo que escapam da obrigação de contribuir para os programas que são fundamentais para a sociedade. Se a carga tributária recaísse desproporcionalmente sobre setores e empresas mais intensivos em mão de obra, teríamos incentivo para utilizar a automação. Com o tempo, todo o sistema se tornará insustentável. Em vez disso, deveríamos fazer a transição para uma forma de tributação que cobre mais das empresas que se apoiam fortemente na tecnologia e empregam relativamente poucos trabalhadores. Com o tempo, teremos que nos afastar da ideia de que os trabalhadores sustentam os aposentados e pagam pelos programas sociais, e adotar a premissa de que é a economia que sustenta isso. Afinal de contas, o crescimento econômico ultrapassou significativamente o ritmo no qual novos empregos foram criados e os salários vêm aumentando.

Tendo em vista as tendências que examinamos nestas páginas, parece evidente que não devíamos estar planejando desmontar a rede de segurança que temos à nossa disposição. Se existe, de fato, um momento adequado para reduzir drasticamente os programas nos quais se apoia a maioria dos segmentos mais vulneráveis da população norte-americana — sem colocar em funcionamento uma solução alternativa viável —, sem sombra de dúvida, *este não é o momento.*

O AMBIENTE POLÍTICO nos Estados Unidos se tornou tão tóxico e desarmonioso que até mesmo concordar com as políticas econômicas mais convencionais parece impossível. Assim, é fácil descartar qualquer assunto que aborde intervenções mais radicais, como a renda garantida. É compreensível, portanto, que nos concentremos em políticas menores e possivelmente mais viáveis, deixando os maiores desafios para algum ponto indeterminado no futuro.

Isso é perigoso, porque já estamos bem adiantados no arco do progresso da tecnologia da informação. Chegamos à parte íngreme da curva exponencial. As coisas avançarão mais rápido, e o futuro pode chegar muito antes de estarmos prontos.

A luta que dura há décadas para adotar a cobertura universal de saúde nos Estados Unidos oferece um bom prenúncio do atordoante desafio que enfrentaremos ao tentar promover qualquer tipo de reforma econômica em larga escala. Quase oitenta anos se passaram entre a proposta de Franklin Roosevelt de um sistema nacional de saúde e a Lei de Serviços de Saúde Acessíveis. É claro que, no caso da saúde, os Estados Unidos tinham como exemplo os sistemas consagrados de todas as outras nações avançadas do mundo. Mas não há exemplos de renda garantida — ou, por sinal, nenhuma outra política projetada para a adaptação às implicações de uma tecnologia futura. Teremos que criá-la à medida que avançamos. Certamente não é cedo demais para discutir esse assunto.

Essa discussão tem que se aprofundar em nossas suposições a respeito do papel da mão de obra em nossa economia e na maneira como as pessoas reagem aos incentivos. Todos concordam que os incentivos são importantes, mas há boas razões para acreditar que nossos incentivos econômicos poderiam ser, em certa medida, moderados com segurança. A premissa de que taxas marginais de imposto até mesmo modestamente mais elevadas sobre os níveis de renda da faixa superior destruirão o ímpeto do empreendedorismo é simplesmente insustentável. O fato de tanto a Apple quanto a Microsoft terem sido criadas em meados da década de 1970 — um período no qual a faixa superior do imposto de renda era de 70% — mostra que os empresários não passam muito tempo se preocupando com

OS ROBÔS E O FUTURO DO EMPREGO | 369

as alíquotas máximas de imposto. A motivação para o trabalho certamente tem importância, mas, em um país rico como os Estados Unidos, esse incentivo talvez não precise ser tão exagerado a ponto de despertar os espectros da falta de moradia e da penúria. O temor de acabarmos com um número excessivo de pessoas viajando no vagão econômico, e muito poucas o puxando, deveria ser reavaliado quando as máquinas se revelarem cada vez mais capazes de puxá-lo.

Em maio de 2014, o emprego dos trabalhadores assalariados nos Estados Unidos finalmente retornou ao máximo anterior à recessão, encerrando uma recuperação épica do desemprego que abarcou mais de seis anos. No entanto, mesmo com essa recuperação, constatou-se que a qualidade desses empregos havia diminuído significativamente. A crise havia eliminado milhões de empregos de classe média, enquanto as vagas criadas durante a recuperação estavam concentradas desproporcionalmente em empresas do setor de serviços com baixos salários. Muitas delas eram ocupações de fast food e varejo — áreas que, como vimos, parecem estar muito propensas a, com o tempo, sofrer o impacto dos avanços da robótica e da automação de autosserviço. Tanto o desemprego a longo prazo como o número de pessoas que não conseguem encontrar trabalho em tempo integral permanecem em níveis elevados.

Atrás do número total de empregos estava outro número, que encerrava uma advertência sinistra para o futuro. Nos anos que se seguiram ao início da crise financeira, a população de adultos em idade de trabalhar nos Estados Unidos havia aumentado cerca de 15 milhões de pessoas.[19] A economia não havia criado novas oportunidades para esses milhões que estavam ingressando na força de trabalho. "Para ao menos ficarmos parados, temos de nos mover muito rápido", afirmou John Kennedy. Isso era possível em 1963, mas, em nossa época, poderá se revelar inexequível.

Conclusão

No mesmo mês que o número total de empregos nos Estados Unidos finalmente voltou aos níveis anteriores à crise, o governo dos Estados Unidos divulgou dois relatórios que apontam para a magnitude e a complexidade dos desafios que provavelmente enfrentaremos nas próximas décadas. O primeiro, que quase passou despercebido, foi uma breve análise publicada pelo Bureau of Labos Statistics BLS [Departamento de Estatísticas do Trabalho]. O relatório examinou como a quantidade total do trabalho executado no setor privado norte-americano havia mudado ao longo de 15 anos. Em vez de simplesmente contar empregos, o BLS investigou o número efetivo de horas trabalhadas.

Em 1998, os trabalhadores do setor empresarial fizeram um total de 194 bilhões de horas de trabalho. Uma década e meia depois, em 2013, o valor dos bens e serviços produzidos pelas empresas norte-americanas havia crescido cerca de US$3,5 trilhões depois de feita a correção da inflação — um aumento de 42% na produção. A quantidade total de mão de obra humana necessária para realizar isso foi de... 194 bilhões de horas. Shawn Sprague, o economista do BLS que preparou o relatório, assinalou que "isso significa que, em última análise, *não houve nenhum crescimento* no número de horas trabalhadas nesse período de 15 anos, apesar de a população dos Estados Unidos ter tido um aumento de mais de 40 milhões de pessoas no mesmo período, e apesar de milhares de novas empresas terem sido criadas nesse intervalo de tempo".[1]

As informações do segundo relatório, divulgado em 6 de maio de 2014, foram exibidas com destaque na primeira página do *New York Times*. "The National Climate Assessment" [Avaliação do clima nacional], um grande projeto entre agências supervisionado por um painel de sessenta membros que incluía representantes da indústria do petróleo, declarou que "a mudança climática, um dia considerado um assunto para um futuro remoto, se deslocara firmemente para o presente".[2] O relatório assinalou que "os verões estão mais longos e mais quentes, e períodos prolongados de um calor fora do comum duram mais do que qualquer norte-americano vivo jamais sentiu". Os Estados Unidos já presenciaram um acentuado aumento na frequência de chuvas torrenciais, que quase sempre dão origem a enchentes e outros danos. O relatório projetou uma elevação do nível do mar entre 30 e 120 centímetros até 2100 e enfatizou que "residentes de algumas cidades costeiras já veem suas ruas ficarem inundadas com mais regularidade durante as tempestades e a maré alta". A economia de mercado começou a se adaptar à realidade da mudança do clima; o custo do seguro contra enchentes está aumentando, ou até mesmo se tornando completamente indisponível, nas áreas mais vulneráveis.

Os tecno-otimistas tendem a desconsiderar as preocupações com a mudança do clima e o impacto ambiental. A tecnologia é encarada como uma força universalmente positiva cujo progresso exponencial quase com certeza nos resgatará de quaisquer perigos que possamos encontrar pela frente. Uma energia limpa e abundante alimentará nossa economia muito antes do que esperamos, e inovações em áreas como a dessalinização da água do mar e a reciclagem mais eficiente chegarão a tempo de evitar quaisquer consequências negativas. Certo nível de otimismo é, sem dúvida, justificado. A energia solar, em particular, recentemente foi submetida a uma tendência semelhante à Lei de Moore, que está reduzindo os custos com rapidez. A capacidade fotovoltaica mundial instalada tem duplicado aproximadamente a cada dois anos e meio.[3] Os otimistas mais radicais acham que seremos capazes de obter *toda* a nossa energia de fontes solares no início da década de 2030.[4] Ainda assim, alguns desafios significativos subsistem; um dos problemas é que, embora o custo dos painéis solares em si venha declinando rapidamente, outros custos importantes — como os do equipamento periférico e da instalação — não acompanharam esse nível de progresso.

Um ponto de vista mais realista sugere que precisaremos recorrer a uma combinação de inovações e regulamentações para que possamos mitigar com sucesso a mudança do clima e nos adaptarmos a ela. A história do futuro não será a respeito de uma simples competição entre tecnologia e impacto ambiental. Ela será bem mais complicada. Como vimos, o avanço da tecnologia da informação tem um lado sombrio e, se esse avanço resultar em um desemprego difundido ou ameaçar a segurança econômica de uma grande parcela de nossa população, politicamente será ainda mais difícil lidar com os riscos apresentados pela mudança do clima.

Uma pesquisa de opinião realizada em 2013 por estudiosos das universidades de Yale e George Mason constatou que cerca de 63% dos norte-americanos acreditam que a mudança climática já está em curso e que pouco mais de 50% estão um pouco preocupados com suas futuras implicações.[5] Entretanto, uma pesquisa mais recente do Gallup coloca as coisas em uma perspectiva mais adequada.[6] Em uma lista de 15 preocupações importantes, a mudança do clima ficou em 14° lugar. A primeira da lista foi a economia, e é claro que, para a grande maioria das pessoas, "economia" corresponde a empregos e salários.

A história mostra que, quando os empregos estão escassos, o medo do desemprego se torna uma poderosa ferramenta nas mãos de políticos e de interesses especiais que se opõem às medidas ambientais. Esse é o caso, por exemplo, dos estados em que a extração do carvão tem sido historicamente uma importante fonte de empregos, embora o emprego na indústria de mineração tenha sido dizimado pela mecanização, e não por uma regulamentação ambiental. Corporações com um número ainda menor de empregos a oferecer jogam rotineiramente estados e cidades uns contra os outros, em busca de impostos mais baixos, de obter subsídios do governo e de se livrar da regulamentação.

Diferente dos Estados Unidos e de outros países ricos, a situação em outros países pode ser bem mais perigosa. Como vimos, os empregos nas fábricas estão desaparecendo no mundo inteiro. A fabricação intensiva em mão de obra como um caminho para a prosperidade pode começar a desaparecer em muitas nações em desenvolvimento, enquanto técnicas de agropecuária mais eficientes vão afastar as pessoas de estilo de vida agrícola. Muitos desses países sofrerão impactos bem mais graves da mudança climática e já estão sujeitos a uma significativa degradação ambiental. No pior cenário, a combinação de uma difundida insegurança econômica, seca e preços ascendentes de alimentos pode conduzir a instabilidade social e política.

O maior risco é que poderíamos enfrentar uma "tempestade perfeita" — uma situação em que o desemprego tecnológico e o impacto ambiental se expandem paralelamente, reforçando e talvez até mesmo ampliando um ao outro. No entanto, se conseguirmos potencializar o avanço da tecnologia como uma solução — ao mesmo tempo reconhecendo e adaptando-nos às suas implicações para o emprego e a distribuição da renda —, é provável que o resultado seja bem mais otimista. Transpor um caminho por essas forças emaranhadas e moldar um futuro que ofereça segurança e prosperidade pode se revelar o maior desafio de nossa era.

Agradecimentos

Antes de tudo, desejo agradecer a toda a equipe da Basic Books — especialmente ao meu extraordinário editor, T. J. Kelleher —, por trabalhar comigo para tornar este livro realidade. Meu agente, Don Fehr, da Trident Media, foi providencial ao ajudar este projeto a encontrar o seu lar adequado na Basic Books.

Também sou imensamente grato aos numerosos leitores de meu livro anterior, *The Lights in the Tunnel*, que me ofereceram sugestões e críticas, bem como exemplos que demonstram como a tendência inexorável em direção à automação está se desenvolvendo no mundo real. Muitas dessas ideias e discussões ajudaram a refinar meu raciocínio quando comecei a escrever este livro. Agradeço em particular a Abhas Gupta, da Mohr Davidow Ventures, que me apontou alguns dos exemplos citados nestas páginas e também ofereceu muitas sugestões valiosas depois de ler uma versão preliminar do livro.

Muitos dos gráficos desta obra foram gerados a partir do excelente sistema Federal Reserve Economic Data (FRED), fornecido pelo Federal Reserve Bank de St. Louis. Incentivo os leitores interessados a visitarem o website do FRED e experimentarem esse extraordinário recurso. Agradeço também a Lawrence Mishel, do Economic Policy Institute, por permitir que eu reproduzisse sua análise, que mostra a acentuada diferença no crescimento da produtividade e da remuneração dos Estados Unidos, e a Simon Colton, por fornecer uma ilustração criada por seu aplicativo artístico de IA, "The Painting Fool".

378 | MARTIN FORD

Por último, agradeço à minha família e, especialmente, à minha encantadora esposa, Xiaoxiao Zhao, por seu apoio e paciência durante o longo processo (e muitas madrugadas) que deram origem a este livro.

Notas

Introdução

1. Salários médios dos trabalhadores da área de produção ou que não têm cargo de supervisão: *The Economic Report of the President, 2013*, Tabela B-47 [Table B-47], http://www.whitehouse.gov/sites/default/files/docs/erp2013/full_2013_economic_report_of_the_president.pdf. A tabela mostra salários máximos semanais de cerca de US$341 em 1973 e US$295 em dezembro de 2012, calculados em valores de 1984. Produtividade: Fonte dos dados: FRED, Federal Reserve Economic Data [Dados Econômicos do Federal Reserve], Federal Reserve Bank of St. Louis: Nonfarm Business Sector [Setor Não Agrícola]: Real Output Per Hour of All Persons [Produção Real Por Hora de Todas as Pessoas], Índice 2009 = 100, Seasonally Adjusted [Ajustados Sazonalmente] [OPHNFB]; US Department of Labor [Ministério do Trabalho dos Estados Unidos]: Bureau of Labor Statistics [Departamento de Estatística do Trabalho] ; https://research.stlouisfed.org/fred2/series/OPHNFB/; acessado em 29 de abril de 2014.
2. Neil Irwin, "Aughts Were a Lost Decade for U.S. Economy, Workers", *Washington Post*, 2 de janeiro de 2010, http://www.washingtonpost.com/wp-dyn /content/article/2010/01/01/AR2010010101196.html.
3. Ibid.

Capítulo 1

1. John Markoff, "Skilled Work, Without the Worker", *New York Times*, 18 de agosto de 2012, http://www.nytimes.com/2012/08/19/business/new-wave-of-adept-robots-is-changing-global-industry.html.

380 | MARTIN FORD

2. Damon Lavrinc, "Peek Inside Tesla's Robotic Factory", *Wired.com*, 16 de julho de 2013, http://www.wired.com/autopia/2013/07/tesla-plant-video/.

3. Site da Federação Internacional de Robótica, Estatísticas dos robôs industriais em 2013, http://www.ifr.org/industrial-robots/statistics/.

4. Jason Tanz, "Kinect Hackers Are Changing the Future of Robotics", *Wired Magazine*, julho de 2011, http://www.wired.com/magazine/2011/06/mf _kinect/.

5. Esther Shein, "Businesses Adopting Robots for New Tasks", *Computer-world*, 1º de agosto de 2013, http://www.computerworld.com/article/2484376/emerging-tecnology/business_adopting_robots_for_new_tasks.

6. Stephanie Clifford, "U.S. Textile Plants Return, with Floors Largely Empty of People", *New York Times*, 12 de setembro de 2013, http://www.nytimes.com/2013/09/20/business/us-textile-factories-return.html.

7. Ibid.

8. Informações sobre o aumento do salário do trabalhador na China e a pesquisa do Boston Consulting Group são encontradas em "Coming Home", *The Economist*, 19 de janeiro de 2013, http://www.economist.com/news/special-report/21569570-growing-number-americancompanies-are-moving-their-manufacturing-back-united.

9. Caroline Baum, "So Who's Stealing China's Manufacturing Jobs?", *Bloomberg News*, 14 de outubro de 2003, sddt.com/News/article.cfm?SourceCode=20031014fw#.WAEi54WCGM8.

10. Paul Mozur e Eva Dou, "Robots May Revolutionize China's Electronics Manufacturing", *Wall Street Journal*, 24 de setembro de 2013, http://online.wsj.com/news/articles/SB10001424052702303759604579093122607195610.

11. Informações adicionais sobre o custo de capital artificialmente baixo na China são encontradas em Michael Pettis, *Avoiding the Fall: China's Economic Restructuring* (Washington, DC: Carnegie Endowment for International Peace, 2013).

OS ROBÔS E O FUTURO DO EMPREGO | 381

12. Barney Jopson, "Nike to Tackle Rising Asian Labour Costs", *Financial Times*, 27 de junho de 2013, http://www.ft.com/content/277197a6-df6a-11e2-881f-00144feab7de.

13. Cofundador da Momentum Machines, Alexandros Vardakostas, citado em Wade Roush, "Hamburgers, Coffee, Guitars, and Cars: A Report from Lemnos Labs", *Xconomy.com*, 12 de junho de 2012, http://www.xconomy.com/san-francisco/2012/06/12/hamburgers-coffee-guitars-and-cars-a-report-from-lemnos-labs/2.

14. Site da Momentum Machines, http://momentummachines.com; David Szondy, "Hamburger-Making Machine Churns Out Custom Burgers at Industrial Speeds", *Gizmag.com*, 25 de novembro de 2012, http://www.gizmag.com/hamburger-machine/25159/.

15. Site corporativo do McDonald's, http://www.corporate.mcdonalds.com/mcd/our__company.html.

16. US Department of Labor [Ministério do Trabalho dos Estados Unidos], Bureau of Labor Statistics [Departamento de Estatística do Trabalho], Comunicado à Imprensa, 19 de dezembro de 2013, USDL-13-2393, Employment Projections — 2012 — 2022, Tabela [Table] 8, http://www.bls.gov/news.release/pdf/ecopro.pdf.

17. Alana Semuels, "National Fast-Food Wage Protests Kick Off in New York", *Los Angeles Times*, 29 de agosto de 2013, http://articles.latimes.com/2013/aug/29/business/la-fi-mo-fast-food-protests-20130829.

18. Schuyler Velasco, "McDonald's Helpline to Employee: Go on Food Stamps", *Christian Science Monitor*, 24 de outubro de 2013, http://www.csmonitor.com/Business/2013/1024/McDonald-s-helpline-to-employee-Go-on-food-stamps.

19. Sylvia Allegretto, Marc Doussard, Dave Graham-Squire, Ken Jacobs, Dan Thompson e Jeremy Thompson, "Fast Food, Poverty Wages: The Public Cost of Low-Wage Jobs in the Fast-Food Industry", UC Berkeley Labor Center, 15 de outubro de 2013, http://laborcenter.berkeley.edu/publiccosts/fast_food_poverty_wages.pdf.

20. Hiroko Tabuchi, "For Sushi Chain, Conveyor Belts Carry Profit", *New York Times*, 30 de dezembro de 2010, http://www.nytimes.com/2010/12/31/business/global/31sushi.html.

382 | MARTIN FORD

21. Stuart Sumner, "McDonald's to Implement Touch-Screen Ordering", *Computing*, 18 de maio de 2011, http://www.computing.co.uk/ctg/news/2072026 /mcdonalds-implement-touch-screen.

22. US Department of Labor, Bureau of Labor Statistics, *Occupational Out-look Handbook*, 29 de março de 2012, http://www.bls.gov/ooh/About/Projections-Overview.htm.

23. Ned Smith, "Picky Robots Grease the Wheels of e-Commerce", *Business News Daily*, 2 de junho de 2011, http://www.businessnewsdaily.com/1038-robots-streamline-order-fulfillment-e-commerce-pick-pack-and-ship-warehouse-operations.html.

24. Greg Bensinger, "Before Amazon's Drones Come the Robots", *Wall Street Journal*, 8 de dezembro de 2013, http:// wsj.com /articles/ SB10001424052702303330204579246012421712386.

25. Bob Trebilcock, "Automation: Kroger Changes the Distribution Game", *Modern Materials Handling*, 4 de junho de 2011, http://www.mmh.com/article /automation_kroger_changes_the_game.

26. Alana Semuels, "Retail Jobs Are Disappearing as Shoppers Adjust to Self-Service", *Los Angeles Times*, 4 de março de 2011, http://articles.latimes.com/2011/mar/04/business/la-fi-robot-retail-20110304.

27. Blog corporativo da Redbox, "A Day in the Life of a Redbox Ninja", 12 de abril de 2010, http://blog.redbox.com/2010/04/a-day-in-the-life-of-a-redbox-ninja.html.

28. Site corporativo da Redbox, http://www.redbox.com/career-technology.

29. Meghan Morris, "It's Curtains for Blockbuster's Remaining U.S. Stores", *Crain's Chicago Business*, 6 de novembro de 2013, http://www.chicagobusiness.com/article/20131106/NEWS07/131109882/its-curtains-for-blockbusters-remaining-u-s-stores.

30. Alorie Gilbert, "Why So Nervous About Robots, Wal-Mart?", *CNET News*, 8 de julho de 2005, http://news.cnet.com/news/why-so-nervous-about-robots-wal-mart

31. Jessica Wohl, "Walmart Tests iPhone App Checkout Feature", Reuters, 6 de setembro de 2012, http://www.reuters.com/

OS ROBÔS E O FUTURO DO EMPREGO | 383

article/2012/09/06/us-walmart-iphones-checkout-idUSBRE-8851DP20120906.

32. Brian Sumers, "New LAX Car Rental Company Offers Only Audi A4s — and No Clerks", *Daily Breeze*, 6 de outubro de 2013, http://www.dailybreeze.com/general-news/20131006/new-lax-car-rental-company-offers-only-audi-a4s-x2014-and-no-clerks.

33. Site corporativo da Vision Robotics, http://visionrobotics.com.

34. Site corporativo da Harvest Automation, http://www.harvestai.com.

35. Peter Murray, "Automation Reaches French Vineyards with a Vine-Pruning Robot", *SingularityHub*, 26 de novembro de 2012, http://singularityhub.com/2012/11/26/automation-reaches-french-vineyards-with-a-vine-pruning-robot.

36. "Latest Robot Can Pick Strawberry Fields Forever", *Japan Times*, 26 de setembro de 2013, http://www.japantimes.co.jp/news/2013/09/26/business/latest-robot-can-pick-strawberry-fields-forever.

37. Site do Australian Centre for Field Robotics, http://acfr.usyd.edu.au.

38. Emily Sohn, "Robots on the Farm", *Discovery News*, 12 de abril de 2011, http://nbcnews.com/id/42553847/ns/technology-and-science/t/robots-farm/#.WATqoWcGM8.

39. Alana Semuels, "Automation Is Increasingly Reducing U.S. Workforces", *Los Angeles Times*, 4 de outubro de 2010, http://articles.latimes.com/2010 /dec/17/business/la-fi-no-help-wanted-20101004.

Capítulo 2

1. Informações sobre o último sermão e o serviço memorial de Martin Luther King Jr. na Washington National Cathedral podem ser encontradas em Ben A. Franklins, "Dr. King Hints He'd Cancel March If Aid Is Offered", *New York Times*, 1º de abril de 1968, e em Nan Robertson, "Johnson Leads U.S. in Mourning: 4,000 Attend Service at Cathedral in Washington", *New York Times*, 6 de abril de 1968.

384 | MARTIN FORD

2. O texto completo de "Remaining Awake Through a Great Revolution", de Martin Luther King Jr., está disponível em https://kinginstitute.stanford.edu/publications/knock-midnight-inspiration-great-sermons-martin-luther-king-jr-10.

3. Informações sobre o texto do relatório da Tripla Revolução [Triple Revolution] e uma lista dos signatários podem ser encontradas em http://www.educationanddemocracy.org/FSCfiles/C_CC2a_TripleRevolution.htm. Imagens escaneadas do documento original e da carta que o encaminhou ao presidente Johnson estão disponíveis em http://osulibrary.oregonstate.edu/special collections/coll/pauling/peace/papers/1964p.7—04.html.

4. John D. Pomfret, "Guaranteed Income Asked for All, Employed or Not", *New York Times*, 22 de março de 1964. Informações sobre outras coberturas da mídia do relatório da Tripla Revolução podem ser encontradas em Brian Steensland, *The Failed Welfare Revolution: America's Struggle over Guaranteed Income Policy* (Princeton: Princeton University Press, 2011), pp. 43-44.

5. O artigo de Norbert Wiener sobre automação é discutido e citado amplamente em John Markoff, "In 1949, He Imagined an Age of Robots", *New York Times*, 20 de maio de 2013.

6. Extraído de uma carta para Robert Weide datada de 12 de janeiro de 1983, citada em Dan Wakefield, ed., *Kurt Vonnegut Letters* (Nova York: Delacorte Press, 2012), p. 293.

7. Informações sobre o texto de Lyndon B. Johnson "Remarks Upon Signing Bill Creating the National Commission on Technology, Automation, and Economic Progress", 19 de agosto de 1964, são encontradas em Gerhard Peters e John T. Woolley, *The American Presidency Project*, http://www.presidency.ucsb.edu/ws/?pid=26472.

8. Os relatórios da National Commission on Technology, Automation, and Economic Progress podem ser encontrados on-line em http://catalog.hathitrust.org/Record/009143593, http://catalog.hathitrust.org/Record/007424268 e http://www.rand.org/content/dam/rand/pubs/papers/2013/P3478.pdf.

OS ROBÔS E O FUTURO DO EMPREGO | 385

9. Para informações sobre as taxas de desemprego nas décadas de 1950 e 1960, consulte "A Brief History of US Unemployment", no site do *Washington Post*, http://www.washingtonpost.com/wp-srv/special/business/us-unemployment-rate-history.

10. Uma eloquente descrição do projeto e da operação dos primeiros computadores digitais e das equipes que os construíram pode ser encontrada em George Dyson, *Turing's Cathedral: The Origins of the Digital Universe* (Nova York: Vintage, 2012).

11. Uma listagem dos salários médios dos trabalhadores da área de produção e com função que não são de supervisão pode ser encontrada na Tabela B-47 [Table B-47] do The Economic Report of the President, 2013, http://www.whitehouse.gov/sites/default/files/docs/erp2013/full_2013_economic_report_of_the_president.pdf. Como foi mencionado na Introdução, a tabela mostra salários semanais máximos de cerca de US$341 em 1973 e de US$295 em dezembro de 2012, calculados em dólares de 1984. Ajustei esses valores para dólares de 2013, usando o calculador de inflação do Bureau of Labor Statistics [Departamento de Estatística do Trabalho] em http://www.bls.gov/data/inflation_calculator.htm.

12. Uma comparação entre a renda das famílias medianas e o PIB *per capita* pode ser encontrada em Tyler Cowen, *The Great Stagnation: How America Ate All the Low-Hanging Fruit of Modern History, Got Sick, and Will (Eventually) Feel Better* (Nova York: Dutton, 2011), p. 15, e Lane Kenworthy, "Slow Income Growth for Middle America", 3 de setembro de 2008, http://lanekenworthy.net/2008/09/03/slow-income-growth-for-middle-america/. Ajustei os valores de maneira a refletir os dólares de 2013.

13. Lawrence Mishel, "The Wedges Between Productivity and Median Compensation Growth", Economic Policy Institute, 26 de abril de 2012, http://www.epi.org/publication/ib330-productivity-vs-compensation/.

14. "The Compensation-Productivity Gap", website do US Bureau of Labor Statistics, 24 de fevereiro de 2011, http://www.bls.gov/opub/ted/2011/ted_20110224.htm.

386 | MARTIN FORD

15. John B. Taylor e Akila Weerapana, *Principles of Economics* (Mason, OH: Cengage Learning, 2012), p. 344. Consulte o gráfico e o comentário na margem esquerda. Taylor é um economista altamente considerado, conhecido especialmente pela "Regra de Taylor", uma diretriz de política monetária usada pelos bancos centrais (inclusive pelo Federal Reserve) para determinar as taxas de juros.

16. Robert H. Frank e Ben S. Bernanke, *Principles of Economics*, 3ª ed. (Nova York: McGraw Hill/Irwin, 2007), pp. 596-597.

17. John Maynard Keynes, citado em David Hackett Fischer, *The Great Wave: Price Revolutions and the Rhythm of History* (Nova York: Oxford University Press, 1996), p. 294.

18. Labor Share Graph [Gráfico da Parcela do Trabalho]. Fonte de Dados: FRED, Federal Reserve Economic Data [Dados Econômicos do Federal Reserve], Federal Reserve Bank of St. Louis: Nonfarm Business Sector: Labor Share, Index 2009=100, Seasonally Adjusted [Ajustados Sazonalmente] [PRS85006173]; US Department of Labor: Bureau of Labor Statistics [Ministério do Trabalho dos Estados Unidos: Departamento de Estatística do Trabalho]; https://research.stlouisfed.org/fred2/series/PRS85006173; acessado em 29 de abril de 2014. A escala vertical é um índice com 100 fixado em 2009. Os percentuais da parcela do trabalho mostrados no gráfico (65% e 58%) foram adicionados para maior clareza. Consulte também: Margaret Jacobson e Filippo Occhino, "Behind the Decline in Labor's Share of Income", Federal Reserve Bank of Cleveland, 3 de fevereiro de 2012 (http://www.clevelandfed.org/newsroom-and-events/publications/economic-trends/2012-economic-trends/et-20120203-behind-the-decline-in-labors-share-of-income.aspx.

19. Scott Thurm, "For Big Companies, Life Is Good", *Wall Street Journal*, 9 de abril de 2012, http://wsj.com/article/SB10001424052702303815404577331660464739018.

20. Ibid.

21. Corporate Profits [Lucros Corporativos]/gráfico do PIB [GDP graph]: Fonte de Dados: FRED. Federal Reserve Economic Data

OS ROBÔS E O FUTURO DO EMPREGO | 387

[Dados Econômicos do Federal Reserve], Federal Reserve Bank of St. Louis: Corporate Profits After Tax (without IVA and CCAdj) [Lucros Corporativos Depois dos Impostos (sem IVA e CCAdj)], Billions of Dollars [Bilhões de dólares], Seasonally Adjusted Annual Rate [Taxa Anual Ajustada Sazonalmente] [CP]; Gross Domestic Product [Produto Interno Bruto], Billions of Dollars [Bilhões de dólares], Seasonally Adjusted Annual Rate [Taxa Anual Ajustada Sazonalmente] [PIB] [GDP]; http://research.stlouisfed.org/fred2/graph/?id=CP; acessado em 29 de abril de 2014.

22. Loukas Karabarbounis e Brent Neiman, "The Global Decline of the Labor Share", National Bureau of Economic Research [Departamento Nacional de Pesquisas Econômicas], Working Paper [Documento de Trabalho] nº 19136, publicado em junho de 2013, http://www.nber.org/papers/w19136.pdf; consulte também http://faculty.chicagobooth.edu/brent.neiman/research/KN1_Slides.pdf

23. Ibid., p. 1.

24. Ibid.

25. Labor Force Participation Rate Graph [Gráfico da Taxa de Participação da Força de Trabalho]. Fonte de Dados: FRED, Federal Reserve Economic Data [Dados Econômicos do Federal Reserve], Federal Reserve Bank of St. Louis: Civilian Labor Force Participation Rate [Taxa de Participação da Força de Trabalho Civil], Percent [Percentual], Seasonally Adjusted [Ajustado Sazonalmente] [CIVPART]; http://research.stlouisfed.org/fred2/graph/?id=CIVPART; acessado em 29 de abril de 2014.

26. Gráficos mostrando as taxas de participação dos homens e das mulheres podem ser encontrados no website Federal Reserve Economic Data [Dados Econômicos do Federal Reserve]; consulte http://fred.stlouisfed.org/series/LNS11300001 e http://fred.stlouisfed.org/series/LNS11300002, respectivamente.

27. Um gráfico da taxa de participação da força de trabalho dos adultos com idade entre 25 e 54 anos pode ser encontrado em http://fred.stlouisfed.org/series/LNV01300060.

388 | MARTIN FORD

28. Para informações sobre o grande aumento do número de pedidos de inscrição no programa de incapacidade, consulte Willem Van Zandweghe, "Interpreting the Recent Decline in Labor Force Participation", *Economic Review* — First Quarter 2012, Federal Reserve Bank of Kansas City, p. 29, http://kansascityfed.org/ publicat/econrev/pdf/12q1VanZandweghe.pdf.

29. Fonte de Dados: FRED, Dados Econômicos do Federal Reserve [Federal Reserve Economic Data], Federal Reserve Bank of St. Louis: All Employees [Todos os funcionários]: Total Nonfarm [Total do setor não agrícola] , Thousands of Persons [Milhares de pessoas], Seasonally Adjusted [Ajustado Sazonalmente] [PAYEMS]; US Department of Labor: Bureau of Labor Statistics [Ministério do Trabalho dos Estados Unidos: Departamento de Estatística do Trabalho]; https://fred.stlouisfed.org/ series/PAYEMS/; acessado em 10 de junho de 2014.

30. Para mais informações sobre o número de empregos necessários para acompanhar o crescimento populacional, consulte Catherine Rampell, "How Many Jobs Should We Be Adding Each Month?", *New York Times* (Economix blog), 6 de maio de 2011, http://economix.blogs.nytimes.com/2011/05/06/how-many-jobs-should-we-be-adding-each-month/?_r=O

31. Murat Tasci, "Are Jobless Recoveries the New Norm?", Federal Reserve Bank of Cleveland, Research Commentary, 22 de março de 2010, http://www.clevelandfed.org/en/newsroom-and-events/ publications/economic-commentary/economic-commentary-archives/2010-economic-comentaries/ec-201001-are-jobless-recoveries-the-new-norm.aspx.

32. Center on Budget and Policy Priorities [Centro de Orçamento e Prioridades de Políticas Econômicas]. "Chart Book: The Legacy of the Great Recession", 6 de setembro de 2013, http://www.cbpp.org/cms/index.cfm?fa=view&id=3252.

33. Data Source: FRED, Federal Reserve Economic Data, Federal Reserve Bank of St. Louis: All Employees [Todos os funcionários]: Total Nonfarm [Total do setor não agrícola], Thousands

OS ROBÔS E O FUTURO DO EMPREGO | 389

of Persons [Milhares de Pessoas], Seasonally Adjusted [Ajustado Sazonalmente] [PAYEMS]; US Department of Labor: Bureau of Labor Statistics [Ministério do Trabalho dos Estados Unidos: Departamento de Estatística do Trabalho]; https://fred.stlouisfed.org/series/PAYEMS/; acessado em 10 de junho de 2014.

34. O experimento de Ghayad está descrito em Matthew O'Brien, "The Terrifying Reality of Long-Term Unemployment", *The Atlantic*, 13 de abril de 2013, http://www.theatlantic.com/business/archive/2013/04/the-terrifying-reality-of-long-term-unemployment/274957.

35. Com relação ao relatório do Urban Institute sobre desemprego no longo prazo, consulte Matthew O'Brien, "Who Are the Long-Term Unemployed?", *The Atlantic*, 23 de agosto de 2013, http://www.theatlantic.com/business/archive/2013/08/who-are-the-long-term-unemployed/278964, e Josh Mitchell, "Who Are the Long-Term Unemployed?", Urban Institute, julho de 2013, http://www.urban.org/sites/default/files/alfresco/publication-pdfs/412885-Who-Are-the-Long-Term-Unemployed.PDF.

36. "The Gap Widens Again", *The Economist*, 10 de março de 2012, http://www.economist.com/node/21549944.

37. Emmanuel Saez, "Striking It Richer: The Evolution of Top Incomes in the United States", Universidade da Califórnia, Berkeley, 3 de setembro de 2013, http://elsa.berkeley.edu/~saez/saez-UStopincomes-2012.pdf.

38. CIA World Factbook, "Country Comparison: Distribution of Family Income: Gini Index", https://www.cia.gov/library/publications/the-world-factbook/rankorder/rankorderguide.html; acessado em 29 de abril de 2014.

39. Dan Ariely, "Americans Want to Live in a Much More Equal Country (They Just Don't Realize It)", *The Atlantic*, 2 de agosto de 2012, http://www.theatlantic.com/business/archive/2012/08/americans-want-to-live-in-a-much-more-equal-country-they-just-dont-realize-it/260639.

40. Jonathan James, "The College Wage Premium", Federal Reserve Bank of Cleveland, Economic Commentary [Comentário Econômico], 8 de agosto de 2012, http://www.clevelandfed.org/newsroom-and-events/publications/economic-comentary/2012-economic-comentaries/ec-201210-the-college-wage-premium.aspx.

41. Diana G. Carew, "No Recovery for Young People" (blog do Progressive Policy Institute), 5 de agosto de 2013, http://www.progressivepolicy.org/issues/economy/no-recovery-for-young-people/.

42. Nir Jaimovich e Henry E. Siu, "The Trend Is the Cycle: Job Polarization and Jobless Recoveries", National Bureau of Economic Research [Departamento Nacional de Pesquisas Econômicas], Working Paper [Documento de Trabalho] No. 18334, publicado em agosto de 2012, http://www.nber.org/papers/w18334, também disponível em http://faculty.arts.ubc.ca/hsiu/research/polar20120331.pdf.

43. Consulte, por exemplo, Ben Casselman, "Low Pay Clouds Job Growth", *Wall Street Journal*, 3 de abril de 2013, http://wsj.com/article/SB10001424127887324635904578643654030630378.html.

44. Essa informação provém dos relatórios mensais de emprego do Bureau of Labor Statistics [Departamento de Estatística do Trabalho]. O relatório de dezembro de 2007 (http://www.bls.gov/news.release/archives/empsit_01042008.pdf), Tabela [Table] A-5, mostra 122 milhões de empregos de tempo integral e cerca de 24 milhões de empregos de tempo parcial. O relatório de agosto de 2013 (http://www.bls.gov/news.release/archives/empsit_09062013.pdf), Tabela [Table] A-8, mostra cerca de 117 milhões de empregos de tempo integral e 27 milhões de empregos de tempo parcial.

45. David Autor, "The Polarization of Job Opportunities in the U.S. Labor Market: Implications for Employment and Earnings", um trabalho divulgado em conjunto pelo Center for American Progress e pelo Hamilton Project, abril de 2010, pp. 8-9, http://economics.mit.edu/files/5554.

46. Ibid., p. 4.
47. Ibid., p. 2.
48. Jaimovich e Siu, "The Trend Is the Cycle: Job Polarization and Jobless Recoveries", p. 2.
49. Chrystia Freeland, "The Rise of 'Lovely' and 'Lousy' Jobs", Reuters, 12 de abril de 2012, http://www.reuters.com/article/column-freeland-middleclass-idUSL2E8FCCZZ20120412.
50. Galina Hale e Bart Hobijn, "The U.S. Content of 'Made in China'", Federal Reserve Bank of San Francisco (FRBSF), Economic Letter [Carta Econômica], 8 de agosto de 2011, http://www.frbsf.org/economic-research/publications/economic-letter/2011/august/us-made-in-china.
51. Fonte de Dados: FRED, Federal Reserve Economic Data [Dados Econômicos do Federal Reserve], Federal Reserve Bank of St. Louis: All Employees Manufacturing [Todos os Funcionários do Setor Industrial], Thousands of Persons [Milhares de Pessoas], Seasonally Adjusted [Ajustado Sazonalmente] [MANEMP] dividido por All Employees Total Nonfarm [Todos os Empregados: Total do Setor não agrícola], Thousands of Persons [Milhares de Pessoas], Seasonally Adjusted [Ajustado Sazonalmente] [PAYEMS]; US Department of Labor: Bureau of Labor Statistics [Ministério do Trabalho dos Estados Unidos: Departamento de Estatística do Trabalho] ; https://fred.stlouisfed.org/series/PAYEMS/; acessado em 10 de junho de 2014.
52. Bruce Bartlett, "'Financialization' as a Cause of Economic Malaise", *New York Times* (blog Economix), 11 de junho de 2013, http://economix.blogs.nytimes.com/2013/06/11/financialization-as-a-cause-of-economic-malaise/?-r=O; Brad Delong, "The Financialization of the American Economy" (blog), 18 de outubro de 2011, http://delong.typepad.com/sdj/2011/10/the-financialization-of-the-american-economy.html.
53. Simon Johnson e James Kwak, *13 Bankers: The Wall Street Takeover and the Next Financial Meltdown* (Nova York: Pantheon, 2010), pp. 85-86.

54. Matt Taibbi, "The Great American Bubble Machine", *Rolling Stone*, 9 de julho de 2009, http://www.rollingstone.com/politics/news/the-great-american-bubble-machine-20100405.

55. Vários trabalhos de economia mostram o relacionamento entre a financialização e a desigualdade. Uma abordagem completa pode ser encontrada em James K. Galbraith, *Inequality and Instability: A Study of the World Economy Just Before the Great Crisis* (Nova York: Oxford University Press, 2012). Informações sobre o relacionamento entre a financialização e o declínio da parcela do trabalho podem ser encontradas em *Global Wage Report 2012/13*, International Labour Organization, 2013, http://www.ilo.org/global/research/global-reports/global-wage-report/2012/lang-en/index.htm.

56. Susie Poppick, "4 Ways the Market Could Really Surprise You", *CNN Money*, 28 de janeiro de 2013, http://time.com/money/27936889/4-ways-the-stock-market-crash.

57. Matthew Yglesias, "America's Private Sector Labor Unions Have Always Been in Decline", *Slate* (Moneybox blog), 20 de março de 2013, http://www.slate.com/blogs/moneybox/2013/03/20/private_sector_labor_unions_have_always_been_in_decline.html.

58. Sobre os salários medianos canadenses e a sindicalização, consulte Miles Corak, "The Simple Economics of the Declining Middle Class—and the Not So Sim-ple Politics", *Economics for Public Policy Blog*, 7 de agosto de 2013, http://miles corak.com/2013/08/07/the-simple-economics-of-the-declining-middle-class-and-the-not-so-simple-politics, e "Unions on Decline in Private Sector", *CBC News Canada*, 2 de setembro de 2012, http://www.cbc.ca/news/canada/unions-on-decline-in-private-sector-1.1150562.

59. Carl Benedikt Frey e Michael A. Osborne, "The Future of Employment: How Susceptible Are Jobs to Computerisation?", Oxford Martin School, Programme on the Impacts of Future Technology, 17 de setembro de 2013, p. 38, http://oxfordmartin.ox.ac.uk/downloads/academic/The_Future_of_Employment.pdf.

OS ROBÔS E O FUTURO DO EMPREGO | 393

60. Paul Krugman, "Robots and Robber Barons", *New York Times*, 9 de dezembro de 2012, http://www.nytimes.com/2012/12/10/opinion/krugman-robots-and-robber-barons.html; Jeffrey D. Sachs e Laurence J. Kotlikoff, "Smart Machines and Long-Term Misery", National Bureau of Economic Research [Departamento Nacional de Pesquisas Econômicas], Working Paper [Documento de Trabalho] nº 18629, publicado em dezembro de 2012, http://www.nber.org/papers/w18629.pdf.

Capítulo 3

1. Robert J. Gordon, "Is U.S. Economic Growth Over? Faltering Innovation Confronts the Six Headwinds", National Bureau of Economic Research [Departamento Nacional de Pesquisas Econômicas], NBER Working Paper [Documento de Trabalho] 18315, publicado em agosto de 2012, http://www.nber.org/papers/w18315.pdf.

2. Para uma explicação mais detalhada das curvas S de fabricação de semicondutores, consulte Murrae J. Bowden, "Moore's Law and the Technology S-Curve", *Stevens Alliance for Technology Management*, vol. 8, nº 1, pp. 1-4, 2004.

3. Consulte, por exemplo, Michael Kanellos, "With 3D Chips, Samsung Leaves Moore's Law Behind", *Forbes.com*, 14 de agosto de 2013, http://www.forbes.com/sites/michaelkanellos/2013/08/14/with-3d-chips-samsung-leaves-moores-law-behind; John Markoff, "Researchers Build a Working Carbon Nanotube Com-puter", *New York Times*, 25 de setembro de 2013, http://www.nytimes.com/2013/09/26/science/researchers-build-a-working-carbon-nanotube-computer.html.

4. President's Council of Advisors on Science and Technology [Conselho de Consultores sobre Ciência e Tecnologia do Presidente], "Report to the President and Congress: Designing a Digital Future: Federally Funded Re-search and Development in Networking and Information Technology", dezembro de 2010, p. 71, http://www.whitehouse.gov/sites/default/files/microsites/ostp/pcast-nitrd-report-2010.pdf.

5. James Fallows, "Why Is Software So Slow?", *The Atlantic*, 14 de agosto de 2013, http://www.theatlantic.com/magazine/archive/2013/09/why-is-software-so-slow/309422.

6. O escritor científico Joy Casad calcula que a velocidade na qual os neurônios transmitem sinais é de cerca de meio milissegundo. Isso é imensamente mais lento do que o que ocorre nos chips de computador. Consulte Joy Casad, "How Fast Is a Thought?", *Examiner.com*, 20 de agosto de 2009, http://www.examiner.com/article/how-fast-is-a-thought.

7. Comunicado à Imprensa da IBM: "IBM Research Creates New Foundation to Program SyNAPSE Chips", 8 de agosto de 2013, http://www.Q3.ibm.com/press/us/en/pressrelease/41710.wss.

8. Consulte, por exemplo, "Rise of the Machines", *The Economist* (blog Free Exchange), 20 de outubro de 2010, http://www.economist.com/blogs/freeexchange/2010/10/technology.

9. Website do Google Investor Relations, http://investor.google.com/financial/tables.html.

10. Dados históricos sobre a General Motors podem ser encontrados em http://money.cnn.com/magazines/fortune/fortune500_archive/snapshots/1979/563.html. A GM ganhou US$3,5 bilhões em 1979, o que equivale a cerca de US$11 bilhões em 2012.

11. Scott Timberg, "Jaron Lanier: The Internet Destroyed the Middle Class", *Salon.com*, 12 de maio de 2013, http://www.salon.com/2013/05/12/jaron_lanier_the _internet_destroyed_the_middle_class/.

12. Este vídeo pode ser encontrado em https://www.youtube.com/watch?v=wb2cI _gJUok, ou faça uma busca no YouTube de "Man vs. Machine: Will Human Workers Be-come Obsolete?". Os comentários de Kurzweil podem ser encontrados mais ou menos em 05:40.

13. Robert Jensen, "The Digital Provide: Information (Technology), Market Performance and Welfare in the South Indian Fisheries Sector", *Quarterly Journal of Economics*, 122, no. 3 (2007): 879-924.

OS ROBÔS E O FUTURO DO EMPREGO | 395

14. Algumas das histórias de pescadores de sardinha de Kerala foram retiradas de: *The Rational Optimist*, de Matt Ridley; *A History of the World in 100 Objects*, de Neil MacGregor; *The Mobile Wave*, de Michael Saylor; *Race Against the Machine*, de Erik Brynjolfsson e Andrew McAfee; *Content Nation*, de John Blossom; *Planet India*, de Mira Kamdar, e "To Do with the Price of Fish", *The Economist*, 10 de maio de 2007. E agora este livro entra na lista.

Capítulo 4

1. David Carr, "The Robots Are Coming! Oh, They're Here", *New York Times* (blog Media Decoder), 19 de outubro de 2009, http://mediadecoder.blogs.nytimes.com/2009/10/19/the-robots-are-coming-oh-theyre-here.
2. Steven Levy, "Can an Algorithm Write a Better News Story Than a Human Reporter?", *Wired*, 24 de abril de 2012, http://www.wired.com/2012/04/can-an-algorithm-write-a-better-news-story-than-a-human-reporter.
3. Site corporativo da Narrative Science, http://narrativescience.com.
4. George Leef, "The Skills College Graduates Need", Pope Center for Education Policy, 14 de dezembro de 2006, http://www.popecenter.org/2006/12/the-skills-college-graduates-need.
5. Kenneth Neil Cukier e Viktor Mayer-Schoenberger, "The Rise of Big Data", *Foreign Affairs*, maio/junho de 2013, http://www.foreignaffairs.com/articles/2013-04-03/rise-big-data.
6. Thomas H. Davenport, Paul Barth e Randy Bean, "How 'Big Data' Is Different", *MIT Sloan Management Review*, 30 de julho de 2012, http://sloan review.mit.edu/article/how-big-data-is-different.
7. Charles Duhigg, "How Companies Learn Your Secrets", *New York Times*, 16 de fevereiro de 2012, http://www.nytimes.com/2012/02/19/magazine /shopping-habits.html.
8. Citado em Steven Levy, *In the Plex: How Google Thinks, Works, and Shapes Our Lives* (Nova York: Simon and Schuster, 2011), p. 64.

9. Tom Simonite, "Facebook Creates Software That Matches Faces Almost as Well as You Do", *MIT Technology Review,* 17 de março de 2014, http://www.technologyreview.com/s/525586/facebook-creates-software-that-matches-faces-almost-as-well-as-you-do.

10. Citado em John Markoff, "Scientists See Promise in Deep-Learning Programs", *New York Times,* 23 de novembro de 2012, http://www.nytimes.com/2012/11/24/science/scientists-see-advances-in-deep-learning-a-part-of-artificial-intelligence.html.

11. Don Peck, "They're Watching You at Work", *The Atlantic,* dezembro de 2013, http://www.theatlantic.com/magazine/archive/2013/12/theyre-watching-you-at-work/354681.

12. Patente dos Estados Unidos nº 8,589,407, "Automated Generation of Suggestions for Personalized Reactions in a Social Network", 19 de novembro de 2013, http://patft.uspto.gov/netacgi/nph-Parser?Sect1=PTO2&Sect2=HITOFF&d=1&u=%2Fnetahtml%2FPTO%2Fsearchnum.htm&r=1&f=G&l=50&s1=8,589,407.PN.&OS=PN/8,589,407&RS=PN/8,589,407.

13. Essa informação da WorkFusion se baseia em uma conversa telefônica entre o autor e Adam Devine, vice-presidente de Marketing de Produto e Parcerias Estratégicas da WorkFusion, em 14 de maio de 2014.

14. Esse incidente é narrado em Steven Baker, *Final Jeopardy: Man vs. Machine and the Quest to Know Everything* (Nova York: Houghton Mifflin Harcourt, 2011), p. 20. A história do jantar na churrascaria também é contada em John E. Kelly III, *Smart Machines: IBM's Watson and the Era of Cognitive Computing* (Nova York: Columbia University Press, 2013), p. 27. No entanto, o livro de Baker indica que alguns funcionários da IBM acreditam que a ideia de construir um computador para jogar *Jeopardy!* é anterior ao jantar.

15. Texto completo em Rob High, "The Era of Cognitive Systems: An Inside Look at IBM Watson and How it Works", *IBM Redbooks,* 2012, p. 2, http://www.redbooks.ibm.com/redpapers/pdfs/redp4955.pdf.

OS ROBÔS E O FUTURO DO EMPREGO | 397

16. Baker, *Final Jeopardy: Man vs. Machine and the Quest to Know Everything*, p. 30.
17. Ibid., pp. 9 e 26.
18. Ibid., p. 68.
19. Ibid.
20. Ibid., p. 78.
21. David Ferrucci, Eric Brown, Jennifer Chu-Carroll, James Fan, David Gondek, Aditya A. Kalyanpur, Adam Lally, J. William Murdock, Eric Nyberg, John Prager, Nico Schlaefer e Chris Welty, "Building Watson: An Over-view of the DeepQA Project", *AI Magazine*, outono de 2010, http://www.aaai.org/Magazine/Watson/watson.php.
22. Comunicado à Imprensa da IBM: "IBM Research Unveils Two New Watson Related Projects from Cleveland Clinic Collaboration", 15 de outubro de 2013, http://www-03.ibm.com/press/us/en/pressrelease/42203.wss.
23. Estudo de Caso da IBM: "IBM Watson/Fluid, Inc.", 3 de novembro de 2013, http://www-03.ibm.com/innovation/us/watson/pdf/Fluid_case_study_11_4_2013.pdf.
24. "IBM Watson/MD Buyline, Inc.", Estudo de Caso da IBM, 4 de novembro de 2013, http://www-03.ibm.com/innovation/us/watson/pdf/MDB_case_study_11_4_2013.pdf.
25. Comunicado à Imprensa da IBM: "Citi and IBM Enter Exploratory Agreement on Use of Watson Technologies", 5 de março de 2012, http://www-03.ibm.com/press/us/en/pressrelease/37029.wss.
26. Comunicado à Imprensa da IBM: "IBM Watson's Next Venture: Fueling New Era of Cognitive Apps Built in the Cloud by Developers", 14 de novembro de 2013, http://www-03.ibm.com/press/us/en/pressrelease/42451.wss.
27. Quentin Hardy, "IBM to Announce More Powerful Watson via the Internet", *New York Times*, 13 de novembro de 2013, http://www.nytimes.com/2013/11/14/technology/ibm-to-announce-more-powerful-watson-via-the-internet.html?_r=0.

398 | MARTIN FORD

28. Nick Heath, "'Let's Try and Not Have a Human Do It': How One Facebook Techie Can Run 20,000 Servers", *ZDNet*, 25 de novembro de 2013, http://www.zdnet.com/article/lets-try-and-not-have-a-human-do-it-how-one-facebook-techie-can-run-20000-servers.

29. Michael S. Rosenwald, "Cloud Centers Bring High-Tech Flash But Not Many Jobs to Beaten-Down Towns", *Washington Post*, 24 de novembro de 2011, http://www.washingtonpost.com/business/economy/cloud-centers-bring-high-tech-flash-but-not-many-jobs-to-beaten-down-towns/2011/11/08/gIQA ccTQtN_story.html.

30. Quentin Hardy, "Active in Cloud, Amazon Reshapes Computing", *New York Times*, 27 de agosto de 2012, http://www.nytimes.com/2012/08/28/technology/active-in-cloud-amazon-reshapes-computing.html.

31. Mark Stevenson, *An Optimist's Tour of the Future: One Curious Man Sets Out to Answer "What's Next?"* (Nova York: Penguin Group, 2011), p. 101.

32. Michael Schmidt e Hod Lipson, "Distilling Free-Form Natural Laws from Experimental Data", *Science* 324 (3 de abril de 2009), http://science.sciencemag.org/content/324/5923/81.

33. Stevenson, *An Optimist's Tour of the Future*, p. 104.

34. Comunicado à Imprensa da National Science Foundation: "Maybe Robots Dream of Electric Sheep, But Can They Do Science?", 2 de abril de 2009, http://www.nsf.gov/mobile/news/news_summ.jsp?cntn_id=114495.

35. Asaf Shtull-Trauring, "An Israeli Professor's 'Eureqa' Moment", *Haaretz*, 3 de fevereiro de 2012, http://www.haaretz.com/israel.news/an-israeli-professor-s-eureqa-moment-1.410881.

36. John R. Koza, "Human-Competitive Results Produced by Genetic Programming", *Genetic Programming and Evolvable Machines* 11, nos. 3-4 (setembro de 2010), http://dl.acm.org/citation.cfm?id=1831232.

37. Site de John Koza, http:genetic-programming.com/johnkoza.html e também: http://eventful.com/events/john-r-koza-routine-human-competitive-machine-intelligence-/E0—001—000292572—0.

OS ROBÔS E O FUTURO DO EMPREGO | 399

38. Lev Grossman, "2045: The Year Man Becomes Immortal", *Time*, 10 de fevereiro de 2011, http://content.time.com/time/magazine/article/0,9171,2048299,00.html.

39. Citado em Sylvia Smith, "Iamus: Is This the 21st Century's Answer to Mozart?", *BBC News*, 2 de janeiro de 2013, http://www.bbc.com/news/technology-20889644.

40. Citado em Kadhim Shubber, "Artificial Artists: When Computers Become Creative", *Wired Magazine—UK*, 13 de agosto de 2007, http://www.wired.co.uk/news/article/can-computers-be-creative.

41. Shubber, "Artificial Artists: When Computers Become Creative".

42. "Bloomberg Bolsters Machine-Readable News Offering", *The Trade*, 19 de fevereiro de 2010, http://www.thetradenews.com/Operations-Technology/Market-data/Bloomberg-bolsters-machine-readable-news-offering.

43. Neil Johnson, Guannan Zhao, Eric Hunsader, Hong Qi, Nicholas John-son, Jing Meng e Brian Tivnan, "Abrupt Rise of New Machine Ecology Beyond Human Response Time", *Nature*, 11 de setembro de 2013, http://www.nature.com/articles/srep02627.

44. Christopher Steiner, *Automate This: How Algorithms Came to Rule Our World* (Nova York: Portfolio/Penguin, 2012), pp. 116-120.

45. Max Raskin e Ilan Kolet, "Wall Street Jobs Plunge as Profits Soar: Chart of the Day", *Bloomberg News*, 23 de abril de 2013, http://www.bloomberg.com/news/articles/2013-04-24/wall-street-jobs-plunge-as-profits-soar-chart-of-the-day.

46. Steve Lohr, "David Ferrucci: Life After Watson", *New York Times* (blog Bits), 6 de maio de 2013, http://bits.blogs.nytimes.com/2013/05/06/david-ferrucci-life-after-watson.

47. Citado em Alan S. Blinder, "Offshoring: The Next Industrial Revoution?", *Foreign Affairs*, março/abril de 2006, http://www.foreignaffairs.com/articles/2006-03-01/offshoring-next-industrial-revolution.

48. Alan S. Blinder, "Free Trade's Great, but Offshoring Rattles Me", *Washington Post*, 6 de maio de 2007, http://www.washingtonpost.com/wp-dyn/content/article/2007/05/04/AR2007050402555.html.

400 | MARTIN FORD

49. Blinder, "Offshoring: The Next Industrial Revolution?".
50. Carl Benedikt Frey e Michael A. Osborne, "The Future of Employment: How Susceptible Are Jobs to Computerisation?", Oxford Martin School, Programme on the Impacts of Future Technology, 17 de setembro de 2013, p. 38, http://oxfordmartin.ox.ac.uk/downloads/academic/The_Future_of_Employment.pdf.
51. Alan S. Blinder, "On the Measurability of Offshorability", *VOX*, 9 de outubro de 2009, http://www.voxeu.org/article/twenty-five-percent-us-jobs-are-offshorable.
52. Keith Bradsher, "Chinese Graduates Say No Thanks to Factory Jobs", *New York Times*, 24 de janeiro de 2013, http://www.nytimes.com/2013/01/25/business /as-graduates-rise-in-china-office-jobs-fail-to-keep-up.html; Keith Bradsher, "Faltering Economy in China Dims Job Prospects for Graduates", *New York Times*, 16 de junho de 2013, http://www.nytimes.com/2013/06/17/business/global/faltering-economy-in-china-dims-job-prospects-for-graduates.html.
53. Eric Mack, "Google Has a 'Near Perfect' Universal Translator—for Portuguese, at Least", *CNET News*, 28 de julho de 2013, http://news.cnet.com/google-has-a-near-perfect-universal-translator-for-portuguese-at-least.
54. Tyler Cowen, *Average Is Over: Powering America Beyond the Age of the Great Stagnation* (Nova York: Dutton, 2013), p. 79.
55. John Markoff, "Armies of Expensive Lawyers, Replaced by Cheaper Software", *New York Times*, 4 de março de 2011, http://www.nytimes.com/2011/03/05/science/05legal.html.
56. Arin Greenwood, "Attorney at Blah", *Washington City Paper*, 8 de novembro de 2007, http://www.washingtoncitypaper.com/news/articles/13034409/attorney-at-blah.
57. Erin Geiger Smith, "Shocking? Temp Attorneys Must Review 80 Documents Per Hour", *Business Insider*, 21 de outubro de 2009, http://www.businessinsider.com.au/temp-attorney-told-to-review-80-documents-per-hour-2009—10.

OS ROBÔS E O FUTURO DO EMPREGO | 401

58. Ian Ayres, *Super Crunchers: Why Thinking in Numbers Is the New Way to Be Smart* (Nova York: Bantam Books, 2007), p. 117.

59. "Peter Thiel's Graph of the Year", *Washington Post* (Wonkblog), 30 de dezembro de 2013, http://www.washingtonpost.com/news/wonk/wp/2013/12/30/peter-thiels-graph-of-the-year.

60. Paul Beaudry, David A. Green e Benjamin M. Sand, "The Great Reversal in the Demand for Skill and Cognitive Tasks", National Bureau of Economic Research [Departamento Nacional de Pesquisas Econômicas], NBER Working Paper [Documento de Trabalho] n° 18901, publicado em março de 2013, http://www.nber.org/papers/w18901.

61. Hal Salzman, Daniel Kuehn e B. Lindsay Lowell, "Guestworkers in the High-Skill U.S. Labor Market", Economic Policy Institute, 24 de abril de 2013, http://www.epi.org/publication/bp359-guestworkers-high-skill-labor-market-analysis.

62. Citado em Michael Michael Fitzpatrick, "Computers Jump to the Head of the Class", *New York Times,* 29 de dezembro de 2013, http://www.nytimes.com/2013/12/30/world/asia/computers-jump-to-the-head-of-the-class.html.

Capítulo 5

1. Esta petição pode ser vista em http://humanreaders.org/petition/.

2. University of Akron News Release: "Man and Machine: Better Writers, Better Grades", 12 de abril de 2012, http://www.uakron.edu/im/online-newsroom/news_details.dot?newsld=40920394-9e62-415d-bo38-15fe2e72a677.

3. Ry Rivard, "Humans Fight over Robo-Readers", *Inside Higher Ed*, 15 de março de 2013, http://www.insidehighered.com/news/2013/03/15/professors-odds-machine-graded-essays.

4. John Markoff, "Essay-Grading Software Offers Professors a Break", *New York Times,* 4 de abril de 2013, http://www.nytimes.com/2013/04/05/science/new-test-for-computers-grading-essays-at-college-level.html.

402 | MARTIN FORD

5. John Markoff, "Virtual and Artificial, but 58,000 Want Course", *New York Times*, 15 de agosto de 2011, http://www.nytimes.com/2011/08/16/science/16stanford.html?_r=0.

6. A história do curso de IA da Stanford é escrita por Max Chafkin, "Udacity's Sebastian Thrun, Godfather of Free Online Education, Changes Course", *Fast Company*, dezembro de 2013/janeiro de 2014, http://www.fastcompany.com/3021473/udacity-sebastian-thrun-uphill-climb; Jeffrey J. Selingo, *College Unbound: The Future of Higher Education and What It Means for Students* (Nova York: New Harvest, 2013), pp. 86-101; e Felix Salmon, "Udacity and the Future of Online Universities" (blog da Reuters), 23 de janeiro de 2012, http://blogs.reuters.com/felix-salmon/2012/01/23/udacity-and-the-future-of-online-universities.

7. Thomas L. Friedman, "Revolution Hits the Universities", *New York Times*, 26 de janeiro de 2013, http://www.nytimes.com/2013/01/27/opinion/sunday/friedman-revolution-hits-the-universities.html.

8. Penn Graduate School of Education Press Release: "Penn GSE Study Shows MOOCs Have Relatively Few Active Users, with Only a Few Persisting to Course End", 5 de dezembro de 2013, http://www.gse.upenn.edu/news/press-releases/2013/12/penn-gse-study-shows-moocs-have-relatively-few-active-users-only-few-persisti.

9. Tamar Lewin, "After Setbacks, Online Courses Are Rethought", *New York Times*, 10 de dezembro de 2013, http://www.nytimes.com/2013/12/11/us/after-setbacks-online-courses-are-rethought.html.

10. Alexandra Tilsley, "Paying for an A", *Inside Higher Ed*, 21 de setembro de 2012, http://www.insidehighered.com/news/2012/09/21/sites-offering-take-courses-fee-pose-risk-online-ed.

11. Jeffrey R. Young, "Dozens of Plagiarism Incidents Are Reported in Coursera's Free Online Courses", *Chronicle of Higher Education*, 16 de agosto de 2012, http://chronicle.com/article/Dozens-of-Plagiarism-Incidents/133697.

OS ROBÔS E O FUTURO DO EMPREGO | 403

12. "MOOCs and Security" (MIT Geospacial Data Center blog), 8 de outubro de 2012, http://cybersecurity.mit.edu/2012/10/moocs-and-security/.

13. Steve Kolowich, "Doubts About MOOCs Continue to Rise, Survey Finds", *Chronicle of Higher Education*, 15 de janeiro de 2014, http://chronicle.com/article/Doubts-About-MOOCs-Continue-to/144007/.

14. Jeffrey J. Selingo, *College Unbound*, p. 4.

15. Michelle Jamrisko e Ilan Kole, "College Costs Surge 500% in U.S. Since 1985: Chart of the Day", *Bloomberg Personal Finance*, 26 de agosto de 2013, http://www.bloomberg.com/news/2013-08-26/college-costs-surge-500-in-u-s-since-1985-chart-of-the-day.

16. Sobre empréstimos estudantis, consulte Rohit Chopra, "Student Debt Swells, Federal Loans Now Top a Trillion", Consumer Financial Protection Bureau, 17 de julho de 2013, e Blake Ellis, "Average Student Loan Debt: $29,400", *CNN Money*, 5 de dezembro de 2013, http://money.cnn.com/2013/12/04/pf/college/student-loan-debt/.

17. Essa informação relacionada com o percentual de alunos que se formam é fornecida pelo National Center of Education Statistics, http://nces.ed.gov/fastfacts/display.asp?id=40.

18. Selingo, *College Unbound*, p. 27.

19. "Senior Administrators Now Officially Outnumber Faculty at the UC" (Reclaim UC blog), 19 de setembro de 2011, http://reclaimuc.blogspot.com/2011/09/senior-administrators-now-officially.html.

20. Selingo, *College Unbound*, p. 28.

21. Ibid.

22. Entrevista de Clayton Christensen com Mark Suster na Startup Grind 2013, disponível no YouTube, http://www.youtube.com/watch?v=KYVdf5xyD8I.

23. William G. Bowen, Matthew M. Chingos, Kelly A. Lack e Thomas I. Nygren, "Interactive Learning Online at Public Universities: Evidence from Randomized Trials", *Ithaka S+R Research Publication*, 22 de maio de 2012, http://www.sr.ithaka.org/publications/interactive-learning-online-public-universities-evidence-randomized-trials.

404 | MARTIN FORD

Capítulo 6

1. Esses dois casos de envenenamento por cobalto foram relatados por Gina Kolata, "As Seen on TV, a Medical Mystery Involving Hip Implants Is Solved", *New York Times*, 7 de fevereiro de 2014, http://www.nytimes.com/2014/02/07/health/house-plays-a-role-in-solving-a-medical-mystery.html.

2. Catherine Rampell, "U.S. Health Spending Breaks from the Pack", *New York Times* (blog Economix), 9 de junho de 2009, http://economix.blogs.nytimes.com/2009/07/08/us-health-spending-breaks-from-the-pack/.

3. Website corporativo da IBM, http://www03.ibm.com.

4. Spencer E. Ante, "IBM Struggles to Turn Watson Computer into Big Business", *Wall Street Journal*, 7 de janeiro de 2014, http://online.wsj.com/ articles/SB10001424052702304887104579306881 917668654.

5. Dr. Courtney DiNardo, citado em Laura Nathan-Garner, "The Future of Cancer Treatment and Research: What IBM Watson Means for Our Patients", *MD Anderson—Cancerwise*, 12 de novembro de 2013, http://www2.mdanderson.org/publications/cancerwise/2013/11/ what-ibm-watson-means-for-patients.html.

6. Mayo Clinic Press Release: "Artificial Intelligence Helps Diagnose Cardiac Infections", 10 de setembro de 2009, http://cacm.acm.org/news/40792-artificial-intelligence-helps-diagnose-cardiac-infections/fulltext.

7. National Research Council [Conselho de Pesquisas Nacionais], *Preventing Medication Errors: Quality Chasm Series* (Washington, DC: National Academies Press, 2007), p. 47.

8. National Research Council, *To Err Is Human: Building a Safer Health System* (Washington, DC: National Academies Press, 2000), p. 1.

9. Comunicado à Imprensa da National Academies: "Medication Errors Injure 1.5 Million People and Cost Billions of Dollars Annually", 20 de julho de 2006, http://www8.nationalacademies.org/onpinews/newsitem.aspx?RecordID=11623.

OS ROBÔS E O FUTURO DO EMPREGO | 405

10. Martin Ford, "Dr. Watson: How IBM's Supercomputer Could Improve Health Care", *Washington Post*, 16 de setembro de 2011, http://www.washingtonpost.com/opinions/dr-watson-how-ibms-supercomputer-could-improve-health-care/2011/09/14/gIQAOZQzXK_story.html.

11. Roger Stark, "The Looming Doctor Shortage", Washington Policy Center, novembro de 2011, http://www.washingtonpolicy.org/publications/notes/the-looming-doctor-shortage.

12. Marijke Vroomen Durning, "Automated Breast Ultrasound Far Faster Than Hand-Held", *Diagnostic Imaging*, 3 de maio de 2012, http://www.diagnosticimaging.com/articles/automated-breast-ultrasound-far-faster-hand-held.

13. Para informações sobre a estratégia da radiologia "double reading", consulte Farhad Manjoo, "Why the Highest-Paid Doctors Are the Most Vulnerable to Automation", *Slate*, 27 de setembro de 2011, http://www.slate.com/articles/technology/robot_invasion/2011/09/will_robots_steal_your_job_3.html; I. Anttinen, M. Pamilo, M. Soiva e M. Roiha, "Double Reading of Mammography Screening Films— One Radiologist or Two?", *Clinical Radiology* 48, no. 6 (dezembro de 1993): 414-421, http://www.ncbi.nlm.nih.gov/pubmed/8293648?report=abstract; e Fiona J. Gilbert et al., "Single Reading with Computer-Aided Detection for Screening Mammography", *New England Journal of Medicine*, 16 de outubro de 2008, http://www.nejm.org/doi/pdf/10.1056/NEJMoa0803545.

14. Manjoo, "Why the Highest-Paid Doctors Are the Most Vulnerable to Automation".

15. Rachael King, "Soon, That Nearby Worker Might Be a Robot", *Bloomberg Businessweek*, 2 de junho de 2010, http://bloomberg.com/news/articles/2010-06-02/soon-that-nearby-worker-might-be-a-robotbusinessweek-business-news-stock-market-and-financial-advice.

16. Comunicado à Imprensa Corporativa da GE: "GE to Develop Robotic-Enabled Intelligent System Which Could Save Patients Lives and Hospitals Millions", 30 de janeiro de 2013, http://

406 | MARTIN FORD

www.geglobalresearch.com/news/press-releases/ge-to-develop-robotic-enabled-intelligent-system-which-could-save-patients-lives-and-hospitals-millions.

17. Site do I-Sur, http://www.isur.eu/isur/.

18. Estatísticas sobre o envelhecimento nos Estados Unidos podem ser encontradas no website da Administration on Aging [Administração do Envelhecimento] do Department of Health and Human Services [Departamento de Saúde e Serviços Humanos], http://www.aoa.gov/Aging _Statistics/.

19. Para informações sobre estatísticas do envelhecimento japonês, consulte "Difference Engine: The Caring Robot", *The Economist*, 14 de maio de 2014, http://www.economist.com/blogs/babbage/2013/05/automation-elderly.

20. Ibid.

21. "Robotic Exoskeleton Gets Safety Green Light", *Discovery News*, 27 de fevereiro de 2013, http://news.discovery.com/tech/robotics/robotic-exoskeleton-gets-safety-green-light-130227.htm.

22. US Bureau of Labor Statistics, *Occupational Outlook Handbook*, http://www.bls.gov/ooh/most-new-jobs.htm.

23. Heidi Shierholz, "Six Years from Its Beginning, the Great Recession's Shadow Looms over the Labor Market", Economic Policy Institute, 9 de janeiro de 2014, http://www.epi.org/publication/years-beginning-great-recessions-shadow/.

24. Steven Brill, "Bitter Pill: How Outrageous and Egregious Profits Are Destroying Our Health Care", *Time*, 4 de março de 2013.

25. Elisabeth Rosenthal, "As Hospital Prices Soar, a Stitch Tops $500", *New York Times*, 2 de dezembro de 2013, http://www.nytimes.com/2013/12/03/health/as-hospital-costs-soar-single-stitch-tops-500.html.

26. Kenneth J. Arrow, "Uncertainty and the Welfare Economics of Medical Care", *American Economic Review*, dezembro de 1963, http://www.who.int/bulletin/volumes/82/2/PHCC.pdf.

27. "The Concentration of Health Care Spending: NIHCM Foundation Data Brief July 2012", National Institute for Health Care

OS ROBÔS E O FUTURO DO EMPREGO | 407

Management [Instituto Nacional para a Administração da Saúde], julho de 2012, http://nihcm.org/pdf/DataBrief3_Final.pdf.

28. Brill, "Bitter Pill".

29. Jenny Gold, "Proton Beam Therapy Heats Up Hospital Arms Race", *Kaiser Health News*, maio de 2013, http://www.khn.org/news/proton-beam-therapy-washington-dc-health-costs.

30. James B. Yu, Pamela R. Soulos, Jeph Herrin, Laura D. Cramer, Arnold L. Potosky, Kenneth B. Roberts e Cary P. Gross, "Proton Versus Intensity-Modulated Radiotherapy for Prostate Cancer: Patterns of Care and Early Toxicity", *Journal of the National Cancer Institute* 105, no. 1 (2 de janeiro de 2013), http://medscape.com/viewarticle/777-397.

31. Gold, "Proton Beam Therapy Heats Up Hospital Arms Race".

32. Sarah Kliff, "Maryland's Plan to Upend Health Care Spending", *Washington Post* (Wonkblog), 10 de janeiro de 2014, http://www.washingtonpost.com/news/wonk/wp/2014/01/10/?p=74854%2F/.

33. "Underpayment by Medicare and Medicaid Fact Sheet", American Hospital Association, dezembro de 2010, http://www.aha.org/content/00-10/10med underpayment.pdf.

34. Ed Silverman, "Increased Abandonment of Prescriptions Means Less Control of Chronic Conditions", *Managed Care,* junho de 2010, http://www.managedcaremag.com/archives/2010/06/increased-abandonment-prescriptions-means-less-control-chronics-conditions.

35. Dean Baker, "Financing Drug Research: What Are the Issues?", Center for Economic and Policy Research, setembro de 2004, http://www.cepr.net/ publications/reports/financing-drug-research-what-are-the-issues.

36. Matthew Perrone, "Scooter Ads Face Scrutiny from Gov't, Doctors", Associated Press, 28 de março de 2013, http://memphisdailynews.com/news/2013/mar/29/scooter-ads-face-scrutiny-from-government-doctors//print.

37. Farhad Manjoo, "My Father the Pharmacist vs. a Gigantic Pill-Packing Machine", *Slate,* http://www.slate.com/articles/technology/robot_invasion/2011/09/will_robots_steal_your_job_2.html.

408 | MARTIN FORD

38. Daniel L. Brown, "A Looming Joblessness Crisis for New Pharmacy Graduates and the Implications It Holds for the Academy", *American Journal of Pharmacy Education* 77, no. 5 (13 de junho de 2012): 90, http://www.ncbi.nlm.nih.gov/pmc/articles/PMC3687123/.

Capítulo 7

1. Site corporativo da GE, https://www.ge.com/stories/additive-manufacturing.
2. Comunicado à Imprensa da American Airlines: "American Becomes the First Major Commercial Carrier to Deploy Electronic Flight Bags Throughout Fleet and Discontinue Paper Revisions", 24 de junho de 2013, http://hub.aa.com/en/nr/pressrelease/american-airlines-completes-electronic-flight-bag-implementation.
3. Tim Catts, "GE Turns to 3D Printers for Plane Parts", *Bloomberg Businessweek*, 27 de novembro de 2013, http://www.bloomberg.com/news/articles/2013-11-27/general-electric-turns-to-3d-printers-for-plane-parts.
4. Lucas Mearian, "The First 3D Printed Organ—a Liver—Is Expected in 2014", *ComputerWorld*, 26 de dezembro de 2013, http://www.computerworld.com/article/2486952/emerging-technology/the-first-3d-printed-organ-a-liver-is-expected-in-2014.html.
5. Hod Lipson e Melba Kurman, *Fabricated: The New World of 3D Printing* (Nova York, John Wiley & Sons, 2013).
6. Mark Hattersley, "The 3D Printer That Can Build a House in 24 Hours", *Awaken*, 13 de janeiro de 2014, http://awaken.com/2014/01/the-printer-that-can-build-a-house-in-24-hours.
7. Informações relacionadas com o emprego na construção civil nos Estados Unidos podem ser encontradas no website do US Bureau of Labor Statistics [Departamento de Estatísticas do Trabalho]: http://www.bls.gov/iag/tgs/iag23.htm.
8. Detalhes adicionais estão disponíveis no website do DARPA Grand Challenge [Grande Desafio da Darpa]: http://archive.darpa.mil/grandchallenge/.

OS ROBÔS E O FUTURO DO EMPREGO | 409

9. Tom Simonite, "Data Shows Google's Robot Cars Are Smoother, Safer Drivers Than You or I", *Technology Review*, 25 de outubro de 2013, http://www.technologyreview.com/s/520746/data-shows-googles-robot-cars-are-smoother-safer-drivers-than-you-or-i/.

10. Consulte ibid. para comentários de Chris Urmson.

11. "The Self-Driving Car Logs More Miles on New Wheels" (blog corporativo da Google), 7 de agosto de 2012, http://googleblog.blogspot.com.br/2012/08/the-self-driving-car-logs-more-miles-on.html.

12. Citado em Heather Kelly, "Driverless Car Tech Gets Serious at CES", *CNN*, 9 de janeiro de 2014, http://edition.cnn.com/2014/01/09/tech/innovation/self-driving-cars-ces/.

13. Para estatísticas de acidentes nos Estados Unidos, consulte http://www.census.gov/programs-surveys/acs; para estatísticas de acidentes mundiais, consulte http://www.who.int/gho/road_safety/mortality/en/.

14. Informações sobre sistemas de contenção de colisões podem ser encontradas em http://www.iihs.org/iihs/topics/t/crash-avoidance-technologies/topicovewiew.

15. Citado em Burkhard Bilger, "Auto Correct: Has the Self-Driving Car at Last Arrived?", *New Yorker*, 25 de novembro de 2013, http://www.newyorker.com/magazine/2013/11/25/auto-correct.

16. John Markoff, "Google's Next Phase in Driverless Cars: No Steering Wheel or Brake Pedals", *New York Times*, 27 de maio de 2014, http://www.nytimes.com/2014/05/28/technology/googles-next-phase-in-driverless-cars-no-brakes-or-steering-wheel.html.

17. Kevin Drum, "Driverless Cars Will Change Our Lives. Soon", *Mother Jones* (blog), 24 de janeiro de 2013, http://www.motherjones.com/kevin-drum/2013/01/driverless-cars-will-change-our-lives-soon.

18. Lila Shapiro, "Car Wash Workers Unionize in Los Angeles", *Huffington Post*, 23 de fevereiro de 2012, http://www.huffingtonpost.com/2012/02/23/car-wash-workers-unionize_n_1296060.html.

19. David Von Drehle, "The Robot Economy", *Time*, 9 de setembro de 2013, pp. 44-45.

410 | MARTIN FORD

20. Andrew Harris, "Chicago Cabbies Sue Over Unregulated Uber, Lyft Services", *Bloomberg News*, 6 de fevereiro de 2014, http://www.bloomberg.com/news/articles/2014-02-06/chicago-cabbies-sue-over-unregulated-uber-lyft-services.html.

Capítulo 8

1. Para informações sobre estatísticas dos gastos de consumo, consulte Nelson D. Schwartz, "The Middle Class Is Steadily Eroding. Just Ask the Business World", *New York Times*, 2 de fevereiro de 2014, http://www.nytimes.com/2014/02/03/business/the-middle-class-is-steadily-eroding-just-ask-the-business-world.html.
2. Rob Cox e Aliza Rosenbaum, "The Beneficiaries of the Downturn", *New York Times*, 28 de dezembro de 2008, http://www.nytimes.com/2008/12/29/business/29views.html. Os famosos "memorandos da plutonomia" também foram mostrados no documentário de Michael Moore de 2009, *Capitalism: A Love Story*.
3. Barry Z. Cynamon e Steven M. Fazzari, "Inequality, the Great Recession, and Slow Recovery", 23 de janeiro de 2014, http://pages.wustl.edu/files/pages/imce/fazz/cyn-fazz_consinequ_130113.pdf.
4. Ibid.
5. Ibid., p. 18.
6. Mariacristina De Nardi, Eric French e David Benson, "Consumption and the Great Recession", National Bureau of Economic Research, NBER Working Paper [Documento de Trabalho da NBER] No. 17688, publicado em dezembro de 2011, http://www.nber.org/papers/w17688.pdf.
7. Cynamon e Fazzari, "Inequality, the Great Recession, and Slow Recovery", p. 29.
8. Derek Thompson, "ESPN President: Wage Stagnation, Not Technology, Is the Biggest Threat to the TV Business", *The Atlantic*, 22 de agosto de 2013, http://www.theatlantic.com/business/archive/2013/08/espn-president-wage-stagnation-not-technology-is-the-biggest-threat-to-the-tv-business/278935/.

OS ROBÔS E O FUTURO DO EMPREGO | 411

9. Jessica Hopper, "Waiting for Midnight, Hungry Families on Food Stamps Give Walmart 'Enormous Spike'", *NBC News*, 28 de novembro de 2011, http://rockcenter.nbcnews.com/_news/2011/11/28/9069519-waiting-for-midnight-hungry-families-on-food-stamps-give-walmart-enormous-spike.

10. Data Source: FRED, Federal Reserve Economic Data, Federal Reserve Bank de St. Louis: Corporate Profits After Tax (without IVA and CCAdj) [CP] and Retail Sales: Total (Excluding Food Services) [RSXFS]; http://research.stlouisfed.org/fred2/series/CP/; http://research.stlouisfed.org/fred2/series/RSXFS/; acessado em 29 de abril de 2014.

11. Joseph E. Stiglitz, "Inequality Is Holding Back the Recovery", *New York Times*, 19 de janeiro de 2013, http://opinionator.blogs.nytimes.com/2013/01/19/inequality-is-holding-back-the-recovery.

12. Washington Center for Equitable Growth, entrevista com Robert Solow, 14 de janeiro de 2014, vídeo disponível em http://equitablegrowth.org/2014/01/14/1472/our-bob-solow-equitable-growth-interview-tuesday-focus-january-14-2014.

13. Paul Krugman, "Inequality and Recovery", *New York Times* (The Conscience of a Liberal blog), 20 de janeiro de 2013, http://krugman.blogs.nytimes.com/2013/01/20/inequality-and-recovery/.

14. Consulte, por exemplo, "Cogan, Taylor, and the Confidence Fairy", de Krugman, *New York Times* (blog The Conscience of a Liberal, 18 de março de 2013, http://krugman.blogs.nytimes.com/2013/03/19/cogan-taylor-and-the-confidence-fairy/.

15. Paul Krugman, "How Did Economists Get It So Wrong?", *New York Times Magazine*, 2 de setembro de 2009, http://www.nytimes.com/2009/09/06magazine/06/Economic-t.html

16. John Maynard Keynes, *The General Theory of Employment, Interest and Money* (Londres: Macmillan, 1936), cap. 21, disponível online em http://gutenberg.net.au/ebooks03/0300071h/chap21.html.

17. Para números sobre a produtividade dos Estados Unidos, consulte US Bureau of Labor Statistics, Economic News Release, 6 de março de 2014, http://www.bls.gov/news.release/prod2.nr0.htm.

412 | MARTIN FORD

18. Lawrence Mishel, "Declining Value of the Federal Minimum Wage Is a Major Factor Driving Inequality", Economic Policy Institute, 21 de fevereiro de 2013, http://www.epi.org/publication/declining-federal-minimum-wage-inequality/.

19. Eric Schlosser, *Fast Food Nation: The Dark Side of the All-American Meal* (Nova York: Harper, 2004), p. 66.

20. Emmanuel Saez, "Striking It Richer: The Evolution of Top Incomes in the United States", Universidade da Califórnia, Berkeley, 3 de setembro de 2013, http://elsa.berkeley.edu/~saez/saez-UStopincomes-2012.pdf.

21. Andrew G. Berg e Jonathan D. Ostry, "Inequality and Unsustainable Growth: Two Sides of the Same Coin?", Fundo Monetário International, 8 de abril de 2011, http://www.imf.org/external/pubs/ft/sdn/2011/sdn1108.pdf.

22. Andrew G. Berg e Jonathan D. Ostry, "Warning! Inequality May Be Hazardous to Your Growth", *iMFdirect*, 8 de abril de 2011, http://blog-imfdirect.imf.org/2011/04/08/inequality-and-growth/.

23. Ellen Florian Kratz, "The Risk in Subprime", *Fortune*, 1º de março de 2007, http://archive.fortune.com/2007/02/28/magazines/fortune/subprime.fortune/index.htm.

24. Senior Supervisors Group, "Progress Report on Counterparty Data", 15 de janeiro de 2014, http://www.newyorkfed.org/newsevents/news/banking/2014/an140115

25. Noah Smith, "Drones Will Cause an Upheaval of Society Like We Haven't Seen in 700 Years", *Quartz*, 11 de março de 2014, http://qz.com/185945/drones-are-about-to-upheave-society-in-a-way-we-havent-seen-in-700-years.

26. Barry Bluestone e Mark Melnik, "After the Recovery: Help Needed", *Civic Ventures*, 2010, http://www.encore.org/files/research/JobsBluestonePaper3—5-10.pdf.

27. Andy Sharp e Masaaki Iwamoto, "Japan Real Wages Fall to Global Recession Low in Abe [Japanese Prime Minister] Risk", *Bloomberg Business-week*, 5 de fevereiro de 2014, http://www.

OS ROBÔS E O FUTURO DO EMPREGO | 413

bloomberg.com/news/2014-02-05/japan-real-wages-fall-to-global-recession-low-in-spending-risk.

28. Sobre o desemprego dos jovens, consulte Ian Sivera, "Italy's Youth Unemployment at 42% as Jobless Rate Hits 37-Year High", *International Business Times*, 8 de janeiro de 2014, http://www. ibtimes.co.uk/italys-jobless-rate-hits-37-year-record-high-youth-unemployment-reaches-41-6-1431445, e Ian Sivera, "Spain's Youth Unemployment Rate Hits 57.7% as Europe Faces a 'Lost Generation'", *International Business Times*, 8 de janeiro de 2014, http://www.ibtimes.co.uk/spains-youth-unemployment-rate-hits-57—7-europe-faces-lost-generation-1431480.

29. James M. Poterba, "Retirement Security in an Aging Society", National Bureau of Economic Research, NBER Working Paper [Documento de Trabalho do NBER] nº 19930, publicado em fevereiro de 2014, http://www.nber.org/papers/w19930 e também http://www.nber.org/papers/w19930.pdf. Consulte a Tabela 9, p. 21.

30. Ibid., baseado na Tabela 15, p. 39; consulte a fileira rotulada "Joint & Survivor, Male 65 and Female 60, 100% Survivor Income Life Annuity". Um plano alternativo com um aumento anual de 3% começa em apenas US$3.700 (ou cerca de US$300 por mês).

31. Carl Benedikt Frey e Michael A. Osborne, "The Future of Employment: How Susceptible Are Jobs to Computerisation?", Oxford Martin School, Programme on the Impacts of Future Technology, 17 de setembro de 2013, p. 38, http://www.oxfordmartin.ox.ac.uk/downloads/academic/The_Future_of_Employment.

32. Para números sobre a população da China, consulte Deirdre Wang Morris, "China's Aging Population Threatens Its Manufacturing Might", CNBC, 24 de outubro de 2012, http://www.cnbc.com/id/49498720 e "World Population Ageing 2013", United Nations, Department of Economic and Social Affairs [Nações Unidas, Departamento de Assuntos Econômicos e Sociais], Population Division [Divisão de População], p. 32, http://www.un.org/en/development/desa/population/publications/pdf/ageing/WorldPopulationAgeing2013.pdf.

414 | MARTIN FORD

33. Sobre a taxa de poupança chinesa (a qual, como foi mencionado, chega a ser de 40%), consulte Keith B. Richburg, "Getting Chinese to Stop Saving and Start Spending Is a Hard Sell", *Washington Post*, 5 de julho de 2012, http://www.washingtonpost.com/world/asia_pacific/getting-chinese-to-stop-saving-and-start-spending-is-a-hard-sell/2012/07/04/gJQAc7P6OW_story.html, e "China's Savings Rate World's Highest", *China People's Daily*, 30 de novembro de 2012, http://english.people.com.cn/90778/8040481.html.

34. Mike Riddell, "China's Investment/GDP Ratio Soars to a Totally Unsustainable 54.4%. Be Afraid", *Bond Vigilantes*, 14 de janeiro de 2014, http://www.bondvigilantes.com/blog/2014/01/24/chinas-investmentgdp-ratio-soars-to-a-totally-unsustainable-54-4-be-afraid/.

35. Dexter Robert, "Expect China Deposit Rate Liberalization Within Two Years, Says Central Bank Head", *Bloomberg Businessweek*, 11 de março de 2014, http://www.bloomberg.com/news/articles/2014—03—11/china-will-soon-liberalize-deposit-rates-says-central-bank-head.

36. Shang-Jin Wei e Xiaobo Zhang, "Sex Ratios and Savings Rates: Evidence from 'Excess Men' in China", 16 de fevereiro de 2009, http://igov.berkeley.edu/content/competitive-sawings-motive-evidence-rising-sex-rations-and-sawings-rates-china.

37. Caroline Baum, "So Who's Stealing China's Manufacturing Jobs?", *Bloomberg News*, 14 de outubro de 2003, http://www.bloomberg.com/apps/news?pid=newsarchive&sid=aRI4bAft7Xw4.

38. Sobre os investimentos e o ciclo comercial, consulte Paul Krugman, "Shocking Barro", *New York Times* (blog The Conscience of a Liberal), 12 de setembro de 2011, http://krugman.blogs.nytimes.com/2011/09/12/shocking-barro/.

Capítulo 9

1. Stephen Hawking, Stuart Russell, Max Tegmark e Frank Wilczek, "Stephen Hawking: 'Transcendence Looks at the Implications of Artificial Intelligence — But Are We Taking AI Seriously

OS ROBÔS E O FUTURO DO EMPREGO | 415

Enough?'", *The Independent*, 1º de maio de 2014, http://www.independent.co.uk/news/science/stephen-hawking-transcendence-looks-at-the-implications-of-artificial-intelligence-but-are-we-taking-ai-9313474.html.

2. James Barrat, *Our Final Invention: Artificial Intelligence and the End of the Human Era* (Nova York: Thomas Dunne, 2013), pp. 196-197.

3. Yann LeCun, Google+ Post, 28 de outubro de 2013, https://plus.google.com/+YannLeCunPhD.

4. Gary Marcus, "Hyping Artificial Intelligence, Yet Again", *New Yorker* (blog Elements), 31 de dezembro de 2013, http://www.newyorker.com/tech/elements/hyping-artificial-intelligence-yet-again.

5. Vernor Vinge, "The Coming Technological Singularity: How to Survive in the Post-Human Era", Simpósio NASA VISION-21, 30-31 de março de 1993.

6. Ibid.

7. Robert M. Geraci, "The Cult of Kurzweil: Will Robots Save Our Souls?", *USC Religion Dispatches*, http://www.religiondispatches.org/the-cult-of-kurzweil-will-robots-save-our-souls/.

8. "Noam Chomsky: The Singularity Is Science Fiction!" (entrevista), YouTube, 4 de outubro de 2013, https://www.youtube.com/watch?v=0kICLG4Zg8s.

9. Citado em *IEEE Spectrum*, "Tech Luminaries Address Singularity", http://spectrum.ieee.org/computing/hardware/tech-luminaries-address-singularity.

10. Ibid.

11. James Hamblin, "But What Would the End of Humanity Mean for Me?", *The Atlantic*, 9 de maio de 2014, http://www.theatlantic.com/health/archive/2014/05/but-what-does-the-end-of-humanity-mean-for-me/361931/.

12. Gary Marcus, "Why We Should Think About the Threat of Artificial Intelligence", *New Yorker* (blog Elements), 24 de outubro de 2013, http://www.newyorker.com/tech/elements/why-we-should-think-about-the-threat-of-artificial-intelligence.

416 | MARTIN FORD

13. P. Z. Myers, "Ray Kurzweil Does Not Understand the Brain", *Pharyngula Science Blog,* 17 de agosto de 2010, http://scienceblogs.com/pharyngula/2010/08/17/ray-kurzweil-does-not-understa/.

14. Barrat, *Our Final Invention: Artificial Intelligence and the End of the Human Era,* pp. 7-21.

15. Richard Feynman, "There's Plenty of Room at the Bottom", palestra na CalTech, 29 de dezembro de 1959, o texto completo está disponível em http://www.zyvex.com/nanotech/feynman.html.

16. Sobre o financiamento federal para a nanotecnologia, consulte John F. Sargent Jr., "The National Nanotechnology Initiative: Overview, Reauthorization, and Appropriations Issues", Congressional Research Service [Serviço de Pesquisa do Congresso], 17 de dezembro de 2013, https://www.fas.org/sgp/crs/misc/RL34401.pdf.

17. K. Eric Drexler, *Radical Abundance: How a Revolution in Nanotechnology Will Change Civilization* (Nova York: PublicAffairs, 2013), p. 205.

18. Ibid.

19. K. Eric Drexler, *Engines of Creation: The Coming Era of Nanotechnology* (Nova York: Anchor Books, 1986, 1990), p. 173.

20. Bill Joy, "Why the Future Doesn't Need Us", *Wired,* abril de 2000 http://www.wired.com/2000/04/joy-2.

21. "Nanotechnology: Drexler and Smalley Make the Case For and Against 'Molecular Assemblers'", *Chemical and Engineering News,* 1º de dezembro de 2003, http://pubs.acs.org/cen/coverstory/8148/8148counterpoint.html.

22. Site do Institute of Nanotechnology, http://www.nano.org.uk.

23. Luciana Gravotta, "Cheap Nanotech Filter Clears Hazardous Microbes and Chemicals from Drinking Water", *Scientific American,* 7 de maio de 2013, http://www.scientificamerican.com/article/cheap-nanotech-filter-water/.

24. Drexler, *Radical Abundance,* pp. 147-148.

25. Ibid., p. 210.

OS ROBÔS E O FUTURO DO EMPREGO | 417

Capítulo 10

1. Entrevista de JFK com Walter Cronkite, 2 de setembro de 1963, https://www.youtube.com/watch?v=RsplVYbB7b8 8:00. Os comentários de Kennedy sobre o desemprego começam mais ou menos na marca de 8 minutos desse vídeo no YouTube.
2. "Skill Mismatch in Europe", European Centre for the Development of Vocational Training, junho de 2010, http://www.cedefop. europa.eu/EN/Files/9023_en.pdf?_ga=1.174939682.1636948377.14 00554111.
3. Jock Finlayson, "The Plight of the Overeducated Worker", *Troy Media*, 13 de janeiro de 2014, http://www.troymedia. com/2014/01/13/the-plight-of-the-overeducated-worker/.
4. Jin Zhu, "More Workers Say They Are Over-Educated", *China Daily*, 8 de fevereiro de 2013, http://europe.chinadaily.com.cn/ china/2013-02/08/content_16213715.htm.
5. Hal Salzman, Daniel Kuehn e B. Lindsay Lowell, "Guestworkers in the High-Skill U.S. Labor Market", Economic Policy Institute, 24 de abril de 2013, http://www.epi.org/publication/bp359-guestworkers-high-skill-labor-market-analysis/.
6. Steven Brint, "The Educational Lottery", *Los Angeles Review of Books,* 15 de novembro de 2011, http://lareviewofbooks.org/essay/ the-educational-lottery.
7. Nicholas Carr, "Transparency Through Opacity" (blog), *Rough Type,* 5 de maio de 2014, http://www.roughtype.com/?p=4496.
8. Erik Brynjolfsson, "Race Against the Machine", apresentação ao President's Council of Advisors on Science and Technology [Conselho de Assessores de Ciência e Tecnologia do Presidente] (PCAST), 3 de maio de 2013, http://www.whitehouse.gov/sites/ default/files/microsites/ostp/PCAST/PCAST_May3_Erik%20 Brynjolfsson.pdf, p. 28.
9. Claire Cain Miller e Chi Birmingham, "A Vision of the Future from Those Likely to Invent It", *New York Times* (The Upshot), 2 de maio de 2014, http://www.nytimes.com/interactive/2014/05/02/ upshot/FUTURE.html.

10. F. A. Hayek, *Law, Legislation and Liberty, Volume 3: The Political Order of a Free People* (Chicago: University of Chicago Press, 1979), pp. 54-55.

11. Ibid., p. 55.

12. John Schmitt, Kris Warner e Sarika Gupta, "The High Budgetary Cost of Incarceration", Center for Economic and Policy Research, junho de 2010, http://www.cepr.net/documents/publications/incarceration-2010-06.pdf.

13. John G. Fernald e Charles I. Jones, "The Future of US Economic Growth", *American Economic Review: Papers & Proceedings* 104, no. 5 (2014): 44-49, http://www.aeaweb.org/articles.php?doi=10.1257/aer.104.5.44.

14. Sam Peltzman, "The Effects of Automobile Safety Regulation", *Journal of Political Economy* 83, no. 4 (agosto de 1975), http://www.jstor.org/stable/183096?seq=1#fndtn-page-sean-tab-contents.

15. Hanna Rosin, "The Overprotected Kid", *The Atlantic*, 19 de março de 2014, http://www.theatlantic.com/magazine/archive/2014/03/hey-parents-leave-those-kids-alone/358631/.

16. "Improving Social Security in Canada, Guaranteed Annual Income: A Supplementary Paper", governo do Canadá, 1994, http://www.canadiansocialresearch.net/ssrgai.htm.

17. Uma análise de custos e possíveis compensações de programas que poderiam ser eliminados está aqui: Danny Vinik, "Giving All Americans a Basic Income Would End Poverty", *Slate*, 17 de novembro de 2013, http://www.slate.com/blogs/business_insider/2013/11/17/american_basic_income_an_end_to_poverty.html.

18. Noah Smith, "The End of Labor: How to Protect Workers from the Rise of Robots", *The Atlantic*, 14 de janeiro de 2013, http://www.theatlantic.com/business/archive/2013/01/the-end-of-labor-how-to-protect-workers-from-the-rise-of-robots/267135/.

19. Nelson D. Schwartz, "217,000 Jobs Added, Nudging Payrolls to Levels Before the Crisis", *New York Times*, 6 de junho de 2014, http://www.nytimes.com/2014/06/07/business/labor-department-releases-jobs-data-for-may.html.

Conclusão

1. Shawn Sprague, "What Can Labor Productivity Tell Us About the U.S. Economy?", US Bureau of Labor Statistics, *Beyond the Numbers* 3, no. 12 (maio de 2014), http://www.bls.gov/opub/btn/volume-3/pdf/what-can-labor-productivity-tell-us-about-the-us-economy.htm.

2. National Climate Assessment, "Welcome to the National Climate Assessment", *Global Change.gov*, s. d., http://nca2014.globalchange.gov/.

3. Stephen Lacey, "Chart: 2/3rds of Global Solar PV Has Been Installed in the Last 2.5 Years", *GreenTechMedia.com*, 13 de agosto de 2013, http://www.greentechmedia.com/articles/read/chart-2-3rds-of-global-solar-pv-has-been-connected-in-the-last-2.5-years.

4. Lauren Feeney, "Climate Change No Problem, Says Futurist Ray Kurzweil", *The Guardian*, 21 de fevereiro de 2011, http://www.theguardian.com/environment/2011/feb/21/ray-kurzweill-climate-change.

5. "Climate Change in the American Mind: Americans' Global Warming Beliefs and Attitudes in April 2013", Yale Project on Climate Change Communication/George Mason University Center for Climate Change Communication, http://environment.yale.edu/climate-communication/files/Climate-Beliefs-April-2013.pdf.

6. Rebecca Riffkin, "Climate Change Not a Top Worry in U.S.", *Gallup Politics*, 12 de março de 2014, http://www.gallup.com/poll/167843/climate-change-not-top-worry.aspx.

Índice remissivo

2001: Uma odisseia no espaço (filme), 214

ABB Group, 30
acelerômetro, 22
ACFR. *Ver* Australian Centre for Field Robotics (ACFR)
Acordo de Livre-Comércio da América do Norte (NAFTA), 84
Adenhart, Nick, 119
adicional do salário de nível superior, 76
Aetheon, Inc., 211
Agência Central de Inteligência (CIA), 74
Agência de Projetos de Pesquisa Avançada da Defesa [Defense Advanced Research Projects Agency] (DARPA), 116, 247
agricultura, 7, 26, 46-49
agricultura australiana, 9, 48
Alasca, dividendo anual, 355
Alemanha, 67, 199
algoritmos
aceleração no desenvolvimento dos, 105

ameaça aos empregos, 15, 121-122
aprendizado de máquina, 127, 131, 140-141, 150-159, 178-179
automatizados de negociação, 87, 156-159
crescente eficiência dos, 96
"All Can Be Lost: The Risk of Putting Our Knowledge in the Hands of Machines" (Carr), 337
Amazon.com, 37-38, 111-112, 127
computação em nuvem e, 145-150
inteligência artificial e, 309
modelo de entrega, 257-258
serviço "Mechanical Turk", 172
AMD (Advanced Micro Devices), 104
American Airlines, 244
American Hospital Association, 230
American Motors, 111
analítica das pessoas, 131
andadores robóticos, 214
Andreessen, Marc, 149
Android, 25, 44, 115, 167

422 | MARTIN FORD

aparelhos móveis, como ferramenta de autosserviço no varejo, 42-43

aperfeiçoamento recursivo, Inteligência Artificial Geral e o, 311

aplicativos, 25-25, 110-111, 130-131, 145-148, 256, 278-279

dificuldades de monetizar, 115

Apple, Inc., 40, 42, 111, 148-149, 368

Apple Watch, 218

aprendizado adaptativo, 195-197

aprendizado de máquina, 127-131, 140-141, 150, 177-180

Ver também aprendizado profundo

aprendizado profundo, 130-131, 167, 310

Arai, Noriko, 175-176

Aramco, 101

argumento econômico para a renda garantida, 350-353

Ariely, Dan, 75

armadilha da liquidez, 292

armadilha de pobreza, 347

Arrow, Kenneth, 221-222, 231

arte, máquinas criando, 152-157

artigos de jornal, automatizados, 120-122

AT&T, 184, 217, 227

atividades on-line, quem ganha leva tudo, 111-115

Audi, 251

Australian Centre for Field Robotic (ACFR), 48

AutoDesk, 313

automação (*Ver também* robótica; robôs)

a volta para casa e a, 29-30

carros e (*Ver* carros autônomos)

colarinho-branco, 119-120, 133-134, 159

como ameaça para os trabalhadores com níveis de instrução e de qualificação variados, 13-14, 91

do total de empregos dos Estados Unidos, 298

efeito sobre o setor industrial chinês, 30-31, 300-301

efeito sobre os preços, 289-290

empregos com baixos salários e a, 50-51

empregos do setor da saúde e a, 234-235

o setor do varejo e a, 37-43

offshoring como precursor da, 159-164

parábola da invasão alienígena, 264-265, 320

polarização do mercado de trabalho e a, 78-79

previsões do efeito da, 54-59

relatório da Tripla Revolução, 54-57

risco da, 340-341

setor de serviços e a, 32-43

soluções para o avanço da, 361-367 (*Ver também*

OS ROBÔS E O FUTURO DO EMPREGO | 423

garantia de renda básica)
tecnologia da informação e a,
81-83
visão da antiautomação, 336-341
Autor, David, 78-79
avaliação de redações por máquina, 177-180
avaliações por funcionário, setor da tecnologia e as, 239
Average Is Over (Cowen), 170, 173
aviação, 244, 340
AVT, Inc., 40
Ayres, Ian, 173

Babbage, Charles, 115
Baker, Stephen, 136, 143
Barra, Hugo, 167
Barrat, James, 309, 318
Baxter (robô), 24-26, 29, 30
Beaudry, Paul, 174
Bell Labs, 217
Berg, Andrew G., 288
Bernanke, Ben, 63
Biblioteca Nacional de Medicina [National Library of Medicine], 201
big data, 14, 49, 123-135
aprendizado de máquina e, 123-131
aprendizado profundo e, 130-132
coleta de, 130-133
correlação *versus* causa e, 125-126, 143

empregos baseados no conhecimento e, 132-135
setor da saúde e, 217-218
Bilger, Burkhard, 253
"BinCam", 172
"Bitter Pill" (Brill), 218
Blinder, Alan, 163, 165
Blockbuster, 37, 41
Bloomberg, 157
Bluestone, Barry, 295
bolha da escola de direito, 172, 235
Borders, 37
Boston Consulting Group, 29
Boston Globe (jornal), 204
Boston Red Sox, 119
Bowley, Arthur, 64
Brill, Steven, 218, 220, 223, 226
Brin, Sergey, 253, 255, 315
Brint, Steven, 334
Brooks, Rodney, 24
Brown, Jerry, 183
Brynjolfsson, Erik, 92, 168, 338
busca de renda, financialização e a, 86-88
Bush, George W., 323

Calico, 315
California Institute of Technology, 182
caminhões, automatizados, 258
Canadá, 40, 67, 89, 228, 333, 337, 355
"Can Nanotechnology Create Utopia?" (Kaku), 328

capacidade cognitiva, mundial competição por empregos e a, 166

capital
doações individuais de, 361-364
impostos sobre o, 366-367

capitalismo, o impulso em direção à automação e o, 265-270, 337-341

captura regulatória, 232

Car and Driver (revista), 252

Carr, Nicholas, 106-107, 337-341

carros, autônomos, 12-13, 133, 240-241, 247-259

carros autodirigíveis, *Ver* carros autônomos

carros autônomos, 13, 133, 240, 247-259
como recurso compartilhado, 253-258

carros sem motorista, *Ver* carros autônomos

causa, big data e correlação *versus*, 143

CBE. *Ver* competência baseada da educação
[competency-based education] (CBE)

CBS News, 331

CDOs. *Ver* obrigações de dívida colateralizada [collateralized debt obligations] (CDOs)

"cenário da criança atarefada" (Barrat), 318

cenário "gray goo", 324, 325, 328

Centro de Câncer MD Anderson, 143, 202-204

Centro de Pesquisas Econômicas e de Políticas [Center for Economic and Policy Research], 233

cérebro humano, engenharia reversa do, 316-317

Cheney, Dick, 319

Chicago, portal de informações da cidade de, 125

China
automação industrial na, 21, 30-31, 301-302
demanda de consumo na, 299-303
diplomados na faculdade excessivamente qualificados para ocupações na, 333
gastos de consumo norte-americanos e a, 84-85
globalização e a, 84-85
offshoring e a, 166
parcela do trabalho da renda nacional na, 66
superinteligência e a, 315
taxa de poupança na, 309-310
volta para casa e a, 28

China rebalancing, 300-305

chip de computação cognitiva, 106

chips tridimensionais, 104

Chomsky, Noam, 177, 316

Christensen, Clayton, 193-194

Chronicle of Higher Education (publicação), 189

Chrysler, 111

ciberataque, robótica em nuvem e o, 45-46

cibernética, 54-56

ciclos de vida dos produtos, robôs e os, 31

Circuit City, 37

Cisco, 313

Citigroup, 145, 267-268

classe média, efeito da economia digital e da distribuição da cauda longa na, 113

Cleveland Clinic, 143

Clifford, Stephanie, 28

clínica Mayo, 203

Clinton, Bill, 323

cobertura de saúde universal, 368

Collapse: How Societies Choose to Succeed or Fail (Diamond), 9

Collateralized Debt Obligations [obrigações de dívida colateralizadas (CDOs), 87

College Unbound (Selingo), 191

Colton, Simon, 155

Comissão Nacional de Tecnologia, Automação e Progresso Econômico, 57-58

Comitê Ad Hoc sobre a Tripla Revolução, 54-55

computação cognitiva, 135-145

computação em nuvem, 82, 145-150, 152

computador Deep Blue computer, 13, 136-137, 168

computador digital, efeito do, 57-58

computadores

aceleração da capacidade, 11-13, 68 (*Ver também* a Lei de Moore)

aquisição de habilidades pelos, 14-15

aumento da capacidade de memória, 95-96

curva S dos, 102-104

inovação e melhorias nos, 102-108

previsões do impacto dos, 55-56, 57-58

conotações religiosas da singularidade, 314-315

Conselho de Consultores Econômicos da Casa Branca [White House Council of Economic Advisors], 160

console de videogame Wii, 22

console Xbox 360, 22-23

consumidores

chineses, 299-303

demanda e os, 265-266

hipótese da renda permanente, 274, 282-283

trabalhadores como, 261-262, 265-266, 295-296

426 | MARTIN FORD

correlação *versus* causa, megadados e a, 125-126, 143

Coursera, 182, 183, 186

Cowen, Tyler, 97, 170, 173

Craigslist, 134

Creative Machines Lab (Universidade Cornell), 150

credenciais, educação superior, 185-188

Crédito Fiscal para Rendimento do Trabalho [Earned Income Tax Credit] (EITC), 359, 366

crescimento econômico, 285-289

criação de empregos, 9, 70-71
  acompanhando o crescimento populacional, 50, 70, 331
  decrescente, 70-71
  depois da Grande Recessão, 34, 65-66, 85, 216, 271-273
  empresas da internet *versus* indústria automotiva e a, 111
  por década, 71
  recuperações sem empregos, 77-82
  tecnologia da informação e a, 240

criatividade, máquinas demonstrando, 151-157

Crichton, Michael, 325

crise financeira, dívida [endividamento] e a, 269-270, 287, 293-294

cupons de alimentação, 271-272

custo de oportunidade, vantagem comparativa e o, 109-110

custos
  educação superior, 191
  setor da saúde, 218-237

custos administrativos, educação superior, 191

custos de moradia, renda garantida e os, 358

curiosidade, máquinas demonstrando, 150-157

cursos on-line, 179-196

curvas S, 99-100, 102, 104

Cyberdyne, 214

"cyborg", 148-149

Cycle Computing, 146

Cynamon, Barry, 269-270, 287

DARPA. *Ver* Agência de Projetos de Pesquisa Avançada da Defesa [Defense Advanced Research Projects Agency] (DARPA)

deflação, 289-290

deflator do PIB (produto interno bruto), 63

degradação ambiental, insegurança econômica e a, 373-374

Delta Cost Project, 191

Delta Electronics, Inc., 30

demanda, 265-266
  na China, 299-303
  produtividade e a, 279-280

democratas, distribuição de renda preferida pelos, 75

depósitos, cadeias varejistas online retailers e os, 37-38

derivativos financeiros, 87, 293

descoberta jurídica, tendências na, 171-172

desemprego
comportamento do consumidor e o, 283-284
de longo prazo, 7, 16, 70-73, 283-285, 369
dos jovens, 296
educação/retreinamento no emprego e o, 331-332
efeitos ambientais do medo do, 373-374
máquinas e o, 7
taxas de, 57, 67, 71-72, 234-235, 283-284, 331, 332, 365

DiNardo, Courtney, 203

Direito, legislação e liberdade (Hayek), 342

distribuição da cauda longa, no setor da internet, 111-113

distribuição "quem ganha leva tudo", setor da internet e a, 111-113

dívida [endividamento]
crise financeira e a, 293-294
deflação e a, 292
desigualdade de renda e os gastos de consumo, 287
razão para a renda, 269-270

dividendo do cidadão, 353

divisão do trabalho, 107-108

divisor digital, 114

doações de ações, 363

Dow News Service, 157

Drexler, K. Eric, 321-329

Drum, Kevin, 255

Dunning, David, 40-41

eBay, 37, 111-112

Economic Policy Institute, 175, 377

economia
complexidade da, 284-285
definida, 352
efeito da mudança do clima sobre a, 372-373
pós-escassez, 328

economia, modelos matemáticos e a, 8, 276-277

economia digital, oportunidades da cauda longa na, 111-113

economia informal, 112-113

economias emergentes, demanda de consumo nas, 299-303

economia pós-escassez, 328

economistas
sobre a desigualdade de renda 273-277
sobre o impacto da automação, 91-92

Edison, Thomas, 313

educação
colaboração com as máquinas e a, 168-176

efeito sobre a renda, 76-77, 180-190

garantia da renda básica e a, 348

natureza do problema do desemprego e a, 331-332

rendimentos decrescentes na, 332-336

Ver também educação superior

educação baseada na competência [competency-based education] (CBE), 188

educação superior

créditos universitários e credenciais baseadas na competência, 185-190

custos da, 191-192

cursos on-line, 179-184

investimento em faculdades comunitárias, 365-366

possibilidade de disrupção pela tecnologia da informação, 191-197

rendimentos decrescentes para a, 332-336

edX, 180-182, 187-188

efeitos de feedback, 277, 284

Egito, 74

EITC. *Ver* Crédito Fiscal para Rendimento do Trabalho (EITC)

El Camino Hospital (Mountain View, CA), 211

Elance, 134

eletricidade, tecnologia da informação comparada com a 106-107

elite financeira, influência política exercida pela, 74-75, 91-92, 302-303

Elysium (filme), 294

Emanuel, Ezekiel, 225

Employment Policies Institute, 35

emprego

carros autônomos e o, 240, 247-259

impressão 3D e o, 240-247

nanotecnologia e o, 322-324

relacionamento entre a tecnologia e o, 239-240

Ver também desemprego

empregos

com baixos salários, 50-51

de tempo parcial, 77-

desaparecimento dos empregos da classe média, 77

poder de compra e os, 17, 266

volta para casa e os empregos industriais, 28-32

Ver também contratações, empregos baseados no conhecimento; empregos de colarinho branco

empregos baseados no conhecimento, automação dos, 121-122

colaboração com as máquinas e os, 166-176

megadados e os, 132-135

Ver também empregos de colarinho-branco

empregos com baixos salários, automação e os, 50-51

empregos de classe média, desaparecimento dos, 77-80

empregos de colarinho-branco automação dos, 121-122, 146-147, 174-176

offshoring e os, 159-167

Ver também empregos baseados no conhecimento

empregos de tempo parcial, 77-80

empréstimos estudantis, 172, 174, 191, 217, 264, 288, 291, 333

energia solar, 326, 372

enfermeiros de hospital, 206

engenharia reversa do cérebro, 316-317

Engines of Creation (Drexler), 322, 324

ENIAC (Electronic Numerical Integrator and Computer), 56

entregas feitas por drones, 258

envenenamento por cobalto, 199-200

erro médico, inteligências artificial e o, 205

esgotamento dos recursos, tecnologia e o, 17, 372-373

Espanha, 154, 296

especialização ocupacional, 107

ESPN, 270, 271

Estados Unidos

contribuintes financiam pesquisas básicas em tecnologia da informação nos, 116-117

cuidados com os idosos nos, 212

desigualdade de renda nos, 73-76

diplomados nas faculdades são excessivamente qualificados para as ocupações nos, 333-334

estagnação econômica nos, 97

gastos de consumo nos, 85

indústria têxtil dos, 28-29

polarização do mercado de trabalho nos, 77-80

política de imigração e agricultura automatizada nos, 50

setor da saúde como percentual da economia dos, 200

estagflação, 10, 57

estagnação da renda, efeitos econômicos da, 97-98, 289-294

estagnação secular, 363

Eu, robô (filme), 154

eugenia, 315

"Eureqa", 151-155

Europa, diplomados nas universidades excessivamente qualificados para ocupações na, 333-335

430 | MARTIN FORD

exame de admissão à Universidade de Tóquio, criação de um sistema de inteligência artificial para aprovação no, 175-176

Fabricated: The New World of 3D Printing (Lipson), 245
fabricantes de comida, 36-37
Facebook, 16, 126, 131, 148-149, 158, 188, 207, 239, 310, 315
Faculdade de Manhattan, 314
faculdades comunitárias, 365-366
Fallows, James, 105
Fantastic Voyage (Kurzweil & Grossman), 314
farmacêuticos, 209-210, 235-236
Fast Food Nation (Schlosser), 282
Fazzari, Steven, 269, 270, 287
Federação Internacional de Robótica, 21
Federal Reserve, 292
Federal Reserve Bank de Cleveland, 71-72
Federal Reserve Bank de São Francisco, 84
Fernald, John G., 352
ferramenta de diagnóstico, adaptando Watson como, 142
ferramenta de tradução on-line, 127
ferramentas de tradução, 127, 166-167, 178
Ferrucci, David, 139-140, 143, 159

Feynman, Richard, 321, 323
Filipinas, desigualdade de renda na, 74
filmes *Exterminador do futuro*, 45, 214
filosofia de design, 337-339
Final Jeopardy (Baker), 136, 143
financialização, 86-87
financiamento do governo, da pesquisa em nanotecnologia, 322
Fluid, Inc., 144
Focal Point GS Imaging System da BD, 209
Food and Drug Administration (FDA), 205, 207, 233-235
"For Big Companies, Life Is Good" *(Wall Street Journal)*, 65
Forbes (revista), 121
força de trabalho que está envelhecendo, 295-299
Ford, Henry, 116, 261
Ford, Henry, II, 261
Ford Motor Company, 261
Foxconn, 30-31, 35
França, 47, 67, 108
Frank e o robô (filme), 212
fraude, MOOCs e a, 186-187
"Free Trade's Great, but Offshoring Rattles Me" (Blinder), 163
Freeland, Chrystia, 80
"freeters", 296
Frey, Carl Benedikt, 91, 298

Friedman, Milton, 7, 283
Friedman, Thomas, 182
função "sabedoria das multidões", 304
Fundo Monetário Internacional, 288
fusão com as máquinas do futuro, 167-176, 312-313
futuro distópico, automação e previsões do, 56-57, 294-295

Galeria da Fama do Escritório de Patentes [Patent Office's Hall of Fame], 313
gastos de consumo pessoal (PCE), 272
garantia de renda básica, 55, 341-346
  abordagens da, 346-347
  argumento econômico a favor da, 264-267, 350
  incentivos e a, 261-264
  inconvenientes e riscos da, 355-359
  pagamento da, 359-361
  tomada de risco econômica e a, 354-355
gastos de consumo, 85
gastos de consumo/consumo, 270, 272
  demanda e os, 265
  desigualdade de renda e os, 16-17, 267-272
  renda garantida e os, 356-357

Gates, Bill, 315
Genentech, 313
General Electric, 211, 244
General Motors, 111
Geraci, Robert, 314
Ghayad, Rand, 73
globalização, 83-84, 91
"Goggles" (aplicativo), 45
Gold, Jenny, 224
Goldman Sachs, 86
Good Data, 149
Google, 16, 167, 315
  algoritmo baseado em palavras-chave, 138-139
  carros autônomos e o, 12, 132, 248-249, 250, 252, 254, 255
  computação em nuvem e o, 145, 148
  empresas startup de robótica, aquisição de, 44
  aquisição do YouTube, 239
  Thrun e Norvig e o, 185, 190
  Udacity, 182-184, 194
  Universidade Singularity e o, 299
  ferramenta de tradução online, 126-127, 178
  geração de receita e o, 111
  inteligência artificial e o, 309
  lucro e número de funcionários, 111
  megadados e o, 122
  monitor de glicose, 217

432 | MARTIN FORD

programa de e-mails personalizados e respostas à mídia social, 132-133

robótica em nuvem e o, 44

sistema Android, 25, 44, 115, 167

Gordon, Robert J., 98

GPS (Global Positioning System), 133, 281, 337

Grabit Inc., 27

Grande Recessão

aumento nos empregos de tempo parcial e a, 77-78

dívida [endividamento] e a, 270

lucros corporativos *versus* vendas no varejo durante a recuperação da, 64-65, 273-274

produtividade e a, 278-279

recuperação sem empregos, 71-72, 369

grau de mestrado na ciência da computação, baseado no MOOC, 183-184

Green, David A., 174

Grossman, Lev, 154

Grossman, Terry, 314

Grötschel, Martin, 105

Guerrero, Vladimir, 119-120

Guia de Tecnologia Internacional para Semicondutores [International Technology Roadmap for Semiconductors] (ITRS), 103

habilidades, adquiridas pelos computadores, 15-16

Hacker, Jacob S., 88

HAL. *Ver* Hybrid Assistive Limb [Membro Auxiliar Híbrido] (HAL)

Hale, Galina, 84

Hamblin, James, 316

Hammond, Kristian, 121

Harvest Automation, 47

Hawking, Stephen, 307, 310-311, 316

Hayek, Friedrich, 54, 342-346

Hinton, Geoffrey, 131

hipótese da renda permanente, 274, 283

Hobijn, Bart, 84

homens, participação na força de trabalho de e os, 68

Hopkins, John, 182

House (programa de televisão), 200

"How Did Economists Get It So Wrong?" (Krugman), 276

Hybrid Assistive Limb [Membro Auxiliar Híbrido] (HAL), 213-214

IA. *Ver* inteligência artificial (IA)

Iamus, 154-155

IBM

chip de computação cognitiva, 106

Deep Blue, 13, 136-137, 168

OS ROBÔS E O FUTURO DO EMPREGO | 433

SyNAPSE, 116
Watson, 42, 135-145, 146, 147, 152, 164, 169, 202-203, 308, 310
identificação do aluno, cursos on-line e a, 186, 187
identificação por radiofrequência (RFID), 211, 214
Iêmen, 74
imigração, 50, 359
imigração virtual, 160-161
imortalidade, singularidade e a, 314, 315
imposto sobre o carbono, 360
impostos, 359-361, 360, 366-367
impressão 3D, 241-246
In Our Hands: A Plan to Replace the Welfare State (Murray), 348
In-Q-Tel, 121
Inc. (revista), 313
incentivos
  econômicos, 368
  garantia de renda básica e os, 346-350
Índia, 28, 114, 161, 166, 170
Indian Institute of Technology Madras, 326
Índice de Preço ao Consumidor (IPC), 63
Indonésia, 32
indústria automotiva, 21, 111, 261-262
indústria têxtil, Estados Unidos, 28-29

Industrial Perception, Inc., 20-23, 25, 39, 44
inflação, relação entre salários e produtividade e a, 64
inflação de credenciais, 334
infraestrutura, investimento na pública, 365
inovação, 19-27, 80-90, 97
Inside Higher Ed (website), 186
Instagram, 239, 240
instalações de feixes de prótons, 224
Instituto de Câncer Dana-Farber, 204
Instituto de Dados para Perdas em Estradas [Highway Loss Data Institute], 251
Instituto de Genômica de Pequim, 315
Instituto de Medicina [Institute of Medicine], 204
Instituto Nacional de Informática, 175
Instituto Nacional de Padrões e Tecnologia [National Institute of Standards and Technology], 128, 139
Intel, 104
inteligência
  de máquina, 106, 110, 116
  reprodução da, 110
  superinteligência, 307
Inteligência Artificial (IA), 13

434 | MARTIN FORD

Inteligência Artificial Geral (IAG) 309-311
a singularidade e a, 312-317
advertências relacionadas com os perigos da, 229
corrida armamentista e a, 310, 318-319
lado sombrio da, 317-320
limitada, 307-308
na medicina, 201-209
offshoring e a, 163-164
tecnologia da informação
inteligência artificial limitada, 307-308
inteligência de máquina, 106, 110, 116
Ver também inteligência artificial
Intelligent Information Laboratory [Laboratório de Informações Inteligentes] (Universidade Northwestern), 120
internet
corporações geradas pela, 110-111
distribuição de quem ganha leva tudo e a, 110-115
efeito sobre a capacidade de pensar, 337
megadados e a, 122
oportunidades de renda e a, 111
primórdios da, 81-82
recursos médicos na, 202

invasão de hackers, robótica em nuvem e a, 45
"invernos da IA", 309
investimento
em tecnologia que economiza mão de obra, 303-304
em infraestrutura pública, 365
recessões e o, 303
iPad/iPod, 25, 40,
iPhone, 25, 111, 115, 221, 243
iRobot, 24
Itália, 67, 296
ITRS. *Ver* Guia de Tecnologia Internacional para Semicondutores (ITRS)
IVA. *Ver* imposto sobre valor agregado (IVA)

Jaimovich, Nir, 77-79
Japão
colheita automatizada no, 48
força de trabalho que está envelhecendo e o, 296-297
parcela do trabalho da renda nacional no, 66-67
robôs que cuidam dos idosos no, 212-215
Jefferson, Thomas, 344
Jennings, Ken, 136, 140, 142
Jensen, Robert, 114
Jeopardy! (programa de televisão), Watson e, 13, 135-143, 145, 202, 206
Jobs, Steve, 221

OS ROBÔS E O FUTURO DO EMPREGO | 435

Johnson, Lyndon, 53, 55, 57, 343
Jones, Charles I., 352
Jornada nas estrelas (programa de televisão), 328
Joy, Bill, 324

Kaiser Health News, 224
Kaku, Michio, 328-329
Karabarbounis, Loukas, 66-67
Kasparov, Garry, 13, 136, 168-169, 318-319
Kennedy, John F., 332, 369
Khan Academy, 181
Khoshnevis, Behrokh, 246
Kinect, 22-23, 26, 147
King, Martin Luther, Jr., 53-54
Keynes, John Maynard, 64, 277
Kiva Systems, 38-39
K'NEX, 24
Koller, Daphne, 182
Koza, John, 153-154
Kroger Company, 38-39
Krueger, Alan, 165
Krugman, Paul, 92, 274-276
Kuka AG, 30
Kurzweil, Ray, 114, 116, 311-317

Laboratório de Inteligência Artificial (Universidade Stanford), 25
Lanier, Jaron, 113
LeCun, Yann, 309
Lehman, Betsy, 204
Lei de Bowley, 64-65, 67

Lei de Moore, 11, 63, 95-96, 101-104, 106, 116, 123, 131, 311, 373
"Lei de Pesquisa e Desenvolvimento em Nanotecnologia do Século XXI" ["21st Century Nanotechnology Research and Development Act"], 323
Lei de Serviços de Saúde Acessíveis [Affordable Care Act], 206, 226, 228, 229, 275, 368
leis naturais, sistema que descobre independentemente as, 150
Leno, Jay, 242
Levy, Steven, 121
Lickel, Charles, 135-136
Lipson, Hod, 150-153, 245
lobby a favor de interesses empresariais, política econômica e, 89
Los Angeles Angels, 119
lucros corporativos
como parcela do PIB, 66, 273, 274
recuperação da Grande Recessão e os, 65-66, 273, 274
setor financeiro, 86
luditas, 55, 57-58, 339-340

Macintosh OS, 25
Maguire, Eleanor, 281
Manjoo, Farhad, 209, 235
Mankiw, N. Gregory, 160, 162

máquina pensante, 309-311. *Ver também* Inteligência Artificial Geral (IAG)

máquina redatora de narrativas, 120-123

máquinas

educação e colaboração com as, 168-174

evoluindo além das ferramentas para se tornar trabalhadores, 340-341

relacionamento com trabalhadores, 10-14

seres humanos se fundindo com as, 167-178, 313-315

máquinas de invenção automatizadas, 153

máquinas de venda, inteligentes, 17-19

máquinas de venda e quiosques inteligentes, 39-43

Marcus, Gary, 310, 316

Markoff, John, 56, 181, 255

Maryland, abordagem do pagador único e, 229

Massachusetts Institute of Technology (MIT), edX e o, 168, 178

Match.com, 127

materiais à base de carbono, 104

Matrix Reloaded (filme), 109

McAfee, Andrew, 92, 168

McDonald's, 34-36, 282

MD Buyline Inc., 144

Medalha Nacional de Tecnologia, 313

Medicaid, 217, 229, 230

Medicare, 217, 219, 225-226, 228-230, 232-234, 298

medicina

adaptando Watson como ferramenta de diagnóstico, 143-144

inteligência artificial na, 201-209

MEDLINE, 201

Melnik, Mark, 295

Melomics Media, Inc., 155

mercado

como recurso renovável, 350-353

setor da saúde como disfuncional, 220-237

Mercedes-Benz, 249

microprocessador, efeito do, 101

Microsoft, 22, 25, 26, 81, 105, 146, 147, 190, 257, 368

mobilidade econômica, declínio na, 74

Modelo T, 116

Momentum Machines, Inc., 32-33

monitoramento da glicose, 218

MOOCs (cursos de massa abertos on-line), 181-184, 366

como disrupção do modelo de educação superior, 193-197

créditos universitários, credenciais baseadas na competência e os, 185-190

eficácia dos, 183-184

OS ROBÔS E O FUTURO DO EMPREGO | 437

fraude e plágio e os, 186-187
offshoring e os, 197
Moore, Gordon, 316
Mother Jones (revista), 255
Motor Trend (revista), 252
motoristas de táxi de Londres, 281
movimento Occupy Wall Street, 74
mudança/progresso tecnológico
   crescimento econômico e, 97
   curvas S de, 98-99, 100
   influenciada pela habilidade, 76
   produtividade e, 57
   prosperidade da força de tra-
      balho americana e, 8
mudança do clima, 17-18, 372-373
mudança tecnológica influenciada pela habilidade (SBTC), 76
mulheres, participação na força
   de trabalho e as, 67-68
Murray, Charles, 348
Myers, P. Z., 317
Myrdal, Gunnar, 54

NAFTA. *Ver* Acordo de Livre Comércio da América do Norte
   [North American Free Trade
   Agreement] (NAFTA)
nanofiltros, 326
*Nanosystems: Molecular Machinery
   Manufacturing, and Computa-
   tions* (Drexler), 322
nanotecnologia, 104, 313, 320-329
nanotubos de carbono, 104, 326
nanotubos de grafeno, 104

Narrative Science, Inc., 120-122, 196
National Climate Assessment, 372
National Institute for Health
   Care Management [Instituto
   Nacional da Administração
   da Saúde], 222
National Nanotechnology Initia-
   tive [Iniciativa Nacional em
   Nanotecnologia] (NNI), 323
National Science Foundation, 116
National Security Agency, 310
National Transportation Safety
   Board [Conselho de Segu-
   rança do Transporte Nacio-
   nal], 251
Nature (publicação), 158
Neiman, Brent, 67
Netflix, 37, 127
Netscape, 149-150
New England Journal of Medicine
   (publicação), 208
New York Times (jornal), 28, 55-
   56, 125, 181-182, 219, 255, 274,
   340, 372
New Yorker (revista), 253, 310
Ng, Andrew, 182
Nike, 32
Nintendo, 22
Nixon, Richard M., 59, 75
NNI. *Ver* Iniciativa Nacional em
   Nanotecnologia (NNI)
Norvig, Peter, 181-182, 185, 190
Nutonian, Inc., 152

O capital no século XXI (Piketty), 363-364

Och, Franz, 127-128

offshoring
- da tecnologia da informação, 79-82
- do desenvolvimento dos softwares, 96-97
- eletrônico, 160-161
- empregos de colarinho-branco e o, 159-167
- MOOCs e o, 197
- polarização do mercado de trabalho e o, 80-81

Organização Internacional do Trabalho, 246

Organovo, 245

órgãos humanos, impressão 3D de, 245

Orquestra Sinfônica de Londres, 154

Osborne, Michael A., 91, 298

Ostry, Jonathan D., 288

Our Final Invention (Barrat), 318

Page, Larry, 315

países em desenvolvimento, 30-32, 49, 114-115, 299

parábola da invasão alienígena, 262-264, 319-320

Parkdale Mills, 28

Paro (robô), 212

patologia, inteligência artificial e a, 208-209

Pauling, Linus, 54

PayPal, 315

Peltzman, Sam, 353

Peltzman effect, 353-354

Penn State, MOOCs e a, 186

pensões, 297, 299

Perelman, Les, 178-179

pescadores de sardinha de Kerala, telefones celulares e os, 114

PIB (produto interno bruto)
- atividade relacionada com as finanças como percentual do, 86
- gastos de consumo e o, 268
- lucros corporativos como parcela do, 66, 273, 274

Pierson, Paul, 88, 89

Piketty, Thomas, 363-364

Pinker, Steven, 316

plágio, MOOCs e o, 186-188

planos de aposentadoria 401k, 297, 363

Player Piano (Vonnegut), 56

PlayStation, 22

plutocracia, 294

plutonomia, 268

poder de compra
- distribuição do, 267, 268
- empregos e o, 17
- renda garantida e o, 352

polarização, mercado de trabalho e a, 80-81, 83

OS ROBÔS E O FUTURO DO EMPREGO | 439

polarização ocupacional, 80-81
política
  conceito da renda garantida e
    a, 345-346, 367-368
  influência da elite financeira
    sobre a, 74-75, 91-92
  o avanço da tecnologia e a,
    88-89
política econômica, 88-89, 291-292
política monetária, 291-292
populações que estão envelhecendo, 17, 295-298, 299
poupança, taxa elevada na China, 299-300
SBTC. *Ver* mudança tecnológica influenciada pela habilidade [skill biased technological change] (SBTC)
Poterba, James, 297
preços
  deflação e os, 290-291
  efeito da automação sobre os,
    289-290
  medicamentos, 231-232
preços da chargemaster, 219-
  220, 224
preços do pagador único, 228-231
prestadores de serviços do setor
  da saúde, mercado de cuidados de saúde e os, 223-225
Prey (Crichton), 325
PrimeSense, 23
Principles of Economics (Frank &
  Bernanke), 63

Principles of Economics (Taylor &
  Weerapana), 62
problema 19-20, 22, 299
problema da tragédia dos problemas comuns, 352
produção, demanda e a, 277, 278
produtividade, 276-277
  definição, 60
  progresso tecnológico e a, 80-81
  recessões e a, 277-278
  salários e a, 11, 57, 60-63
  tecnologia da informação e a,
    81-82
"Professionals Against Machine
  Scoring of Student Essays
  in High Stakes Assessment"
  (petição), 177
profissionais especializados, erosão do emprego para os, 16
Programa de Invalidez da Previdência Social, 69, 347
programa de respostas à mídia
  social, 133-134
programa de respostas de e-mails,
  133-134
programação genética, 151-157
  Georgia Institute of Technolo-
    gy (Georgia Tech), MOOCs
    e o, 184-185, 194, 213
progresso, falta de progresso
  genérico, 96-97
projeto I-Sur, 211-212

440 | MARTIN FORD

quiosques, inteligentes, 38-41
quiosques de locação de filmes da Redbox, 39-41

Rabkin, Eric, 187
Race Against the Machine (Brynjolfsson & McAfee), 92
Radical Abundance (Drexler), 323, 327
radiologistas, inteligência artificial e os, 15, 207-208
Rand, Ayn, 350
recessões
  investimento e as, 227
  meses para o emprego se recuperar, 72
  produtividade e as, 277-278
  renda estagnada, custos crescentes e as, 291-291
  Ver também Grande Recessão
reconhecimento visual, robótica em nuvem e o, 30
recuperações econômicas, empregos criados durante as, 77-78
redações, avaliação por máquina das, 177-180
rede de restaurantes de sushi Kura, 36
rede de segurança social, 367. *Ver também* garantia de renda básica
redes neurais, artificiais, 90-92, 128-130

Ver também aprendizado profundo
regulamentação dos mercados pelo governo, 265
relatório da Tripla Revolução, 30-31, 250
"Remaining Awake Through a Great Revolution" (King), 53
remuneração. *Ver* salários
renda
  aposentadoria, 297
  aumento na, 11-12, 73-76, 285-289
  comportamento dos consumidores e a redução da, 282-283
  crescimento econômico e a, 285-289
  declínio da, para os recém-formados na faculdade, 76-77
  distribuição preferida pelo público norte-americano, 74
  economistas sobre a, 273-277
  financialização e a, 86-87
  gastos de consumo e a, 267-272
  nacional, parcela que vai para o trabalho, 64-65, 67, 86-87, 90
  política como determinante da, 89
  razão para o endividamento, 269-270
  Ver também garantia de renda básica, 16-17
renda de aposentadoria, 298-299

OS ROBÔS E O FUTURO DO EMPREGO | 441

renda garantida. *Ver* garantia de renda básica

renda mediana das unidades familiares, 60

renda proveniente da Previdência Social, 298-299

reposição do estoque, automatizada, 40-41

republicanos, distribuição de renda
preferida pelos, 74-75
volta para casa, 28-32

responsabilidade
carros autônomos e a, 249-250, 253, 258
no setor da saúde, 205

Rethink Robotics, 23-24, 26-27, 30

Reuther, Walter, 261, 262

RFID. *Ver* identificação por radiofrequência (RFID)

Riegel versus *Medtronic, Inc.*, 205

riqueza, imposto global sobre a, 363

risco, efeito Peltzman e o, 353-354

robô humanoide industrial, 24

robô que move caixas, 25, 44

RoboBusiness conferência/feira da RoboBusiness, 26

robôs
educacionais, 26
de telepresença, 165-166, 214
hospitalares e farmacêuticos, 210-212
industriais, 19-23, 30

na agricultura, 46-50
pessoais, 26
que consomem, 266
que cuidam dos idosos, 212-217
que movem caixas, 25, 44

robôs cirúrgicos, 121-212

robôs de telepresença, 165-166, 214

robôs educacionais, 26

robôs farmacêuticos, 209-211

robôs industriais, 19-23, 30

robôs pessoais, 26

robôs que consomem, 266

robôs que cuidam dos idosos, 212-217

robótica, 25-27
em nuvem, 43-46
Ver também automação; robôs

robótica de nuvem, 43-46

robótica hospitalar, 209-211

Rolling Stone (revista), 86

Romney, Mitt, 359

Roosevelt, Franklin, 368

ROS (Robot Operating System), 25-26

Rosenthal, Elisabeth, 219, 220, 223

Rosenwald, Michael, 149

Russell, Stuart, 307

Rutter, Brad, 142

Sachs, Jeffrey, 92

Saez, Emmanuel, 74

salário mínimo, 281

salários
declínio nos salários médios reais, 59-60
deflação e os, 290-291
estagnados, 59-63
produtividade e os, 10, 58, 60-64
Salesforce.com, 184
Samsung Electronics, 104
Samuelson, Paul, 8
Sand, Benjamin M., 174
Sankai, Yoshiyuki, 214
Santelli, Rick, 232
Schlosser, Eric, 282
Schmidt, Michael, 150, 152
Schwarzenegger, Arnold, 45
segurança, carros autônomos e a, 250-256
seguro-saúde, 223-228, 231
Selingo, Jeffrey J., 191, 192
Semiconductor Industry Association, 117
sensores médicos, 218
seres humanos
efeito da automação nas habilidades, 337
serviço "Mechanical Turk", 172
setor da construção civil, impressão 3D e o, 245-246
setor da saúde
consolidação do setor, 226-228
custos do e natureza do mercado disfuncional, 218-237
impacto da tecnologia da informação sobre o, 199-201

megadados e o, 217-218
percentual da economia dos Estados Unidos, 200
preços de "pagador único", 228-231
robôs que cuidam dos idosos, 212-217
robótica no setor hospitalar e farmacêutico, 209-211
sistema do pagador único, 225-228, 230-231
Ver também medicina
setor da internet, 111-112
setor [indústria] de fast food, 32-38, 225, 280-282, 240, 369
setor de serviços, 32–43
setor de varejo, 38-43, 125, 126. *Ver também* varejo on-line
setor financeiro, 86-88, 144
setor industrial
empregos no, 28–32, 85-86
impressão 3D e o, 241-245
Silvercar, 42
Simonyi, Charles, 105
sindicatos, declínio do poder dos, 88-89
singularidade, a, 307, 312-317, 329
sistema bancário de reservas fracionárias, 292
sistema da Universidade da Califórnia, 191
sistema de pagador único do setor da saúde, 225-228, 230

OS ROBÔS E O FUTURO DO EMPREGO | 443

sistema de visão, robótica tridimensional, 19-23

sistema "Piquant", 139-140

sistemas paralelos, 105

Siu, Henry E., 77

Skipper, John, 270, 271

"Skynet", 45

Slate (revista), 209

Smalley, Richard, 325-326

Smith, Adam, 107-108, 160

Smith, Noah, 294, 362

Smith, Will, 154

software "Darci", 155-156

software de fonte aberta, ROS, 25

software e-Discovery, 171

software "Quill", 121-122

software redator, 121-123

software "StatsMonkey", 120-121

softwares de colaboração, 96

Solow, Robert, 97, 274

Sony Corporation, 22

Sprague, Shawn, 371

Spread Networks, 158

Stanek, Roman, 149

Staples, 38

Stiglitz, Joseph, 274

subemprego, 16, 77, 174

Suíça, 131, 229, 355

Suitable Technologies, Inc., 27

Summers, Larry, 363

Sun Microsystems, 324

Super Crunchers (Ayres), 173

superinteligência, 307, 315

Supplemental Nutrition Assistance Program [Programa de Assistência de Nutrição Suplementar], 272-273

SyNAPSE, 106, 116

Taibbi, Matt, 86

Target, Inc., 125, 217

Taylor, John B., 62, 63

Teamsters Union, 39

tecnofeudalismo, 274, 289, 352

tecnologia

disruptiva, 18, 99-100

empregos industriais e a, 86

era de ouro da, 80

força de trabalho que está envelhecendo e a, 295-298

investimento em tecnologia que economiza mão de obra, 303-304

narrativa histórica da moderna, 80-90

relacionamento entre o emprego e a, 239-240

salários dos trabalhadores não especializados e a, 280-281

tecnologia da informação, 16

aceleração da, 82, 95-97

ausência de um progresso genérico e a, 96-97

capacidade cognitiva da, 106, 107

características da, 102–107

como tecnologia de uso geral, 106

comparada com a eletrificação, 106-107, 240

computação em nuvem e empregos na, 148

crescimento do setor financeiro e a, 86-87

curvas S, 101, 102-103

disrupção da educação superior e a, 191-197

distribuição de quem ganha leva tudo e a, 110-115

financiamento da pesquisa básica para a, 116-117

questões morais relacionadas com a, 115–117

setor da saúde e a, 199-201

tendências econômicas e a, 90-93

vantagem comparativa e a, 108-110

Ver também inteligência artificial (IA); Lei de Moore

Tegmark, Max, 307, 316

telefones celulares, efeito sobre o padrão de vida, 116-117

tempo de lazer, garantia da renda básica e o, 349

tendências econômicas

criação de empregos, recuperações sem empregos e desemprego a longo prazo, 70-73

desigualdade de renda, 73–76

efeito da tecnologia da informação sobre as, 90-93

mercado em baixa para o trabalho/mercado

participação da força de trabalho, 67-69

polarização e empregos de tempo parcial, 77-80

renda declinante e subemprego para os formados nas universidades, 76-77

salários estagnados, 59-63

superaquecido para as corporações, 63-67

terceirização

da tecnologia da informação, 81-82

do trabalho da descoberta jurídica, 171-172

Ver também offshoring

terceirização em massa [*outsourcing*], 134

Tesla, 21

teto do pagador único, 229-230

Thatcher, Margaret, 343

The Atlantic (revista), 105, 316, 337, 362

The Big Switch (Carr), 107

"The Coming Technological Singularity" (Vinge), 312

"The Cult of Kurzweil" (Geraci), 314

The Gap, 38

The General Theory of Employment, Interest and Money (Keynes), 277

"The Great Reversal in the Demand for Skill and Cognitive Tasks" (Beaudry, Green & Sand), 174

The Great Stagnation (Cowen), 98

The Independent (jornal), 307

The Lights in the Tunnel (Ford), 12, 92, 350

"The Painting Fool," 155

The Shallows (Carr), 337

The Singularity Is Near (Kurzweil), 312

"There's Plenty of Room at the Bottom" (Feynman), 321

Thiel, Peter, 97, 315

Thrun, Sebastian, 181-183, 185, 190, 248, 340

Time (revista), 154, 218, 259

Toys "R" Us, 38

trabalho
  organizado, 88-89
  papel na economia, 368
  parcela da renda nacional, 64-65, 67, 86, 90
  Ver também trabalhadores/força de trabalho

trabalho, número de horas trabalhadas, 371

trabalhadores/força de trabalho
  ameaça da automação para os, 13-14
  com diploma de nível superior, 76-77, 166-167, 174-176
  como consumidores, 261-262, 265-267, 296-297
  efeito da renda garantida nos/na, 355-358
  indústria [setor] de fast food, 35
  participação declinante, 68-69
  progresso tecnológico e os, 8
  que estão envelhecendo, 295-298, 299
  relacionamento com as máquinas, 11
  tecnologia e salários para trabalhadores não especializados, 278-279
  Ver também trabalho

tradutor universal, *offshoring* e o, 167

Transcend: Nine Steps to Living Well Forever (Kurzweil & Grossmann), 314

Transits—Into an Abyss (Iamus), 154

Tunísia, 74

Turing, Alan, 116, 309

TurtleBot, 26

Twitter, 158

Uber, 259, 281

Udacity, 182-184, 194-195

União Europeia, polarização dos empregos e a, 78-79

União Soviética, 220

United Auto Workers, 261

446 | MARTIN FORD

Universidade Cornell, Creative Machines Lab, 150
Universidade da Califórnia, Berkeley, Centro de Trabalho, 35
Universidade da Pensilvânia, MOOCs e a, 182-183
Universidade de Akron, 178-179, 192
Universidade de Boston, 192-193
Universidade de Harvard, edX e a, 187-188
Universidade de Michigan, MOOCs e a, 182, 187
Universidade de Wisconsin, 188, 194
Universidade do Alabama, 192
Universidade do Missouri, 192
Universidade Northwestern, 98, 120
Universidade Princeton, MOOCs e a, 182
Universidade de San Jose, 183
Universidade Singularity, 313
Universidade Stanford, 25, 103, 248
  MOOCs e a, 181-186, 194
Universidade Western Governor's, 188
universidades, renda declinante e o desemprego para os recém-formados nas, 75-77
universidades públicas, MOOCs e as, 182

Urban Institute, 73
Urmson, Chris, 249-250
US Bureau of Labor Statistics [Departamento de Estatísticas do Trabalho dos Estados Unidos], 34, 37, 63, 215, 371
U-Systems, Inc., 208

vantagem comparativa, 108-110
Vardakostas, Alexandros, 33
varejo on-line, 37, 144
verificação do câncer cervical, 208-209
verificação do câncer de mama, 207-208
Vietnã, 32, 301
Vinge, Vernor, 312
vírus Stuxnet, 46
Vision Robotics, 47
volta para casa das fábricas, 28-32
von Drehle, David, 259
von Neumann, John, 115-116, 312
Vonnegut, Kurt, 56-57

Walgreens, 38
Wall Street, algoritmos de negociações automatizadas, 156-159
Wall Street Journal (jornal), 35, 65, 202
Walmart, 42, 84, 219, 271, 335
Washington Post (jornal), 10, 149, 163, 206
Watson (IBM), 42, 135-147, 163-164, 308-310

OS ROBÔS E O FUTURO DO EMPREGO | 447

aplicações médicas, 143-144, 201-202

na nuvem, 145-150

"WatsonPaths", 143

Weerapana, Akila, 63

Wei, Shang-Jin, 301

WhatsApp, 239-240

"Why the Future Doesn't Need Us" (Joy), 324

Wiener, Norbert, 56, 58, 95

Wikipédia, 140, 187, 349

Wilczek, Frank, 307

Willow Garage, Inc., 25-26

Windows da Microsoft, 25-26, 190

Winner Take All Politics (Hacker & Pierson), 88

Wired (revista), 121, 324

WorkFusion, 134-135, 170

Wright, Wilbur, 98

xadrez, 136-137, 168-169

xadrez estilo livre, 168-170

YouTube, 23, 239-240, 279

Zhang, Xiaobo, 301

best business

Este livro foi composto na tipologia Palatino LT Std Roman,
em corpo 11/16, e impresso em papel off-white no Sistema
Cameron da Divisão Gráfica da Distribuidora Record.